Ensaios e inéditos

FUNDAÇÃO EDITORA DA UNESP

Presidente do Conselho Curador
Mário Sérgio Vasconcelos

Diretor-Presidente
Jézio Hernani Bomfim Gutierre

Superintendente Administrativo e Financeiro
William de Souza Agostinho

Conselho Editorial Acadêmico
Danilo Rothberg
João Luís Cardoso Tápias Ceccantini
Luiz Fernando Ayerbe
Marcelo Takeshi Yamashita
Maria Cristina Pereira Lima
Milton Terumitsu Sogabe
Newton La Scala Júnior
Pedro Angelo Pagni
Renata Junqueira de Souza
Rosa Maria Feiteiro Cavalari

Editores-Adjuntos
Anderson Nobara
Leandro Rodrigues

EUCLIDES DA CUNHA

Ensaios e inéditos

Coordenadores

Leopoldo M. Bernucci e Francisco Foot Hardman

Organização, estabelecimento de texto, prefácio e notas

Leopoldo M. Bernucci e Felipe Pereira Rissato

editora
unesp

© 2018 Editora Unesp

Direitos de publicação reservados à:

Fundação Editora da Unesp (FEU)
Praça da Sé, 108
01001-900 – São Paulo – SP
Tel.: (0xx11) 3242-7171
Fax: (0xx11) 3242-7172
www.editoraunesp.com.br
www.livrariaunesp.com.br
feu@editora.unesp.br

Dados Internacionais de Catalogação na Publicação (CIP)
de acordo com ISBD
Elaborado por Vagner Rodolfo da Silva – CRB-8/9410

C972e

Cunha, Euclides da
  Ensaios e inéditos / Euclides da Cunha; Leopoldo M. Bernucci, Felipe Pereira Rissato (Orgs.); Leopoldo M. Bernucci, Francisco Foot Hardman (Coords.). – São Paulo: Editora Unesp, 2018.

  Inclui bibliografia e índice.
  ISBN: 978-85-393-0735-7

  1. Literatura brasileira. 2. Republicanismo. 3. História do Brasil. 4. Cunha, Euclides da.   I. Bernucci, Leopoldo M. II. Rissato, Felipe Pereira.   III. Hardman, Francisco Foot.   IV. Título.

2018-492   CDD 869.8992
                                          CDU 821.134.3(81)

Editora afiliada:

À Rachelle, divina esposa.
A Alexandre, Paul e Marcel, filhos queridos.

Leopoldo M. Bernucci

Às minhas preciosas Aline e Larissa, inestimáveis companheiras.

Felipe Pereira Rissato

Sumário

Agradecimentos . 9

Nota dos organizadores . *11*

Prefácio . *13*

Dispersos . *55*

  1 93 . *57*

  2 Revolucionários . *65*

  3 A raça e a guarda negra . *69*

  4 As catas . *73*

  5 Fenômeno interessante . *79*

  6 As santas cruzes . *83*

  7 A década.... *87*

  8 O último bandeirante . *89*

  9 Regatão sagrado . *91*

  10 Preâmbulo ao *Inferno verde* de A. Rangel . *95*

  11 Duas páginas sobre geologia . *117*

Contrastes e confrontos . *121*

12 Com o que contava Tiradentes . *125*

13 Pela Rússia . *135*

14 Civilização.... *145*

15 Heróis e bandidos . *153*

16 Perigos . *163*

17 Notas políticas . *173*

18 O Marechal de Ferro . *183*

19 Transpondo o Himalaia . *193*

20 A vida das estátuas . *203*

Peru versus Bolívia . *213*

21 *Peru versus Bolívia* . *215*

À margem da história . *311*

22 Preliminares A Baixada Amazônica. História da terra e do homem . *315*

23 O primado do Pacífico . *331*

24 Viação sul-americana . *367*

Bibliografia . *435*

Índice onomástico . *451*

Agradecimentos

Este *Ensaios e inéditos* de Euclides da Cunha foi concebido como resultado natural de um outro projeto que redundou em livro, o *Poesia reunida* do mesmo autor, obra publicada pela Editora da Unesp em 2009. Quanto ao presente livro, devemos o seu batismo e consequente apadrinhamento ao amigo e colega Francisco Foot Hardman (Universidade Estadual de Campinas, SP). Foi com ele que iniciamos a busca interminável dos manuscritos nos diversos arquivos dentro e fora do Brasil. A ele somos profundamente gratos pelo contínuo apoio, pela colaboração e amizade de sempre. Inúmeras pessoas nos ajudaram ao longo dessa jornada, facilitando acesso direto aos manuscritos do autor ou disponibilizando versões digitais dos mesmos. Devemos relacionar em primeiro lugar aquelas ligadas à Casa de Cultura Euclides da Cunha (São José do Rio Pardo, SP): Helena Osakabe Padilha (*in memoriam*), Ana Lúcia Dias de Souza Sernaglia, Lúcia Helena Vitto, Maria Olívia Garcia Ribeiro de Arruda, Elizabeth dos Santos Abichabki, Ana Paula de Paulo Pereira de Lacerda e Alessandra Aparecida Novaes Ferreira. Na Fundação Biblioteca Nacional (Rio de Janeiro, RJ), encontramos o apoio de Vera Lúcia Miranda Faillace e Ana Virgínia Pinheiro. No Arquivo Histórico do Itamaraty, a assistência incondicional do embaixador Eduardo Prisco Paraíso Ramos e o auxílio de Maria Simone de Oliverira Rosa, Amanda Sá Cavalcanti Pessoa e Frederico Antônio Ferreira foram valiosíssimos para o êxito da nossa pesquisa. No Instituto Geográfico e Histórico da Bahia (Salvador, BA), a assistência de Zita Magalhães Alves foi inestimável. Somos devedores ainda de Rosângela Florido Rangel, Cláudio César Batista Vitena, Leonardo Pereira da Cunha, Monique da Silva Cabral e Renata Regina Gouvêa Barbatho, da Fundação Casa de Rui Barbosa (Rio de Janeiro, RJ), além de Élvia Bezerra, Manoela Purcell Daudt d'Oliveira, Jane Leite Conceição Silva e Lyza Brasil Herranz, do Instituto Moreira Salles (Rio de Janeiro, RJ). A Adan Griego da Biblioteca Cecil H. Green, Seção de Raros, da Stanford University (Palo Alto, CA, Estados Unidos) somos também gratos. No Instituto de Estudos Brasileiros (IEB), recebemos a simpática acolhida de Marcos Antônio de Moraes, Elizabete Marin Ribas, Denise de Almeida Filho, Daniela Piantola e Paulo José de Moura. Finalmente, a José Luiz Passos (Universidade da Califórnia, Los Angeles), José Carlos Barreto de Santana (Universidade Estadual de Feira de Santana, BA), Antônio Dimas de Moraes (Universidade de São Paulo) e Leonardo Silva (Universidade da Califórnia, Davis), a nossa gratidão pela amizade e o incentivo indispensáveis. Aos editores Jézio Hernani Bomfim Gutierre, Tulio Kawata e Leandro Rodrigues, os mais sinceros agradecimentos pela confiança neste projeto.

Nota dos organizadores

Alguns dos procedimentos empregados nesta edição dos manuscritos de Euclides da Cunha obedeceram a fatores lógicos e de otimização da legibilidade dos ensaios. Outros foram norteados por certas convenções universais para o estabelecimento de textos desta natureza. Entre os primeiros, foi o da disposição que demos a cada um dos manuscritos (*ms*) posteriormente publicados em *Contrastes e confrontos, Peru versus Bolívia* e *À margem da história*. Assim, na reordenação dos parágrafos das versões manuscritas, procuramos seguir, na medida do possível, a mesma ordem das primeiras edições destes três volumes. Os organizadores também tomaram a liberdade de refazer a pontuação e a virgulação, e de introduzir emendas nos textos sempre e quando lhes pareciam que abreviaturas ou possíveis erros de ortografia do autor pudessem emperrar sua leitura. Na eventualidade de haver uma lacuna no manuscrito (indicada em nota), esta foi preenchida com o respectivo termo ausente extraído da versão impressa. No entanto, vez ou outra, empregamos [*sic*], chamando a atenção do leitor para o modo tão peculiar como Euclides plasmou sua gramática e seu vocabulário. O uso de um número abundante, porém inevitável, de colchetes, parênteses e aspas em nossa edição indica a separação entre as observações dos organizadores e as do grande escritor. Também entre colchetes utilizamos o termo "ilegível" para uma ou mais palavras do manuscrito. Nas notas, os textos com aspas duplas são de Euclides ou de autores então indicados. Não haverá pontuação final após as chamadas "No original", posto que o texto que segue não vem pontuado em sua forma manuscrita. Empregou-se ainda ao longo de todo este volume a modernização da ortografia portuguesa, exceto para aqueles casos de nomes de autores (menos o de Euclides) e títulos de livros na seção "Bibliografia" no final desta obra. No tocante a esses títulos, a exceção está em *Peru versus Bolívia* e *À margem da história*, cujas grafias originais (*Perú versus Bolivia* e *Á marjem da historia*) foram atualizadas devido às inúmeras vezes em que são citados neste volume. Os estrangeirismos, que muitas vezes foram notados por aspas ou sublinhados pelo autor, aparecem agora em letras itálicas. A propósito, Euclides costumeiramente aportuguesava nomes de personalidades estrangeiras. Demos a esses nomes a grafia original, mesmo que nas versões impressas aparecessem, ainda, aportuguesados. As notas do autor serão identificadas pela sigla (N. A.). Todas as demais são de autoria dos organizadores.

Prefácio

Com o presente volume, que ora inaugura a série de inéditos em prosa de Euclides da Cunha, quisemos oferecer a nossos leitores um número significativo de ensaios do autor, cuja produção se inicia em 1883, quando ele tinha apenas dezessete anos, e termina em 1909, ano de sua morte. Trata-se de um total de 31 composições de Euclides que, em seu conjunto, reforçam a vertente ensaística de sua admirável escritura e que ficou plasmada notória e definitivamente em *Os sertões*. Denominamos "inéditos" aqui aqueles textos que (1) até hoje se encontravam em manuscritos não publicados e localizados em diversos arquivos e bibliotecas, fora e dentro do Brasil, (2) nunca tinham aparecido em livros e (3) são esboços, geralmente fragmentados, de alguns ensaios publicados em *Contrastes e confrontos*, *Peru versus Bolívia* e *À margem da história*.

O critério que adotamos para nossa edição obedece a uma lógica que visa, por um lado, resgatar textos esquecidos de Euclides. Neste caso, há uma parcela considerável de escritos extraída de periódicos, muitos dos quais atualmente olvidados, e que só a pesquisa intensa nos arquivos pôde fazê-los ressurgir. Por outro lado, quisemos oferecer, na medida do possível, versões corrigidas de ensaios de Euclides já conhecidos, mas cujas versões disponíveis até o momento nos chegavam com uma boa dose de erros tipográficos que obstruíam seu entendimento cabal. Desse modo, julgamos incluir na presente coletânea certos rascunhos de ensaios, que se deram a conhecer nos livros supracitados, com o fim de melhorar sua inteligibilidade. Portanto, em linhas gerais, nossa intenção foi a de recuperar esses textos, deixando-os agora escoimados de tais imperfeições e, sobretudo, divulgar novas peças do autor de *Os sertões* desconhecidas do público leitor.

A organização dos inéditos

O trabalho de coleta de manuscritos e impressos realizado em arquivos nos permitiu identificar os núcleos textuais em torno dos quais as categorias "dispersos" e "reunidos" podem ser utilizadas. "Dispersos", por exemplo, são aqueles textos completos ou fragmentários e às vezes em forma de esboço que se encontram, como o nome indica, soltos, sem fazer parte de uma unidade maior, isto é, o livro. "Reunidos" são aqueles textos que pertencem a cada um dos três livros com ensaios do escritor já mencionados.

Deve-se esclarecer ainda que, em alguns casos, dada a curta extensão de cada um deles, sete fragmentos inéditos de ensaio não entraram no conjunto que estamos apresentando. Um deles, que intitulamos "Sobre a sintaxe", composto em 1883, constitui uma das primeiras peças em prosa de Euclides de que temos notícia, sendo escrita nos anos em que nosso autor estudava na Escola Militar do Rio de Janeiro e contemporânea à redação do caderno *Ondas*. Sua preocupação obsessiva para com a gramática e o léxico já evidencia o que se encontrará mais tarde em comentários semelhantes lançados em correspondência para amigos.[1]

["Sobre a sintaxe"][2]

Havendo aparecido por aí em certo dia ruim alguns atentados contra a sintaxe, dar-se-á em seguida uma definição da mesma, para que não caiam mais em seus semelhantes.

[A] Sintaxe considera as palavras como relacionadas umas com as outras na construção [ilegível] quer sejam simples, quer se componham de membros ou de orações.[3]

Em 1888, aos 22 anos, pouco antes de colaborar num grande jornal (*A Provincia de São Paulo*) e ainda aluno da Escola Militar, Euclides já delineava suas ideias sobre política e sociedade. É o que encontramos no pequeno texto intitulado "O Estado atual":

---

1 Vide carta de 19 out. 1902 para Francisco Escobar (p.141) e a de 15 ago. 1907 para Domício da Gama (p.334-7). In: Cunha, *Correspondência de Euclides da Cunha*.

2 Manuscrito avulso pertencente ao Grêmio Euclides da Cunha. O texto aparece totalmente riscado, sob traços. A parte ilegível do trecho transcrito deve-se à fita colante aplicada ao papel. No verso está o poema "Cartel (aos padres)", datado de 1º jan. 1883.

3 À margem: "Gastão" [duas vezes]. Abaixo do texto: uma série de letras maiúsculas desordenadas, bem como cálculos e duas vezes a abreviatura "Snr."; além da inscrição, por mais duas vezes, de cabeça para baixo, do nome "Gastão"].

Euclides da Cunha

"O Estado atual"[4]

Uma grande distensão de paixões e um deplorável extravasamento de bílis – eis o que agita a sociedade brasileira – eis o que a sociedade brasileira atualmente produz...

Eu às vezes descreio que haja uma lógica na história – consequência imediata de uma lei positiva e reguladora da existência das sociedades...

Outro fragmento dessa natureza é o intitulado "Só", de 1904, texto que, se porventura tivesse sido concluído por Euclides, poderia ter entrado em *Contrastes e confrontos*, pois se encontra na mesma caderneta na qual estão outros tantos esboços de ensaios incluídos neste livro:

"Só"[5]

Ninguém o distingue no bulício da Rua do Ouvidor que ele atravessa às vezes[6] quando ele acerta ser o caminho mais curto para chegar[7] a um determinado ponto. Desce[8] franzino e, dimi-

---

4 Fonte: *Revista do Gremio Litterario Euclydes da Cunha*, Rio de Janeiro, 1915, p.12, extraído de um caderno escolar datado de 1888, hoje perdido, ao qual, segundo Francisco Venâncio Filho (*A glória de Euclydes da Cunha*, p.264), Euclides teria dado o título de "Infinitamente pequenos".

5 Manuscrito lançado no caderno *Apontamentos para a história da geografia brasílica*, de Teodoro Sampaio. Fonte: Instituto Geográfico e Histórico da Bahia. Primeiramente transcrito por Carlos Chiacchio (que não fez distinção dos trechos rasurados) no *Jornal de Ala*, Salvador, Suplemento-1 (11 jan. 1940), p.8.

6 No original: às vezes ~~simplesmente porque lhe era o~~ quando

7 No original: chegar ~~em~~ a um

8 Termo transcrito por Chiacchio como "Seco".

Ensaios e inéditos

nuto; fechado numa sobrecasaca talar severamente abotoada,[9] [interrompido]

O quarto fragmento se intitula "Um plágio", lançado como o anterior na mesma caderneta e com características de produção muito parecidas às de "Só":

"Um plágio"[10]
Nós brasileiros temos[11] graves problemas a solver, perigos sérios a repelir e, talvez, algumas grandes empresas, no futuro. Para isto faz-se mister que encarando de frente a nossa situação real e despindo-nos por igual de um ingênuo otimismo e de um cego pessimismo [interrompido]

Contempla-se aqui, em "O Estado atual" e "Um plágio", a verve crítica de Euclides, como em tantos outros momentos de sua escritura. Autocrítica, deveríamos chamá-la, pois, ao coletivizar essa culpa, esse exame de consciência nacional, ele abre mais uma vez a ferida de nossa nação. Aqui se reproduz com extraordinária coragem uma variante daquele *mea culpa* inaugurado em *Os sertões*, cujo tom confessional, como não poderia deixar de ser, aparecerá também em diversos momentos de sua correspondência. É justamente durante esse exercício de condenação que nos aproximamos da intimidade de Euclides, ouvindo sua

---

9 No original: abotoada, ~~passa, sem que o mais leve e mais fugitivo~~ [interrompido]

10 Manuscrito lançado no caderno *Apontamentos para a história da geografia brasílica*, de Teodoro Sampaio. Fonte: Instituto Geográfico e Histórico da Bahia.

11 No original: temos ~~muitos~~ graves problemas a ~~que~~ solver,

sinceridade e sobretudo quando, depois de suspender sua auto-censura, ela se faz pública em seus ensaios e livros, demonstrando coragem em denunciar as mazelas, o fracasso, o marasmo e a decadência de uma nova república já em ruínas, como ele tão bem soube emblematizar.

No texto que intitulamos "Defesa da República", Euclides nos faz ver uma certa ameaça monarquista à jovem república por parte dos saudosistas e utiliza uma forma retórica de argumentação semelhante à que vamos observar em *Peru versus Bolívia*:

["Defesa da República"] [12]

O erro capital que desde muito anula por completo os melhores esforços dos monarquistas brasileiros está nesta preocupação permanente de demonstrar as excelências do passado regímen apontando para os males da República. É o que dizemos em geometria "demonstrar *ad absurdum*". [13] Mas este recurso, último res[s]aibo da velha lógica escolástica em que a carência de motivos para a afirmativa se erigia em prova negativa e irrefutável – se é [14] valioso para os fatos simplíssimos da forma, é inverso, estéril e não raro extravagante transferido para a complexidade dos acontecimentos sociais.

---

12 Manuscrito lançado no caderno *Apontamentos para a história da geografia brasílica*, de Teodoro Sampaio. Fonte: Instituto Geográfico e Histórico da Bahia.

13 Note-se a semelhança neste torneio de frase que aparece em *Peru versus Bolívia* (p.28): "O absurdo é evidente. § Vê-se bem que o atingimos, como em geometria, pelo havermos partido de um dado *ad absurdum*. Só o remove a tese contrária...".

14 No original: é valiosíssimo para

Ensaios e inéditos

Outro texto igualmente lançado na mesma caderneta que os demais rascunhos de 1904 é o que intitulamos "Um novo 15 de novembro", no qual Euclides mais uma vez apresenta, sem desenvolver, a ideia da temeridade de uma provável restauração do Império:

["Um novo 15 de novembro"] [15]

Se amanhã um general feliz à frente de três ou quatro batalhões indisciplinados restaurasse o Império da noite para o dia no mesmo intervalo curto em que se fez a República, este 15 de novembro por sinal seria ainda menos [16] explicável e mais surpreendedor que o de 1889. Porque, afinal, o [interrompido]

Desde os primórdios da República até pelo menos 1904, já se falava de um possível retorno à Monarquia. Decorridos quinze anos, o debate acerca do tema era pauta dos expedientes jornalísticos. Num artigo do *Jornal do Commercio* (Manaus), contemporâneo ao rascunho de Euclides, encontramos uma citação creditada ao republicano Coriolano de Freitas, criticado por Afonso Celso, monarquista, filho do visconde de Ouro Preto e um dos fundadores da Academia Brasileira de Letras. A citação reflete o mesmo pensamento de Euclides a respeito da hipótese de uma restauração ser feita pelo exército:

No tocante ao Brasil, proclama Coriolano de Freitas a impossibilidade da restauração porque "esta não poderá ser efetuada senão

---

15 Manuscrito lançado no caderno *Apontamentos para a história da geografia brasílica*, de Teodoro Sampaio. Fonte: Instituto Geográfico e Histórico da Bahia.

16 No original: Novembro com sinal menos seria ainda menos explicável

pela força armada, e na força armada não se lobrigam tendências sequer para promover a restauração. Dado, porém, que a força armada restaurasse o Império, os estrangeiros e brasileiros nenhuma confiança depositariam na estabilidade do novo regímen, o qual viveria sempre em sobressalto, duvidando da lealdade dos militares. Demais, restaurada a Monarquia, ficaria ela sem monarca".[17]

Por fim, o último desses breves textos, "Perigo amarelo", cuja redação foi rascunhada duas vezes, mas de forma incompleta, reacende o tema da ameaça estrangeira, nesse caso a do Japão, como país emergente no cenário econômico e bélico mundial. Euclides já havia dissertado em "A missão da Rússia" (*Contrastes e confrontos*) sobre a ascensão japonesa e o conflito russo-nipônico, aludindo a uma espécie de paranoia ("o perigo amarelo"), que propiciaria também outras naqueles tempos: o perigo ianque e o alemão, tal como se discute em "Temores vãos" (*Contrastes e confrontos*). Alude ainda nosso autor à esquadra do almirante norte-americano Robley D. Evans na versão impressa do ensaio "O primado do Pacífico" (*À margem da história*).

"Perigo amarelo"[18]
É evidente que, se não premissem o Japão[19] os pesados compromissos da guerra com a Rússia, de par com a tarefa da reorganização de suas forças militares —[20] [interrompido]

---

17 Celso, O problema da Restauração, *Jornal do Commercio*, Manaus, 5 ago. 1904.

18 Fonte: Fundação Biblioteca Nacional. Parágrafos lançados na mesma caderneta que os rascunhos dos quatro últimos capítulos de *Peru versus Bolívia* e do preâmbulo ao *Inferno verde*.

19 No original: Japão ~~os~~ os

20 No original: militares – ~~faria~~ § Não

Ensaios e inéditos

Não premissem o Japão os pesados compromissos da última guerra,[21] a esquadra do Almirante Evans seria fulminada ao transpor[22] o Cabo Horn. Comunicar-se-ia o mundo à nação *outlaw* afron [interrompido]

Afora esses textos inconclusos e breves, compilamos um total de 24 ensaios mais extensos e geralmente completos que são aqueles sobre os quais teceremos alguns comentários neste prefácio e que se dividem em quatro grupos: o dos dispersos (11), os que pertencem a *Contrastes e confrontos* (9), *Peru versus Bolívia* (1) e *À margem da história* (3), segundo a ordem cronológica que damos a seguir:

Dispersos

c.1885	"93"
1888	"Revolucionários"
1888-9	"A raça [e a guarda] negra"
1894	"As catas"
1897	"Fenômeno interessante"
c.1902	"As santas cruzes"
c.1904	["A década..."]
1906-9	"O último bandeirante"
1906-9	"Regatão sagrado"
1907	Preâmbulo ao *Inferno verde* de A. Rangel
c.1908	["Duas páginas sobre geologia"]

---

21 No original: guerra, e a equadra [*sic*]
22 No original: transpor ~~as águas bravias do~~ o

Euclides da Cunha

Contrastes e confrontos (1907)
c.1902   "Com o que contava Tiradentes" ("Garimpeiros")
1904   "Pela Rússia" ("A missão da Rússia")
          ["Civilização..."]
          ["Heróis e bandidos"]
          "Perigos" ("Temores vãos")
          "Notas políticas" ("Nativismo provisório")
          "O Marechal de Ferro"
          ["Transpondo o Himalaia"]
          "A vida das estátuas"

Peru versus Bolívia (1907)
1906-7   "Terra de amanhã" (*Peru versus Bolívia*)

À margem da história (1909)
1906-8   "Preliminares: a Baixada Amazônica" ("Impressões
          gerais")
          "O primado do Pacífico"
          "Viação intercontinental" ("Viação
          sul-americana")

Nada fará melhor compreender o espírito eclético e a temática diversificada de Euclides do que os 24 ensaios e os sete fragmentos já aludidos nestas páginas. Em sua totalidade, revela-se um Euclides preocupado com a língua portuguesa, crítico da política local e internacional de seu tempo e dos descalabros da economia colonial, e ainda, um historiador esboçando um panorama do período 1815-1825, das pós-guerras napoleônicas, em que o Romantismo parecia absorver todas as energias do cenário político e cultural dessa década. Acrescem-

Ensaios e inéditos

-se a esses tópicos outros desenvolvidos em ensaios dedicados à expansão dos Estados Unidos no Pacífico e da região do Rio da Prata no século XIX, os quais se combinam com estudos pormenorizados sobre nossas fronteiras, as ligações ferroviárias entre os países do hemisfério sul da América Latina e com notas expressivas sobre o papel da arte escultural e o fascinante universo da Amazônia. Em suma, essa qualidade multifacetada da escritura euclidiana nos deixa ver seu melhor espírito renascentista, em que se harmonizam conhecimento científico e aptidão artística.

Dispersos

Procuramos reunir nesta seção do presente volume um total de onze textos, denominados aqui "Dispersos". *Grosso modo*, são composições fragmentadas e que variam de extensão. Algumas delas, como "93" e "As santas cruzes", não são propriamente "inéditas", mas mesmo assim julgamos oportuno republicá-las depois de submetidas a uma cuidadosa revisão feita por nós, e que, agora escoimadas de erros, resultam mais legíveis. Decidimos recuperar também alguns textos, não por seu caráter simplesmente inédito, mas porque se encontravam esquecidos em páginas de revistas que hoje são praticamente desconhecidas do público leitor ou de difícil acesso. Não nos iludamos tampouco com o aspecto fragmentário desses textos. Inacabados e pouco polidos, condição que poderia torná-los menores na escala da produção científica e literária de Euclides, eles, no entanto, possuem inestimável valor. Sua relevância facilmente se justifica porque cada um deles ilumina uma fase da vida e da escritura do escritor. Tome-se como exemplo "A raça [e a guarda] negra", cujo conteúdo pode ajudar-nos a entender a pos-

23

Euclides da Cunha

tura de Euclides referente aos africanos e afrodescendentes no Brasil, num período em que ele ainda não havia se aprofundado em teorias raciais vindas da Europa. A leitura desse esboço de ensaio seria suficiente para dissipar erros grosseiros de interpretação de alguns de seus comentaristas que, sem conhecimento de causa, apressadamente o acusam de promover uma visão racista na formação de nossos povos. O problema racial é logicamente complexo, dentro de um quadro em que o ideário euclidiano, e não só dele, mas de outros contemporâneos, não adquire evidentemente uma forma monolítica; mas, apesar disso, não haveria razão para duvidar de suas palavras enunciadas no mesmo ano em que surgia nossa República: "A raça negra, em sua essência nimiamente efetiva, harmoniza-se admiravelmente à raça latina".[23]

Dois textos em *Dispersos* se ligam à Amazônia. Na impossibilidade de comentarmos individualmente neste prefácio todos os reunidos neste volume, enfocaremos um deles, "Regatão sagrado", texto que poderia ter entrado para *À margem da história*, mas que infelizmente ficou incompleto e esquecido numa das cadernetas de Euclides. O outro é o preâmbulo em forma de ensaio ao livro de Alberto Rangel, *Inferno verde*, texto manuscrito muito mais elaborado e mais extenso que o anterior, conhecido também pelos leitores de Euclides. Vejamos então o primeiro.

O título dado ao fragmento e rascunho desse inconcluso ensaio já nos obriga a recordar a capacidade imaginativa de Eucli-

---

23 Para este assunto vide ainda: "Resposta à Confederação Abolicionista", I e II, *Democracia*, RJ, 10 e 12 maio 1890 (em *OC*, v.1, p.735-49) e "Heróis de Ontem", *Revista da Família Acadêmica*, RJ, ano I, n.8, jun. 1888 (também em *OC*, v.1, p.805-6).

des. Como sintagma, "Regatão sagrado" fere a expectativa dada pela norma de qualquer língua, posto que sob outro prisma ou em outros contextos *regatão* se contrapõe a *sagrado*. Portanto, são dois elementos em tensão, o profano e o religioso, formando um oximoro; um pelo lado comercial, quase usureiro, poderíamos admitir; e outro pelo lado sagrado. Euclides, sendo mestre de imagens e ironias, não poderia deixar de imprimir ao título essa nota de sarcasmo, derivada talvez da própria leitura das primeiras linhas da conferência do bispo d. Antônio de Macedo Costa, nas quais o perfil do regatão aparece:

O comerciante *regatão*, o homem europeu feito também nômada pela ambição do ouro, lá vai no encalço dessa gente operária, para recolher o fruto do trabalho dela, levar-lhe os gêneros de primeira necessidade e até os de luxo, e, muitas vezes, o vírus de uma corrupção que ela infelizmente ignorava. ("A Amazonia: meio de desenvolver sua civilisação", p.9)

Apropriando-se do significado que tem esse mascate fluvial da Amazônia e emprestando-o ao missionário, poder-se-ia chegar a essa noção de que o padre é também um vendedor de "mercadorias": orações, indulgências plenárias, santinhos, rosários, escapulários, velas etc. No entanto, essa abstração parece não se sustentar no texto, já que infelizmente ele é incompleto. É bem curioso que, neste esboço de ensaio, o ideal civilizatório se choque contra o trabalho missionário da Igreja. Contudo, mesmo em seu agnosticismo, Euclides consegue salvar a tarefa catequética imaginada pelo bispo, porquanto esta vinha acompanhada de um elemento civilizador. O que ele aprova em d. Antônio, sucessor daquele "seráfico voltairiano" frei João de S. José, bispo do Grão-Pará abordado por ele em outro ensaio ("Impressões gerais"), é o espírito edificante do religioso. Aqui já não lhe importa se a evangelização aliena as gentes simples da floresta, contanto que ela venha reparar a decadência moral da Amazônia. E não deixemos de notar que, embora pensasse assim, Euclides terminou tachando o vocábulo *moral* no manuscrito, substituindo-o por *dos costumes*; como também procedeu, sob o influxo de um credo que lhe é caro (civilização e barbárie), no atenuar a força que outra expressão teria tido ao colocar essas mesmas gentes simples numa categoria abjeta. Diz delas o autor, primeiro, que estavam "relegadas do convívio civilizado", para logo corrigir esse qualificativo: "relegadas da cultura humana". É muito provável que essas modificações só ocorreram para não afrontar a qualidade de caráter dos povos amazônicos, do contrário vistos em ousada generalização como imorais e bárbaros.

Inglês de Souza, sob o pseudônimo de Luiz Dolzani, já aludira em *O missionário* (1888; publ. 1891) ao veículo fantástico desse pastor de almas da floresta; e Alberto Rangel, discípulo de Euclides, haveria de incluir também num conto que protagoniza esse *regatão de Jesus*, "O evangelho nas selvas", a ideia mirabolante do *Cristóforo*; e o faz com surpreendente similaridade ao texto do mestre, comparando seu personagem principal, o indecoroso padre Lourenço (ou Benevenuto Roncallo), a esse hierarquicamente superior caixeiro-viajante da Igreja e arquiteto do extravagante vapor-catedral, o bispo Macedo Costa.[24]

"Foi pena", declara Euclides um tanto irônico já no final de seu texto, lamentando a destruição do sonho de construir um navio fantástico que transportaria o regatão sagrado pelos

---

24 Rangel, O evangelho nas selvas. In: _____, *Sombras n'água*, p.66-89.

Ensaios e inéditos

rios da grande floresta. Mas que tipo de embarcação seria esta batizada com o nome de *Cristóforo*?[25]

[U]m monumento maior que as muralhas de Tebas, com suas cem portas; que os jardins suspensos da Babilônia, delícias de Semiramide;[26] que o monumento de Mausole, que as pirâmides do Egito, suntuosos túmulos dos faraós. ("A Amazonia: meio de desenvolver sua civilisação", p.52)

Deixando de lado os comparantes oferecidos pelo bispo, concentremo-nos na definição dada por Euclides ao elemento comparado, o navio: uma basílica fluvial, variante da basílica naval dada por Macedo Costa. É nesse texto, novamente, que Euclides emigra seu discurso da esfera realista para a do real--maravilhoso, onde tudo é possível, a despeito de ser surpreendentemente fantasioso.[27] Eis a descrição que faz o bispo desse inusitado barco:

A parte do convés será quase toda ocupada pela nave da igreja, em cujos ornamentos interiores se porá toda a riqueza e esplendor possíveis.

---

25 O bispo explica o título: "portador de Cristo".

26 Também conhecida como Semíramis, rainha da Assíria e fundadora da Babilônia e seus jardins suspensos.

27 Já se notou essa propensão de Euclides para identificar aspectos da grande floresta com uma realidade outra, denominada real-maravilhosa. Vide Hardman, *A vingança da Hileia*, p.67. Para o conceito do real-maravilhoso, consultar Alejo Carpentier, prefácio a *El reino de este mundo*.

Euclides da Cunha

Como os cedros-do-líbano serviram para a construção do famoso templo de Salomão, as madeiras de primor e tão formosas, de que abunda o nosso vale, realçarão com o variegado colorido de seus esmaltes as paredes do sagrado recinto.

No fundo brilhará um altar, com formoso retábulo dourado, e o sacrário em que residirá o Santíssimo Sacramento.

A nova *basílica-naval* terá seu púlpito, sua pia batismal, seu órgão, e as necessárias alfaias e paramentos para o exercício não só decente, mas esplendoroso do culto católico.

Embaixo se disporá um aposento decente para o prelado diocesano, quartos para os padres, como também cômodo para os empregados e a tripulação.

Este *navio-missionário* medirá 120 pés de comprimento, e de largura 30, tendo o menos calado que for possível, a fim de poder livremente viajar não só no Amazonas, senão também nos seus afluentes na cheia, como na baixa das águas. (p.21-2)

Euclides não consegue ocultar seu deslumbramento diante dessa tão extraordinária fantasia porque ela se iguala à dos habitantes de um arraial longínquo qualquer no vasto território amazônico. Maravilha-se com a engenhosidade de seu criador e com essa nave tantalizante, vendo-a como um milagre dos céus; mas, advirta-se!, um "milagre tangível", isto é, real-maravilhoso como num conto de Gabriel García Márquez. Compraz-se também nosso autor na contemplação imaginária dessa ocorrência inusitada (uma catedral flutuante ao lado da choupana do caboclo), na qual ele mesmo nos convida a acreditar, sublinhando a importância do efeito que o navio produz nas almas singelas dos que moram "naquelas solidões monótonas" ("tristonhas", ia redigir ele antes de riscar este adjetivo no *ms*), parafraseando os dizeres do bispo: "Será uma visão celeste para eles; será como uma aparição radiosa, no meio da tristeza habitual de seu viver!" ("A Amazonia: meio de desenvolver sua civilisação", p.40). Definitivamente, para Euclides, e a despeito de seus conhecimentos científicos, a Amazônia era um mistério maravilhoso.

O preâmbulo ao *Inferno verde* é mais que uma apreciação encomiástica ou um prefácio laudatório de livro de um amigo. É também um instantâneo da poética narrativa de Euclides. Não há dúvida de que poderia ser também uma excelente filosofia de composição para qualquer escritor que quisesse liberar-se das peias da longa tradição literária importada da Europa, ainda vigente na época, para agora ajustar seus olhos e sentimentos à natureza americana. Há outra circunstância que não convém esquecer. Deixando de lado o peso do nacionalismo que tanto influenciou nossos românticos, Euclides exige um redirecionamento do foco de atenção ao universo telúrico que se quer representar, e este nada mais é que maravilhoso, fantástico, misterioso, extraordinário e prodigioso. A propósito desta adjetivação, ele se demora em exemplificar fatos correspondentes, não anedotas, que pedem um novo modo de descrever e narrar o espaço autóctone e que Rangel logrou empregar com êxito.

Como acontecimento literário, é verdadeiramente *sui generis* o que se opera na escritura do autor de *Inferno verde*; mas não deixa de ter sua explicação. É porque o cenário dessa representação, a Amazônia, sendo vasto e ainda enigmático para os cientistas que até hoje por ali perlustraram, dificulta qualquer exposição lógica. Ali as matas caminham, a natureza morta se move, vida e morte se imbricam no mundo vegetal da grande floresta, e tudo isso é ignorado pelo crítico da cidade que acaso não compreenderá esse livro porque desconhece ou não alcança compreender a dimensão real-maravilhosa da Amazônia.

Entretanto, não se julgue que a formulação euclidiana para dar conta desse algo novo seja simples, porque em Euclides nada é simples, tudo se problematiza. Alunos de uma sólida escola das ciências, prefaciador e prefaciado, coincidem no desejo objetivo de querer encarar a realidade. Nesse método de representação da Amazônia, emprega-se um processo analítico que parece ser o único a garantir uma análise segura dos resultados ou sua síntese. Não obstante, dado ser também um método reducionista, perde-se com ele a noção de conjunto. Portanto, faz-se necessário buscar outra forma de observar.

Sendo a natureza amazônica tão real, e ao mesmo tempo *maravilhosa* aos olhos daqueles não familiarizados com ela, no caso de Rangel, nos diz Euclides, ele simplesmente a copiou, decalcando-a. Nela, nada escapa à lei natural para quem a conhece, e tudo se esvai em fantasias para aquele que mal a compreende.

Já estamos acostumados a ver em Euclides sua aderência a uma poética que combina ciência e arte. É um consórcio que nele provou ser enormemente eficaz desde as primeiras horas de sua carreira de escritor e cujo credo ele foi aprimorando ao longo dos anos. Nada mais gráfico para exemplificar essa feliz união que aquela imagem do artista olhando o mundo através da objetiva de um teodolito. E é justamente quando pensamos que nos deparamos com um acervo de fantasias, que estamos diante de uma realidade toda construída de verdades. "Livro bárbaro", qualifica Euclides o *Inferno verde* de Alberto Rangel, porque o escritor pernambucano empurrou os limites da escritura aos extremos, ameaçando inclusive a verossimilhança de seus relatos, mas demonstrando como até então não se costumava fazer a extravagante, porém precisa, adequação entre o objeto de sua representação, a Amazônia, e a linguagem que a comunica. Como afirma Euclides, somente "um doloroso realismo" poderia ser "engendrado por uma idealização afogueadíssima".

Contrastes e confrontos

O primeiro texto desta coleção oferece oportunidade singular para nossos comentários. Originalmente intitulado "Com o que contava Tiradentes" em sua forma manuscrita foi mais tarde transformado em "Garimpeiros" quando entrou para o livro. Porém, antes de chegar à sua forma definitiva, este ensaio passaria antes por duas reescrituras: uma, em manuscrito novamente, com o título original "Com o que contavam os Inconfidentes", e logo substituído por "Os batedores da Inconfidência"; e a outra, numa primeira versão impressa, cujo título é o mesmo dado ao segundo manuscrito, publicada n'*O Estado de S. Paulo*. Estas duas conhecidas versões manuscritas para um único ensaio constituem caso *sui generis* na bibliografia euclidiana.

Além dessa singularidade textual, haveria ainda mais dois comentários a fazer. Em primeiro lugar, Euclides só pôde escrever este ensaio graças a um texto cujas referências não aparecem em nenhuma das três versões. Trata-se de *Memorias do districto da comarca do Serro Frio (Provincia de Minas Geraes)*, de J. Felício dos Santos, publicado no Rio de Janeiro em 1868. Fundamental para a elaboração de suas ideias, Euclides se utilizou dessa obra praticamente na íntegra, fazendo uma paráfrase livre dos episódios narrados por F. dos Santos.

Em segundo lugar, é necessário frisar que, mesmo nos casos de duas citações que aparecem no ensaio aspeadas ("vitória de uma emboscada de salteadores..." e "desaforados escaladores da terra"), estas foram modificadas livremente sob o efeito da paráfrase mais geral:

"fora vítima de uma emboscada dos salteadores" (*Memorias*, p.191)

"[...] o grande cabeça da tropa dos garimpeiros (João Costa), bem nomeado por contínuo escalador das terras da Soberana Nossa Senhora. Estava tão desaforado este capitão da tropa [...]" (*Memorias*, p.196)

Quando comparadas as quatro versões que acabamos de mencionar, "Com o que contava Tiradentes" é um ensaio que ainda mostra uma alta porcentagem de variantes trabalhadas seguindo os princípios da sinonímia e substituição; e que retoma, parcialmente, o tema das ruínas também explorado em "As catas", tanto na sua versão em prosa como em versos.[28] Por fim, este ensaio denuncia uma ânsia de riquezas que se repetirá em outro espaço, a Amazônia, na busca insensata dos "rudes caçadores fanáticos da fortuna" que na floresta serão aqueles "caçadores de árvores" retratados como destruidores e famintos seringueiros ("Os *caucheros*", *À margem da história*, p.80-1).

Ainda com respeito a *Contrastes e confrontos*, o cotejo entre manuscritos e textos pode apresentar resultados surpreendentes. Tome-se como exemplo o curto ensaio "A missão da Rússia" (no *ms* "Pela Rússia"), em cuja primeira frase Euclides declara:

---

28 Veja-se o poema "As catas" em suas duas versões, respectivamente, em *Poesia reunida*, (I) p.369-72 e (II) p.272-5.

Ensaios e inéditos

"A Rússia é bárbara" (*Contrastes e confrontos*, p.97). É assim como ele assenta a tese do ensaio para poder defendê-la, tese, aliás, não sua, mas de Havelock Ellis, desenvolvida em "The Genius of Russia", artigo de 1901 para a revista *Contemporary Review* e não mencionado na versão publicada de "A missão da Rússia", mas a cujo autor, a propósito de outra tese ("o centro da vida universal dos povos tende a deslocar-se para o Pacífico..."), Euclides fará referência mais para o final do texto.[29]

Para a cabal compreensão do conceito de barbárie atribuído à Rússia como nação, o manuscrito euclidiano nos ajuda precisamente num ponto em particular. Antes da frase-tese que inicia o ensaio, em sua primeira rasura lê-se:

~~Segundo uma observação feliz de Havelock Ellis os três estádios~~ A Rússia é bárbara. (*ms*)

Ora, aqui está apenas aludida e, portanto, incompleta a teoria sociológica de Ellis sobre o desenvolvimento dos povos que agradaria a Euclides:

Among the nations of Europe, it has sometimes seemed to me, we may find perfected examples of all three stages of cul-

---

29 Em Ellis, a tese é apresentada desta maneira: "it will not henceforth be much more than this, for the centres of life are tending to pass from this side of the world to the other, and the Pacific, surrounded by Russia, Japan, Australia and America, will wash the shores of all the youngest and most vigorous countries in the world, without one exception" (The Genius of Russia, p.431). ["daqui por diante não será muito mais do que isto, já que a tendência é que os centros populacionais passem de um lado do mundo a outro, e o Pacífico, cercado pela Rússia, pelo Japão, pela Austrália e pela América, lavará os litorais de todos os países mais jovens e vigorosos do mundo, sem exceção".]

Euclides da Cunha

ture, – savagery, barbarism and civilisation, – through which a nation is supposed to pass in the long course of its development ("The Genius of Russia", p.429).[30]

Na expansão dessas ideias, ficaram ocultas no manuscrito de Euclides as nações que correspondem, a título de exemplo, a esses três estágios. Ellis, ao contrário, traça a correspondência entre estes e aquelas. A selvageria corresponde à Espanha, a barbárie à Rússia e a civilização à França. É ainda através do manuscrito desse ensaio que somos levados a revisitar o binômio civilização-barbárie que Euclides já muito antes não somente discutira, mas problematizara a partir de *Os sertões*. Aqui, com o auxílio do texto de Ellis, pode-se uma vez mais testemunhar a relativização dessa antítese cujos termos, ao abandonar suas definições de origem, passam por uma metamorfose de seus significados. "A Rússia é bárbara", declara desapiedadamente Euclides. Ao invés de fixá-los, busca-se um modo transformador para cada um de seus sentidos, como se Euclides estivesse dizendo o que dirá Walter Benjamin mais tarde sobre eles: "Não há nenhum documento da civilização que não seja ao mesmo tempo um documento da barbárie" (*Illuminations*, p.256).

Peru versus Bolívia

As notas manuscritas desta obra que agora trazemos a lume infelizmente correspondem apenas à metade (seções V, VI, VII

---

30 [Entre as nações da Europa, às vezes assim me parece, é possível encontrar exemplos perfeitos dos três estágios da cultura – selvageria, barbarismo e civilização –, através dos quais uma nação pode passar ao longo do período do seu desenvolvimento.]

Ensaios e inéditos

e VIII) de todo o livro composto de oito seções, não tendo sido possível, infelizmente, encontrar as demais nos arquivos. Deixando de lado essa questão que é, sem dúvida, transcendental para nós, passemos agora a examinar algumas de caráter semântico e de datação de *Peru versus Bolívia*. Entretanto, o que pretendemos apresentar aqui, uma vez mais, é apenas uma pequena amostra para que o leitor faça ideia da natureza dos problemas que poderá encontrar nas edições do autor. Relegadas a anos de leituras pouco cuidadosas e de uma falta quase absoluta de comentários críticos, sobretudo no Brasil – e isso num país onde Euclides está entre os três maiores escritores de todos os tempos! –, a produção euclidiana, com exceção de *Os sertões*, tem sido também prejudicada pela falta de cuidado editorial. Comparem-se os seguintes trechos:

[...] um garboso fidalgo zeloso de seus títulos, da sua <u>linhagem</u>, da sua bravura [...] (*ms*)	[...] um garboso fidalgo ciumento de suas comendas, da sua <u>linhagem</u>, da sua bravura [...] (*Peru versus Bolívia*, Typ. do *Jornal do Commercio*, p.104)	[...] um garboso fidalgo ciumento de suas comendas, da sua <u>linguagem</u>, da sua bravura [...] (*Peru versus Bolívia*, Livraria Francisco Alves, p.104)

Na época, esse tipo de descuido, muito comum da parte do tipógrafo ou revisor, quando detectado a tempo de se lançar o livro ao mercado, exigia normalmente uma seção conhecida como "erratas" ou lista das gralhas, porém nunca abrangentes, contidas no texto e que em geral aparecia no final do livro. No caso de *Contrastes e confrontos*, *Peru versus Bolívia* e *À margem da história*, todas tiveram a fortuna de passar por uma revisão antes de chegarem a ser impressas, como indica a seção das erratas que aparece em suas respectivas primeiras edições. Mais adiante comentaremos uma particularidade editorial de *À margem da história* e, para não nos desviarmos do assunto, observemos que erros dessa natureza, como os dos dois exemplos que seguem, até hoje não foram corrigidos, prejudicando sobremaneira a compreensão dos textos do autor.[31] O leitor há de convir que *legal* não é o mesmo que *geral*, nem *justas reglas* se iguala a *sabias reglas*:

Mas para a geografia <u>legal</u> das possessões [...] (*ms*)	Mas para a geografia <u>geral</u> das possessões [...] (*Peru versus Bolívia*, p.122)
A Carta-Régia <u>geradora</u> reporta-se às "sabias leyes de Indias, cuyas prudentes y <u>justas</u> reglas, [...] (*ms*)	A Carta-Régia <u>criadora</u> reporta-se <u>ainda</u> às "sabias leyes de Indias", cujas "prudentes y <u>sabias</u> reglas" [...] (*Peru versus Bolívia*, p.122)

Os erros de datação, para estudos de história nos quais um máximo grau de precisão se faz necessário, podem contribuir de modo mais grave para o cenário das erratas de um livro. É lícito pensar que Euclides, quando escreveu *Peru versus Bolívia*, ainda estava aprendendo sobre a história da formação das nações latino-americanas, tema que cala fundo no livro. Ou não, que nosso autor tivesse já assinalado os dados corretamente, a partir do manuscrito, como o cotejo abaixo poderá indicar.

---

31 Note-se que a versão mais recente de *Peru versus Bolívia* na *Obra completa* de Euclides da Cunha, v.I, herdou também esses erros. Vide p.369.

Ensaios e inéditos

Mas a própria hipótese, se fundada em melhores razões, como o cuidado que tinha o nosso escritor para os dados da história, não é suficiente para explicar a complexidade dessa publicação em particular. Lembremos que *Peru versus Bolívia* teve duas "primeiras" edições no mesmo ano de 1907. A primeira, impressa pela Typographia do *Jornal do Commercio* e a segunda, parcialmente revisada, pela Livraria Francisco Alves, que também utilizou as instalações tipográficas do *Jornal do Commercio* para sua impressão.[32] Portanto, as duas edições são quase idênticas, ambas coincidindo também na paginação, exceto pela epígrafe extraída de Victor Hugo que não aparece na folha de rosto e a ausência da seção intitulada "Errata" na edição da Francisco Alves. Conclui-se, então, que a edição da Francisco Alves é posterior à do *Jornal do Commercio*, já que as gralhas apontadas na "errata" desta edição foram corrigidas na daquela. Porém, é difícil entender por que uma edição (Livraria Francisco Alves) que se supunha "revisada", como vimos anteriormente, incorre em erro semântico (*linguagem*); quando a outra edição (Typ. do *Jornal do Commercio*), anterior àquela, acerta (*linhagem*). Mas o problema não termina aqui e mostra até que ponto o desleixo editorial pode comprometer a leitura desse livro.

A própria "errata" da edição impressa pelo *Jornal do Commercio* contém uma falha de indicação de página, trocando-se 55 por 51, uma vez, na terceira menção dessa página. Esse erro dentro de uma "Errata" poderia ser suficiente para nos deixar

---

32 Dos oito artigos que compõem o volume, os três últimos foram publicados no *Jornal do Commercio* em agosto de 1907. A edição da Typografia do *Jornal do Commercio* foi lançada ainda naquele mês, como atestam alguns exemplares com dedicatórias vistos por nós.

admirados quanto ao descuido dessa primeira impressão de *Peru versus Bolívia*. Todavia, há algo mais abominável que surpreende e que vale a pena mencionar. Trata-se da nota do editor, logo após a lista das erratas: "E *outros* [erros] mais facilmente corrigíveis". Sem comentários...

O seguinte exemplo mostra com clareza, além das variantes notadas entre a versão manuscrita e as impressas, a dificuldade de se estabelecer a datação correta para esse momento histórico importante de que fala Euclides. Logicamente, a versão do *Jornal do Commercio* que será corrigida assume um erro cuja diferença histórica é de um século! Quanto às outras duas versões (*ms* e Francisco Alves), embora havendo uma discrepância de vinte anos, esta não deixa de ser grave. Contudo, não afastemos a conjectura de que o próprio Euclides tivesse corrigido a data de 1796 para 1776.

Em <u>1796</u>, o Vice-Reinado <u>do Peru, porque a</u> <u>sua</u> capacidade <u>legal para dominar</u> diminuíra, não se estendia, nem <u>mesmo virtualmente</u>, até às margens do Madeira. (*ms*)	Em <u>1876</u>, o Vice-Reinado, <u>cuja</u> capacidade <u>política</u> <u>para o domínio tanto</u> diminuíra, não se estendia, nem <u>visava estender-se</u>, até às margens do Madeira. (*Peru versus Bolívia*, Typ. do *Jornal do Commercio*, p.133)	Em <u>1776</u>, o Vice-Reinado, <u>cuja</u> capacidade <u>política</u> <u>para o domínio tanto</u> diminuíra, não se estendia, nem <u>visava estender-se</u>, até às margens do Madeira. (*Peru versus Bolívia*, Livraria Francisco Alves, p.133)

Que Euclides manejasse o espanhol escrito de forma imperfeita, fica claro nas tantas transcrições que ele faz de documentos em castelhano em *Peru versus Bolívia* e, em alguns casos, em *À margem da história*. Que nosso autor gostasse de parafrasear e glosar também é um dado conhecido e que explica a relação que Euclides tinha com suas fontes. Deixando de lado a ortografia antiga da fonte (anexo 56 da *Colección*) que ele utiliza no *ms*, concentremo-nos no modo como ele transcreveu o texto em espanhol para o *ms*.

"al Presidente y Audiencia de Charcas quanto hallareis conveniente variar para el mejor gobierno de los pueblos tanto en lo espiritual como en lo temporal pues este tribunal deberá proceder al examen de los puntos que les propongais y determinar lo que hallare justo bien sea por sí o dandome cuenta de lo que necesite mi Real determinacion…" (*Colección*, p.24)

"al Presidente y Audiencia de Charcas quanto julgasse conveniente variar para el mejor gobierno de los pueblos tanto en lo espiritual como en lo temporal, pues este tribunal deberá proceder al examen de los puntos y determinar lo que hallare justo… [incompleto]" (*ms*)

"al Presidente y audiencia de Charcas *quanto julgasse conveniente variar* para el mejor gobierno de los pueblos *tanto en lo espiritual como en el temporal*, pues este tribunal deberá proceder al examen de los puntos y determinar lo que hallare justo, *sea por si*, ó dandome cuenta de lo que nécesite mi Real determinacion…" (*Peru versus Bolívia*, Typ. do *Jornal do Commercio*, p.108)

"al Presidente y audiencia de Charcos *quanto julgasse conveniente variar* para el mejor gobierno de los pueblos *tanto en lo espiritual como en el temporal*, pues este tribunal deberá proceder al examen de los puntos y determinar lo que allare justo, *sea por si*, ó dandome cuenta de lo que nécessite mi Real determinacion…" (*Peru versus Bolívia*, Livraria Francisco Alves, p.108)

Substituindo o verbo *hallar* por *juzgar* e descuidando-se da ortografia (*julgasse* em vez de *juzgase*), Euclides omite parte da citação (*que les propongáis*) sem prejuízo de sentido; e aperfeiçoa a pontuação. Na versão impressa de 1907, notamos que o texto, em vez de melhorar quanto à questão ortográfica, piora. Emprega-se um "portunhol" que, decididamente, atrapalha a leitura, corrigindo-se possíveis "erros" que não são erros, cometendo-se outros (a troca do *lo* por *el*; um acento e um *s* desnecessários em *nécessite*). E, algo inexplicável para nós, a mudança na publicação feita pela Francisco Alves da forma verbal antes correta *hallare* por *allare*.

À margem da história

Chegamos, por fim, aos cadernos de notas que contêm ensaios do último livro de Euclides, *À margem da história*. Para ilustrar os tipos de problemas com os quais o pesquisador se confronta ao comparar seus textos com os das versões impressas, utilizaremos o rascunho do primeiro ensaio dessa obra: "Impressões gerais", da Parte I do livro *Terra sem história: Amazônia*.

Surpreende-nos já de início que o título original deste ensaio apareça no *ms* com sua ideia central modificada ("Preliminares — A Baixada Amazônica. História da terra e do homem"), omitindo o *sem* do título da versão impressa. Ora, isso já estaria indicando que Euclides em algum momento pensou ser possível narrar uma história sobre esse imenso território, mas logo abandonou a ideia, preferindo questionar, já em termos historiográficos, a viabilidade de se poder contemplar ou mesmo escrever uma possível história da Amazônia. Em linhas gerais, os dois textos, o *ms* e o publicado, são parecidos e suas teses

Ensaios e inéditos

semelhantes, não havendo grandes surpresas nem diferenças fundamentais no desenvolvimento dos conceitos. Mas observemos outro caso:

As "amazonas" de Orellana, os titânicos <u>"curiquerês" de Christóvam da Cunha, os "geants riches en or"</u> de Guillaume de L'isle, e a "Manôa del Dorado" de Walter Raleigh, <u>que formam</u>, no passado, um tão deslumbrante ciclo mitológico, acolchetam-se em nossos dias às mais imaginosas hipóteses <u>científicas</u>. (*ms*)	As "amazonas" de Orellana, os titânicos <u>"curiquerês"</u> de Guillaume de <u>L'Isle</u>, e a "Manoa del Dorado" de Walter Raleigh, <u>formando</u> no passado um tão deslumbrante ciclo <u>quase</u> mitológico, acolchetam-se em nossos dias às mais imaginosas hipóteses <u>da ciência</u>. (*À margem da história*, p.7)

Em todas as edições de *À margem da história*, o nome dos índios *curiguerés* (do espanhol) está incorretamente grafado (por exemplo, *curiquerês* na primeira edição, p.7; e *curriquerês* na *Obra completa*, p.133), aparecendo também, sem exceção, erroneamente creditado a Guillaume del'Isle nas versões impressas. Com a leitura do presente manuscrito, foi possível observar que o erro não é de Euclides, o qual atribuiu corretamente o uso do nome escrito dessa etnia indígena, pela primeira vez, ao jesuíta Cristóbal de Acuña, cronista da viagem de Pedro Teixeira ao Amazonas em 1639.[33] Trata-se, certamente, de erro editorial ou gráfico. Com efeito, além do nome de Acuña, que originalmente identificou os *curiguerés*, ficou também faltando,

---

33 O vocábulo "curiguerés" aparece no cap.LXIII, p.30 do livro de Acuña, *Nuevo descubrimiento del gran río de las Amazonas*.

nas edições de *À margem da história*, um epíteto dado pelo cartógrafo francês Guillaume del'Isle, *"geants riches en or"*, e que foi
utilizado em seu mapa (*Carte de la Terre Ferme du Perou, du Bresil
et du Pays des Amazones*, 1703). Certamente, del'Isle não aplicou
esse epíteto (e aqui há outro equívoco) aos *curiguerés* mas, sim,
aos *mutuanis*, "que lón dit etre des geans riches en Or, habitans a
2. mois dechemin de lem bouchure de la Riviere"[34] [*sic*]; tendo
o cartógrafo ainda manuseado, certamente, o texto de Acuña
como fonte. Se Euclides também fez uso da referida fonte de
Acuña e dessa passagem sobre os nativos da Amazônia, com
toda probabilidade notou que o padre espanhol menciona
também índios "gigantes de diez y seis palmos de altura, muy
valientes; andan desnudos, traen grandes patenas de oro en las
orejas, y narices..." (de Acuña, *Nuevo descubrimiento*, p.30). A
supressão desse trecho do *ms* em *À margem da história*, provavelmente, passou despercebida a Euclides durante a correção das
provas do livro, realizada um mês antes de sua morte.

Cabe ainda acrescentar, no contexto trágico dos dias que
preludiaram essa data derradeira para Euclides, uma importante nota dos editores portugueses no final de *À margem da
história*, e que agora transcrevemos:

> Quando se procedia à composição deste livro, feita sobre o
> original, a morte, tragicamente, abruptamente, veio roubar-lhe
> o carinho desvelado, que o autor lhe prestava na sua revisão, aten-

---

34 Transcrevemos a grafia de Guillaume del'Isle tal como aparece no
   seu mapa.
   ["que dizem ser gigantes ricos em Ouro, residentes a dois meses
   de caminhada desde a boca do Rio".]

Ensaios e inéditos

ta à nova grafia da Academia Brasileira. Não podendo, portanto, ser totalmente feita pelo malogrado escritor, julgamos que a edição nada sofrerá em relação à grafia, não só pela orientação comunicada por Euclides da Cunha, mas também pela acurada atenção prestada à obra depois do fatal acontecimento, que tanto nos contristou. O malogrado escritor reconheceu o cuidado havido, pois que na última carta que nos dirigiu, datada de 25 de julho de 1909, diz assim:

"Recebi ontem as provas do livro e hoje as devolvo, revistas. Como verão, a nova grafia da Academia continua a perturbar-me grandemente na revisão. Devo aceitá-la por coerência; mas na realidade atraído por tantos afazeres, não tive ainda tempo de exercitá-la. As minhas próprias cartas denotam esta desordem gráfica. Em geral, obedeço por hábito. É feição antiga.

Felizmente, o revisor de V. S. não procede mecanicamente, como quase todos; é realmente homem inteligente e acautelado – como o demonstram as últimas provas que recebi..." (*À margem da história*, p.[391]).

A nota, que inclui esta que foi uma das últimas cartas de Euclides, é seguida de uma curta lista de dezessete erratas, na última página da primeira edição. Pobre Euclides que, querendo confiar no revisor anônimo e demonstrando tamanha generosidade, já não dispunha de tempo e, quem sabe, nem de espírito para mais um trabalho ingrato de revisão. O revisor anônimo, na verdade, não era tão hábil como Euclides pensava. Entretanto, como a carta sugere, o escritor estava assoberbado de trabalhos e com certeza com a cabeça ainda mais ocupada de problemas familiares. Não havia paz nem concentração que tanto pedem os livros nesses momentos finais de execução.

Em *À margem da história* passaram muitos outros erros que o *ms* também nos ajudou a descobrir e que, até agora, em sua maioria, ainda não foi corrigida, prejudicando os vários sentidos do texto: *galerias* [...] *a esconder* [...] *rematam-nas prodígios* (p.8) em vez de *geleiras* [...] *a escandir* [...] *rematam--nas em prodígios*; *delindo-se* (p.12) em vez de *diluindo-se*; *The Amazons...* (p.13) em vez de *Brazil. The Amazons...*; *à ficção do direito* (p.14) em vez de *à ficção do direito internacional*; *Furtado de Mendonça* (p.20) em vez de [Francisco Xavier de] *Mendonça Furtado*;[35] e outros, cuja menção seria enfadonha e até mesmo fatigante para o leitor.

Outro ensaio, talvez menos palatável para os leitores de hoje em dia, mas que oferece uma oportunidade ímpar para nossos comentários é "Viação sul-americana", inserido na Parte II (Estudos vários) de *À margem da história*. Novamente aqui, a começar pelo subtítulo dado a essa segunda parte, já se nota um problema de inconsistência. Enquanto no índice da primeira edição esta parte do livro se intitula "Vários estudos", quando chegamos à página que abre este segundo segmento lemos "Estudos vários". O leitor já imaginará a diferença semântica entre essas duas formas do subtítulo e poderá concluir que Euclides com toda certeza deve ter optado por "Vários estudos", uma vez que os três ensaios que ali estão contidos ("Viação sul-americana", "Martín García" e "O primado do Pacífico") pertencem a um núcleo temático que está relacionado ao continente americano e que concerne a aspectos geopolíticos e expansionistas, do ponto de vista econômico, dos dois hemisférios, norte e sul.

---

35 Trata-se do irmão do poderoso marquês de Pombal.

Ensaios e inéditos

Tanto em sua organização como em sua legibilidade, a impressão que nos dá "Viação sul-americana" é de uma fatura relativamente simples. Todavia, essa falsa impressão se desfaz quando consultamos as notas manuscritas de Euclides para escrever esse estudo. Aliás, o vocábulo *estudo* se encaixa muito bem no espírito desse seu artigo, porque através da mesma consulta percebe-se claramente o processo de aprendizagem deixado por Euclides nos três textos. A percepção que temos é a de que aqui o assunto de cada um deles ainda está sendo explorado ou estudado; e "Viação sul-americana" não é exceção, já que seu tema principal (as ferrovias sul-americanas) não era da especialidade de Euclides. Mas a curiosidade de nosso escritor, somada a seus profundos conhecimentos de engenharia civil, autoriza-o a imiscuir-se em matéria difícil, mas de enorme interesse continental na virada do século XIX para o XX.

De modo geral, a complexidade de "Viação sul-americana" reside no rigoroso manejo de cálculos de distâncias geográficas, leituras de pareceres técnicos enfadonhos, porém necessários, produzidos por engenheiros ferroviários, leituras sobre o expansionismo territorial e os meios de comunicação terrestre, e o embate entre civilização e barbárie. Possivelmente seja esse ensaio o que lhe custou mais horas de trabalho para a discussão de um assunto que às vezes se torna até tediosa. Isso explica, em grande parte, o desinteresse que os críticos até agora tiveram por esse e outros textos, impregnados de cálculos matemáticos, considerados "menores" de Euclides, como é o caso também de *Peru versus Bolívia*. Novamente, *prima facie*, a redação final e publicada de "Viação sul-americana" em sua enganadora simplicidade esconde todo o enorme trabalho que o escritor teve para armar os andaimes de seu texto. E é por isso mesmo

45

que somos levados a pensar que o esforço dispensado nessa construção não tenha sido tão elaborado. Contra essa primeira impressão, baste-nos examinar as diferentes passagens manuscritas do ensaio para verificarmos que Euclides ensaia, no melhor sentido desta palavra, várias vezes, buscando a solução estilística ideal, ao mesmo tempo que procura ajustar os dados numéricos às fórmulas empregadas.

A rigor, porém, esses fatos são notas marginais do que realmente se discute em seu ensaio, porque um verdadeiro subtexto nos revela aspectos surpreendentes de "Viação sul-americana" que podem iluminar um capítulo da história do Brasil e da vida de Euclides. Referimo-nos, está claro, a dois deles: a rivalidade entre o Brasil e a Argentina e a relação já um tanto conturbada entre Euclides e o barão do Rio Branco, naquele preciso ano de 1907. Quanto ao primeiro, uma expressão como "deixando o Brasil de lado" ou "como se o Brasil não existisse" no contexto das Conferências de Washington e do México, e o humilhante reconhecimento da "inferioridade econômica" brasileira diante do abastado vizinho, exemplificam, a modo de uma espécie de diário íntimo, o contraste entre as primeiras e espontâneas impressões que lhe chegavam à mente ao correr da pena e, mais tarde, os resguardos linguísticos de Euclides e sua autocensura ao dar ao público seu texto final. Nesse sentido, ao escolher entre "inferioridade econômica" (*ms*) e "subalternidade econômica" (*À margem da história*, p.165), ele ficou com a segunda, suavizando assim, e quase neutralizando, o sentimento de inferioridade que feria de frente a vaidade nacional e que ficou registrado no rascunho das páginas de uma de suas cadernetas. De forma semelhante, optou por não transportar a frase "A nossa rivalidade com a grande república" do *ms* para o livro. E

Ensaios e inéditos

adotando igual critério, as duas frases denotativas da exclusão do Brasil nas discussões em torno da "Pan American Railway" (Conferências de Washington e do México) não entraram na redação final do ensaio, posto que, se tivessem entrado, poderiam ter acirrado mais ainda os ânimos patrióticos de Euclides em detrimento de uma visão mais clara e objetiva de um assunto já delicado por natureza e também passível de criar certos constrangimentos impertinentes a uma discussão diplomática.

Quanto ao segundo aspecto, algo totalmente diferente ocorre. Na versão final, na justa passagem em que se menciona o visconde do Rio Branco, como presidente da comissão de engenheiros que em 1876 discutiu as diferentes opções ferroviárias para o Brasil, Euclides não se furta da oportunidade de mostrar o fracasso dos intermináveis debates e dezesseis (!) projetos discordes, resultando nada menos que trinta pareceres disparatados quando as discussões foram retomadas em 1904 no Club de Engenharia. Ora, além de criticar a profusão de documentos e a falta de consenso, impedindo uma clara, pronta e final decisão sobre o assunto, não deixa de haver aqui também uma irônica farpa dirigida ao visconde, pai do barão do Rio Branco, como responsável pela comissão de estudos.

O patriotismo de Euclides era verdadeiramente genuíno e foi ele que, contrapondo as características mais dissonantes entre a Argentina e o Brasil, deu esse tom de rivalidade às discussões de "Viação sul-americana". Convenhamos que admitir esse "nosso atraso" acerca de uma superioridade em quilômetros ferroviários dos argentinos não deveria ser nada fácil para Euclides. No entanto ele o faz, justificando esse incômodo reconhecimento e dando como causa de nosso atraso menos a incompetência do governo brasileiro que certos fatores histó-

47

Euclides da Cunha

ricos, geográficos e até mesmo raciais. Segundo Euclides, ao passo que na Argentina o contingente formado pelos primeiros espanhóis e mais tarde por outros imigrantes europeus apenas "[m]udou de hemisfério, sem mudar de latitudes" (*À margem da história*, p.167), encontrando assim um ambiente excepcionalmente favorável à sua ocupação; no Brasil, para se domesticar a terra, foi necessário primeiro formar o homem "capaz de a combater" (p.166). Urgia que este se tornasse bárbaro, à semelhança do meio físico, para ganhar nesse embate contra a Natureza. Em última instância, os pampas argentinos favoreceram aquela nação, enquanto os "píncaros arremessados" (p.167) dificultaram e em alguns casos impediram a construção de ferrovias no Brasil. Como argumento, a comparação se faz através daquele determinismo cansado e tão típico da ensaística euclidiana. E não sendo suficiente a tese da influência do meio sobre o indivíduo, lança-se a da adaptação das raças que se amoldam, transformando-se ou apurando-se.

Mas quando tudo parece pender para o lado favorável da Argentina, nosso patriótico Euclides ajusta o fiel da balança para argumentar, agora antiteticamente, sobre a "fatalidade geográfica" do país vizinho. "A Argentina sofrerá mais que todos os países os efeitos da vindoura rota marítima [pelo Canal do Panamá] destinada a alterar profundamente o giro dos escambos internacionais" (p.177). Antípoda de conclusões definitivas e no melhor espírito do gênero *ensaio*, "Viação sul-americana" mostra-nos o destino inexorável da Argentina, incapaz até mesmo de ser evitado pelo gênio de um estadista, quando nas notas manuscritas Euclides argumenta que "[o]s ideais de seus melhores estadistas, da escola de Rivadavia, têm hoje uma realidade prática, tangível, mensurável até em quilô-

Ensaios e inéditos

metros". Decida o leitor pelo melhor caminho dessa notável disparidade de vistas. Não satisfeito com a defesa nacionalista colocada acima de todos os argumentos técnicos, o escritor, como também o faz para o caso do Peru, termina declarando em ambas as versões, no manuscrito e em *À margem da história* (p.178-9), o "imperialismo ferroviário argentino", o que nos faz voltar à noção dos atenuantes linguísticos para, mais uma vez, problematizarmos a objetividade do autor.

O estudo das versões manuscritas de "Viação sul-americana" nos revela ainda um conjunto considerável de textos que Euclides manuseia, além dos quatro mencionados nas seguintes páginas da versão impressa: *The Industria. Address Delivered by the Bolivian Minister, Mr. Ignacio Calderón* (p.176); *Memoria*[*l*], de Emilio Schnoor (p.183); *O problema da viação*, de Hermillo Alves (p.190); e *Memoria que presenta el ministro de Fomento*, de Andrés S. Muñoz (p.192). Acrescentam-se a esses, portanto, os seguintes, que ou serviram de base para nosso escritor ou foram apenas citados e/ou parafraseados, mas sem os dados bibliográficos ou notas de rodapé:

1. *Reconnoissance* [*sic*] *Report upon Proposed System of Bolivian Railways by W*[illiam] *L*[ee] *Sisson, C. E.* La Paz: Tipografia y Litografia Boliviana Heitmann y Cornejo, May 1905 / *Informe del reconocimiento sobre el proyectado sistema de ferrocarriles bolivianos por W. L. Sisson, ingeniero civil.* La Paz: Tipografia y Litografia Boliviana Heitmann y Cornejo, mayo 1905. v.1-2.

2. *S. A. M.*, December 1907.[36]

---

36 Trata-se provavelmente de uma revista intitulada *South American Magazine*, a qual não foi possível localizar nos arquivos e bibliotecas.

3. *Monthly Bulletin of the International Bureau of the American Republics*, v.23, n.6 (December 1906), p.1382.
4. Domingo Faustino Sarmiento, *El Chaco* (p.206-400). In: *Obras de D. F. Sarmiento*, "Civilización y barbarie". Buenos Aires: Imprenta y Litografía "Mariano Moreno", 1896. Tomo VII.
5. Herbert H. Smith, *Do Rio de Janeiro a Cuyabá:* notas de um naturalista. Rio de Janeiro: Typ. da Gazeta de Noticias, 1886.

Guardadas as devidas proporções, ao que parece, este ensaio de Euclides é o que mais depende de um grande número de fontes em relação a todos os demais escritos. São no total nove trabalhos – livros e artigos – que nosso autor estuda e utiliza para a confecção de sua obra. Nesse exercício de escritura e reescritura do ensaio em busca da melhor forma e precisão dos dados, notam-se trechos referidos às fontes que foram reescritos pelo menos quatro vezes. Cada uma dessas tentativas de redação indica por sua vez o cuidado de Euclides para com a linguagem e o esmerado trabalho de polimento de sua escritura.

Como em outro caso já analisado aqui, o cotejo entre a versão manuscrita, a do *Jornal do Commercio*, e a impressa em *À margem da história* serviu para corrigir erros crassos que comprometem a qualidade científica do texto. Citamos alguns deles: "83" Km (p.172) em vez de "183" Km; "1.504" Km (p.172) em vez de "1.564" Km; "celebrado em 1900" (p.174) em vez de "celebrado em 1906"; "transpondo o Paraná e o Urupungá" (p.179) em vez de "transpondo o Paraná em Urubupungá"; "1.080 milhas" (p.181) em vez de "2.000 milhas";

Ensaios e inéditos

"o valor e os direitos" (p.183) em vez de "o valor e os defeitos"; "Km 459" (p.184) em vez de "Km 450"; "600 metros" (p.185) em vez de "500 metros"; "121 Km" (p.189) em vez de "124 Km"; "Yucuiba" (p.194) em vez de "Yacuiba"; e muitos outros menores.

Essa série de fragmentos manuscritos de "Viação sul-americana" que Euclides legou à posteridade deixa entrever um procedimento que alhures denominamos "reciclagem textual". Tal procedimento consiste, dentro do processo da escritura euclidiana, no sentido derridiano, em tirar uma ideia ou tomar uma frase de efeito de um texto e transportá-la a outro. Observe-se, por exemplo, a articulação intertextual do conceito de *roubo* com atributos positivos (e aqui está outro paradoxo); ou da forma como o rio, tanto o Amazonas ("Impressões gerais") como o Paraguai ("Viação sul-americana"), usurpam suas terras, transportando-as e criando novos territórios.

[O Amazonas] é o menos brasileiro dos rios. É um estranho adversário, entregue dia e noite à faina de solapar a sua própria terra. [...] ("Impressões gerais", p.13)	"Assim, deste bloco roubado [pelo Rio Paraguai] ao Brasil se formou grande parte das planícies do Grã-Chaco e [dos] pampas argentinos" ("Viação sul-americana", p.187)

Não deve passar despercebida essa observação de Euclides sobre o déficit ufanista do Amazonas em ensaio também onde os sentimentos do escritor ligados à pátria são muito fortes. Contudo, atente-se para mais uma passagem extraída de "Impressões gerais" e reciclada em "Viação sul-americana":

[...] com o lúcido Frederico Katzer, [...] numa longa romaria ideal pelos mais remotos pontos do globo e pelas mais remotas idades, [...] entre os capítulos severos do sábio, abre-se-lhe uma página de Milton: as análises positivas rematam em prodígio, as vistas abreviadas nos microscópios desafogam-se, dilatando-se na visão retrospectiva de um passado milenário; e traçadas as linhas estupendas de uma geografia morta, abre-se-lhe aos olhos a perspectiva maravilhosa[37] daquele extinto oceano médio-devônico que se estendia sobre o Mato Grosso e a Bolívia, cobrindo quase toda a América e chofrando no levante as velhas vilas de Goiás [...] ("Impressões gerais", p.8-9)

[...] que Fred. Katzer nos revelou, abrindo nos seus capítulos severos uma página de Milton. Os raciocínios do geólogo rematam em prodígio, e, abrindo-se à fantasia um passado milenário, restauram-nos a imagem retrospectiva da imensa massa de águas, que se adunavam sobre Mato Grosso e Bolívia, estendendo-se para o Norte, ilhando o Brasil inteiro, das ribas de Goiás para o levante. ("Viação sul-americana", p.186)

Encaremos agora mais de perto a feição literária deste ensaio. Entre as fontes que o auxiliaram nesse processo, Euclides se instrui na de Domingo F. Sarmiento, autor consagrado da literatura argentina. Fora do domínio histórico ou científico deste e de outros escritores, seus mestres em todo o caso, Euclides sempre busca neles não só conhecimento, mas também

---

37 No original: maravilhosa de seu ~~daquele~~.

Ensaios e inéditos

aquelas instâncias em que a linguagem, além de trabalhar a favor da descrição ou da argumentação do autor, se mostra também figurada ou conotativa; isto é, aqueles momentos em que de pleno direito o texto entra no quadro de um ensaio literário pelo viés discursivo exibindo sua admirável potencialidade sugestiva e artística. Há inúmeros exemplos em Sarmiento, tantos que nos desviaríamos de nosso assunto principal. Fiquemos somente com dois deles:

El ferrocarril llegará en tiempo para estorbar que venga a reproducirse la lucha del desierto, ya que la pampa está surcada de rieles.

El mal que aqueja a la República Argentina es la extensión.[38]

A inteligência incomum de Euclides soube arranjar essas duas frases num contexto inegavelmente propício. Sarmiento faculta aos trilhos uma qualidade humana de desbravador e de lutador que se embate contra a barbárie (leia-se: as áreas inóspitas da geografia de seu país) onde quer se instalar a civilização. E, de novo, dando um carácter anímico à terra, o escritor argentino cria um intrigante paradoxo. A extensão que em princípio deveria ser um bem termina sendo um mal.

É com esse tipo de linguagem construída por metáforas, prosopopeias, antíteses, paradoxos, oximoros etc. que a es-

---

38 A primeira frase aparece em *El Chaco* e a segunda, no início do cap.I de *Facundo*, dois dos livros da trilogia sarmientina.

["As estradas de ferro chegarão a tempo para dificultar a possibilidade de uma luta do deserto, já que o pampa está sulcado de trilhos. O mal que assola a República Argentina é a extensão.".]

critura euclidiana vai se alimentando ao longo da carreira do autor.

Por fim, para lidar com um assunto que o próprio autor reconhece como "árido" ou "seco", só mesmo a linguagem do artista ou do poeta, que, sabendo fazer uso da língua, cria seu discurso individual. Ilustremos um desses momentos, antes de encerrar nossos comentários.

[...] e favorecida de circunstâncias tão felizes que lhe permiti-ram aumentar o seu patrimônio moral com o próprio desenvol-vimento da riqueza, a unidade nacional firma-se-lhe agora não já sobre teorias ou programas controversos[,] mas rigidamente com vínculos de ferro que irradiam [e] se reticulam em todos os rumos –

Em resumo: os ideais dos próceres da pátria, como os de Rivadavia, espelham-se na realidade e esta, mensurável em qui-lômetros de trilhos, contribui para a unidade nacional, a qual só se consolidara graças aos trilhos de aço espalhados pelo ter-ritório argentino. Colocada a questão em termos metafóricos, uma vez mais a Argentina ganha porque suas ferrovias carregam o progresso, gerando riquezas para o país e, por conseguinte, elevando o moral de seu povo. Percebe-se a inutilidade de levar adiante tal argumento comparando esse país com o Brasil. Nas entrelinhas já estaria a dura constatação: naquela época, o bra-sileiro, lamentavelmente, estaria desmoralizado pelo patente atraso nesse setor de comunicações e transporte.

Dispersos

1

93[1]

Tenho diante de mim uma página de V. Hugo;[2] é através dessa lente extraordinária que vejo esse amálgama formidável de luzes e trevas – de lágrimas e sangue –; essa loucura pavorosa de um povo sobre a qual, antítese extraordinária – rebrilha a consciência eterna da História...[3]

Filho d'este século – que brotou da Revolução Francesa, como a luz dos incêndios – é com o entusiasmo o mais ardente e elevado – que procuro – lançando o pensamento através da História – a legião fogosa e audaz dos Girondinos, esses

---

1 Manuscrito lançado no *Caderno de cálculo infinitesimal* (*c.*1885). Fonte: Fundação Biblioteca Nacional. Depois de uma cuidadosa revisão, republicamos estas páginas que já haviam aparecido em *Poesia reunida* (p.294-9), com o intuito de oferecer ao leitor uma nova versão com melhor legibilidade.

2 O autor se refere ao romance *Quatrevingt-treize* (1874), sobre a Revolução Francesa, escrito por Victor-Marie Hugo (França, 1802-1885), em quem Euclides se inspira.

3 No original: História... § ~~Há de fato nessa época alguma cousa~~ § Filho

doudos divinos – doudos porque tinham a razão além do seu tempo – no futuro –!

Há duas épocas primordiais na História: uma, é aquela em que Cristo morreu pelas ideias do povo – a outra, a em que o povo se ergueu pelos ideais de Cristo;[4] numa cruz abrindo os braços à Humanidade, ergueu-se n'Ásia, ao lado do passado;[5] n'outra a Humanidade abrindo os braços no livro, ergueu-se na Europa, ao lado do futuro... Entre elas o tumultuar titânico dos povos... Entre elas a suprema agonia da Humanidade, as cóleras impotentes dos heróis, os esquadrões malditos dos tiranos; as guerras – distração dos reis; as inquisições – divertimento dos padres; o mundo acorrentado aos tronos, a consciência encarcerada nas Catedrais!...

Estas épocas são os pontos culminantes da História. Entre elas as Cruzadas – em que os túmulo do primeiro republicano do mundo teve uma guarda de reis e em que os padres se uniam aos homens pª morrer; entre elas a Inquisição – em que os padres separavam-se dos homens – pª matar!...[6]

A primeira – é sublimemente triste; o pensador ante ela estaca inerte, combalido e obscurecido e sente o vácuo no cérebro, um entorpecimento profundo abate-lhe a inteligência, só sente que tem vida – pelo coração e no coração apenas: porque chora:[7] esta, marca a morte de Cristo.

---

4 No original: Cristo; a ergueu-se na Ásia – simboliza-se numa numa

5 No original: passado; f n'outra

6 No original: matar!.. § Na A primeira delas – é sublimemente triste; o espírito do pensador

7 No original: chora: nesta marca

Ensaios e inéditos

A segunda é terrivelmente sublime, – febril, numa férvida
expansão de ideias, a sua mente dilata-se – e ele ergue-se altivo
e forte, sentindo a vida concentrada no cérebro; esta, marca a
ressurreição do povo!... noventa e três!...[8]

Foi, por certo, terrível aquela época; foi decerto fatal aquela
explosão formidável de cóleras acumuladas em dezesseis séculos; a sombra pavorosa da populaça – essa hidra de milhares[9]
de corpos e uma só cabeça – Marat;[10] conjuntamente com os
castelos feudais e as coroas da tirania, derribou, calcou em
terra m^{ta} fronte de inocente e nobre; em toda aquela sublimi-
dade houve m^{to} crime horroroso e cruel; m^{tos} heróis, na ebriez
da luta, empunharam o ferro de Caco;[11] m^{tos} miseráveis empunharam o punhal de Bruto;[12] vibraram, palpitaram naquela
convulsão enorme todas as cambiantes do sentimento humano; há ali o sublime – a tomada da Bastilha; o horrível, a morte
de Antonieta, o ridículo – a morte da Du Barry;[13] tal quadra

---

8 No original: três!... § ~~Noventa e três~~ § Foi

9 No original: milhares e de

10 Jean-Paul Marat (Suíça, 1743-França, 1793), físico, jornalista e político. Líder do grupo radical dos Montanheses, durante a Revolução
   Francesa.

11 Caco (*Cacus*, em latim), na mitologia romana, era filho do deus do
   fogo, Vulcano; foi assassinado por Hércules após ter lhe roubado o
   gado. Na *Eneida*, Virgílio retrata-o como um gigante semi-humano.
   Na *Divina comédia*, de Dante Alighieri, Caco é um centauro.

12 Bruto (*Marcus Junius Brutus*, em latim. Roma, 85 a.C.-Grécia, 42
   a.C.), político romano, suicidou-se após perder a batalha de Filipos
   na Grécia. Notabilizou-se por ser um dos líderes da conspiração
   que levou ao assassinato do imperador Júlio César em 44 a.C.

13 Maria Antonieta (Áustria, 1755-França, 1793), esposa do rei Luís
   XVI, e a condessa Du Barry (França, 1743-1793), amante do rei
   Luís XV, foram guilhotinadas após a Revolução Francesa.

Euclides da Cunha

arranca-nos um brado de glória, tal arranca-nos um grito de horror; há ali Vergniaud[14] – o soldado mais firme da Justiça, morrendo vítima da injustiça revolucionária; há ali Barère, Louvet, Roland, Grégoire; Barbaroux; Desmoulins, Danton[15] – a voz do povo – rude, selvagem, vibrante e alevantada; e m^{tos} outros, são os bons, são os heróis; erguem-se no centro pavoroso das cóleras, calmos e fortes, o verbo iluminado pela verdade e pela justiça; mas há ali, Robespierre,[16] correto, casquilho e frio, um pedante enluvado e empoado, que desviou por algum tempo a revolução de seu norte glorioso, precipitando-a no crime – reservado a uma morte trágica; há ali Santerre[17] – um bruto; d'Herbois, um idiota; Saint-Just[18] – um louco e sobre todos, pálido, andrajoso, sombrio, a boca crispada na garra de

---

14 Pierre-Victurnien Vergniaud (França, 1753-1793), estadista e porta-voz dos Girondinos, também guilhotinado ao fim da Revolução.

15 Euclides cita vários revolucionários franceses: Bertrand Barère (1755-1841), Jean-Baptiste Louvet (1760-1797), Jeanne-Marie Roland (1754-1793), Henri Grégoire (1750-1831), Charles Jean-Marie Barbaroux (1767-1794), Camille Desmoulins (1760-1794) e Georges-Jacques Danton (1759-1794).

16 Maximilien Robespierre (França, 1758-1794), um dos mais expressivos nomes entre os Jacobinos; criou e liderou o Comitê de Segurança Pública, órgão revolucionário de governo durante o chamado Reino do Terror. No ano seguinte ao da Revolução, foi destituído e guilhotinado.

17 Antoine Joseph Santerre (França, 1752-1809), membro do movimento herbertista no período da Revolução.

18 Jean-Marie Collot d'Herbois (França, 1749-Caiena, Guiana Francesa, 1796) e Louis-Antoine-Léon de Saint-Just (França, 1767-1794) integraram, ao lado de Robespierre, o Comitê de Segurança Pública. Saint-Just e Robespierre foram guilhotinados no mesmo dia, junto a outros vinte comissionados, durante a Reação Termidoriana.

Ensaios e inéditos

um sarcasmo terrível, o olhar desvairado e incisivo – um alucinado – Marat![19]

Mas esse caos imenso, essa imensa desordem – essa extraordinária anarquia, não o negueis, encerram a lógica inquebrável, a lógica fatal da História.

Expliquemo-nos.

A Revolução Francesa não começou em 1789, começou em 33; não principiou na França, principiou na Ásia; não rugiu pela primeira vez no lábio de Mirabeau,[20] falou pela boca de Cristo: a Revolução Francesa veio do passado, veio de mui longe, foi a colaboração de todos os povos; retemperou-se através dos séculos; cada homem, cada família, cada sociedade contribuiu com seu contingente para formá-la; todos os grandes acontecimentos da História impelem pª ela a Humanidade, por isso ela foi multiforme e gigante: a Reforma ensinou-a a pensar, e ela criou Condorcet,[21] a Inquisição obrigou-a a odiar, ela gerou Marat; na sua marcha eterna a humanidade tende de há mᵗᵒ pª ela; o Feudalismo – criou-lhe a reação da cólera,[22] por isso ela foi sangrenta; a Cavalaria aproximou-a da Glória,

---

19 No original: Marat! ~~Caos levantado por sobre~~ § Mas esse caos imenso, ~~por sobre~~ essa
Cinco dessas personagens foram objeto da poesia de Euclides. Vide os respectivos poemas "Dantão", "Marat", "Robespierre", "Saint-Just" e "Madame Roland" em *Poesia reunida*, p.103-5, 108 e 196.

20 Honoré-Gabriel Riqueti, conde de Mirabeau (França, 1749-1791), figura de destaque da Assembleia Nacional Francesa nas fases iniciais da Revolução.

21 Marie-Jean-Antoine-Nicolas de Caritat, marquês de Condorcet (França, 1743-1794), um dos principais revolucionários formuladores de ideias progressistas.

22 No original: cólera, ~~impeliu~~ por

por isso ela foi grande –. As Cruzadas aproximaram-na de Deus, Deus impeliu-a pª o futuro, por isso ela foi fatal...[23]

A Revolução Francesa, pois – não foi um[24] fato extraordinário, que se isolasse da evolução da Humanidade, foi perfeitamente lógica.[25] Muito antes d'ela deu-se uma revolução mui mais pujante, que a preparou – e que, no entanto, pª muitos passa inapercebida; esta revolução profunda irrompeu dos cérebros de três homens e penetrou na alma da multidão; tendo de cada uma dessas individualidades, o caráter essencial; ela bateu os velhos preconceitos com a Ciência, com o Direito e com o riso – porque estas individualidades eram Diderot, Rousseau e Voltaire...[26]

Destas três forças uma era infalível – a Ciência, outra invencível – o Direito e a outra Cruel – a Ironia; a primeira iluminou a fronte dos Girondinos; a segunda palpitou no coração do verdadeiro povo parisiense e estrugiu na boca de Danton;[27] a terceira disseminou-se na vasta camada dos cépticos; trancou os corações à piedade, fechou as frontes à ideia e quedou-se depois fúnebre, terrível e cortante no lábio lívido de Marat!..

Esta criou[28] a Guilhotina – esse triângulo tão diminuto aonde inscrevia-se a Eternidade...

*
*   *

---

23 No original: fatal... § ~~Rousseau profetizou~~ A

24 No original: um [~~ilegível~~] fato

25 No original: lógica. ~~É filha da História.~~ Muito

26 Denis Diderot (França, 1713-1784), Jean-Jacques Rousseau (Suíça, 1712-França, 1778) e Voltaire (François-Marie Arouet, França, 1694-1778), notáveis filósofos iluministas, autores, dentre outros, da *Encyclopédie* (1743-1772).

27 No original: Dantão

28 No original: criu

Ensaios e inéditos

Mas, perdoemos a Revolução.

Façamos um supremo esforço; sejamos surdos aos gemidos das vítimas; cegos aos clarões flamívomos dos incêndios; esqueçamo-nos daquelas legiões sombrias e ensanguentadas que a macularam; esqueçamos o homem formidável, o atleta colossal que irrompeu de seu seio febricitante, fez por um instante o mundo dobrar-se ao peso de sua espada e foi depois finar-se enjaulado no infinito – Napoleão[29] e lembremo-nos de alguma cousa que sem ela se arrastaria ainda combalido, tendo sobre o seio a pedraria feudal; de alguma cousa que transborda de luzes – luzes daquela enorme explosão – e marcha pelo influxo de todas as ideias – o Século XIX.

Euclydes

---

29 Napoleão Bonaparte (França, 1769-Ilha de Santa Helena, 1821), general e ambicioso imperador (1804-1814, 1815).

2
Revolucionários[1]

O republicano brasileiro deve ser antes, antes de tudo, revolucionário.

Expliquemos o paradoxo.

A noção elevada da Pátria – despida hoje da feição sentimental que a caracterizava – assume hoje as proporções de uma brilhante construção cerebral em que entram, como elementos únicos, necessários e claramente correlativos, as concepções do tempo e do espaço.

Mais, talvez, do que filho de uma região, o homem da modernidade é filho do seu tempo.

---

1 Fonte: *Revista do Gremio Litterario Euclydes da Cunha*, Rio de Janeiro, 1915, p.2. Extraído de um caderno escolar datado de 1888, hoje perdido; trata-se da redação primitiva, incompleta e com ligeiras variantes do artigo de idêntico título estampado no jornal *A Provincia de São Paulo* (hoje, *O Estado de S. Paulo*) na edição de 29 dez. 1888, sob o pseudônimo Proudhon. Desse caderno perdido, a única página que nos restou em fac-símile (divulgada à p.7 da referida revista) foi aquela em que Euclides escreveu o pequeno poema "Os lêmures", publicado em *Poesia reunida*, p.258-9.

Euclides da Cunha

Vinculado ao território pela tradição e pela família, a humanidade, que é a generalização desta, e a história que é a síntese daquele – vinculam-no ao seu século.

Da perfeita harmonia destas duas concepções resultará o homem moderno.

Compreender a Pátria, com um ou outro destes elementos isolados, é incompatibilizar-se com o movimento evolutivo do progresso; é partir do egoísmo infecundo e criminoso de Bismarck,[2] que só aspira ao[3] progresso da Alemanha – ao altruísmo exagerado e não menos infecundo de Anarchasis Cloots,[4] declarando-se cidadão – do MUNDO!

A marcha das sociedades traduz-se hoje melhor pelo equilíbrio dinâmico dessas duas concepções.

Devendo aos esforços das gerações do passado a altitude prodigiosa de sua individualidade, preso pelas impressões ao território da Pátria, o cidadão moderno, na elevação imensa em que o princípio geral da relatividade o obriga a colocar o seu espírito desde que pense no futuro – fastígio a que só pode atingir pela ciência, – dominado pelo cosmopolitismo desta – fraterniza-se forçosamente aos seus coevos.

---

2 Otto von Bismarck (Alemanha, 1815-1898), primeiro-ministro do reino da Prússia (1862-1873, 1873-1890), que após várias batalhas unificou a Alemanha, tornando-se também o primeiro chanceler de seu império (1871-1890).

3 No original: o

4 No original: Anarchassio Clootz
Jean-Baptiste du Val-de-Grâce (Alemanha, 1755-França, 1794), conhecido por Anacharsis Cloots. Revolucionário jacobino francês e figura destacada na Revolução Francesa.

Ensaios e inéditos

É uma fraternidade que[5] se estabelece – pelo coração e pelo cérebro; é um sentimento orientado pelo raciocínio, cuja existência demonstra-se com a mesma frieza e tão positivamente como um princípio da mecânica e cuja feição mais característica diz-se – CIVILIZAÇÃO.

É esta de fato – a nossa Pátria – no tempo.

Negá-la, é negar a função mais elevada da Ciência –; da Ciência que além de estabelecer – na forma filosófica, a vasta solidariedade do espírito humano – sob a sua forma solidária. – Como a arte – subordina inteiramente a esta solidariedade as exigências da vida moderna. Assim compreendida – e não há outro meio – a posição do indivíduo na modernidade – enfrentemos desassombradamente a nossa questão.

Euclydes da Cunha

---

5 No original: que estabelece

3
A raça e a guarda negra[1]

De nosso lado parte também um aplauso – sincero e espontâneo à guarda negra.[2] Vemos, no seu aparecimento, a subordinação forçada dos acontecimentos às leis naturais. Toda a reação, além de igual, é oposta à ação. Ante o batalhão sagrado

---

1 Fonte: *Revista do Gremio Litterario Euclydes da Cunha*, Rio de Janeiro, 1915, p.11. Extraído de um caderno escolar datado de 1888, hoje perdido; trata-se da redação primitiva, incompleta e com ligeiras variantes de um dos artigos da série "Atos e palavras", estampado no jornal *A Provincia de São Paulo* (hoje, *O Estado de S. Paulo*) na edição de 12 jan. 1889, sob o pseudônimo Proudhon.
No original: A raça negra
O título "A raça negra" foi mencionado na nota final da publicação, na qual são citados os textos transcritos do caderno de 1888. Com efeito, Euclides certamente deu este título ao artigo, que no jornal saiu somente com o nome da coluna: "Atos e palavras".
2 Grupo de negros capoeiristas que, com violência, apoiavam a Monarquia e insurgiam-se contra o Partido Republicano. Vide Medrado, *A origem e a formação da guarda negra (1888-1890)*. José do Patrocínio respaldava o grupo em seus artigos no jornal *Cidade do Rio*, enquanto Rui Barbosa fazia críticas no *Diario de Noticias*.

do futuro iluminado e audaz – ela devia aparecer – escura, obscura e bruta...

Mas não impregnemo-la; antes, aplaudamos aos heróis obscuros, que com tanta abnegação e estoicismo colocam ao lado do trono o petrópolis salvador...

Vejamos em tudo isto – uma das formas de sua afetividade, tão brilhantemente, comprovada pelos fisiologistas.

Tanta gratidão comove. Se não tivermos [sic] de romper com um propósito friamente estabelecido – expandir-lhe-íamos toda a nossa emoção, num ditirambo – ardente e harmonioso...

*

*　*

Um publicista da Corte manifestou, há dias, a ideia de um conflito de raças – como o que se deu, e ainda não desapareceu de todo – nos Estados Unidos.

Não acreditamos nisto.

Como tudo que é anormal, isto não é geral.

Demais, a raça negra em sua essência nimiamente[3] efetiva, harmoniza-se admiravelmente à raça latina; profundamente vinculada à nossa sociedade, a este conflito não procederia uma separação – mas uma extirpação, o que é impossível; três séculos de exploração indigna e subordinação forçada não conseguiram abastardar-lhe o gênio, e ela aliou às nossas mais gloriosas tradições e aos ramos mais elevados de nossa atividade o nome ilustre de seus filhos.

---

3 No original: unimemente
    Preferimos utilizar o termo que aparece na versão publicada n'A Província de São Paulo.

Ensaios e inéditos

Não confundamo-la com a guarda-negra – esta simboliza, na cor denegrida, uma espécie tristíssima de eclipse total da moral e da inteligência; aquela – heroica, sofredora e forte – tem como dinamômetro à sua fortaleza – a espada impetuosa de Henrique Dias e a sua verdadeira cor – irradiou na fronte iluminada de Luiz Gama.[4]

Euclydes da Cunha

---

4 Henrique Dias (Pernambuco, 1600-1662), soldado, herói negro alforriado e líder militar que lutou com os portugueses contra os holandeses no Brasil; Luiz Gonzaga Pinto da Gama (Salvador, 1830-São Paulo,1882) ficou conhecido como um rábula que conseguiu alforriar, pela via judicial, mais de quinhentos escravos.

GAZETA DE NOTICIAS — Sexta-feira 22 de Junho de 1894

que não se decompõe a maior parte das substancias organicas, e que, no entanto, é sufficiente para destruir os micro-organismos que vivem nos pós como verdadeiros parasitas. Além d'essa precaução indica mais a de ser feito um curativo por occlusão com algodão antiseptico, após a applicação do pó esterilisado em uma ferida ou em uma ulcera, afim de impedir a contaminação ulterior do pó.

Tal é a summa do trabalho que foi-nos enviado e cujo valor só póde ser estimado pelos competentes.

O delegado da 16ª circumscripção mandou proceder o corpo de delicto em Delmiro Antonio Mariano, que se acha em tratamento no hospital da Misericordia, com um braço fracturado em consequencia da queda que deu de um bond, no largo do Pedregulho.

Exercito

E' superior á da guarnição hoje o capitão Antonio Hungria de Andrade.

— Esta do dia no quartel general o alferes honorario Luiz de Albuquerque.

— O 9º regimento da cavallaria dará o official para ronda de visita.

Realisou-se ante-hontem a inauguração da nova linha da companhia telephonica do Estado de S. Paulo, entre a capital e a cidade de Santos.

Ao acto assistiram o presidente do Estado e seus secretarios e grande numero de pessoas gradas.

Preston hontem na faculdade livre de sciencias juridicas e sociaes do Rio de Janeiro exame das materias do primeiro

---

AS CATAS

Minas possue ruinas antigas e cheia de magestosa tristeza — embora não se traduzam por imponentes escombros de muralhas derruidas, palacios soterrados de cidades extinctas, restos de columnas, vastos ornamentos de dolmens seculares ou immemoriaes monumentos cyclopicos, d'esses que irrompem as idades, indestructiveis, graças á prodigiosa argamassa que lhes une as moles superpostas — o peso.

Os que sondam o seio da lendaria terra, estão bem certos que ella não os surprehenderá com um pedaço de marmore, admiravelmente talhado e animado pelo vigor eterno de algum genio antigo.

A nossa breve historia, o nosso passado de hontem ainda, ao envez do da antiguidade classica, não se traduz por um povo immortal de estatuas, fallando através do magestoso rythmo dos poemas. Perde-se na penumbra de impervias florestas, resumido nas lendas ingenuas das tribus. Não precisamos, para estudal-o, decifrar velhissimas inscripções, abertas em faces de obeliscos, ou resuscitar a linguagem morta dos papyrus.

Apezar d'isto, porém, quem segue o roteiro penoso de uma estrada mineira, interrompe muitas vezes o curso da viagem, divisando, inesperadamente, ao longe, no extremo do horizonte, a apparição phantastica quasi, de uma cidade immensa...

---

hora no seio silencioso de uma cata deserta — phantastica cidade de uma população de duendes...

Campanha, 20—5—94.

EUCLYDES DA CUNHA.

Theatros e...

GASPAR DO NASCIMENTO

No salão da Real Sociedade Club Gymnastico Portuguez e perante numerosa e very selected assistencia, realisou ante-hontem o tenor portuguez Gaspar do Nascimento o seu concerto de apresentação ao publico fluminense.

Além do cantante, tomaram parte no concerto os distinctos artistas F. do Nascimento, V. Cernicchiaro e E. Lamberg, os quaes, como habitualmente succede, foram justamente applaudidos.

O tenor Nascimento cantou nove trechos de diversas operas e a canção hespanhola La Partida, revelando qualidades muito apreciaveis.

Tem bom methodo de cantar, phraseia bem e diz com bastante expressão. Não é tenor de bravura, nem de meio caracter; é um tenor lyrico. A sua voz, extensa bastante, não possue grande volume nem perfeita igualdade de timbre. As notas agudas, emittidas com algum esforço, bem como as do registro grave, são bem timbradas e limpidas; as do registro médio, porém, resentem-se de um certo tom nasal, que lhes prejudica a belleza.

O publico applaudio-o francamente, e

---

o intrepido Hercules, ambos actualmente em esplendidas condições de entrainement.

— Grande Dezeseis de Julho — Consta que tres conhecidos sportmen entabularam negociações para a compra da egua Magdalena, inscripta n'este grande premio e no qual é a mais temivel competidora do heroico Jura.

São muito promettedores os galopes de exercicio do cavallo Kean, igualmente inscripto no Grande Dezeseis de Julho. Esse bello alazão, filho de Petrarch, e, portanto, irmão de Figaro que em 1891 foi o vencedor do Grande Cosmos do Derby-Club, trabalha com o D'Artagnan, batendo-o quasi sempre.

GRAND PRIX DE PARIS

Dolma-Baghtché, a vencedora da mais importante prova classica da França, foi montada por seu jockey habitual Dodge e estava cotada a 20/1, o que significa dizer que não passava de um azar. Dolma-Baghtché, que nova triumpho acaba agora de dar á écurie do barão de Schickler, é filha de Krakatos e Alaska. Anteriormente ao Grand Prix havia obtido o 2º logar no Prix Lagrange, ganho por Pompon, e vencido o Prix de Diane, de 25.000 frs.

Matchbox, por Saint Simon e Matchgirl, pertencente a Sir. F. Johnstone, que obteve a 2ª collocação, estava cotado a 2/1. Era, portanto, o grande favorito, de parceria com Polygone igualmente cotado.

FRONTÃO LAVRADIO

Bastante concorrida e animada estava hontem a funcção deste frontão, mesmo não comparecendo o Tucuman que entrou

---

As catas.

4
As catas[1]

Minas possui ruínas antigas e cheias de majestosa tristeza – embora não se traduzam por imponentes escombros de
muralhas derruídas, palácios soterrados de cidades extintas,
restos de colunas, vastos ornamentos de *dolmens* seculares ou
imemoriais monumentos ciclópicos, desses que irrompem as
idades, indestrutíveis, graças à prodigiosa argamassa que lhes
une as moles superpostas – o peso.

Os que sondam o seio da lendária terra, estão bem certos
que ele não os surpreenderá com um pedaço de mármore, admiravelmente talhado e animado pelo vigor eterno de algum
gênio antigo.

---

1 Fonte: *Gazeta de Notícias*, Rio de Janeiro, 22 jun. 1894, p.2. Sob o
mesmo título, Euclides escreveu um famoso poema em duas versões,
ambas datadas de 1895. Extraindo da versão em prosa elementos e
motivos (capitais *vs.* ermos desolados, paz *vs.* ruído, bandeirantes,
duendes etc.) que ele aproveita na versão em versos, Euclides ex-
prime iguais sentimentos de desolação, decadência e ruínas. Vide
Cunha, *Poesia reunida*, p.272-5 e 369-72.

A nossa breve história, o nosso passado de ontem ainda, ao invés do da antiguidade clássica, não se traduz por um povo imortal de estátuas, falando através do majestoso ritmo dos poemas. Perde-se na penumbra de impérvias florestas, resumido nas lendas ingênuas das tribos. Não precisamos, para estudá-lo, decifrar velhíssimas inscrições, abertas em faces de obeliscos, ou ressuscitar a linguagem morta dos papiros.

Apesar disto, porém, quem segue o roteiro penoso de uma estrada mineira, interrompe muitas vezes o curso da viagem, divisando, inesperadamente, ao longe, no extremo do horizonte, a aparição fantástica quase, de uma cidade imensa...

Altas e agudíssimas ogivas, perdendo-se no espaço, n'um arranco insensato para os céus, como as que há trezentos anos tão bem caracterizavam os exageros da arquitetura gótica e os delírios da fé; deprimidas basílicas, imponentíssimas e amplas, lembrando templos de Bizâncio; colunas policromas, meio derrocadas umas, altaneiras outras, nos peristilos de partenons serenos e elegantes; circos romanos, disformes coliseus; pórticos e arcarias vastíssimas estampam-se ante o olhar deslumbrado, iludido. Incoerente amálgama de todas as ordens arquitetônicas, onde tumultuam as mais discordantes ficções da arte humana, disseminadas, desde a desordem sistemática dos arabescos à áspera rudeza dos menires, desde a harmonia retilínea das fachadas gregas às voltas suavíssimas das volutas!...

Quem observa semelhante cenário – adormida a razão, altamente expandida a fantasia – completa os enganos da miragem, vendo um como fervilhar de multidões distantes, em longínquo rumor de vida soberana. Esporeia o cavalo, vinga rapidamente a distância que o isola da olímpica cidade e antolham-se-lhe então em frente, desoladas e ermas, as velhas Catas mineiras, rodeadas pelo silêncio majestoso dos sertões.

Ensaios e inéditos

Vi-as, pela primeira vez, após um dia entregue todo à faina improdutiva de mineralogista principiante, à cata de humílimos espécimes de calcário, procurando as cores fracas das dolinas, no mesmo local onde há um século afanosamente se procurava o ouro.

Vastas, tintas pelo vermelho duro de óxido de ferro que as cobre, envoltas pelos últimos lampejos do poente, com as suas profundas erosões, cortes a prumo, bizarros acidentes, derramando-se pelas encostas das colinas afastadas – patenteavam aspecto belíssimo e grandioso.

Passara por ali a febre esterilizadora, o bafejo causticante da ambição humana.

Há um século, talvez, agitara-os um simulacro de vida, defluido da existência revolta dos garimpeiros; sociedade aventurosa e atumultuada, vivendo através de uma vertigem, agitando-se sem progredir, e cuja feição moral, como que se estampou indelevelmente no próprio aspecto singular, movimentado e imóvel, das Catas desoladas e tristes.

Toda a sua vida, fugaz, extinguiu-se ao cintilar no solo a última esquírola de ouro. Hoje, em flagrante contraste com a natureza exuberante que as rodeia, revolvidas e imóveis, elas recordam trágicas cidades bíblicas subitamente paralisadas, peadas à maldição incoercível dos profetas.[2]

Penetrar-lhes o seio é trocar a fantástica necrópole pela miniatura do caos. Montanhas de barro, monstruosas e informes, orientadas em todas as direções, e cujos donos, aspérrimos,

---

2 Euclides evoca a epígrafe transcrita na versão II do poema homônimo: *"Lembram cidades bíblicas esmagadas sob a maldição incoercível dos profetas... (De um autor obscuro)"*. In: Cunha, *Poesia reunida*, p.369.

como que conservam ainda sulcos indeléveis de garras; depressões escuríssimas e fundas; amplas galerias, desordenadas, cruzando-se; criptas profundas, cumuladas de treva...

Nem um arbusto lhes suaviza a estranha monotonia. Cinge-lhes a trama, impenetrável, às vezes, das florestas virgens, em cujos seios, perene e surda, trava-se luta prodigiosa pela vida. Mas a planta que não consegue a distinção das lianas para fugir à sombra, morre à míngua de luz, sem invadir-lhes o espaço vazio e iluminado.

Foram-lhes roubados com o ouro todos os elementos da vida. Elas permanecerão perenemente estéreis. São como um documento eterno dos desvarios da nossa existência nacional. Abriu-as nos sertões a onda tumultuosa dos *Bandeirantes*.[3] Estes, que podiam constituir o nosso único título para uma epopeia brasileira, têm, é certo, à primeira vista, nas marchas aventurosas, lampejos de heroicidade.

Seguir-lhes a rota, porém, é procurar os cenários de espantosos dramas. Realizaram uma antítese assustadora — invadiram a própria pátria.[4] Sem um ideal, jungidos à vertigem da riqueza, agindo automaticamente, sob a obsessão de atraentes Eldorados, a sua marcha não foi, certo, um êxodo do regímen colonial para o seio de uma nacionalidade futura que intentassem construir, afastados do litoral, longe dos galeões da metrópole — no meio dos sertões.

Iluminou-a do começo ao fim o incêndio das malocas, definiu-a sempre o assalto brutal e criminoso à terra. Quando passavam, mais tristes permaneciam as chapadas incultas, cheias

---

3 No original: *Bandurrantes*

4 Outro dos tantos paradoxos do autor. Compare-se: "um exílio paradoxal dentro de nossa própria terra". ("Notas políticas").

Ensaios e inéditos

da derrocada das tabas, da imensa dor[5] das tribos espavoridas, cobertas pela ruinaria eterna das catas...[6]

É por isto talvez que estas desdobram o aspecto desolado de vastas cidades mortas. Abortos monstruosos da atividade inconsciente, na faina de procriar ruínas, noto-lhes, entretanto, hoje, uma função qualquer, civilizadora talvez para alguns, consoladora com certeza para muitos.

Aos crentes e fortes, alentados pela aspiração augusta e por ventura altruísta, de oferecer todas as energias ao levantamento moral da sua terra, dizem na eloquência silenciosa da própria desolação, todos os perigos e males que encalçam aos povos que se não nacionalizam à luz de um verdadeiro ideal, jazendo como acampados apenas numa certa zona do globo; aos fracos e desalentados, aos velhos de cabelos pretos, afistulados de desilusões em plena mocidade... Sei de um que abandonou um dia o meio rendoso de opulenta capital, repleta de toda alacridade embriagadora das ovações triunfais, transudando brilhos ofuscantes, animada pelo constante deambular de multidões febris – e sente-se melhor nesta hora no seio silencioso de uma cata deserta – fantástica cidade de uma população de *duendes*...[7]

Euclydes da Cunha
Campanha, 29 de maio de 1894.

---

5 No original: dos

6 Essa perspectiva patética e iconoclasta, porém corretíssima do bandeirante, encerra igual visão de Francisco de Paula Ribeiro, resgatada por Euclides na citação do ensaio embrionário "O último bandeirante", e que faz parte deste livro.

7 Vide carta de 7 jul. 1904 para José Veríssimo (p.211-2) e a de 20 mar. 1907 para Oliveira Lima (p. 326-8), nas quais Euclides alude aos mesmos sentimentos. In: Cunha, *Correspondência de Euclides da Cunha*.

5

Fenômeno interessante[1]

Prosseguindo nas considerações anteriores,[2] devemos declarar que o fenômeno geológico ocorrido em Santos deve despertar o mais vivo interesse, embora sem o valor que teria se fosse originado pelo concurso das forças interiores do nosso

---

1 Fonte: *O Estado de S. Paulo*, São Paulo, 1 jan. 1897, p.1.

2 Apesar de sugerir ser uma continuação, além de trazer o mesmo título de artigos publicados nas duas edições anteriores do jornal, apenas o presente artigo nos parece ter sido redigido por Euclides, haja vista a grande divergência de estilos entre os dois primeiros e este último. O primeiro estampa telegramas noticiando o fato. O segundo, em formato comum de artigo, traz informações gerais. Já o terceiro, muito mais aprofundado, seguramente foi feito por pessoa mais gabaritada e que esteve *in loco* averiguando a situação. De fato, nas edições dos dias 30 e 31 dez. 1896, o jornal noticia a presença de engenheiros naquela localidade. Extraímos o seguinte telegrama da edição do dia 31, enviado de Santos no dia 30: "[...] chegaram hoje aqui os srs. drs. Orville Derby, Alfredo Lisboa, Euclides Cunha, Manoel Tapajós e Gonzaga de Campos, todos os quais foram à vila Macuco e examinaram o interessantíssimo fenômeno de que lhes dei notícia". Curiosamente, o jornal estampou apenas a inicial "E.", como assinatura.

Euclides da Cunha

planeta. De origem recentíssima, geologicamente, a formação dos hidrocarburetos saturados da erupção deve ter sido iniciada numa época muito anterior à nossa existência histórica quando, provavelmente, o mar, cobrindo toda a várzea que ora se estende até à ponta da Barra, impelia as suas ondas até à base do Montserrat.

Esta tentativa de retrospecção assume o vigor de uma dedução científica considerando-se, de um lado, a seção vertical do solo naquele lugar, definida pela sondagem realizada, e, de outro, as conchas marítimas lançadas pela coluna emergente.

A sonda, depois de cindir a última camada de argila e determinar a violentíssima expansão, parece, realmente, ter atingido, na parte arenosa, a antiga praia, lentamente repelida para leste, até a formação do canal existente.

Para os que conhecem a estrutura geológica e a disposição topográfica daquela região – esse fato é altamente explicável. E, se considerarmos que o nosso atual período geológico é francamente caracterizado pela natural rapidez da decomposição das rochas, principalmente das que, como o gneiss, dão lugar, em virtude duma decomposição, à formação de argila, ele pode ser explicado sem a consideração de movimentos seculares de ordem mais elevada.

De fato, lentamente obstruído pelos sedimentos argilosos conduzidos das montanhas circunjacentes pelas grandes enxurradas, o mar, naquele ponto, recuando para leste, foi lentamente substituído pelo pântano que, por sua vez, de envolta com os destroços de sua vegetação característica, foi coberto pela camada impermeável e crescente de argila.

Assim revestidos e livres da ação redutora da atmosfera, os destroços vegetais e animais, por meio de uma destilação ex-

Ensaios e inéditos

tremamente lenta, originaram os produtos voláteis a que nos referimos, constituindo um gás natural, que nem sempre indica a existência do petróleo.

Do que acabamos de expor, conclui-se que a natureza realizou naquelas paragens, numa escala muitíssimo menor, com enorme redução de espaço e de tempo, o processo geral por ela adotado, segundo a opinião predominante entre os naturalistas, para a formação dos combustíveis minerais.

Substituamos à vegetação enfezada e deprimida dos mangues atuais as sigilárias elegantíssimas e altas ou as cicas majestosas da idade paleozoica; revistamo-las com a mesma argila impermeável e deixemos que, sobre esse mundo vegetal extinto e comprimido pelo depósito constante de sucessivos estratos sedimentários, se desdobre a extensão indefinida das idades da terra...

É a teoria de Hunt,[3] sustentada brilhantemente por Kroemer[4] e verificada experimentalmente por Engler,[5] para a formação dos combustíveis fósseis. Assim se originaram, com mais ou menos intensidade, segundo maior ou menor antiguidade, as jazidas de gás natural de Ohio e da Pensilvânia.

Menos feliz que Pittsburgh, porém, Santos não possui uma jazida capaz de, por largo tempo, iluminá-la e dar às suas fábricas a maravilhosa força motora derivada de 300.000 metros cúbicos de gás por dia.

_____

3 Thomas Sterry Hunt (Estados Unidos, 1826-1892), químico e geólogo.

4 Karl Maximilian Wilhelm Kroemer (Alemanha, 1871-1956), botânico.

5 Carl Oswald Viktor Engler (Alemanha, 1842-1925), químico.

Euclides da Cunha

A jazida de Pittsburgh foi atingida a 1.320 pés de profundidade e durou cerca de quinze anos com imperturbável intensidade. A de Santos, descoberta à flor do solo, quase será efêmera e terá afinal um único valor: abalar um pouco a nossa indiferença tradicional pelo estudo do nosso próprio país.

E.

6

As santas cruzes[1]

No dia 3 de maio de 1902, não sei mais em que incumbência da minha engenharia ingrata, eu seguia, a cavalo, da Vila de Redenção para S. Luís do Paraitinga. Ia escoteiro e rápido, apertando nas esporas o burro ronceiro num meio galope troteado e duro,[2] enquanto, retardado, o camarada, um esplêndido companheiro, o Quincas Ruivo, forceja por avançar do mesmo, rápido, mas sem perder de vistas os sucessivos desvios ou *erradas*, recortando a estrada e pelas quais, às mais das vezes, eu desastradamente entrava.

---

1 Manuscrito lançado no Talonário da Superintendência de Obras Públicas do Estado de São Paulo (*c.*1902). Fonte: Acervo do Grêmio Euclides da Cunha. Este trecho foi primeiramente transcrito na *Revista do Gremio Euclydes da Cunha*, Rio de Janeiro, 15 ago. 1917, p.6-7, com vários erros, os quais pioraram nas edições que se seguiram da *Obra completa*. O título deste fragmento alude a uma observação que Euclides faz às *"santas cruzes* agoireiras" no artigo "Numa volta do passado", publicado na revista *Kosmos*, Rio de Janeiro, ano V, n.10, out. 1908.

2 No original: duro, ~~mal encalcado pelo camarada~~ enquanto

"Seu doutor é pra direita…"

"Toque à esquerda, patrão!"

E lá íamos. Conforme um hábito antigo, mercê do qual as maiores distâncias desaparecem-me em horas, que me parecem cinco minutos, eu me entregava à contemplação tenaz dos mínimos incidentes das paisagens, ora numa análise miúda, destacando um a um os mínimos pormenores; ora inteiramente deslumbrado, no galgar um outeiro[3] pelo conjunto da terra [interrompido]

---

3 Na versão publicada pela RGEC, usa-se a palavra "critério", e na OC (p.826), "cimo", ambas incorretas.

A década…

7
A década... [1]

A década que vai de 1815 a 1825 foi essencialmente romântica. Passada a formidável desordem napoleônica, viu-se que os
mesmos exageros e gloriosas loucuras do curso que estavana-
damente arremetera com a civilização constituíam poderosos
estímulos à renovação geral dos espíritos. As guerras continuadas, sucessivas, campanhas semanais a assoberbar fronteiras,
exércitos em que se confundiam todas as línguas [2] parece terem
tido pelo menos um efeito: embaralharam inextricavelmente os
destinos das raças. De sorte que quando a tormenta passou, a
remoção dos destroços, o renovar do que se destruíra – o con
serto de toda a história universal que se abalara – implicavam
uma tarefa de conjunto e a convergência de todas [ilegível] [3]

---

1 Manuscrito avulso, sem título (*c.*1904). Contém no verso o rascu-
nho, também sem título, do poema "Nota prosaica" (1904). Vide
Cunha, *Poesia reunida*, p.374. Fonte: Fundação Biblioteca Nacional.
O título "A década..." foi dado por nós.

2 No original: línguas ~~tiveram – o efeito preexcelente~~ parece

3 Este e o próximo *ilegível* referem-se a trecho destruído à margem do
ms, equivalente a uma palavra.

Euclides da Cunha

forças nacionais. À Santa Aliança, [ilegível] vir firmada por amor da autoridade governamental fundamente ferida, contrapôs-se a aliança instrutiva dos povos. E o romantismo despontara no espírito a um tempo imaginoso e positivo de Goethe, como a fórmula superior da nova idade que se abriu, como se[4] entre as glórias sanguinolentas de um passado ainda recente —[5] e as vastas perspectivas do seu futuro duvidoso, repassasse à alma das nacionalidades a tristeza desalentada de *Werther*, de par com o idealismo vigoroso do *Fausto*. Em toda a parte, as mesmas esperanças trabalhadas de dúvidas e a ânsia de viver, retraindo-se à imagem retrospectiva das catástrofes...

Daí o traço de uniformidade característico de todas as manifestações do espírito;[6] e – mais expressiva ainda – a solidariedade, nunca dantes igualada entre a alma popular e o gênio dos pensadores. Na mesma ordem política, o[7] abstrato princípio das nacionalidades, imergente, ressoava nas rimas dos poetas; e quando os movimentos populares [interrompido]

---

4 No original: se ~~Realmente estava — assombradas pelas pelas~~ entre
5 No original: recente – ~~os povos surgiam~~ e
6 No original: espírito; ~~do traço mesma ciência remontando à mecânica celeste de Laplace ou aflorando maior na filosofia de Hegel~~ e
7 No original: o ~~pro~~ abstrato

8

O último bandeirante[1]

... "uns com clavinas velhas na maior parte sem fechos, e outros com pedaços de pau porque nem todos chegam a possuir aquelas clavinas velhas: distribui-se-lhes quatro ou seis onças de pólvora, às vezes podre, porque lhe tem a umidade e o tempo extorquido o salitro, e um punhado de chumbo de atirar aos pássaros, não só porque não aparecem outras munições melhores, mas também porque ainda que aparecessem não haveria bocas de fogo capazes de sofrê-las. Descalços de pé e perna é que quase todos eles se apresentam, e sendo obrigados a marchar, carregando sobre seus ombros quanto possam comer por oito dias, e às vezes beber, se tem que transitar por matas secas..."[2]

---

1 Manuscrito lançado em caderneta (*c.*1906-1909). Fonte: Cecil H. Green Library, Stanford University.
No original: § – ~~Geografia heroica~~ – § – O último bandeirante – § ~~Em toda parte~~ § ..."uns

2 Trecho extraído de "Memória sobre as nações gentias que presentemente habitam o continente do Maranhão" pelo major graduado Francisco de Paula Ribeiro, em 10 de maio de 1819, *Revista Trimensal de Historia e Geographia* ou *Jornal do Instituto Historico e Geographico Brasileiro*, p.445.

Era[3] deste jeito, consoante o depoimento incorruptível de um cronista, que arremetiam os "bandeirantes" com a terra. Estamos, como se vê, muito longe do aparato garboso[4] que a fantasia empresta aos grandes caçadores de escravos, de minas, e de perigos. Nem[5] a couraça rebrilhante, nem a própria bandeira desfraldada – que a não tinham – simbolizando um ideal ou um programa. Os nossos[6] máximos heróis aparecem-nos na história *descalços de pé e perna*...

E foi, mais ou menos assim que
Fernão[7] Dias Paes Leme entrou pelo sertão.[8]
Conforme o robusto alexandrino de Bilac.

---

3 No original: secas..." § ~~E assim, consoante à frase do cronista.~~ Era deste ~~modo~~ jeito,

4 No original: garboso ~~Há tempos Lendo há tempos o notável livro do Dr. Adolpho Pinto, acerca da Viação que a fantasia se compraz em talhar-nos~~ que
O cronista mencionado por Euclides é Adolpho A. Pinto, autor de *Historia da viação publica de S. Paulo*, por ele resenhado nos artigos "À margem de um livro" I e II, publicados n'*O Estado de S. Paulo* em 6 e 7 nov. 1903.

5 No original: Nem a couraç~~as~~ rebrilhante~~s~~, nem a~~s~~ própria~~s~~ bandeira~~s~~ desfraldada~~s~~
Optando por deixar a oração no singular, Euclides esqueceu-se de riscar o "s" do termo *rebrilhantes*.

6 No original: nossos ~~maiores~~ máximos

7 No original: que § ~~Pedro~~ Fernão
Pretendendo mencionar Fernão Dias Paes Leme (São Paulo, 1608-Minas Gerais, 1681), um dos mais renomados bandeirantes, Euclides escreveu *Pedro* (15??-1633), pai de Fernão, corrigindo depois.

8 Verso que faz parte do poema "O caçador de esmeraldas", de Olavo Bilac, publicado na segunda edição de *Poesias* (1902), p.255.

9
Regatão sagrado[1]

Há uns vinte anos, o bispo do Pará, d. Antônio de Macedo Costa,[2] comovido diante da decadência[3] dos costumes amazônicos, planeou construir o *Cristóforo* — navio-igreja ou vasta basílica fluvial com os seus campanários, os seus púlpitos, os seus batistérios, os seus altares e o seu convés afeiçoado em nave — flutuando perpetuamente sobre as grandes águas, indo e vindo em[4] constantes giros dos mais populosos rios aos paranás mais desfrequentados, por maneira que, das cidades ribeiri-

---

1 Manuscrito lançado em caderneta (*c.*1906-1909). Fonte: Cecil H. Green Library, Stanford University. Este fragmento foi parcialmente publicado em Almeida; Cunha, Euclides inédito, *Revista de História da Biblioteca Nacional*, Rio de Janeiro, ano 4, n.47, ago. 2009, p.32-4.

2 Dom Antonio de Macedo Costa (Bahia, 1830-Minas Gerais, 1891), décimo bispo do Pará, nomeado pelo papa Pio IX em 1860. Em 1890 transfere-se para a Bahia, nomeado arcebispo de Salvador.

3 No original: decadência ~~moral da Amazônia~~ dos costumes amazônicos, planeou ~~a construção do~~ construir

4 No original: em ~~permanentes~~ constantes

nhas aos vilarejos mais tolhiços e sem nome, onde ele ancorasse nas escalas transitórias, se difundissem os influxos alentadores da[5] fé, e descessem sobre as gentes simples, relegadas da cultura humana o consolo, a surpresa magnífica e o encanto das[6] repentinas visitas do bom Deus em viagem.

A ideia não se efetuou; e foi pena. Ela denunciava, documento sobre a índole romântica[7] do prelado, um lúcido conhecimento dos homens, e tato sutilíssimo de verdadeiro apóstolo sabedor do império surpreendente dos símbolos e das imagens.[8]

Imagine-se a cena: um[9] arraial longínquo, adormecendo ao cerrar da noite, entristecedoramente, na quietude daquelas solidões[10] monótonas; e despertando na antemanhã seguinte com uma catedral ao lado, feito a metrópole de um dia da civilização errante. No alto da barranca, despertas pelos sinos,[11] as gentes surpreendidas, em massa, vistas pasmadas, já não reconhecem[12]

---

5 No original: da ~~cruz~~ fé, e descessem sobre as ~~populações~~ gentes simples, relegadas ~~do convívio civilizado~~ da

6 No original: das ~~inesperadas~~ repentinas

7 No original: romântica ~~daquele~~ do prelado, ~~esse~~ um lúcido conhecimento dos homens, e ~~seu~~ tato

8 Compare-se essa frase com a seguinte de "Solidariedade sul-americana" (À margem da história, p.158): "Tinha a força sugestiva e dominadora dos símbolos e das imagens".

9 No original: um ~~povoado~~ arraial

10 No original: solidões ~~tristonhas~~ monótonas

11 No original: sinos, ~~as populações habitantes~~ as

12 No original: reconhecem ~~mais~~ o

Ensaios e inéditos

o próprio chão onde nasceram e assistem. Um milagre tangível:[13]
ao invés da [interrompido][14]

---

13 No original: tangível: ~~desapareceu a barreira avergoada dos enxurros,
desapareceu o largo sendal das caçaremas que as debruam; avançando e na breve arqueadura do rio onde se amortece a corrente e se
rebalsam as águas~~ ao

14 Na página oposta do manuscrito Euclides lançou, aleatoriamente:
"E neste empenho sagrado faz cousas 'que não lembrariam ao diabo'
para citar-se a frase predileta de famoso La Palisse eclesiástico. § os
roxos mururés boiantes como velhas ~~grinaldas~~ coroas de finados §
um recanto, iluminado, do Céu § sobrepeliz – branca, pálio, escar-
padura, tremedeira, borocotós, esteiro, enladeirado" [interrompido]

10
Preâmbulo ao Inferno verde *de A. Rangel*[1]

A Amazônia, ainda sob o aspecto estritamente físico, conhecemo-la aos fragmentos. Mais de um século de perseverantes pesquisas e uma literatura inestimável de numerosas monografias mostram-no-la sob incontáveis aspectos parcelados. O espírito humano deparou, ali, o maior dos problemas fisiográficos, e versando-o, tem-se atido à marcha obrigatoriamente analítica que se, por um lado, é a única apta a facultar elementos seguros determinantes de uma síntese ulterior, por outro lado, impossibilita o descortino desafogado do conjunto. Mesmo nos recantos das especialidades, realizam-se,

---

1 Manuscrito lançado em caderneta (1907). Fonte: Fundação Biblioteca Nacional. O título deste ensaio foi dado por nós, cuja versão definitiva, sob o título "Preâmbulo", foi publicada em Rangel, *Inferno verde* (1908, p.3-21). Alberto do Rego Rangel (Pernambuco, 1871-Rio de Janeiro, 1945) foi companheiro de Euclides na Escola Militar do Rio de Janeiro. Transferindo-se para Manaus, abrigou o escritor em seu chalé da Vila Glicínia, na época em que Euclides chefiava a Comissão de Reconhecimento do alto Purus (1905).

Euclides da Cunha

ali, diferenciações forçadas: aos geólogos,[2] iludidos pela falsa aparência de uma rara uniformidade estrutural, ainda não lhes sobrou o tempo para definirem, precisamente, um único horizonte paleontológico; aos botânicos, não lhes chegam as vidas, para atravessá-la à sombra de todas as palmeiras... Lemo-los; instruímo-nos; edificamo-nos;[3] apercebemo-nos dos mais positivos ensinamentos acerca das inúmeras faces particularíssimas da terra; e, à medida que as divisamos melhor, vai-se-nos turvando, mais e mais, o conspecto da sua fisionomia geral. Restam-nos linhas vigorosas e longamente desunidas. Escapa-se-nos, de todo, a enormidade que só se pode medir,[4] repartida; a amplitude, que se tem de diminuir, para avaliar-se; a grandeza, que só se deixa ver, através dos microscópios;[5] e o infinito, que se dosa, a pouco e pouco, indefinidamente...

Mas ao mesmo passo,[6] convém-se em que este processo, sobremaneira analítico e de longo discurso vagaroso, é fatal. A inteligência humana não suportaria, de golpe, o peso daquela realidade portentosa. Terá de crescer, ajustando-se-lhe, lento e lento, para pulseá-la. O exemplo de Walter Bates[7] atesta-o. O grande naturalista assistiu mais de um decênio na Amazônia,

---

2 No original: geólogos, ~~a princí~~ iludidos

3 No original: edificamo-nos; ~~aparelhamo-nos~~ apercebemo-nos

4 No original: medir ~~indefinidamente div~~ repartida

5 No original: microscópicos; ~~e um~~ e

6 No original: passo ~~assentem-se~~ convém-se

7 Henry Walter Bates (Inglaterra, 1825-1892). Importante naturalista inglês, que junto de Alfred Russel Wallace partiu para a Amazônia em 1848, com o intuito de recolher material botânico e zoológico para o Museu de História Natural de Londres. Esteve por onze anos no Brasil.

Ensaios e inéditos

efetuando descobertas memoráveis que estearam o evolucionismo nascente, e, durante aquele período de aturado esforço, não saiu da estreita fita de terra à margem direita do grande rio, que se desata de Belém a Tefé. Dali,[8] surpreendeu todos os institutos da Europa. Conquistou a admiração de Darwin.[9] Dilatou as ciências naturais. E, ao cabo de tamanha empresa, poderia afirmar que não esgotara o próprio recanto onde se acolhera. Não vira a Amazônia. Daí o ter visto muito.[10]

É natural. A terra é ainda misteriosa. O seu espaço é como o espaço maravilhoso de Milton:[11] esconde-se em si mesmo. Anula-a a própria[12] amplitude nivelada a desaparecer por todos os lados, na mesma fatalidade geométrica da curvatura do planeta, ou iludindo as vistas mais argutas, com o uniforme angustioso de seus aspectos imutáveis.[13] Para vê-la, é mister

---

8 No original: Dali, ~~ampliou~~ surpreendeu
   O trecho anterior já tinha sido aproveitado por Euclides em "A baixada amazônica. História da terra e do homem".

9 Charles Robert Darwin (Inglaterra, 1809-1882), renomado naturalista, teórico da evolução por meio da seleção natural e autor de *On the origin of species* (1859).

10 No original: muito~~, mais que todos os seus predecessores.~~§ É

11 John Milton (Inglaterra 1608-1674), famoso poeta, servidor do reino inglês durante a época de Oliver Cromwell e apaixonado defensor da liberdade de expressão. É autor de *Paraíso perdido* (1667), considerado o maior poema épico em língua inglesa, do qual Euclides emprestaria o título no apenas planejado *Um paraíso perdido*, sobre a Amazônia.

12 No original: própria ~~imensidade~~ amplitude

13 No original: imutáveis. ~~E para que a vejamos~~ ~~Não a vemos toda~~ Para

Euclides da Cunha

renunciar-se ao propósito de descortiná-la.[14] Tem-se que[15] a subdividir e reduzir, não já estreitando os[16] campos das observações, senão também especializando-os, a exemplo de Bates,[17] logo depois seguido de Frederick Hartt e[18] pelos naturalistas do Museu Paraense.[19] Estes, hoje travam, ali, uma guerra de mil anos contra o desconhecido, numa série de conquistas parciais, tão longas, que todas as pesquisas anteriores são um simples reconhecimento que durou três séculos.

Mas é o processo único.[20] E somente ele, ao cabo de esforços incalculáveis, permitirá que se[21] arranquem todos os véus da natureza portentosa que se nos estira diante dos olhos deslumbrados perpetuamente incompreendida.

---

14 Compare-se este trecho com o da carta de Euclides (Manaus, 1905) a Arthur Lemos: "Além disso, esta Amazônia recorda a genial definição do espaço de Milton: esconde-se em si mesma. O forasteiro contempla-a sem a ver através de uma vertigem. § Ela só lhe aparece aos poucos, vagarosamente, torturantemente. § É uma grandeza que exige a penetração sutil dos microscópios e a visão apertadinha e breve dos analistas: é um infinito que deve ser dosado". Cunha, *Correspondência de Euclides da Cunha*, p.268-9.

15 No original: que ~~sub~~ a

16 No original: o campo

17 No original: Bates, ~~de F~~ logo

18 No original: Frederico Hartt e ~~hoje~~ pelos
Charles Frederick Hartt (Canadá, 1840-Rio de Janeiro, 1878), geólogo que participou da Expedição Thayer chefiada por Louis Agassiz e mais tarde comandou duas Expedições Morgan ao Brasil. Autor do *Geology and Physical Geography of Brazil* (1870).

19 O Museu Paraense Emílio Goeldi, em Belém, PA.

20 No original: único. ~~Fora desta esmaga-os a imponência selvagem da natureza portentosa, a estirar-se-lhes ante os olhos deslumbrados perpetuamente incompreendida, deixando~~ § E

21 No original: se ~~desvende~~ arranquem

Ensaios e inéditos

Então não haverá mais segredo na própria Natureza. A definição do último aspecto da Amazônia será o fecho de toda a História Natural.[22]

*

*　*

---

22 Os cinco primeiros parágrafos do preâmbulo foram rascunhados uma vez mais no *ms*, condensados em apenas dois: "Realmente, a terra extraordinária – mesmo na sua forma concreta, conhecemo-la em raros fragmentos. Um século de contínuas investigações científicas e uma literatura inestimável de monografias mostram-no-la sob inúmeros aspectos isolados. O espírito humano deparou, ali, o maior de todos os problemas fisiográficos e versando-o tem seguido na marcha obrigatoriamente analítica que, se por um lado, é a única apta a adquirir elementos seguros capazes de uma síntese ulterior, ainda remotíssima – por outro impossibilita a visão desafogada do conjunto. Ainda no recanto exíguo ~~de uma~~ das especialidades, realizam-se diferenciações forçadas: ao botânico, não lhe chega a vida para ater-se ao estudo exclusivo das palmeiras; ao geólogo, a princípio iludido pela aparência de uma falsa simplicidade estrutural, não lhe bastam pesquisas para caracterizar rigorosamente o horizonte paleozoico das serras do Ererê. Lemo-los; instruímo-nos; aparelhamo-nos das mais positivas noções acerca de inúmeras faces particularíssimas da terra e à medida que as conhecemos, empana-se ~~cada vez~~ mais e mais impenetrável a sua fisionomia geral. Restam-nos algumas linhas rigorosas, esparsas. Escapa-se-nos de todo a enormidade que só se pode ~~ver~~ medir indefinidamente subdividida; ou a grandeza que só se vê através dos microscópicos [*sic*]. E resta-nos uma espécie de dosagem torturante do infinito. § Mas ao mesmo passo reconhece-se que este processo ~~analítico~~ exageradamente analítico de longa marcha vagarosa é fatal. O espírito humano não suportará de golpe o peso daquela realidade prodigiosa. Terá de crescer, ajustando-se-lhe lento e lento para dominá-la. Ao cabo desse esforço que vem de La Condamine e Frederick Hartt e os atuais naturalistas do [M]useu [P]araense – e irá destes a cem número de outros num futuro remoto, ela se desvendará. Então, não haverá segredos na natureza física. ~~Se apenas com um decênio~~

Euclides da Cunha

Imagine-se, porém, uma inteligência heroica que se afoite a contemplar temerariamente a esfinge.[23]

Não resistirá. Vitimá-la-á a vertigem[24] de um deslumbramento. Cegá-la-á a luz.[25] É o que nos mostra este livro.

~~de pesquisas, na estreita fita litorânea estirada do Ega~~ [ilegível] ~~ao Tefé, Walter Bates captou a admiração de Darwin e fez-se o mais fecundo operário do evolucionismo~~ e a definição do último aspecto da Amazônia será o remate de toda a História Natural".

Charles Marie da La Condamine (França, 1701-1774), matemático, explorador e geógrafo, passou dez anos realizando pesquisas na região amazônica, calculando o diâmetro da Terra à altura da linha do Equador. Foi o primeiro cientista a mostrar ao mundo ocidental o uso da borracha extraída na Amazônia. É autor do *Journal du voyage fait par ordre du roi, a l'équateur* (1751) e outros diários científicos de viagem.

23 No original: Esfinge. ~~Não terá resguardos~~ Não
  Euclides rascunhou este trecho mais uma vez: "Imagine-se, porém, uma inteligência heroica que sem resguardos, ~~sem sem precautelar--se~~ se afoite a contemplar a esfinge. § ~~Alberto Rangel é um deslumbrado~~" [interrompido]
24 No original: vertigem ~~do próprio~~ de
25 No original: luz § ~~Este livro~~ É o que nos mostra este livro. § ~~N~~Estas
  Euclides lançou o seguinte texto, contendo notas e ensaios de estilo, na página oposta do *ms*: "– a começar pelo seu título estranhíssimo... § rio d'águas pardas, atropelado pelos esca[r]pamentos, na História corre com águas avermelhadas de sangue entre clarões de incêndios § rios avançando com a cautelosa disposição das antenas dos furos... § a mata revestia-se de luto, num crepe pesado § O sol estava feito uma brasa mortiça que já nem dava para incendiar um cotão de nuvens § Oiranas ralas e tristes, como cílios à borda duma pupila que fosse dilatada e cega § a mata – tem o aspecto de parar porque sentiu que lhe embargavam o passo § Mata – igual, cheia, desordenada massa de galharias e folhagens, frondes torcidas, enganchadas, em novelos de cipós – parece que toda ela luta consigo mesma, ao mesmo tempo conflagrada e parada" [interrompido]

Ensaios e inéditos

Estas linhas nervosas e rebeldes, lançadas ao arrepio das fórmulas[26] ordinárias do escrever, são as trilhas multívias[27] e revoltas, lançando-se a todos os rumos, volvendo de todos os rumos, em torcicolos, em repentinos desvios, em súbitas paradas; ora em arrojados avanços;[28] ora, de improviso, em recuos, de uma alma a caminhar, intrépida e titubeante e perdida – entre resplendores.

O[29] *Inferno verde* devia ser o que é: surpreendente, original, extravagante; e feito para despertar a estranheza, o desquerer e a oposição instintiva da crítica sem rebarbas, sem arestas rijas, lisa e acepilhada a refletir, no conceito vulgar da arte, os efeitos superiores da cultura humana.

Porque ele é bárbaro. Bárbaro, consoante o velho sentido clássico;[30] estranho. Por isto mesmo, todo construído de verdades, figura-se um acervo de fantasias. Vibra-lhe em todas as folhas um doloroso realismo e parece modelado por uma idealização poderosíssima. Alberto Rangel tem toda a aparência de um poeta exuberante demais para a disciplina do metro ou das rimas – e é um engenheiro adito às observações mais frias e rigorosas. A realidade surpreendedora entrou-lhe pelos olhos, na alma, ao través[31] da objetiva de um teodolito. Os cenários fantásticos armam-se-lhe nas redes das trianguladas. O sonhador norteou a sua marcha pelos rumos de uma bússola[32] – balizando-a e estaqueando-a. Conchavam-se-lhe os lances mais empolgantes

---

26 No original: fórmulas ~~que se~~ ordinárias
27 No original: multívias e ~~embaralhadas em~~ revoltas
28 No original: avanços, ~~em recuos, em encruzilhadas,~~ ora, de improviso, em recuos, de ~~um espírito~~ uma
29 No original: ~~Este livro~~ O *Inferno verde* devia ser ~~assim~~ o
30 No original: clássico; ~~porque é~~ estranho.
31 No original: través ~~das visadas~~ da
32 No original: bússola – ~~[ilegível]~~ balizando-a

Euclides da Cunha

e os azimutes corrigidos. E os seus poemas selvagens, traçam-se-
-lhe nas derradeiras páginas das cadernetas dos levantamentos.[33]
   Inverteu, sem o querer, os cânones vulgaríssimos da arte. É um
temperamento visto através de uma natureza nova. Não a alterou.
Copiou-a, decalcando-a. Daí as surpresas que despertará. O[34]
homem das cidades que não as compreender será o seu melhor
crítico.[35] O que[36] há neste livro de fantástico e maravilhoso[37]
não é o autor, é a Amazônia.[38]

---

33 No original: levantamentos. § ~~E~~ Inverteu
   Euclides rascunhou este trecho mais uma vez: "Vibra em todo ele,
   da primeira à última página ~~uma dolorosa realidade~~ um doloroso
   realismo – e todas as suas linhas figuram-se traçadas com os recursos exclusivos de uma idealização inextinguível. ~~O autor~~ Alberto
   Rangel tem todo o aspecto de um poeta exuberante demais para as
   exigências do metro e das rimas, e é um engenheiro ~~corretamente~~
   adscrito às observações mais rigorosas. A realidade surpreendente
   entrou-lhe pelos olhos e pela alma através das visadas seguras de
   um teodolito. Os cenários fantásticos prendem-se-lhe na rede das
   trianguladas. O sonhador norteou a sua marcha ideal sem desviar-
   -se da bússola. Conchavam-se-lhe os lances mais empolgantes e os
   azimutes calculados. E os seus poemas selvagens traçaram-se nas
   derradeiras folhas das cadernetas dos levantamentos".
34 No original: O ~~crítico que~~ homem
35 No original: crítico. ~~O que as fulminar glorificá-las-ia. Realmente,~~
   Euclides rascunhou esta ideia outras cinco vezes:
   [1] "~~A surpresa que despertará este livro será toda a sua crítica~~"
   [2] "~~A surpresa que despertará este livro será toda a sua crítica.~~
   ~~Muitos não o compreenderão e quase todos~~"
   [3] "~~Talvez não o compreendam; ou, o que será pior, é [ilegível]~~"
   [4] "A crítica ~~errada~~ obtusa que fulmin~~ará~~ este livro com o efeito
   exclusivo de uma fantasia ilimitada – será a sua melhor crítica."
   [5] "~~O crítico que não as compre~~"
36 No original: que ~~[ilegível] tem [ilegível]~~ há
37 No original: maravilhoso ~~é a Amazônia~~ não
38 No original: Amazônia. § ~~Realmente quando no correr das mais~~
   ~~frias observações Frederick Hartt por vezes não sofrera os ímpetos~~

Ensaios e inéditos

Abrangendo numa dilatada visão o conjunto da terra a sua impressionabilidade artística surpreendeu-lhe a vida misteriosa e[39] intensa. E assombra-nos. Não lhe compreendemos ao primeiro lance o bizarro panteísmo. O escritor começa a alarmar-nos[40] nas próprias descrições estritamente naturais. O que se diz[41] natureza morta, vibra-lhe, poderosíssima, em todas as páginas.[42] E acreditamos que há fluidos galvânicos extraordinários nestas linhas através das quais se parte a passibilidade[43] da matéria, e as cousas mais[44] objetivas se revestem de uma anômala[45] personalidade.[46]

Matas a caminharem em surdas tropeadas, viajando nas planuras, ou estacando de súbito à borda das barreiras a prumo,

---

à fantasia irreprimível e Walter Bates tornou-se parece, por vezes, um poeta imaginoso diante dos quadros naturais, adstritos ambos aos simples aspectos naturais — não maravilha o lirismo poderoso § Certo, m Deletrando-se, as suas descrições originais, resta-nos para logo § Abrangendo

Euclides rascunhou este trecho mais uma vez: "Inverteu, sem o querer, todos os conceitos consagrados da arte. Daí as surpresas que despertará. É um temperamento visto através de uma natureza surpreendente. Não a alterou. Copiou-a, decalcando-a. O que há aí de fantástico, ou de maravilhoso, é a Amazônia...". Na página oposta do *ms*: "Neste ponto inverteu § caderneta".

39 No original: e ~~estranha~~ intensa.

40 No original: alarmar-nos ~~nos próprios quadros~~ nas

41 No original: diz ~~erroneamente~~ natureza

42 No original: páginas. ~~Há choques galvânicos~~ E

43 No original: impassibilidade

Termo retificado na primeira edição de *Inferno verde*.

44 No original: mais ~~mecanicamente~~ objetivas

45 No original: anômala ~~e portentosa~~ personalidade. ~~As matas a caminharem~~ Mata

46 No original: personalidade. ~~A~~ Matas

a refletirem, nos acervos dos esgalhos retorcidos, a estupenda conflagração imóvel de uma luta perpétua[47] e formidável; lagos que se desenvolvem, crescem, alargam-se em oceano; e retraem-se, deperecem, extinguem-se e apodrecem, como espantosos organismos[48] adscritos às leis de uma fisiologia portentosa; estes rios que avançam nas solidões encharcadas, feito caminhantes[49] precavidos, apalpando o terreno com a "disposição cautelosa das antenas dos *furos*"... São a realidade,[50] ainda não vista, repontando, de golpe, com as aparências de um sonho que lhe emprestam as derradeiras sombras do desconhecido.

Um sábio no-la revelaria, sem que nos espantássemos, erguendo-nos até ela pelos infinitos degraus de suas análises cautelosas. O artista adivinha-a;[51] contempla-a d'alto; arranca-lhe nervosamente os véus; mostra-no-la na esplêndida nudez da sua virgindade majestosa.

Realmente, a Amazônia, é ainda uma página incompleta do Gênesis.

Tem a instabilidade de uma formação estrutural acelerada. Um metafísico incorrigível imaginaria, ali, um descuido excepcional da Natureza que, após constituir em toda a parte, sob as suas infinitas modalidades todas as formas naturais, se volve retardatária a completar de afogadilho a sua tarefa, corrigindo apressadamente um deslize. A evolução natural colhe-se em flagrante.

---

47 No original: perpepétua [*sic*] e formidável; ~~rios que~~ lagos
48 No original: organismos ~~vivos~~ adscritos
49 No original: caminhantes ~~cautelosos~~ precavidos,
50 No original: realidade ~~desconhecida~~ ainda
51 No original: advinha-a~~s~~ [*sic*]; ~~[ilegível]~~ contempla-a

Ensaios e inéditos

O raio da vida humana, que noutros[52] pontos não basta a abranger as vicissitudes das transformações[53] do planeta e tem que se dilatar pelos séculos, em fora, revivendo em profecias retrospectivas,[54] a existência milenária dos fósseis – ali define bem o círculo de grandes transformações orogênicas expressivas. A geologia dinâmica que em toda a Terra[55] se deduz, ali se vê; e a história geológica vai escrevendo-se, dia a dia, diante dos olhos deslumbrados dos que saibam lê-la. Daí, a surpresa. Em toda a parte afeiçoamo-nos ao equilíbrio das formas naturais, que nos impõem o conceito dos cataclismos para lhe compreendermos transmutações subitâneas; na Amazônia, estas transformações extraordinárias e visíveis ressaltam do simples jogo das forças físicas mais comuns. É a terra moça, a terra infante, a terra que ainda está crescendo...

Agita-se, vibra, arfa, tumultua, desvaira. As energias telúricas,[56] em seu ser, obedecem à tendência universal para o equilíbrio, precipitadamente. A sua fisionomia transmuda-se diante do espectador imóvel. Há, nas suas paisagens volúveis, caprichos de misteriosas vontades.

E, mesmo, sob o aspecto secamente topográfico, não há fixá-la em linhas definitivas.[57] De seis em seis meses, cada enchente que passa é uma esponja molhada sobre um desenho

---

52 No original: noutros ~~lugares~~ pontos
53 No original: transformações ~~geomorfológicas~~ do planeta e tem que se dilatar~~-se~~ pelos séculos, ~~sem conta, dilatando-se numa~~ em
54 No original: retrospectivas, ~~através da~~ a
    Expressão extraída de Huxley, já a partir de *Os sertões*.
55 No original: terra
56 No original: telúricas ~~busca~~ em
57 No original: definitivas ~~e [ilegível]~~ De seis em seis cada

105

malfeito: apaga, modifica, ou transforma os traços mais salientes e firmes, como se no quadro de suas planuras desmedidas andasse o pincel prodigioso de um sobrenatural artista incontentável...[58]

*

*   *

Imagine-se, entre as magias desses cenários vigorosamente vivos,[59] um ator agonizante – o homem. Foi ainda de uma exceção perfeita no lastimável contraste.

Mas o assunto agravou-se. A atitude excepcional do escritor delineou-se com um destaque mais singular. O seu aspecto anômalo de fantasista imaginoso acentuou-se, paradoxalmente, no ajustar-se linha por linha às aparências terríveis da verdade.

Mas não nos iludamos.[60] Alberto Rangel agarrou, num belo lance nervoso, o período crítico e fugitivo de uma situação social que nunca mais se reproduzirá na história.

Esta felicidade compensa-lhe[61] o rebarbativo obrigatório dos assuntos.

No Amazonas incide, de fato, hoje, esta[62] tremenda anomalia: sobre a terra farta, a crescer na plenitude de toda[63] a sua vida, agita-se miseravelmente uma sociedade que está morrendo.[64]

---

58 No original: incontentável... § * * * § ~~Ora, dentro das~~ Imagine-se
59 No original: vivos, ~~Alberto Rangel, pôs~~ um
60 No original: iludamos. ~~O escritor~~ Alb. Rangel
61 No original: compensa-lhe ~~a brutalidade~~ o
62 No original: esta ~~monstruosa~~ tremenda
63 No original: toda~~s as suas~~ a
64 No original: morrendo. § ~~Noutras páginas havemos de~~ Não

Ensaios e inéditos

Não a descreveremos. Este livro enfeixa os sinais comemorativos da sua moléstia. E melhor do que o faríamos em pesados conceitos, resultam-lhe os lances empolgantes da agonia em dez quadros[65] cheios de sugestivo simbolismo.

Contemplando-os vereis como se sucedem e se revezam entre as gentes tonteantes no solo que lhes nega a própria fixidez material, escapando-se-lhes nas "terras-caídas" e nas inundações, todas as ansiedades sulcadas de proditórias esperanças, que as agitam, e as alastram, sacrificando-as.

"Maibi" – é a imagem da Amazônia mutilada pelas miríades de golpes das machadinhas horrendas dos seringueiros. Na "Hospitalidade", o homem decaído, volve, num segundo, por um milagre de atavismo, à tona[66] do gênero, antes de mergulhar definitivamente na sombra cada dia mais espessa da sua decrepitude moral irremediável.

"Teima da vida" é a comunhão monstruosa, sem órgãos estáveis, perpetuamente moribunda, vivendo por um prodígio da natureza mirífica, cujos dons ela monopoliza em detrimento de raças mais robustas que noutros territórios sucumbem esmagadas pelos antagonismos naturais.

Nos demais,[67] o mesmo traço pessimista e trágico. Era inevitável.

Na terra maravilhosa conchavam-se, por vezes, os fatos mais secamente físicos e os mais sérios da ordem moral,[68] para

---

65 Euclides refere-se aqui a dez capítulos do livro; entretanto, onze foram publicados. Isso se explica pelo fato de Rangel ter acrescentado um capítulo a mais, "Pirites", depois de Euclides ter rascunhado o seu preâmbulo. Vide *Correspondência de Euclides da Cunha*, p.346. Na versão impressa o termo foi corrigido.

66 No original: tona ~~da Humanidade~~ do

67 No original: demais, ~~a mesma feição~~ o

68 No original: moral ~~na expressão da~~ para

107

Euclides da Cunha

exprimirem a mesma fatalidade. Lede, por exemplo, "A Obstinação". (Em "Obstinação", reflete-se, num lance de realidade que espantaria a loucura genial de Hoffmann,[69] a inexplicável organização de um regímen que se comprime, batido pelos latifúndios no desmedido da terra.)

A[70] tragédia decorre sem peripécias num desfecho,[71] fulminante. Um potentado ambiciona as terras de um caboclo desprotegido. Toma-lhas, ao cabo, emparceirado à justiça decaída, legalmente. O caboclo enterra-se vivo; e morre. É simples; é incorruptível; é inverossímil; mas é a organização social da Amazônia. A comunhão selvagem[72] copia servilmente, na sua agitação estúpida, a própria luta inconsciente pela vida que se desencadeia na ordem biológica inferior.[73]

O homem estrangula o homem, inflexivelmente, como o parasita aniquila a árvore.[74] A Hylæa encantadora de Humboldt[75] dá-lhe estes ensinamentos terríveis:

---

69 No original: Hoffman [*sic*], a ~~[ilegível] de uma s~~ inexplicável organização de uma ~~sociedade~~ regímen
  Ernst Theodor Amadeus Wilhelm Hoffmann (Alemanha, 1776-1822), escritor romântico, tendo destaque a sua literatura fantástica acerca de viagens através do tempo futuro.

70 No original: ~~E a~~ A

71 No original: desfecho ~~repentino~~ fulminante

72 No original: selvagem, ~~realmente,~~ copia servilmente na sua ~~luta [ilegível] pela vida~~ agitação

73 No original: inferior. § ~~A~~ O

74 No original: árvore. ~~E como o apuizeiro~~ A Hilae encantadora
  Nas eds. de *Inferno verde* o termo foi grafado também incorretamente como Hilœ. A grafia correta (Hylæa), no entanto, aparece em Humboldt (*Voyage aux régions équinoxiales du Nouveau Continent*), t.VI, p.69.

75 Friedrich Wilhelm Heinrich Alexander von Humboldt (Prússia, 1769-1859), um dos maiores naturalistas de sua época, influenciou gerações de cientistas e poetas.

Ensaios e inéditos

"O apuizeiro é um polvo vegetal. Enrola-se ao indivíduo sacrificado, estendendo sobre ele um milhar de tentáculos... É uma luta sem um murmúrio. Começa pela adaptação ao galho atacado, de um fio lenhoso, vindo não se sabe donde. Depois, este filete entumece, e, avolumado põe-se, por sua vez, a proliferar em outros. Por fim, a trama engrossa, constritora, para malhetar a presa, a que se substitui completamente. (Como um sudário, o apuizeiro envolve um cadáver: o cadáver apodrece; o sudário reverdece imortal.)

O abieiro teria vida por pouco. Adivinhava-se um esforço de desespero num mísero enleado, decidido a romper o laço; mas o maniatador[76] tornava-se mais forte, travando com todas as fibras constritivas o desgraçado organismo, que em arroxo inaudito ia estrangulando. E isto irremediavelmente. Com um facão, poder-se-ia despedaçar os tentáculos e arrancá-los. Porém, bastaria deixar um pequeno pedaço de filamento capilar, colado à árvore, para que, em renovos, o carrasco reacometesse a vítima que não se salvaria...[77]

Representava, na verdade, esse duelo vegetal, um espetáculo humano. Roberto, o potentado era um apuizeiro social...".[78]

Um botânico descrever-nos-ia, certo, com maior acerto a maligna morácea, começando por discutir-lhe gravemente os gêneros *"fícus fagifolia? fícus pertusa?"*. Mas não no-la pintaria

---

76 No original: maniatador ~~parecia fazia-se~~ tornava-se
77 O parágrafo seguinte em *Inferno verde* não aparece no *ms*.
78 Na página oposta do *ms*, Euclides lançou: "Estes limitam o Brasil dando-lhe ao norte e a leste o Atlântico, a oeste a rua do Ouvidor e ao sul, um terço da Avenida Central".

tão[79] vívida nos seus caracteres essenciais. Por outro lado, um sociólogo não depararia conceitos a balancearem a expressão sintética d'aquela imagem admirável.[80]

*

*   *

Naquele extrato resume-se o estilo do[81] livro.

Vê-se bem; é entrecortado, sacudido, inquieto, impaciente.[82] Não se dilata distenso, em toda a plenitude das ondas sonoras da palavra, permitindo a máxima expansão[83] a alguns pensamentos tranquilos. Aperta-se entre as pautas; e recorta-se de ressonâncias e[84] cinde em súbitas paradas como uma grande voz ressoando entre muralhas paralelas.[85]

---

79 No original: tão ~~golpeante~~ vívida

80 Na página oposta do *ms*, espaçadamente: "a suprema plasticidade artística e o bronze de um caráter § O seu grau – e até as suas incógnitas forçadas, derivam-se da natureza do assunto § uma grande voz ressoando ao fundo de u'a mina § A reticência impõe-se… pensamento… incompleto § tristeza exasperada § colonato espiritual § O escritor forma-se pelo avesso, numa dissimulação sistemática. § O mergulhador aparece-nos triunfante; as mãos cheias de pérolas, ~~coberto pela~~. Mas cobre-o a vaza dos abismos… § Cobardia § É uma ilusão lastimável. § ~~Além disto~~ Sente-se que o escritor no escrever-se sobre homens e cousas, uns e outros dúbios, mal aflorando às vistas ~~que~~ pela primeira vez, ~~os lobrigava, vai-se~~ cheios todos de muitos laivos de mistério" [interrompido]

81 No original: do ~~escritor~~ livro.

82 No original: impaciente. ~~As ideias afogam~~ Não se dilata ~~solenemente~~, distenso

83 No original: expansão ~~aos~~ a

84 No original: e ~~de repentinos hiatos~~ súbitas ~~das interferências~~ cinde

85 No original: paralelas. ~~Na interferência acústica, o silêncio explica-se pelo próprio cruzamento dos sons.~~ Na

Ensaios e inéditos

Na interferência acústica os pontos silenciosos explicam-se pelo próprio cruzamento dos sons. Há[86] interferências mentais naqueles períodos breves, instantâneos, incompletos, cindidos golpeantemente pelo próprio entrecortar-se[87] dos pensamentos numerosos demais. O pensamento faz-se-lhe adrede, vibrátil, ou maleável, ou incompleto, ou subitamente[88] a difundir-se no vago das reticências para ajustar-se melhor às[89] verdades positivas[90] que adivinha e se desvendarão amanhã. As imagens substituem as fórmulas. Era inevitável. Fora impossível submeter a regras pré-fixas, efeitos de longos esforços culturais, a terra e as gentes extraordinárias que mal se descortinam aos primeiros reflexos da civilização.[91]

Filho[92] das paragens risonhas do sul, Alberto Rangel é um assombrado diante[93] daqueles cenários. E, num belo lance de plena sinceridade, não quis refrear os espantos ou retificar, na

---

86 No original: Há ~~uma sorte de~~ interferências
87 No original: entrecortar-se ~~das ideias~~ dos
88 No original: subitamente ~~curt~~ a difundir-se no vago ~~de uma~~ das
89 No original: à
90 No original: positivas ~~futura~~ que adivinha e se desvendarão amanhã. As imagens ~~[ilegível]~~ substituem
91 Euclides rascunhou essas ideias mais de uma vez, como se pode ver a seguir: "Mas era inevitável. O que se diz estilo é apenas ~~a harmonia~~ o equilíbrio dinâmico entre ~~o dizer~~ a palavra e ~~o assunto~~ a ideia. ~~Não há [ilegível] grande [ilegível] antes de tudo filho da~~ Não há nenhum grande livro que não seja apenas um livro de sinceridade. E esta ~~principia~~ se reflete exatamente no ajustar-se a expressão ao pensamento".
92 No original: civilização. § ~~Além disso~~ Filho das ~~terras~~ paragens
93 No original: diante ~~de uma natureza bravia~~ daqueles

Euclides da Cunha

indecorosa frieza de um escrevente profissional, a sua vertigem e as revoltas da sua tristeza exasperada.

Fez bem; e fez um grande livro.

Vão descobrir-lhe defeitos.[94] É indispensável, porém, distinguir os do escritor dos do assunto.

Quem penetra tão fundo no âmago mais obscuro da nossa *gens* complexa, não pode reaparecer à tona, sem vir coberto[95] da vaza dos abismos.

Além disto, o nosso conceito crítico é de si mesmo[96] instável, e as suas sentenças provisórias. Antes de o exercitar em trabalhos desta natureza, cujo aspecto extravagante lhes advém de uma profunda originalidade, devemos não esquecer o próprio artificialismo da nossa estrutura mental, onde, de preferência, se destacam elementos alheios ao gênio da nossa raça. Pensamos demasiadamente em francês, ou em alemão, ou mesmo em português. Isto[97] parece simples – e é um dom privilegiado raríssimo – sobretudo entre as gentes como a nossa, cuja volubilidade intelectual denuncia a própria instabilidade biológica das subcategorias étnicas ainda não completas. Vivemos ainda em pleno colonato mental,[98] quase um século

---

94 No original: defeitos. ~~Mas~~ ~~Faz-se mister~~ É indispensável porém distinguir os ~~que~~ ~~defeitos~~ do

95 No original: coberto ~~das~~ vaza dos abismos. § ~~Ser-lhe-ia, certo, fácil, removê-los e toucar à francesa os seus episódios selvagens. Mas fora ridicularizar o assombroso. Não quis. Foi rudemente sincero. Fez bem. Um grande livro é sempre um livro de sinceridade. E por isto mesmo,~~ § Além disto, ~~cumpre~~ o

96 No original: mesmo ~~suspeito~~ instável

97 No original: ~~Não nos iludamos induzidos dos conceitos~~ Isto

98 No original: mental ~~em plena~~ quase

112

após a independência política.[99] No versarmos as nossas cousas, salteia-nos instintivamente o preconceito[100] de sermos o menos brasileiros que nos for possível.[101] Respeitemos: desde a construção da frase à seriação das ideias,[102] todos os cânones exóticos de uma cultura estranha que nos deslumbra, formando singularíssimos estados de consciência, *a priori*, sobranceiros aos quadros reais da nossa vida,[103] por maneira que o caráter desaparece-nos, folheado de outros atributos que lhe truncam todas as arestas originais.

O que se diz escritor não é um espírito que se robustece, sob a sugestão alentadora dos materiais objetivos que o rodeiam,[104] senão uma alma que se desnatura numa dissimulação sistematizada. Institui-se uma espécie de mimetismo moral, na dolorosa covardia de nos forrarmos, pela semelhança anterior, às raças que nos intimidam e encantam. Traduzimo-nos em português, esquecendo-nos de que o nosso orgulhoso máximo devera consistir em que ao[105] português lhe custasse o traduzir-nos, lendo-nos na mesma língua.[106]

---

99 No original: política. No ~~versarmos as nossas cousas~~ ~~Quer dizer:~~ No

100 No original: preconceito ~~essencial~~ de

101 No original: possível. ~~É mister que se~~ Respeitemos

102 No original: ideias, ~~a~~ todos os cânones exóticos de uma cultura ~~exótica~~ estranha

103 No original: vida, ~~o próprio~~ por maneira que o caráter desaparece-nos, folheado ~~de ouro falso~~ de outros atributos que lhe truncam ~~lhe~~ todas as arestas originais. § ~~E o~~ O

104 No original: rodeiam ~~ma~~ senão

105 No original: ao ~~lhe~~ português

106 No original: língua. ~~Isto por obedecer à crítica conjuntiva~~ Sentimo-nos

Euclides da Cunha

Sentimo-nos bem sentindo-nos facilmente traduzíveis em francês.

Realmente, na ciência, mercê da sua expressão filosófica superior, no firmar a solidariedade e a harmonia integrais da inteligência humana, compreende-se que nos subalternizemos a todos os influxos estranhos.

Ninguém nos ensinará a geometria elementar tão bem quanto Clairaut,[107] nem astronomia quanto Gasparis,[108] nem química como Würtz.[109] O teorema de Pitágoras,[110] a aberração da luz e as séries orgânicas, não se alteram no transcurso das fronteiras.

Mas, certo, a[111] frase majestosamente simples de Renan, tão firme no refletir a suma de uma cultura muitas vezes secular, que[112] não vacila num repetimento, não ofega num hiato, não estala num cacófaton, não gagueja numa redundância, embora nos reviva em lances empolgantes os máximos paroxismos da

---

107 Alexis Claude Clairaut (França, 1713-1765), matemático, precursor da geometria diferencial.

108 No original: Gaspari
Annibale de Gasparis (Itália, 1819-1892), notável matemático e astrônomo, autor da descoberta de nove asteroides entre 1849 e 1865.

109 Charles Adolph Würtz (França, 1813-1884), químico, notabilizou-se pelos seus estudos de teoria atômica e das estruturas dos compostos químicos.

110 No original: Pitágoras e, a

111 No original: a ~~narrativa~~ frase majestosamente ~~equilibrada~~ simples de Renan, ~~imperturbável e~~ tão
Joseph-Ernest Renan (França, 1823-1892), filósofo, historiador e teólogo francês. Foi especialista no estudo das religiões.

112 No original: que ~~ao~~ não vacila~~r~~ num repetimento, ~~nem~~ não ofega~~r~~ num hiato, ~~nem~~ não estala~~r~~ num cacófaton, ~~nem~~ não guaguezar [*sic*] numa

Ensaios e inéditos

paixão religiosa, esculpindo as fisionomias revoltas dos endemoniados e dos crentes. Da frase que burilou o gnóstico não nos definiria o caucheiro. E o estilo tão profundamente português, na sua estrutura maciça de Alexandre Herculano,[113] partir-se-ia, inexpressivo, diante da desordem física do Amazonas, ou[114] embatendo e refletindo no reverso dos boqueirais e no boleio das chapadas adustas, que encrespam convulsivamente, a natureza[115] atormentada do sertão. Um e outro glorificar-se--iam nessa incompetência [interrompido]

Para os novos quadros e novos dramas, que se nos antolham nessas paragens virgens, um estilo novo –[116] não o reputemos impecável.

É o que se reflete neste livro.

O mérito desse livro está na sua grande sinceridade.

Que os corações brasileiros o agasalhem carinhosamente...[117]

Ressoa-lhe em todas as folhas um generoso grito de protesto contra as brutalidades e os erros que nesta hora se exercitam no inferno florido dos seringais que as matas exuberantes[118]

---

113 Alexandre Herculano de Carvalho e Araújo (Portugal, 1810-1877), historiador, dramaturgo e poeta; introdutor do Romantismo em Portugal.

114 No original: ou ~~entrechocando~~ embatendo

115 No original: natureza ~~tort~~ atormentada ~~dos sertões~~ do

116 No original: novo – ~~embora por um fato vulgar de ciência mental~~ não

117 No original: carinhosamente... § ~~Fora Ruge~~ Ressoa-lhe
Esta frase não entrou na redação final do Prefácio.

118 No original: exuberantes ~~revestem~~ escondem revestem, ~~paradoxalmente~~ traiçoeiramente,
Euclides escreveu *revestem*, substituindo o termo por *escondem*; mais tarde, tornou a escrever *revestem*, abaixo do termo primeiramente riscado, esquecendo-se, porém, de riscar *escondem*.

115

Euclides da Cunha

escondem, revestem, traiçoeiramente, com as cores fagueiras da esperança...[119]

119 Euclides rascunhou mais uma vez este trecho final do *ms*: "É o que se reflete neste livro, ~~de todo ele revestido de uma grande rara sinceridade onde se conjugam harmoniosamente, o pensamento e a palavra onde a expressão se ajusta~~ § Reveste-o, até ~~nesse~~ no ajustar ~~harmoniosamente~~ a expressão violenta aos pensamentos rigorosos, uma rara sinceridade § Que os corações brasileiros ~~os~~ o agasalhem. Ressoa-lhe, em cada folha, um grito de protesto. ~~É certo é um grande espírito Ao [ilegível]~~ É uma grande voz, pairando, vingadora sobre o inferno florido dos seringais que as matas opulentas ~~engrinaldam afestoam~~ engrinaldam, ~~traiçoeiramente,~~ e matizam traiçoeiramente das cores fagueiras da esperança. § [...] estilo, embora o não reputemos impecável nas suas inevitáveis ousadias. § É o que denuncia este livro. ~~Nobilita-o uma admirável sinceridade~~ Enobrece-o, além disto, uma esplêndi[da]" [interrompido]
As quatro últimas orações foram lançadas em pedaço de papel diverso, numerado por Euclides como "16".

11
Duas páginas sobre geologia[1]

[...] invariável do universo transmitida aos seus aparelhos de
vagas e correntes pelas roldanas invisíveis dos alísios. A costa,
que precisamente naquele trecho deixa a sua direção geral, para

---

[1] Sétima e oitava páginas de manuscrito avulso incompleto, sem título
(*c*.1908). Fonte: Fundação Biblioteca Nacional. Não foram encontradas as seis páginas iniciais, nem as restantes do *ms*, cujo título foi dado
por nós. Parte do terceiro parágrafo foi reescrita no prefácio "Antes
dos versos", a *Poemas e canções*, de Vicente de Carvalho (1908, p.vii-viii):
"E os que fecharem as vistas à esplêndida imagem daquela matilha
de maretas, certo, não poderão contemplar a 'artilharia' de seixos e
graeiros, do ilustre Playfair, a bombardear arribas, desmontando-as,
disjungindo-as, solapando-as, derruindo-as, e esfarelando-as – seguida logo da 'cavalaria das vagas' de Gr[e]nville Cole, a curvetear nos
rolos das ondulações banzeiras, a empinar-se nas ondas desbridadas,
a entrechocar-se nas arrebentações, a torvelinhar no entrevero dos re-
domoinhos; e de súbito disparando – longos penachos brancos dos
elmos rebrilhantes distendidos na diluição das espumas – numa carga, em linha, violentíssima, sobre os litorais desmantelados; de modo
que o litoral desmantelado se nos apresente, *like a regiment overwhelmed
by cavalry*" [*como um regimento dominado pela cavalaria*]. Essa expressão foi
extraída do livro de Cole intitulado *Open-Air Studies:* An Introduction
to Geology Out-of-Doors.

Euclides da Cunha

correr de leste a oeste, facilitava o ataque. Entregava-se-lhe toda, antepondo, de chapa, a sua organização maciça à golpeadura rítmica das marés ou nos abalos repentinos das tormentas trazidas pelos ventos dominantes do sul. E o Atlântico investiu com ela pela brecha daquele antigo[2] rio.

Não há descrever-lhe, pormenorizada, a tarefa secular. Os fastos geológicos são as mais das vezes uma soma prodigiosa de minúcias. Nulos dentro do círculo da existência individual e do da própria existência histórica, avultam nos resultados finais transcorridos os períodos em que se operam. Assombram-nos como efeitos de cataclismos, mas desdobram-se inapreciáveis a distensão das idades à maneira de revolução enfraquecidas por uma dilatação no tempo.

Ademais, no caso que enfrentamos houve uma ação complexa. Foi a princípio um demorado solapamento dos mais avantajados esporões das serras, esboçando-se os primeiros escarpamentos sem que estes tivessem a continuidade das falésias que sobranceiam outras plagas. A[3] composição geognóstica do litoral contrapondo, aos assaltos a resistência variável de uma rocha que tem ao lado da plasticidade da mica a rigidez incoercível do quartzo, de sorte que o lento recuo da terra rijamente batida pela artilharia de seixos e graeiros do mar, conforme a pitoresca imagem de Playfair,[4] contrastava em diferentes pontos com as avançadas atrevidas dos pontais onde se despedaçavam os arremessos incessantes das águas. O conflito equilibrou-se em[5]

---

2 No original: antigo ~~estuário~~ rio

3 No original: A ~~estrutura granítica~~ composição

4 John Playfair (Escócia, 1748-1819), matemático e geólogo.

5 No original: em ~~princípio~~ começo

118

começo entre o mar lacerado pelos promontórios e a terra corroída pelas angras. Mas estas eram como brechas numa muralha
combatida. Penetrando-as, a vaga transmudava-se em torrente.
As suas forças agitadas, dispersas fora nos espraiamentos circulares e no arfar das ondulações[6] banzeiras ou na arrebentação estrepitosa, uniam-se convergindo na passagem estreita;[7]
compunham-se numa cauda e invadindo de chofre as longas
galerias, [ilegível], desgastando-as no atritar dos blocos arrastados ou faziam-nas desabar em grandes lanços, sobretudo
quando o sudoeste em subitâneas lufadas apertava-lhes entre as
hordas a agitação tumultuosa dos marouços. Ao mesmo tempo
noutros pontos, nos ásperos cabuchos prefigurando promontórios, degradavam-se os istmos e iam destacando-se em ilhas
de erosão os pedaços do continente desbastado: aqui maiores e
mais altas, guardando um resto de floresta dentro da cercadura
protetora dos fraguedos; além, menores e mais rígidas,[8] desnudas e a prumo sobre os marulhos, em núcleos compactos que
se não destruiriam nunca, feito blocos destinados à estatuária
ciclópica do oceano; e por toda a banda, fervilhando nas abras
recém abertas, desaparecendo nas enchentes vivas, para repontarem numerosíssimas nas vazantes,[9] os farelhões em que se
fragmentavam os cabos, coalhando[10] toda a superfície líquida

---

6 No original: ondulações ~~ensofregadas~~ banzeiras
7 No original: estreita; ~~compondo-se~~ compunham-se ~~num rojão foguete
de~~ numa cauda ~~e enchendo de repente as socavas escanceladas~~ e
8 No original: rígidas, ~~farelhões~~ desnudas
9 No original: vazantes, ~~os cachopos esparsos~~ os
10 No original: coalhando ~~a superf desordenadamente a~~ toda superfície
líquida, ~~sob a margem [ilegível] de entulhos da terra que~~ em

Euclides da Cunha

em cachopos desordenadamente esparsos como entulhos da[11] paragem demolida, removidas a esmo pelas águas...

Assim, desde o bloquear dos costais[12] aspérrimos que a mareta se transforma em balestra e aríete ao esmoer dos duríssimos pedrouços abrolhando no arrebentar das ondas irrequietas que os torneiam e os cobrem, e os suplantam, esfacelando-os e dissolvendo-os.[13]

O mar por ali exercitou um assalto complexo cujas peripécias ficarão para todo o sempre ignoradas. Prevê-se apenas que no antigo rio se refletiam os contrachoques da luta. Mas grandemente atenuados. Transmitiam-lhos as marés que periodicamente o represavam e o invadiam alteando-lhe o nível por maneira a espraiá-lo nas terras mais baixas fazendo-o ilhar nos cômoros ribeirinhos e exercer sobre eles o mesmo esforço devastador. Este, porém, diminuiria na medida do afastamento da barra permitindo uma molduragem menos golpeante que ainda hoje podemos contemplar, continuamente mais branda, das linhas duras e vivas do Pão de Açúcar[14] às encostas clivosas da Boa Viagem, aos perfis arredondados das ilhas do Mocanguê às praias finamente rendilhadas e mansas de Paquetá.

É que neste âmago remansado as ablações marítimas tinham o corretivo da denudação subaérea, menos ruidosa e mais fecunda, agindo ao través dos [interrompido]

---

11 No original: da ~~terra~~ paragem
12 No original: costais ~~duros~~ aspérrimos
13 No original: dissolvendo-os § *~~like a regiment overwhelmed by cavalry...~~*
(*)
Gr[e]nville [Arthur James] Cole – ~~Open-air studies.~~ *Geology out--of-door[s]*. (N. A.)
14 No original: Açúcar ~~às encostas~~ às

Contrastes e confrontos

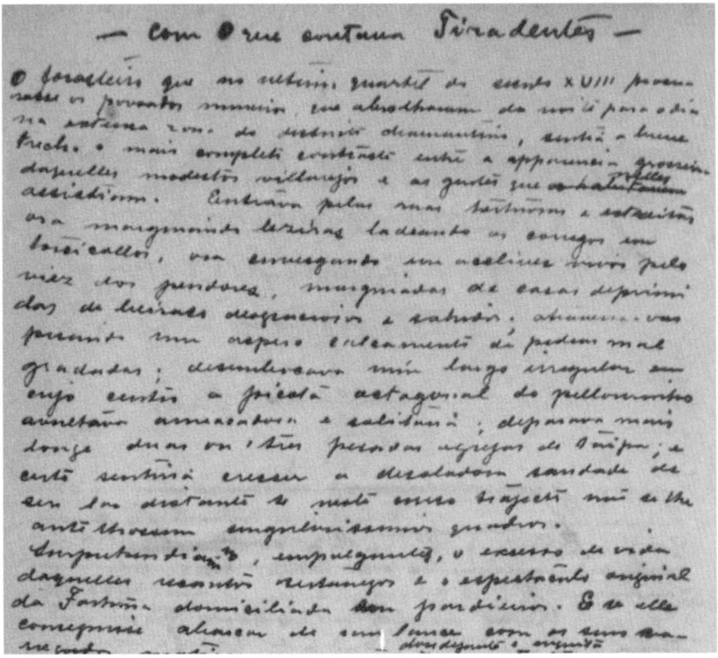

Com o que contava Tiradentes.

Os batedores da Inconfidencia

O forasteiro que no ultimo quartel do se-
culo XVIII demandasse os povoados minei-
ros, *erectos* ~~alevantados~~ da noite para o dia na
extensa zona do districto diamantino, sentia a breve trecho o mais completo contraste entre a apparencia singella daquel-
les modestos villarejos e as gentes que
nelles assistiam. Entrava pelas ruas
tortuosas e estreitas ora marginando
as leziras dos corregos em torcicollos,
ora envesgando, clivosas, pelo viez
dos pendores, ladeadas de casas deprimidas de beiraes desgraciosos e sahi-
dos; percorria-as calcando um aspe-
ro calçamento de pedras malgradadas; desembocava num largo irregular onde avultava a picota octogonal do pellourinho, ameaçadora e
solitaria; deparava mais longe duas
ou tres pesadas igrejas de taipa; e

Os batedores da Inconfidência.

12

Com o que contava Tiradentes[1]

O forasteiro que no último quartel do século XVIII procurasse os povoados mineiros, que abrolhavam da noite para o dia na extensa zona do distrito diamantino, sentia a breve trecho o mais completo contraste entre a aparência grosseira daqueles modestos vilarejos e as gentes que[2] neles assistiam.

Entrava pelas ruas tortuosas e estreitas, ora marginando leziras, ladeando os córregos em torcicolos, ora envesgando em

---

1 Manuscrito lançado no Talonário da Superintendência de Obras Públicas do Estado de São Paulo, (c.1902). Fonte: Grêmio Euclides da Cunha. Rascunho do ensaio "Os batedores da Inconfidência", publicado n'*O Estado de S. Paulo*, São Paulo, em 21 abr. 1903, sob o título "Garimpeiros" em *Contrastes e confrontos* (1907). O texto aqui transcrito é o da primeira redação manuscrita, visto que a segunda versão pertencente ao acervo de Waldomiro Silveira (IEB) é quase idêntica às duas outras publicadas, com exceção de uma única frase, equivalente a um parágrafo, que apontaremos no seu lugar indicado. Essa segunda versão manuscrita, a propósito, dividida em várias tiras e assinada, certamente foi a que Euclides entregou à redação d'*O Estado* para ser impressa.

2 No original: que ~~os habitavam~~ neles

aclives vivos pelo viés dos pendores, marginadas de casas deprimidas de beirais desgraciosos e saídos; atravessava-as pisando um áspero calçamento de pedras malgradadas; desembocava num largo irregular em cujo centro a picota octogonal do pelourinho avultava ameaçadora e solitária; deparava mais longe duas ou três pesadas igrejas de taipa; e, certo, sentiria crescer a desoladora saudade de ser tão distante se neste curto trajeto não se lhe antolhassem singularíssimos quadros.

Surpreendiam-no, empolgantes, o excesso de vida daqueles recantos sertanejos e o espetáculo original da Fortuna domiciliada em pardieiros.

E se ele conseguisse abarcar de um lance com os seus carregados mártires a multidão doudejante e inquieta que atestava as ruelas e torvelinhava nas praças, teria a imagem estranha de uma sociedade artificial feita de elementos díspares, transplantados de outros climas e mal unidos sob a base instável, e dia a dia desmoronada, da própria terra em que pisavam.

Acampado nos cerros, o povo errante levara para aqueles rincões — escalas transitórias na romaria nervosa em que os arrebatava a ânsia mineradora — todos os hábitos avoengos que não afeiçoavam ao novo meio,[3] e todos os seus elementos incompatíveis fortuitamente agrupados, mas repelindo-se pelo contraste das posições — e das raças — dos congos tatuados de rija envergadura mal velada pelas tangas estreitas, ou apontando entre os rasgos das roupas de algodão, que moirejavam, capita-

---

3 No original: meio, ~~e todos os seus el os congos tatuados de rija envergadura mal velada pelas tangas ou apontando entre os rasgos das roupas de algodão que moirejavam, capitados, nas lavras; os contratadores ávidos e opulentos; os austeros ouvidores; os rígidos intendentes; os robustos capitães-do-mato;~~ e

Ensaios e inéditos

dos, nas lavras; aos contratadores ávidos e opulentos, passando por ali como se andassem na capital do reino,[4] enfronhados nas casacas de veludo, de portinholas e canhões dobrados, abertas para que se visse o colete bordado de lantejoulas e, mal cabendo, os calções de seda atacados de fivelas de ouro. À grenha[5] inextricável do africano bruto contrastava a cabeleira empoada, de rabicho, envolta de um cadarço de gorgorão, rematando numa laçada, do peralvilho rico; a alpercata de couro estalava junto dos sapatos finos, pontiagudos, cravejados de pedras; o cacete do guarda-costas[6] vibrava ao lado do bastão de biqueira de ouro e o facão de cabo de chifre do mateiro fazia ressaltar[7] os brincos de ourivesaria dos floretes de guarnições luxuosas dos fidalgos recém-vindos.[8]

Ia-se de um salto de uma sociedade a outra.[9]

Parecia não haver intermédios naquela simbiose da Escravidão e do Ouro (a não ser que os procuremos no agrupamento incaracterístico e mais separador que unificador dos capitães-do-mato solertes, dos meirinhos odientos, dos bravateadores oficiais de dragões, dos[10] exatores e dos pedestres; largados

---

4 No original: reino, ~~de casacas de veludo,~~ enfronhados nas casacas de veludo, ~~com~~ de

5 No original: grenha ~~[ilegível]~~ inextricável do africano bruto ~~passava [ilegível] da~~ contrastava

6 No original: guarda-costas ~~fazia ressaltar os brincos de ourivesaria dos floretes apresentava o florete luxuoso de guarnições custosas;~~ vibrava

7 No original: ressaltar ~~o florete luxuoso de guarnições~~ os

8 No original: recém-vindos~~, e também § Entre estes extremos a um tempo separando-os e ligando-os~~ § Ia-se

9 No original: outra. § ~~Não havia~~ Parecia

10 No original: dos ~~escrivães~~ exatores

pelas ruas, pelas picadas, pelos córregos, pelos desmontes de cascalho, em busca do escravo, em busca do contrabandista e em busca dos suspeitos contraventores, perguntando, prendendo, acionando, intimando e muitas vezes matando.[11]

Sobre este agrupamento original dous sombrios fiscais que a corte longínqua despachara apercebidos de faculdades discricionárias, o Ouvidor da comarca e o intendente do ouro.

Tinham a tarefa fácil de uma justiça que por sua vez[12] se exercitava em extremos, monstruosa e aterradora, mal variando nos *termos de prisão, hábito e tonsura*;[13] oscilando, insanável, entre a devassa e o pelourinho, entre o confisco e a morte, entre os troncos das cadeias e os dez anos de degredo em Angola...[14]

É que a terra moça desentranhando-se nos minérios apetecidos não era um lar, senão um campo de exploração destinado a próximo abandono quando as grupiaras fartas se transmudas-

---

11 No original: matando, ~~com a dedicação o samba desenvolto cadenciado pelos cachambás tristonhos~~ monótonos perturbavam ~~desnorteantemente os violinos e os cravos que arrebatavam os paus no minuete airoso ou inspirava-lhes atitudes românticas nas valsas figuradas~~ cheio de sobressaltos que lhes inspiravam os dous sombrios fiscais que a corte longínqua enviara àqueles lugares ~~apercebidos de faculdades discricionárias,~~ o ouvidor ~~da comarca~~ e o intendente do ouro que apercebidos de poderes discricionários tinham a tarefa fácil de uma justiça espectando o contraste geral e oscilando monotonamente sem variantes, entre a devassa e o pelourinho, entre o confisco e a morte, entre o tronco da cadeia e os dez anos de desterro em Angola... § ~~Diante Na própria [ilegível]~~ § Aos "homens bons" Embora boa parte do trecho não esteja riscada por Euclides, foi por ele preterida na redação final, tendo colocado uma chave "{ " no *ms*, evitando riscá-la por completo.

12 No original: vez ~~ocultava entre~~ se

13 No original: *tonsura*; ~~batendo a mesma~~ oscilando

14 No original: Angola... § ~~De sorte que sobre a terra moça.~~ § É

Ensaios e inéditos

sem em restingas safaras entregues aos[15] faiscadores pobres e fossem avultando maiores, mais amplas, mais solenes e dominantes sobre a pequenez dos povoados deprimidos as catas silenciosas e vastas, montões de argila revolvidos e tumultuando nos ermos à maneira de ruínas babilônicas...

*

*   *

Mas fora da mineração legal, adscrita à impertinência torturante dos alvarás e cartas régias, trabalhada de fintas,[16] agravada alternativamente pelos quintos e pela capitação, exaurida pela avidez insaciável da metrópole – e pois da extração real – ulterior, estendera-se por fim intangível e livre, irradiante pelos mil tentáculos dos ribeirões e dos rios, estirando-se pelos tabuleiros, e avassalando as serras, a faina revolucionária e libérrima dos garimpos.

Despejados dos arraiais, esquivos pelas matas que percorriam premunidos de cautelas,[17] porque não raro no glauco das paisagens se estampava de chofre num volver de estrada o traço multicor das fardas dos dragões, em patrulhas incessantes; caçados como feras – os garimpeiros, destemidos escaladores das ricas terras inconcessas,[18] deram o único traço varonil que enobrece aquela quadra.[19]

---

15 No original: entregues os faiscadores

16 No original: fintas, ~~de quintos~~ agravada alternativamente pelos quintos e pela capitação, ~~afogada~~ exaurida

17 No original: cautelas ~~cont~~ porque

18 No original: inconcessas, ~~que o excesso de zelo dos administradores, cingidos pelos cordões das tropas de onde~~ deram

19 No original: quadra. § ~~Vinham de um tirocínio bruto de perigos e revezes.~~ § Antes

Euclides da Cunha

Antes dessa vida[20] aventurosa tiveram um tirocínio bruto de perigos e[21] trabalhos nas velhas minerações. Eram o elemento fixo daquela sociedade móvel, e foram a pouco e pouco,[22] capitalizando as energias ferozmente despendidas naqueles assaltos ferocíssimos contra a Terra.[23]

Desde as primitivas buscas pelos leitos dos córregos, dos caldeirões e das itaipavas com o almocafre curvo e a bateia africana, na atividade fácil das faisqueiras; aos trabalhos nos tabuleiros, arcando sob os carumbés refertos ou vibrando as cavadeiras chatas até as camadas ásperas dos nódulos de hematite das tapanhuacangas [sic]; às catas mais sérias, às explorações intensas das grupiaras pelos[24] recostos dos morros que salpintados de cavas circulares[25] e tangidos pelas linhas retilíneas e paralelas das levadas avultavam desnudos e desmantelados naqueles ermos; e por fim à abertura das primeiras galerias, acompanhando os veios quartzosos [ilegível], sem os resguardos atuais,[26] tendo sobre as cabeças o túmulo ameaçador de toda a massa das montanhas – eles percorreram todas as escalas da escola formidável da Força e da Coragem.

Vibraram contra a natureza[27] recursos estupendos.

Abriam canais de léguas, acompanhando as linhas das cumiadas altaneiras e adunando a centenares de metros de al-

---

20 No original: vida ~~perigosa~~ aventurosa
21 No original: e ~~revezes~~ trabalhos
22 No original: pouco, ~~sem abandonar a terra,~~ capitalizando
23 No original: Terra. ~~Os seus~~ § Desde
24 Acima, fora do texto: "Enquanto os 'homens bons' etc.".
25 No original: circulares~~; e por fim à abertura das primeiras galerias perfurando as serras~~ e
26 No original: atuais, ~~afrontam~~ tendo
27 No original: natureza ~~as próprias forças naturais jogaram com a avalanche e com o dilúvio~~ recursos

130

tura em vastos reservatórios as águas captadas, rompiam-nos. Ouviam-se os sons das trompas prevenindo os escravos para a fuga e, logo após, uma vibração de terremoto, um como desabamento da montanha, a avalanche artificial desencadeada pelas encostas, tempesteando e rolando, troncos e galhadas, fraguedos e graieiros, confundidos, embaralhados, remoendo-se, triturando-se, descendo vertiginosamente e batendo embaixo dentro dos amplos *mundéus*[28] no fervor da lama avermelhada onde faiscavam as palhetas apetecidas.

Desviavam os rios, ou torciam-nos, ou cercavam-nos repelindo-lhes a massa pesadíssima; e embaralham-lhes as nascentes, ou então alevantam-nos, inteiros, sobre o próprio leito. Todo o Jequitinhonha,[29] preparatoriamente contido e alteado por uma barragem, derivou certa vez por um bicame colossal, de madeira, deixando a seco embaixo o cascalho sobre que[30] corria há milênios... E ali embaixo centenares de titãs tranquilos, compassando as modinhas nativas ao soar das alavancas e [dos] almocafres,[31] labutaram, cantando, descuidados, tendo sobre as cabeças[32] o dilúvio canalizado...[33]

---

28 No original: mundéus ~~onde acachoando~~ no
29 No original: Jequitinhonha ~~a princípio~~ preparatoriamente
30 No original: ~~sobre~~ corria
31 No original: almocafres, ~~cantavam~~ labutaram,
32 No original: cabeças ~~aquele~~ o
33 No original: canalizado... § ~~De sorte que quando ao crescer a ga-nância da metrópole, crescente, monopolizada pelo monopoliza a extração, isolando aquelas terras, as demarcações do resto do mundo, dificultando os carreiros e tentando mesmo circunvalar as paragens ricas que já tinham vigilantes, em toda a periferia os giros incessantes das esquadras dos pedestres — todo esse esforço, [ilegível] aqueles bravos caçadores furtivos do diamante, cujos ranchos de sapê, instáveis, constantemente mudados. § De~~

De sorte que[34] quando a metrópole, crescida a sua avidez[35] ante novos e ricos descobertos de diamantes —[36] demasiou-se em rigor e prepotências para tornar efetivo o monopólio da extração, isolando aquelas demarcações do resto do mundo, dificultando as licenças de entrada e os passaportes, exigindo registros em todas as passagens, extinguindo os carreiros, e tentando mesmo circunvalar as paragens ricas que já tinham, vigilantes, em roda os giros das esquadras ativas dos pedestres —[37] baldaram-se-lhe em grande parte os esforços, ante os rudes caçadores furtivos da fortuna, intangíveis e céleres, inatingíveis às fintas, e às multas, às tomadias e aos confiscos, e às denúncias, e às derramas, que aliados ao pechilingueiro solerte, ao tropeiro ardiloso, passando entre as patrulhas com o contrabando precioso metido entre os[38] forros das cangalhas, solidários ao comboieiro que enchia os cabos ocos das facas com as pedras inconcessas ou ao mascate aventureiro, intercalando-as nos remontes dos coturnos largos —[39] estendiam por toda a parte, até ao litoral a agitação clandestina, heroica e formidável...

"Desaforados escaladores da terra..." invectivavam as ríspidas cartas régias,[40] refletindo todo o desapontamento da

---

O parágrafo seguinte que aparece na segunda versão manuscrita e está nas versões impressas não foi lançado nesta primeira versão do *ms*: "Assim foram crescendo".

34 No original: que ~~ao~~ quando

35 No original: avidez ~~da metrópole~~ ante

36 No original: diamantes – ~~todos os seus esforços para tornar efetivo o monopólio~~ demasiou-se em rigor e ~~tentou o monopólio~~ prepotências

37 No original: pedestres – ~~tornou-se-lhe~~ baldaram-se-lhe

38 No original: os ~~palhas~~ forros

39 No original: largos – ~~os "desaforados escaladores da terra" segundo a adjetividade das cartas régias,~~ estendiam

40 No original: régias.~~ E eram-me~~, refletindo

Ensaios e inéditos

Corte remota ao pressentir escoarem-se-lhe as riquezas pelas infinitas *malhas*, talhos que lhe davam nos regimentos[41] os irregulares adversários que de tal jeito desafiavam a justiça inexorável do tempo.

E armou contra eles, exércitos.

Bateram[42] longamente os caminhos as patas entaloadas dos regimentos de dragões.

Condensaram-se em batalhões as patrulhas errantes e dispersas dos pedestres. Avançaram lentamente pelas matas em busca das legiões invisíveis...

Os garimpeiros remontavam às serras; espalhavam-se em atalaias,[43] agrupavam-se em guerrilhas diminutas; e não raro os graves[44] intendentes confessavam aos Conselhos de ultramar "a vitória de uma emboscada de salteadores"...

Por fim, planearam-se batalhas.

Rijos[45] capitães-generais, endurados nas refregas do oriente largaram dos povoados ao ressoar dos[46] sermões, propiciando-lhes o triunfo, puxando os terços aguerridos e arrastando

---

41 No original: regimentos [ilegível] os

42 Acima, fora do texto: "Lorena, 19 de 12 *de 190* . [*sic*] § *Ao cidadão* Ch[ristiano] Machado § D. Rodrigo José de Menezes". Entre 1902 e 1903, Christiano Machado foi o engenheiro e empreiteiro da construção de uma cadeia em Guaratinguetá, SP, sob a fiscalização ou supervisão de Euclides. Rodrigo José de Menezes (Portugal, 1750-1807), governador das províncias de Minas Gerais (1780-1783) e da Bahia (1784-1788), primeiro conde de Cavaleiros.

43 No original: atalaias, a guerri agrupavam-se

44 No original: graves ouvidores intendentes

45 No original: Rijos governadores capitães-generais

46 No original: dos [ilegível] sermões

Euclides da Cunha

penosamente pelos desfrequentados caminhos as colubrinas longas e os[47] pedreiros brutos.

Roncearam heroicamente pelos ermos…

Enquanto, em torno, impalpáveis, desafiando-se, alcandorados nos cerros, relampagueando no súbito fulgir estonteador das descargas nas tocaias, despenhando-se pelas encostas, derivando vertiginosamente em repentinas escaramuças pelos talhados dos montes, arrebentando de chofre à boca das velhas minas abandonadas escancaradas de súbito numa explosão de bacamartes,[48] "os desaforados escaladores da terra", os anônimos conquistadores de uma pátria, zombavam triunfalmente daqueles aparatos guerreiros formidáveis e inofensivos…[49]

E balanceando-lhes[50] o arrojo e a rijeza, conhecendo-lhes a vida atormentada e dura, compreendemos hoje[51] que pudessem arcar com a empresa titânica da libertação de um povo, apenas meia dúzia de poetas e um soldado.[52]

---

47 No original: os ~~morteiros~~ pedreiros

48 No original: bacamartes ~~como se~~ os

49 No original: inofensivos… § ~~E passando-lhes entre as linhas refeitas~~ § E

50 No original: balanceando-lhes ~~agora~~ o

51 No original: hoje ~~que senão havíamos apenas~~ pudessem

52 Este último párágrafo que aparece apenas na primeira versão manuscrita não consta em nenhuma das versões impressas.

134

13
Pela Rússia[1]

A Rússia é bárbara.[2]

E nesta condição está a sua força e a garantia permanente dos seus destinos. Entre a sociabilidade cortês, o sentimento da justiça e a receptividade intelectual latina e saxônia, penetrou dominadoramente o impulsivo e a selvageria do tártaro para criar o tipo histórico do eslavo, isto é, um intermediário de ambos, um povo de vida transbordante e forte e incoerente

1 Manuscrito lançado no caderno *Apontamentos para a história da geografia brasílica*, de Teodoro Sampaio. Fonte: Instituto Geográfico e Histórico da Bahia. Primeiramente publicado em *O Commercio de São Paulo*, São Paulo, de 6 jul. 1904, com o título modificado para "A missão da Rússia", o mesmo com que foi republicado em *Contrastes e confrontos* (1907). O rascunho inicia com a seguinte frase, interrompida e suprimida pelo autor: Segundo uma observação feliz de Havelock Ellis, os três estádios

2 A noção de que a Rússia é bárbara não vem diretamente de Euclides, como dá a impressão a versão final do ensaio. Como o próprio autor aponta na primeira frase do *ms* (que aparece riscada), essa noção vem de Henry Havelock Ellis (Inglaterra, 1859-1939), médico e ensaísta, autor do artigo "The Genius of Russia", publicado na revista *The Contemporary Review*, n.80, 1º jul. 1901, p.419-33.

refletindo os dous estádios sob todas as suas formas, desde uma arquitetura original, em que o bizantino pesado se adelgaça no gótico ligeiro, ao temperamento emocional e franco e ensofregado sulcado intermitentemente de uma incomparável ternura e de uma assombradora crueldade.

Culta demais para o caráter asiático, inculta demais para o caráter europeu, funde-as. Não é a Europa, não é a Ásia, é a Eurásia desmedida, desatada do Báltico ao Pacífico, ocupando um terço da superfície terrestre e penetrando no distendido e no plano das estepes o maior palco da história.

Ela aí chega retardatária.

Nasceu quando os demais povos renasciam. Tártara até ao século XV, apareceu na *Europa*,[3] engatinhando para o futuro e balbuciante quando a Europa em peso, num súbito refluxo para o passado, se transfigurava nos esplendores do Renascimento e iniciava[4] os tempos modernos, deixando-a iniciar, tardiamente, a sua longa idade média talvez não terminada.

Mas aí está sua força: ninguém pode prever até onde avantajará um povo que sem perder a energia essencial das raças que o constituem, aparelhe a sua personalidade robusta e primitiva e impetuosa de bárbaro com os recursos da indústria contemporânea.

E nenhum outro, certo, atual momento histórico, talvez gravíssimo, nesse renascer do extremo Oriente chefiado pelo Japão – é mais apto a garantir a marcha, o ritmo e a diretriz da própria civilização europeia.[5]

---

3 No original: na Europa ~~quando~~ na *Europa* engatinhando
4 No original: iniciava ~~e reiniciava~~ os
5 No original: europeia. ~~A única objeção contraposta a esta conjectura é cont~~ Não

Não há negar-se esta asserção positiva. No último número da *North American Review*,[6] Karl Blind – nome expressivo de um dos[7] cegos advogados da transfiguração japonesa –, negando ao império moscovita o papel de campeão da raça ariana diante do perigo amarelo,[8] esteia-se numa novidade sabidíssima: o russo é duplamente mongólico; é-o pela circunstância primordial de o afirmarem as tribos khazares[9] do sul e as tribos turanas do leste, que absorveram os escassos elementos claros em falta, e pelo fato acidental da conquista tártara do século XIII, quando[10] lhe invadiu o território, triunfante, a "Horda Doirada" do neto de Genghis Khan.[11]

Atraído pela simplicidade deste argumento, conclui que não pode ser um obstáculo ao pan-mongolismo um povo tão essencialmente asiático.

---

6 No original: Carl

Karl Blind (Alemanha, 1826-Inglaterra, 1907), autor do ensaio "Does Russia Represent Aryan Civilization?", publicado em *The North American Review*, v.178, n.571, jun. 1904, p.801-11, aludido por Euclides.

7 No original: dos ~~muitos admiradores deslumbrados e cegos~~ cegos advogados

Euclides faz uma analogia irônica entre o sobrenome do autor do artigo: *Blind*, com o seu significado em português: *cego*.

8 No original: perigo amarelo, ao do ~~próximo~~ esteia-se

Euclides provavelmente se esqueceu de cortar "ao do".

9 No original: tribos ~~kasan~~ khazares

"Os khazares tinham um império próprio no que é hoje em dia o sul da Rússia." Era parte maometano e parte judaico, com muitas cidades florescentes (Blind, op. cit., p.803).

10 No original: quando ~~sobre os descende[nte]s de Rurik~~ lhe

11 No original: Khan. ~~E a~~ Atraído

Batu (Mongólia, *c.*1205-*c.*1255), conquistador de grande parte da Eurásia, era neto de Genghis Khan (1162-1227) pelo lado paterno.

Mas esquece-se[12] de que o russo é, antes, o tipo de uma raça histórica. Turano pelo sangue, transmudou-se em quinhentos anos de adaptação forçada sob o influxo permanente da civilização ariana.

A sua melhor figura representativa é a daquele Pedro, o Grande,[13] infatigável e tenaz, perlustrando os povos do Ocidente num perquirir[14] incansável que o levava das escolas aos estaleiros, dos estaleiros aos salões, numa ânsia incomparável de saber e de iniciar-se em todos os segredos da existência civilizada que anelava transplantar ao seu povo ingênuo, grandioso e robusto.

Foi a missão capital dos Romanofs. Sabe-se quanto foi lenta.

Durante todo esse período, quem quer que indague[15] da marcha do espírito humano mal destaca[16] um inexpressivo nome eslavo. Houve as tormentas sociais do século XV, de onde irromperam a renascença religiosa e a renascença literária; houve o deslumbramento do período clássico; houve as

---

12 Em carta de 8 jul. 1904 para Plínio Barreto, Euclides comenta: "A 'Missão da Rússia' foi bem revista. Mas como é que me escapou e te escapou aquele – MAS SE ESQUECE, etc.?". *Correspondência de Euclides da Cunha*, p.216. A posição proclítica do pronome persistiu em todas as edições do livro.

13 Pedro I (Rússia, 1672-1725), Pyotr Alekseyevich, foi um dos maiores estadistas de seu país, organizando-o e reformando-o. Reinou de 1682 a 1696 em parceria com seu irmão, Ivan V (Rússia, 1666-1696), e, com a morte deste, de 1696 a 1725.

14 No original: incansável ~~e numa ânsia incomparável de saber~~ que

15 No original: indague ~~sob~~ da

16 No original: destaca~~ria~~

Ensaios e inéditos

prodigiosas renovações filosóficas e políticas dominadas pela enciclopédia e, por fim, de par com o triunfo franco das ciências, o alvorar encantador do Romantismo.

A própria Turquia teve nesse renascimento a sua idade de ouro com o místico Baki, "o sultão da poesia lírica" na corte de Solimão, o Magnífico.[17]

A Rússia, não. Na sua iniciação demorada, sob o amparo do cristianismo bizantino, sem originalidade pela imitação passada, quedou pouco avantajada além das rudes rapsódias dos heroicos guerreiros tártaros.

O seu aparecimento foi inesperado e assombroso. Wronski,[18] uma espécie de Átila na matemática, agitando-a toda com rara alucinação prodigiosa de gênio transviado —[19] de outro lado, Pouchkine,[20] prosador e poeta pondo no verso e na novela a[21]

---

17 Baki (Turquia, 1526-1600), um dos maiores poetas líricos do Império Otomano, autor de uma ode ao sultão Solimão, o Magnífico (*c.*1494/1495-1566), que lhe rendeu a entrada na corte. Sua obra-prima foi a elegia composta pela morte do sultão, que governou o Império Otomano a partir de 1520, empreendendo campanhas militares que alargaram seu reino e cujas realizações são as mais características da civilização otomana nos campos da lei, da arte, da literatura e da arquitetura.

18 No original: Wronsky
Josef Maria Hoëné-Wronski (Polônia, 1776-1853), matemático, comparado por Euclides a Átila (*c.* 406-453), que, sob o codinome Flagelo de Deus, tornou-se o rei dos hunos, bárbaros que assaltaram o Império Romano, invadindo os Bálcãs, a Grécia, a Gália e a Itália.

19 No original: transviado — e foi de

20 Alexandre Sergueïevitch Pushkin (Rússia, 1799-1837), poeta, dramaturgo e contista, considerado o fundador da literatura russa moderna.

21 No original: novela a [ilegível] viva

viva sensibilidade e a energia terrível da sua raça.[22] Então, o poder assimilador do gênio louco russo desdobrou-se em toda a plenitude. A nação educada pela Europa aparecia-lhe com uma originalidade[23] empolgante, apresentando-lhes aos olhos surpreendidos e aos aplausos espontâneos, com Turgueniev,[24] com Dostoiévski, com Tchekhov e com Tolstói esse realismo popular e [ilegível].[25]

Estava feita a transfiguração: a raça constituída de fatores tão estranhos aparecia como uma das garantias mais seguras das melhores conquistas morais do nosso tempo. Demonstra-o esta mesma literatura onde vibra uma nota tão profundamente humana e dramática. Cada romance russo é a glorificação de um infortúnio. Quem quer que os deletreie variando de autores e de assuntos deparará sempre a mesmice dolorosa da desdita invariável, trocados apenas os nomes aos protagonistas – todos os humildes, todos os doentes, e todos os fracos, o mujique, o criminoso impulsivo, o revolucionário incompreendido, o epiléptico incurável ou o louco...[26] O que domina aos seus escritores não é a tese preconcebida, ou o ca-

---

22 No original: raça. ~~Em [ilegível]~~ Então o poder ~~de receptividade~~ assimilador do gênio ~~eslavo~~ louco

23 No original: originalidade ~~surpreendente~~ empolgante

24 Euclides cita uma série de destacados autores russos: Ivan Turgueniev (1818-1883); Fiódor Dostoiévski (1821-1881); Anton Pavlovitch Tchékhov (1860-1904) e Leon Tolstói (1828-1910).

25 No original: [ilegível] ~~que tanto contrasta com a organização jubilosa do país~~
Na versão contida em *Contrastes e confrontos*, o termo ilegível foi substituído por *profundo*.

26 No original: louco... ~~A princípio acredita-se que se está defronte de uma sociedade em plena ruína; vê-se depois que se defronta um povo ainda infantil numa extraordinária crise de crescimento... O~~

Ensaios e inéditos

ráter a explanar friamente, mas um largo e generoso sentimento de piedade diante do qual deperecem eclipsados o platônico humanitarismo francês ou a seca filantropia inglesa.[27]

Nada mais expressivo no denunciar a alma nova de uma raça em conflito com a retrógrada organização social que a comprime e manieta. O próprio niilismo reponta nessa crise com as suas mulheres heroicas e os seus pensadores abnegados como um enorme desvario de um generoso ideal que se aparelha dos elementos mais criminosos para a conquista superior do bem. Segundo um asserto[28] de Frédéric Loliée[29] – o que caracteriza essa mentalidade é a[30] preocupação constante e superior da

---

que domina os seus escritores não é a tese preconcebida, o caráter a explanar friamente [ilegível] a § Entretanto, a Rússia, conforme a observação de Talbot, é entre todos os países da Europa o que oferece menor número de degenerados. O contraste é notável O

27 Euclides rascunhou este trecho mais uma vez: "Mas o que surpreendeu impressionou em toda a linha a crítica europeia foi a nota profundamente humana e dramática dessa arte nascente e já dominadora. Cada romance russo é a glorificação de um infortúnio. Percorremo-los, traçamo-los seguros da *Casa dos mortos* à *Sonata de Kreutzer*, das prisões aos salões e, em todos nós, domina a mesmice dolorosa da desdita invariável e a sucessão ininterrupta dos dos mesmos protagonistas humi, todos os humildes, todos os doentes, todos os fracos, o mujique, o criminoso impulsivo, o neurótico incurável e o doudo... O que domina o escritor não é uma tese, um caráter a expor friamente" [interrompido]
   Casa dos mortos (1862), romance de Dostoiévski; *Sonata de Kreutzer* (1889), romance de Tolstói.

28 No original: bem § Parafraseando Segundo uma observação asserto

29 No original: Frederico
   Estas ideias de Frédéric Loliée (França, 1856-1915), escritor, historiador, ensaísta, crítico e jornalista, estão expostas na p.431 de seu livro *Histoire des Littératures Comparées* (1903).

30 No original: a questão preocupação

Euclides da Cunha

questão moral; o eterno problema altruísta para o qual tendem todas as[31] ideias individuais ou políticas através de uma análise patética dos menores abalos da natureza humana, visando essencialmente o estudo dos males profundos da Rússia atual, com as suas aspirações para o direito e para a liberdade[32] e com as suas [ilegível] latentes que prefiguram próxima e inevitável regeneração. É a forma tormentosa e combatente da justiça objetiva.

No conflito, o que se distingue bem é o choque inevitável das duas Rússias em procurar a Rússia nova dos pensadores e a Rússia antiga dos khanutos,[33] o recontro do aria e do kalmuco.

Daí a sua fisionomia bárbara porque é incoerente e é revolta, e aparece numa profusão extraordinária de vida,[34] em que os velhos estigmas ancestrais cada vez mais apagados afloram um belo e deslumbrante idealismo cada vez maior.

*

* *

Mas daí também a sua missão histórica neste século. Conquistada pelo[35] espírito moderno, a Rússia tem naqueles estigmas remanescentes recursos admiráveis para a luta prodigiosa que se desencadeou[36] no extremo Oriente. O seu temperamen-

---

31 No original: as ~~[ilegível]~~ ideias
32 No original: liberdade ~~[ilegível]~~ e com as suas ~~[ilegível]~~ [ilegível] latentes
33 No original: khanutos, ~~a Rússia idealista, sonhadora, austera e paciente~~, o
34 No original: vida, ~~espelhando os mais opostos cambiantes~~ em
35 No original: Conquistada pel~~a~~ ~~civilização~~ espírito
36 No original: desencadeou ~~agor~~ no extremo ~~extremo~~ Oriente

142

Ensaios e inéditos

to bárbaro será o guarda mais robusto, não só já da sua civilização, mas da própria civilização europeia.

O conceito é de Havelock Ellis: o centro da vida universal dos povos tende a deslocar-se para o Pacífico, rodeado pelas nações mais jovens e robustas da Terra – a Austrália, o Japão e as duas Américas.

Ali,[37] a Rússia não tem apenas o privilégio de ser a única representante da Europa – mas é a única entre as nacionalidades que, por um longo contato com a barbaria, pelo hábito de vencer e dominar[38] os impérios orientais, tipicamente bárbaros e que pelo conservar ainda vivazes as qualidades guerreiras da tenacidade e da força do homem[39] primitivo – está mais bem aparelhada para a empresa – sobre cujos resultados não se[40] pode ter a vacilação mais breve. O Japão aparece na história armado dos pés à cabeça, ameaçador, mais triunfante, tendo de cor todas as fórmulas complicadas da balística.[41]

Porque a civilização – quaisquer que sejam os prodígios dos bravos generais e bravíssimos almirantes japoneses – a civilização há de seguir para o novo mundo do futuro, ribeirinho do Pacífico – tomando uma passagem no Transiberiano...

Euclides

---

37 No original: Ali ~~ela~~ a
38 No original: dominar ~~o bárbaro~~ os
39 No original: homem ~~da América~~ primitiva – está
40 No original: se § ~~Não há [ilegível] qto as [ilegível]~~ § ~~A esta admiração pela~~ pode
41 No original: balística; ~~pois mas não apresentou ainda um reformador, um artista, um filósofo sonhador [ilegível] que nos revelem uma transformação mais profunda e estável daquela da sua velha sociedade~~ § ~~Pelo menos é para desejar-se (malgrado)~~ § Porque

14
Civilização... [1]

Devemos convir em que Spencer,[2] o Spencer dos últimos dias, o Spencer valetudinário e misantropo que chegou aos pri-

---

1 Manuscrito sem título lançado no caderno *Apontamentos para a história da geografia brasílica*, de Teodoro Sampaio. Fonte: Instituto Geográfico e Histórico da Bahia. Publicado primeiramente em *O Estado de S. Paulo*, em 10 jul. 1904, sob o título "Civilização...", o mesmo com que foi republicado em *Contrastes e confrontos* (1907). Porém, nas versões modernas do livro, o título não traz as reticências. O seguinte trecho aparece no início da página, e são notas de uma primeira versão de passagem lançada mais abaixo e que aparece também nos parágrafos 5 e 6 de *Contrastes e confrontos* (p.240): "Ciência[,] especialidade[s] – § o mais ínfimo, o mais reles aspecto particularíssimo de uma existência exige uma existência inteira. Tome-se o criptograma mais rudimentar –, em torno dele está uma biblioteca. A mais dilatada vida não basta a estudar todas as algas conhecidas. Não há mais naturalistas, há geólogos, há botânicos, há zoólogos; não há geólogos há paleo não há botânicos[,] há algólogos, há liquenólogos, há monoestílagos... não há zoólogo[s], há entomologistas, não há entomologistas, há coleopterologistas... § Na arte" [interrompido]
2 Herbert Spencer (Inglaterra, 1820-1903), notável biólogo, sociólogo e filósofo, autor de *Principles of Biology* (1864).

meiros dias do nosso século para o amaldiçoar e morrer – desgarrou parcimoniosamente da verdade ao divisar nesses tempos um recuo espantoso para a barbaria. Viu a vida universal com a vista cansada dos velhos. Não a compreendeu. Não lhe apreendeu os aspectos variadíssimos e novos. É certo, lhe faltou às células cerebrais, exauridas pela idade, senão pelo mesmo acúmulo de imagens que refletiram, a primitiva receptividade diante da época indescritível e bizarra em que as almas se dobram à sobrecarga de maravilhas – vacilantes e deslumbradas, ora entre prodígios da indústria, tão delicados[3] que recordam uma materialização do espírito criador, ora entre as[4] magias da ciência, tão poderosas que espiritualizam a matéria assombrando-nos com a quase idealização tangível do *radium*.[5]

Ou então[6] salteou-o um duro ferretoar da inveja. Ia-se-lhe a vida, próxima a estagnar-se no emperramento[7] das artérias – e ficava-lhe adiante, maior e crescente, prefigurando novos encantos, novas revelações e novos ideais, o esplendor da vida universal. Não se conteve. Partiu-se-lhe a linha superior de fi-

---

3 No original: delicados ~~às vezes~~ que

4 No original: as ~~[ilegível]~~ magias

5 Comparar este trecho do *ms* com o que aparece em "Notas políticas" (Nativismo provisório): "As últimas palavras de Herbert Spencer são dolorosamente eloquentes. O filósofo que procurou traduzir o desdobramento evolutivo das sociedades numa fórmula concisa e positiva como a fórmula em que Lagrange sintetizou a mecânica – acabou [em] desalentos. Depois de acompanhar o progresso inegável das ciências e de caracterizar tão bem as suas irradiações admiráveis nas maravilhas da indústria, assombrou-o à última hora o alvorecer crepuscular do novo século". Texto levemente alterado na redação final (*Contrastes e confrontos*, p.210).

6 No original: então ~~o pensador~~ salteou-o

7 No original: emperramento ~~da [ilegível]~~ das

Ensaios e inéditos

lósofo. Vestiu desastradamente a pele da raposa desapontada, e entrou na imortalidade através de uma fábula de La Fontaine.[8]

Que mais queria o sábio?

Maior[9] amplitude na ciência?

Mas esta é tal que diferencia a inteligência numa especialização indefinida. O mais minúsculo, o mais[10] tíbio aspecto particularíssimo de uma existência exige uma existência inteira. Em torno do criptograma mais rudimentar[11] arma-se uma biblioteca. A mais dilatada vida não basta a estudar todas as algas.

Breve se organizarão academias para os zoófitos. O martelo do geólogo bate[12] nesta última aresta rochosa do último recanto perdido na anfractuosidade de um rochedo sem nome de uma montanha da África Central. Neste momento um oceanógrafo qualquer, um N.N.[13] imortal arranca o raio de uma revelação da vasa secular de um dos abismos do Atlântico;[14] ou pompeia, vaidoso, o fruto de vinte anos de luta, descrevendo rigorosamente o movimento respiratório das nereidas; e um[15] anatomista encanecido, a estudar o grande zigomático, levanta-se gravemente numa academia real austera ou num instituto sisudo e, diante da academia que se edifica ou diante do instituto que se deslumbra, faz a fisiologia do riso e a dinâmica hilariante da alegria...

---

8 No original: Lafontaine.

Jean de La Fontaine (França, 1621-1695), poeta cujas *Fábulas* (1668-1694) são consideradas obras-primas da literatura francesa.

9 No original: Maior [ilegível] amplitude

10 No original: mais reles tíbio

11 No original: rudimentar forma-se arma-se

12 No original: bate fundo na nesta

13 Abreviatura de *nomen nescio* (nome desconhecido), significando qualquer indivíduo anônimo.

14 No original: Atlântico ou [ilegível] ou

15 No original: um fisiologista anatomista

Maior idealização artística?

Mas Shakespeare,[16] para ser grande, imortalizou-se: foi a grande voz assombradora e imensa da natureza[17] desdobrada com todas as tonalidades, da gagueira terrível de Caliban ao[18] correntio harmonioso dos rouxinóis do Capuleto – ao passo que[19] hoje os poemas irrompem delirantemente de um retalho qualquer da vida mais prosaica e um largo, um irresistível misticismo confundindo na mesma ebriez espiritualista os pensadores e os poetas.

Os raios *n* fulminam a positividade da ciência. E a crítica inexorável, que espantara os duendes e destruíra o milagre, recua, por sua vez, surpreendida ante a ciência imaginária, que reponta sobre os destroços da teoria atômica e, num repentino eclipse da lei suprema da conservação da energia – nos apresenta o espiritista das mesas giratórias de mãos dadas com o químico severo das retortas ou a física[20] a se ultimar nos mistérios telepáticos...

Maior expansão industrial?

Mas, posto de lado o inenarrável das grandes transfigurações do trabalho – devia bastar-lhe o ajuizar do domínio máximo do homem sobre a natureza, esse maravilhoso aproveitamento do solenoide terrestre para a telegrafia – sem fios: a Terra inteira transmudada na serva submissa do pensamento humano – e toda penetrada dele, e absorvendo-o, e

---

16 William Shakespeare (1564-1616), poeta e ator inglês, considerado o maior dramaturgo de todos os tempos.

17 No original: natureza ~~humana~~ desdobrada

18 No original: ao ~~melodia~~ correntio

19 No original: que ~~agora~~ hoje

20 Na versão final: "na física de Roentgen"

Ensaios e inéditos

irradiando-o, e expandindo-o, numa[21] harmonia maravilhosa da sua força magnética imensurável com as vibrações ideais da inteligência...

Maior alevantamento moral?

Aqui se nos emperra a pena, a ranger tarda e acobardada. O assunto é amplo e[22] pregueia-se em inumeráveis refolhos. Não há abrangê-lo.[23] O movimento industrial ou científico pode ao menos ser imaginado. Pode condensar-se num "bloc" resplandecente – como essa Exposição de S. Louis,[24] que inscreve num vasto quadrilátero de palácios o melhor de toda a atividade humana. Mas o alevantamento moral...

✻

✻   ✻

Entre os atrativos da Exposição de S. Louis um há interessantíssimo.[25] Não se trata de algum novo motor, ou de uma fecunda aplicação elétrica. Trata-se de uma pantomina heroica. Imagine-se o drama esquiliano da guerra do Transvaal sobre o palco desmedido de um vasto barracão de feira. A terra lendária com o revesso dos seus alcantis arremessados e a angustura

---

21 No original: numa ~~confusão~~ harmonia

22 No original: e ~~dobra-se~~ pregueia-se

23 No original: abrangê-lo. ~~A~~ O

24 No original: Luiz
No parágrafo seguinte, ao citar o nome da cidade, Euclides novamente aportuguesou o termo.

25 Euclides rascunhou esta frase mais uma vez: *"Plaudite cives!* [aplaudam, cidadãos!] § Entre as cousas assombrosas que a Exposição de S. Luiz vai revelar ao mundo a mais expressiva, a mais caracteristicamente definidora destes tempos... certo não será" [interrompido]

149

de seus desfiladeiros longos, aparece à luz das gambiarras, na paisagem mortal da lona chapada de tintas[26] variadas e cruas, ajustada sobre traves e sarrafos.

Ali se desenrola a luta[27] nos estouros dos cartuchos de festim, no coruscar das espadas de papelão prateado, nos assaltos aos[28] redutos de *papier-maché*, e no delírio, no tumulto, no tropear ruidoso dos heróis de faces afogueadas de carmim, empalecidas de pós de arroz, e ouvidos armados aos apitos do contrarregra...

O *yankee* aplaude. A ilusão é completa. Vê-se a celeridade nervosa de De Wet, a resignação mística e formidável de Kruger, a lentidão ameaçadora de Botha...[29] E, vibrando na distensão repentina das linhas de atiradores, ou concentrando-se em cargas violentas e compactas, dispersas em escaramuças, em emboscadas, em reconhecimentos ou fundidas de chofre, no tumulto convulsivo da batalha, as brigadas impetuosíssimas dos *bôers*.[30]

Ladsmith, Kimberley, Magersfontain, todos os lugares refertos de recordações gloriosas.

---

26 No original: tintas ~~policrômicas~~ variadas
27 No original: luta ~~ond~~ nos
28 No original: aos ~~fortalezas~~ redutos
29 Neste trecho, o autor menciona três importantes militares e estadistas sul-africanos: Christiaan Rudolf De Wet (1854-1922), considerado um herói nacional; Stephanus Johannes Paulus Kruger (1825-1904), tido como o construtor da nação africana, presidente do estado bôer do Transvaal (República Sul-Africana); e Louis Botha (1862-1919).
30 No original: *boers*. ~~Assiste~~ § ~~Assiste-se ao assalto de Paardeberg~~ § Ladsmith

Ensaios e inéditos

Por fim, o assalto de Paardeberg e a bravura espantosamente serena de Cronjé...[31]

Nessa ocasião a imagem real da campanha é absoluta e o protagonista surge como o não representaria o mais extraordinário Fregoli.[32] Porque é o mesmo Cronjé, o Cronjé autêntico, palpável, com a sua linha admirável de herói de envergadura atlética que aparece ao clarão da ribalta,[33] entre explosões de aplausos e os brados entusiásticos que lhe bisam as façanhas...

Um cronista parisiense,[34] comentando o caso da única maneira pela qual pode ele ser comentado, isto é, com um humorismo laivado de melancolia, explica que o general numa carta ingênua e rude declarou "que é preciso viver e que desgraçadamente ainda não há uma incompatibilidade entre a glória e a miséria".[35]

Não comentemos, nós. Admiremos, absortos, mais este traço[36] ao mesmo passo adorável e utilitário do nosso tempo.

---

31 Pieter Arnoldus Cronjé (África do Sul, 1836-1911), general que se rendeu na Batalha de Paardeberg, travada entre 18 e 27 de fevereiro de 1900, durante a Segunda Guerra Anglo-Bôer (1899-1902). Quatro anos mais tarde, conforme indica Euclides, o próprio general toma parte das encenações que reconstituem a guerra, na Feira Mundial de Saint Louis (1904).

32 Alusão ao ator italiano Leopoldo Fregoli (Itália, 1867-1936), capaz de, em suas apresentações, interpretar desde um monólogo até uma ópera com vários personagens.

33 No original: ribalta, ~~numa~~ entre explosãões de

34 Na versão final: "um cronista do *Figaro*"

35 Frase extraída de "Un Spetacle", *Le Figaro*, 12 jun. 1904, por Abel Hermant (França, 1862-1950). "[...] qu'il faut vivre, et-que, malheureusement, entre la gloire et la misère [...]."

36 No original: traço ~~a um tempo~~ ao

Acabou-se o tipo tradicional do herói transfigurado pelo sofrimento; do herói que pede esmola e morre escaveirado e tiritante, passando das palhas de uma enxerga para o mármore do panteão. Não mais Camões ou Belisários.[37]

Surge o herói prático e positivo e rudemente burguês; o herói que aluga a glória e antes de pedir um historiador reclama um empresário.[38]

Alevantamento moral...

Não prossigamos. Decididamente Spencer contemplou pela última vez este mundo com a vista vacilante e apagada de um velho.

O mestre errou – palmarmente, desastradamente, escandalosamente.[39]

Os tempos que vão passando são, verdadeiramente, admiráveis.

---

37 Flavius Belisarius (505-565), proeminente general bizantino à época do imperador Justiniano I (483-565); morto na mais absoluta pobreza.

38 No original: empresário. § ~~Em~~ Alevantamento

39 No original: escandalosamente. ~~A sua última frase O seu último brado ao contemplar estas cousas magníficas deveria ter o mesmo brado que Augusto lançou em pleno deslumbramento do mundo romano.~~ § Os

15
Heróis e bandidos[1]

Na triste Assunção do dr. Francia.[2] Época: 1820. Um velho, um sexagenário varonil acompanhado de numerosa escolta de paraguaios disciplinados passa, a cavalo, pelas longas mas desertas ruas,[3] de casas gradeadas, ao modo de externos corredores de uma prisão vastíssima. Descavalga no largo onde se erige o palácio do governo.[4]

---

1 Manuscrito sem título lançado no caderno *Apontamentos para a história da geografia brasílica*, de Teodoro Sampaio. Fonte: Instituto Geográfico e Histórico da Bahia. Primeiramente publicado em *O Paiz*, Rio de Janeiro, 10 jun. 1904, sob o título "Heróis e bandidos", o mesmo com que foi republicado em *Contrastes e confrontos* (1907).
2 José Gaspar Rodríguez de Francia y Velasco (Paraguai, 1766-1840), déspota ilustrado, governou o seu país de 1814 a 1840. Conseguiu manter a integridade política e territorial do Paraguai diante das ameaças da Tríplice Aliança rio-platense (Argentina, Brasil e Uruguai).
3 No original: desertas de
4 Euclides rascunhou este trecho mais uma vez: "Em 1820, chegou à triste Assunção ~~da Francia~~ do dr. Francia um velho — um sexagenário varonil, ~~e robusto de envergadura com o desempeno impecável de um rapaz~~ de estatura desempenada de moço, destacando-se elegante entre as voltas do pon[c]ho ~~cujas pontas lhe desciam às~~

Vê-se então que a idade não o abate. Apruma-se-lhe a estatura elegante num desempeno de rapaz robusto, entre as voltas do poncho desbotado[5] que lhe descem até as botas russilhonas onde retinem as chilenas de prata de rosetas largas.

Grande *sombrero* de abas derrubadas à cabeça, cobrindo-lhe a meio a face magra, e nesta face rígida, sulcada de linhas incisivas e cortantes, como se um buril maravilhoso[6] rasgasse a imagem da bravura num bloco palpitante de músculos e nervos, um olhar dominador velado de tristeza indescritível.[7]

Era José Artigas[8] – o motim encarnado – o primeiro molde dos caudilhos – o primeiro modelo deste híbrido anacronismo de D. Quixote,[9] do Cid e de Hernani – a idealização doentia,

---

~~largas esporas da ponta, de firme andar – um poncho largo~~" [interrompido]

5 No original: desbotado ~~de largas dobras~~ que

6 No original: maravilhoso ~~por~~ ali ~~andasse a~~ rasgasse

7 Para uma apreciação do retrato em Euclides, consultar Bernucci, Euclides e sua *ars poetica*, *Revista Brasileira*, fase VII, ano XV, n.59, abr.-jun. 2009, p.179-99.

8 José Gervasio Artigas (Uruguai, 1764-Paraguai, 1850), líder militar uruguaio, lutou contra as invasões inglesa e brasileira do seu território. Preso em 1817 por Lecor, conseguiu sobreviver e resistir às pressões das tropas luso-brasileiras. Morreu exilado no Paraguai.

9 Euclides faz uma comparação entre José Artigas e três icônicos personagens da literatura espanhola: dom Quixote, protagonista do romance homônimo publicado entre 1605 e 1615 por Miguel de Cervantes, cujos delírios de grandeza tornam-no alvo de burlas; Cid ou Mio Cid, cavaleiro cristão que no poema épico medieval *El cantar de Mio Cid* (*c*.1140-1207) representa os ideais castelhanos frente aos mouros, contra os quais luta segundo o espírito da Reconquista; e Hernani, personagem central da peça *Hernani* ou *l'Honneur castillan* (1830), de Victor Hugo, que desempenha papel de bandido e amante na corte de Carlos V. Esta última, apesar de ser uma obra francesa, ambienta-se na Espanha.

Ensaios e inéditos

a coragem esplendorosa[10] e o banditismo romântico, que iria perpetuar na América a ociosidade turbulenta, a monomania da glória e o anelo romântico dos perigos que sacrificaram a Espanha do século XVII.

Correra-lhe a vida aventurosa e revolta.[11] Chefe de contrabandistas, lançado às aventuras pelas coxilhas da Banda Oriental e do Rio Grande, transforma-se repentinamente, captado pela metrópole em capitão de carabineiros, exercitando sobre os antigos sócios de falcatruas uma polícia vigilante e feroz; e transmuda-se em coronel revolucionário arrojando-se contra a metrópole entre os primeiros que abalaram e [ilegível] o vice-reinado e transfigura-se, de chofre, em general, "Jefe de los Orientales y protector de las ciudades libres" – precipitando-se contra os amigos da véspera,[12] destruindo a solidariedade platina com o afastamento do Uruguai.

Salteador, girando no vertiginoso dos entreveros subitâneos, quebraram-lha os rígidos soldados de Lecor,[13] fundidos na disciplina incoercível de Beresford;[14] e traído pelos seus melhores condutícios, sem exército,[15] perseguido, viera, afi-

---

10 No original: esplendorosa e o banditismo ~~infame~~ romântico,

11 No original: revolta. ~~A princípio e~~ Chefe de contrabandistas, ~~voltou depois contra os antigos~~ lançado

12 No original: véspera ~~no~~ [ilegível] destruindo

13 Carlos Frederico Lecor (Portugal, 1764-Rio de Janeiro, 1836), visconde de Laguna, comandante que liderou as tropas que invadiram a Banda Oriental do Uruguai em 1816.

14 William Carr Beresford (Inglaterra, 1768-1854), primeiro visconde de Beresford, comandou tropas que invadiram a cidade de Buenos Aires e Montevidéu em 1806. Foi derrotado pela milícia local, fugindo para o seu país de origem.

15 No original: exército, ~~errante~~ perseguido ~~pelos pampas~~, viera

nal, bater à porta do seu mais sinistro adversário, a quem tanto afrontara nas antigas tropelias.

O ditador não lhe apareceu, mas não o repeliu: mandou-o para um convento.

Extraordinário dr. Francia! Este ato denuncia-lhe do mesmo passo a índole retrincada[16] e a sólida educação política que tanto o extremava[17] do heroísmo criminoso daqueles cavaleiros andantes da liberdade. Entre o borzeguim esmagador e a estrapada distensora, estavam-lhe à mão todos os requintes das torturas: escolheu uma cela e constringiu ali dentro, entre paredes nuas[18] sobre dous metros quadrados de soalho uma vida que turbilhonara desafogadamente nos tablados desimpedidos dos pampas.

A vingança era uma lição.[19] Mas foi improdutiva.

Artigas deixara no estado oriental seu melhor discípulo, Fructuoso Rivera,[20] e em torno dele e de seu[21] êmulo companheiro de armas, Lavalleja,[22] veio desdobrando-se até ao nosso tempo esta singularíssima raça de heroicos degenerados que

---

16 No original: retrincada e diabólica, e a sólida e a firme educação

17 No original: extremava da [ilegível] do

18 No original: nuas e nessa estranha monotonia [ilegível] em que a mesma hora pareça soar a vida inteira, a alma guerrilheira sobre dous metros metros quadrados

19 No original: lição. Completou-a Mas

20 José Fructuoso Rivera (Uruguai, 1784-1854), primeiro presidente constitucional do Uruguai (1830-1834), cargo que ocupou novamente de 1838 a 1843.

21 No original: seu principal êmulo

22 Juan Antonio Lavalleja y de la Torre (Uruguai, 1784-1853), militar e político, chefe dos Treinta y Tres Orientales e presidente do Uruguai no triunvirato do governo de 1853.

Ensaios e inéditos

invadem desabaladamente a história, fugindo da polícia correcional, e vem desfilando, ante a civilização, surpreendida, quase sem intervalos, do astucioso Urquiza[23] a este desassombrado Aparício,[24] que nesta hora agita toda a Banda Oriental.

Em todos, uniforme na disparidade dos temperamentos, do sanguinário Oribe[25] a essa figura escultural de Lavalleja que nos[26] tirou a Cisplatina – o mesmo traço característico: a combatividade irrequieta, a bravura astuciosa e a ferocidade não rara sulcada de inexplicáveis lances generosos.

Traçar-lhes a história é fazer a nossa mesma história militar. Toda a nossa atividade guerreira tem a diretriz maior daquela fronteira tumultuária do Rio Grande, há cem anos batida à pata de cavalos e estirando-se como um longo diafragma por onde nos[27] penetra não raro numa espécie de endosmose, o

---

23 No original: Urquiza ~~a este arrojado da~~ a este desassombrado Aparício ~~ori~~ que
   Justo José de Urquiza (Argentina, 1801-1870), militar e político, várias vezes governador da província de Entre Ríos, líder do Partido Federal e presidente da Confederação Argentina (1854-1860).

24 Euclides refere-se ao coronel rio-grandense João Francisco Pereira de Sousa (1866-1953), a quem, por intermédio de Coelho Netto, enviara um exemplar de *Contrastes e confrontos*, retificando, em dedicatória, o conceito a respeito daquele, apresentado à p.9 do livro. A referência é uma alusão comparativa a Aparício Saraiva (Uruguai, 1856-Rio Grande do Sul, 1904), que tomou posição de destaque ao lado de seu irmão Gumercindo (1852-1894) na Revolução Federalista (1893-1895), no sul do Brasil.

25 Manuel Ceferino Oribe y Viana (Uruguai, 1792-1857), militar e político, presidente constitucional do Uruguai entre 1835 e 1838 e fundador do Partido Nacional.

26 No original: nos ~~arrancou~~ tirou a Cisplatina ~~com 32 imortais~~ – o

27 No original: nos ~~[ilegível]~~ penetra não raro numa ~~[ilegível]~~ espécie de endosmose ~~[ilegível]~~ o

espírito febril da caudilhagem,[28] obrigando-nos a colaborar também a pontaços de lanças, naquelas revoluções crônicas e naquele regime secular de tropelias.[29]

Dali partimos quatro vezes para a conquista de Montevidéu e para a alegria do Paraguai. E quando se traçar a história emocionante dessas lutas, que vêm desde as controvérsias da colônia de Gumercindo, desdobrando-se numa campanha indefinida, sulcada de longos armistícios e de longos desfalecimentos, em que talvez ainda se não tinha terminado, ver-se-á que ao Brasil coube na história o perigoso papel de um desassombrado caçador de caudilhos e de tiranos. Mas do mesmo passo uma consequência inevitável: a infiltração do mesmo espírito aventuroso e rebelde.[30]

Ali na longa faixa do Jaguarão-Quaraim, o gaúcho funde na envergadura possante e no temperamento explosivo os traços dominantes de dous povos. O versátil e bravo Bento Manoel[31]

---

28 No original: caudilhagem, ~~tr~~ obrigando-nos

29 No original: tropelias. ~~Ali na longa faixa de Jaguarão a Quaraim, o gaúcho funde na envergadura desempenada e ágil o vil arrevesso temerário[,] os traços dominantes de dous povos. David Canavarro ou Bento Manoel [ilegível] confundiu-se, no passado, com Fructuoso Rivera ao Lavalleja. O Aparício oriental desdobra-se no João Francisco rio-grandense. Imobilizai o primeiro num posto sedentário e tereis a fera do Cati; despenhai o segundo nas desposadas das "Califórnias" e vereis o caudilho. Em que Daí os fatos as surpresas que às vezes por vezes nos assaltaram: desde Artigas que nos levou em 1817 à conquista de Montevidéu, ao general Flores que nos [ilegível] arrebatou ao Paraguai e a esse estupendo Gumercindo Saraiva, meio brasileiro[,] meio gringo, que apisoou o Paraná.~~ § Dali

30 Este parágrafo não foi lançado em *Contrastes e confrontos*.

31 Bento Manoel Ribeiro (São Paulo, 1783-Rio Grande do Sul, 1855), militar que lutou, entre outros conflitos, na Guerra da Cisplatina (1825-1828) e na Guerra dos Farrapos (1835-1845).

Ensaios e inéditos

desdobra-se no bravo e versátil Rivera; e aquele incomparável Lavalleja; um Bayard[32] vibrátil e volúvel, reproduziria manietado pela disciplina o desassombro sem par de Menna Barreto.[33]

Volvendo aos[34] nossos dias: o Aparício oriental copia o João Francisco rio-grandense: acorrentai o primeiro num posto sedentário e tereis o molosso ferocíssimo da fronteira; despenhai o segundo do revesso das coxilhas e vereis o caudilho.

Daí as surpresas que por vezes nos tem assaltado naquela banda. Quaisquer que tenham sido os seus complexos antecedentes, a guerra do Paraguai teve o prelúdio das ruidosas "califórnias",[35] que arrebataram os nossos bravos patrícios aos

---

32 Pierre Terrail LeVieux, senhor de Bayard (França, *c.*1473-1524), soldado, conhecido como o "cavaleiro medieval ideal, sem medo e irrepreensível".

33 Os Menna Barreto fazem parte de uma tradicional família sul-rio--grandense, formada por vários políticos e militares. Euclides deve estar se referindo a José Luís Menna Barreto (pai) (1796-1825), morto pelas tropas de Fructuoso Rivera durante a Guerra da Cisplatina; ou João Propício Menna Barreto (1808-1867), que combateu em todas as guerras do sul do Brasil entre 1825 e 1865: Guerra da Cisplatina (1825-1828), Guerra dos Farrapos (1835-1845), Guerra do Prata (1851-1852) e Guerra do Uruguai (1864-1865).

34 No original: ao

35 Francisco Pedro Buarque de Abreu (Rio Grande do Sul, 1811-1891), barão de Jacuí, proprietário de terras na fronteira com o Uruguai, criou uma força militar para defender os interesses dos fazendeiros brasileiros no Uruguai, invadindo com frequência o território uruguaio nas chamadas *califórnias* e levando consigo, de volta para o Brasil, consideráveis quantidades de gado. Por outro lado, os uruguaios, sob o comando do coronel Diego Eugenio Lamas (1810-1868) e a divisão do general Servando Gómez (?-1865), enfrentaram os bandos brasileiros dedicados ao roubo de gado, combatendo-os. Essas

Euclides da Cunha

entreveros entre *blancos* e *colorados*.[36] Por maiores que fossem depois os milagres de uma diplomacia, que de 1853 a 1858[37] se despassara no vencer, do[38] malquerer e da vesânia de López,[39] não[40] haveria mais obstá-lo desde a hora em que[41] os *pealadores*, de um e de outro lado, guascas e gaúchos, entrelaçaram[42] sobre o solo vibrante das campinas os laços e a bolas silvantes, objetivando a fraternidade sanguinolenta que os atraía irresistivelmente àquela trágica diversão e aos recontros súbitos, e àquelas originalíssimas e minúsculas batalhas dispersas em torneios céleres feitas de perseguições e fugas e onde nem se queima às vezes um único cartucho porque ao campeador selvagem apraz melhor desfechar sobre o contrário os golpes estancos de cinco armas formidáveis – a lança e as quatro patas do cavalo.

Guerras à gandaia; adstritas ao sustento aleatório das estâncias saqueadas, em que o soldado surge pronto de toda a banda, laçando os adversários como laça os touros, combatendo ou "parando o rodeio", sem notar diferença na azáfama tormen-

---

    lutas guerrilheiras, ocorridas durante o período 1849-1850, levaram o nome de *califórnias* do Chico Pedro, isto é, do barão de Jacuí.

36 No original: colorados. ~~Quaisquer~~ Por

37 No original: 1858 ~~sossobrara diante dos~~ se

38 No original: vencer malquerer

39 Francisco Solano López (Paraguai, 1827-1870), segundo presidente constitucional de seu país (1862-1870) e chefe das Forças Armadas do Paraguai, morto por militares brasileiros na Guerra do Paraguai. Considerado herói nacional paraguaio, no Brasil é visto como um ditador insano que levou seu país à ruína.

40 No original: não haveriam mais obstá-la

41 No original: que o ~~[ilegível]~~ e pealadores

42 No original: entrelaçaram ~~nas campinas~~ sobre

Ensaios e inéditos

tosa, elas podem prolongar-se indefinidamente.[43] Bastam-lhe como recursos únicos que exigem – alguns ginetes ensofregados e a pampa[44] – a disparada estonteadora e o plaino desimpedido; a velocidade e a amplidão…[45]

É o que nos mostra a situação atual do Uruguai. Presa aos atrativos de outros sucessos, tão voltada para a Amazônia ameaçada ou para o[46] duelo que se trava no extremo oriente, a atenção geral, mal se impressiona com as desordens que o abalam. Um ou outro telegrama, quase importuno; mal lido entre outros casos de maior monta, nos revela que o caudilho ainda vive.

A despeito de não sabermos quantas derrotas para logo corrigidas em outras tantas fugas triunfais entre as tropas do governo[47] vitoriosas e desapontadas no "Passo dos Curros", em Taquarembó, em Dayman, no Salto, na Concórdia, em Aceguai, em Sta Rosa, em Sta Luzia,[48] ela irradia por toda a parte, intangível, incoercível e invencível, espalhando[49] alarmas que vão de Montevidéu, inopinadamente ameaçada de um assalto, às mais remotas povoações do interior subitamente despertas pelo clássico ¡ahí vienen! que há séculos por ali espalha,[50] as gentes apavoradas ante o estrupido dos cavaleiros errantes e ferozes.

---

43 No original: indefinidamente ~~graças aos~~ Bastam-lhe
44 No original: pampa – ~~a velocidade e a amplidão~~ a disparada
45 Este parágrafo não faz parte da versão de *Contrastes e confrontos*.
46 No original: o ~~extremo oriente [ilegível]~~ duelo
47 No original: governo ~~triunfantes~~ vitoriosas
48 No original: Luzia, em toda parte, ela erradia por toda a parte, intangível
49 No original: espalhando ~~os~~ alarmas
50 No original: espalha, ~~intermitentes~~ às

Euclides da Cunha

Vencido pelo general Moniz desde o começo da luta, acutilado, morto a golpes de telegramas, erradio, ou fugindo com os restos de uma tropa desmoralizada para a nossa fronteira salvadora,[51] Aparício Saraiva lembra a cópia grosseira do herói macabro do "Romancero", morto e espavorindo os inimigos.[52]

Pelo menos, a sua revolução tem a estrutura privilegiada dos pólipos: despedaçá-la é multiplicá-la.[53]

Ainda neste momento, repelido do Salto,[54] este revide enérgico parece ter tido o efeito único de dividir-lhe as forças em três corpos que, dirigidos por ele, por Lamas e Muñoz,[55] vão refluir de novo sobre o Uruguai que reeditou a mesmice inaturável das refregas inúteis, das correrias, das derrotas estéreis, das eternas vitórias telegráficas, enfeixadas todas numa anarquia lastimável cujo fim ninguém pode prever.[56]

---

51 No original: salvadora. ~~Aparício Saraiva nos evoca esse~~ Aparício
52 Alusão à Revolução Uruguaia de 1904, último conflito civil daquele país, ocorrido de janeiro a setembro. As tropas do general Moniz (Partido Colorado) venceram por várias vezes os revolucionários comandados por Aparício Saraiva (Partido Blanco), até que este foi ferido em combate, falecendo dias depois e colocando fim à guerra.
53 No original: multiplicá-la. § ~~Neste~~ Ainda
54 No original: Salto, ~~temerariamente assombrado o~~ este
55 Provavelmente, trata-se do caudilho Basilio Muñoz (filho), general do Partido Blanco do Uruguai, homônimo de seu pai e de seu filho.
56 A partir desse ponto, Euclides adicionou mais seis parágrafos na versão publicada n'*O Paiz* e em *Contrastes e confrontos*.

16
Perigos[1]

Numa quase mania coletiva da perseguição andamos,[2] às arrancadas, com alguns espectros: o perigo alemão e o perigo *yankee*.[3] Nunca em toda a nossa[4] vida histórica o terror do estrangeiro assumiu tão alarmante aspecto ou abalou tão profundamente as almas. Estamos neste ponto como[5] os romanos da decadência depois dos revezes de Varus:[6] adivinha-

---

1 Manuscrito lançado no caderno *Apontamentos para a história da geografia brasílica*, de Teodoro Sampaio. Fonte: Instituto Geográfico e Histórico da Bahia. Primeiramente publicado em *O Paiz*, Rio de Janeiro, 24 jun. 1904, com o título modificado para "Temores vãos", o mesmo com que foi republicado em *Contrastes e confrontos* (1907). No original: – ~~Um perigo maior~~ – § – ~~Outros perigos~~ – § – Perigos –

2 No original: andamos ~~às vezes~~ às

3 No original: *yankee*, ~~um perigo italiano~~ [ilegível] ~~terrivelmente~~ [ilegível]. ~~Haverá fundamentos sérios para esses temores?~~ [Ilegível] ~~como se andássemos por uma~~ [ilegível] ~~encruzilhada da história~~. Nunca

4 No original: nossa ~~história~~ vida

5 No original: como ~~os últimos~~ romanos

6 Publius Quinctilius Varus (Itália, *c.* 46 a.C.-9 d.C.), general romano que, ao avançar de forma imoderada em terras germânicas a mando do imperador Augusto (63 a.C.-14 d.C.), foi encurralado e suicidou-se no episódio que ficou conhecido como a Batalha da Floresta

Euclides da Cunha

mos o[7] rumor longínquo da invasão. Uma diferença apenas: Átila não ruge o *stella cadit, tellus fremit!*[8] descarregando-nos à cabeça o frankisk esmoedor e sobre o chão as patas esterilizadoras do cavalo, é um sonhador medieval desgarrado no industrialismo da Alemanha – Guilherme II;[9] e Genserico,[10] em que pese a sua envergadura rija de *cowboy* dominador do *Far West*, é Roosevelt,[11] o grande professor de energia, o maior filósofo prático dos tempos,[12] o ríspido, o evangelista admirável – da[13] vida intensa e proveitosa.

---

de Teutoburgo. Seguindo seu exemplo, outros oficiais também se suicidaram, o que concorreu para o massacre de três legiões de soldados, pondo fim à expansão romana para além do Rio Reno.

7 No original: o ~~tropel~~ rumor

8 "A estrela cai, a terra se estremece!", Paul de Saint-Victor, *Hommes et Dieux* (1867), p.121. Diz a lenda que tendo Átila ouvido um ermitão chamá-lo de "*O Flagelo de Deus*", saltou num acesso de prazer infernal e declarou: "Sou o açoite que fere o mundo. A estrela cai, a terra se estremece!".

9 No original: Guilherme 2º
Friedrich Wilhelm Viktor Albert von Preußen (Alemanha, 1859-1941), último imperador alemão e rei da Prússia, de 1888 a 1918, quando abdicou ao trono no fim da Primeira Guerra Mundial.

10 Genserico (Hungria, 389-Cartágo, 477), rei dos povos vândalos e alanos, com os quais travou batalhas contra o Império Romano.

11 No original: Roosevelt, ~~o admirável propagador da vida intensa,~~ o
Theodore Roosevelt (Estados Unidos, 1858-1919), 26º presidente republicano de seu país (1901-1909) depois de McKinley. Junto com Cândido Rondon empreendeu expedição exploratória pela Amazônia em 1913-1914. Roosevelt se opôs à política de não anexação das Filipinas, ao contrário do que queria Bryan, e argumentou que seria assim "melhor" para a estabilidade dos filipinos e para o posicionamento dos Estados Unidos no cenário geopolítico.

12 No original: tempos ~~criador de [ilegível] propagandista,~~ o

13 No original: admirável – a vida

Ensaios e inéditos

Assim, é evidente: não é o bárbaro que nos ameaça, é a civilização que nos apavora.[14]

De fato, conquistando a maior destas ameaças, a absorção *yankee*, põe-se de manifesto que o imperialismo nos últimos tempos dominante na política norte-americana[15] não significa o fato material de uma conquista de territórios e de uma expansão geográfica acarretando o esmagamento das nacionalidades fracas;[16] toda numa esfera superior, o triunfo das atividades,[17] o curso irresistível de um movimento industrial incomparável

---

14 Euclides rascunhou uma vez mais a mesma frase, utilizando, para destacá-la, uma oração do parágrafo anterior: "Uma diferença apenas: não é o bárbaro que nos ameaça; é a civilização que nos apavora. ~~Ora Serão fundados os terrores? Não haverá estará no próprio contraste deste paralelo o infundado deles, traduzindo-se esta angústia patriótica apenas no exagerar a força de imaginários antagonistas apenas como um reflexo subjetivo da nossa imensa fraqueza? Evidentemente, sim.~~ Não há o perigo alemão e não há o perigo *yankee* e não há o perigo italiano porque as [ilegível] a própria [ilegível] § ~~Particularizamos em Roosevelt ou em Guilherme II, no [ilegível] que é um [ilegível] sobre a raça [ilegível] do [ilegível] ou no chefe do governo que [ilegível] aparelhos complexos da [ilegível] da Alemanha,~~ um rude professor de energia, de propagador da vida intensa e novo sonhador [ilegível] ~~chefe que deslocou (para o industrialismo) todas as audácias românticas da Idade Média, sem a [ilegível], à vontade, alternativamente particularizamos um elemento, que afinal nada mais é do que o [ilegível] revelar~~ expandir instintivo dos grandes desfalecimentos que dia a dia cada vez mais nos incompatibilizam para a convivência vital entre as nações. ~~Porque não há o perigo alemão, e não há o perigo *yankee*. O que há, é o perigo brasileiro. Realmente são os dous povos que vão à frente da expansão industrial destes dias.~~"

15 No original: norte-americana, ~~[ilegível]~~ não

16 No original: fracas; ~~senão~~ toda

17 No original: atividades, ~~a~~ o

Euclides da Cunha

e a marcha[18] triunfante de um país, onde um individualismo esclarecido, reduzindo consideravelmente a iniciativa governamental sempre improdutiva ou tardia, permite-lhe o desdobramento desafogado de uma energia triunfante em que incidem, [ilegível] um espírito prático incomparável, um grande sentimento da justiça, e a idealização maravilhosa das mais elevadas concepções da vida.

Esta vida prodigiosa alastra-se pelo mundo com a fatalidade irresistível de uma queda de potenciais. Mas não leva exclusivamente a força imensurável de uma indústria em busca de mercados e de uma pletora de riquezas e produção impondo-lhe o desafogo da emigração forçada dos capitais e dos produtos –[19] senão também as mais belas conquistas morais do nosso tempo em que a inviolabilidade dos direitos cada vez mais se ajusta ao respeito crescente da liberdade humana.[20]

Sendo assim, é pelo menos singular que vejamos uma ameaça nessa civilização. Singular e injustificável. Tomemos um exemplo recentíssimo.

---

18 No original: marcha a triunfante

19 No original: – [ilegível] senão

20 No alto da página, fora do texto, Euclides lançou as seguintes ideias: "o respeito, a inviolabilidade dos direitos, a solidariedade humana, um fecundo senso prático, um idealismo incomparável e, respeito da liberdade humana e o sentimento [ilegível]. § Conquista de Porto Rico – Criação de mercados e relações mercantis. § 1845 – auge da política conquistadora norte-americana. § A compreensão é a prática da verdadeira democracia. § solidariedade das nações americanas num objetivo de expansão comercial (a conferência pan-americana de Washington – 1890 – protecionismo africano determinou) § conquista pacífica da América ou terrífica da indústria americana. Pletora [ilegível] imigrações [ilegível]".

Ensaios e inéditos

Quando o[21] almirante Dewey em Manila rematou a campanha acelerada que em pouco tempo se estirou num teatro de operações de cento e sessenta graus de latitude, da ilha de Cuba aos extremos do Pacífico, a conquista das Filipinas se afigurou a toda a gente uma intervenção inesperada do *yankee* na partilha intricadíssima da Ásia. Os melhores propagandistas de uma política liberal e respeitadora da[22] independência de outros povos justificavam-lhe uma posse arduamente conseguida através de uma luta penosa e ferocíssima. Além disto, o arquipélago não decairia da situação anterior jazendo na[23] condição subalterna de colônia; e as suas 114.000 milhas quadradas de terras fertilíssimas, em que se entranham minas opulentas e surge triunfalmente uma flora surpreendente, eram um novo corpo ainda virgem, à espera das grandes maravilhas do trabalho.

Deste modo, quando ao fim da guerra seguiu[24] a primeira "Comissão Filipina" para manter a autoridade americana, consolidar a paz e[25] se apropriar de um pedaço de partilha da Ásia — e instituir a justiça, viu-se neste aparato pacífico o primeiro passo da absorção inevitável. E, esta absorção, a que nenhum obstáculo material se opõe, é neste momento problemática, duvidosa, talvez irrealizável...

---

21 No original: o ~~arrojo incomparável do~~ almirante
George Dewey (Estados Unidos, 1837-1917), almirante da Marinha de Guerra dos Estados Unidos.

22 No original: da ~~autonom~~ independência

23 No original: na ~~organização~~ condição

24 No original: a "~~Primeira~~ primeira

25 No original: e [ilegível] se

Não o diz um sentimental; demonstra-o friamente num argumentar incisivo o homem mais competente para o fazer, Gould Schurman,[26] exatamente o presidente daquela primeira Comissão, o[27] intérprete mais perfeito, senão único, dos intuitos reais da política norte-americana naquele caso.

A sua linguagem é franca; não segreda no abafamento das informações oficiais; vibra nobremente numa revista, *The Ethical Record*, de março último,[28] onde o assunto, "A Great National Question", está debaixo do olhar de toda a gente.[29]

Ali se analisam os três destinos inevitáveis das Filipinas: a dependência colonial, a independência parcial, a exemplo da de Cuba, ou a formação do território, prefigurando o futuro Estado confederado. E a conclusão é surpreendente[30] sobretudo aos que armam olhos e ouvidos aos esgares truanescos e à linguagem solta do jingoismo *yankee*, tão desmoralizado na própria terra onde se agita: Gould Schurman, embora ressalvando o interesse norte-americano, declara-se advogado da independência filipina. A seu parecer, ela se impõe como um corolário obrigatório dos princípios e tradições políticos da grande república, e esta não a pode negar ou iludir "sem renunciar à sua própria

---

26 Jacob Gould Schurman (Canadá, 1854-Estados Unidos, 1942), embaixador dos Estados Unidos na Alemanha. Presidiu a primeira Comissão Filipina de 4 de março de 1899 a 16 de março de 1900.

27 No original: o ~~representante~~ intérprete

28 *The Ethical Record*, Nova York, v.5, n.3, mar. 1904, p.95-102. O artigo de Euclides foi publicado em *O Paiz* em 24 jun. 1904.

29 No original: gente § ~~Ora, examinando os três casos destinos inevitáveis~~ § Ali

30 No original: surpreendente ~~[ilegível]~~ sobretudo

história e aos seus próprios ideais", "without renouncing our own history and our own ideals".[31]

Deve-se convir em que esta linguagem,[32] dada a autoridade de quem a emite, torna singularmente duvidoso esse perigo *yankee* –[33] funambulesca *Tarasca* que tanto desafia por aí o ferretoar dos pontos de admiração das frases patrióticas.

Não existe; como, afinal, não existe o perigo alemão, inexplicável ante o mesmo rescrito de Von der Heydt,[34] proibindo a emigração germânica para a maior parte do Brasil.

Ora, esta simples consideração é expressiva.[35] Dai-nos de modo bem claro que o nosso pavor e este tatear entre fantasmas nada mais são do que um reflexo subjetivo da nossa fraqueza transitória. O que esse perigo alemão, este perigo *yankee* ou o perigo italiano ou quaisquer perigos que nos pareçam estranhos, alheios ao nosso querer e vindos de fora são simples[36] de um perigo menor, do perigo real e único que está todo dentro das nossas fronteiras e irrompe da nossa mesma vida nacional.[37]

---

31 *The Ethical Record*, Nova York, v.5, n.3, mar. 1904, p.101.

32 No original: linguagem, ~~tran~~ dada

33 No original: *yankee* – ~~a~~ funambulesca

34 No original: Heyde
August von der Heydt (Alemanha, 1801-1874), economista, ministro do Comércio e da Indústria da Prússia, que em 1859 decretou a proibição da emigração germânica para o Brasil diante das dificuldades encontradas pelos estrangeiros nas lavouras cafeeiras no estado de São Paulo. Com a unificação alemã em 1871, a proibição se estendeu para todo o país, sendo revogada em 1896.

35 No original: expressiva ~~singularmente~~. Dai-nos

36 No original: simples ~~sinais comemorativos~~ de

37 No original: nacional ~~o pe[rigo]~~. Adotemos

Adotemos o alarmante substantivo e denunciemo-lo: o perigo brasileiro...[38]

Este,[39] sim, aí está, e se ostenta ao mais incurioso olhar, sob infinitos aspectos.

Não lhos[40] analisamos.

Seria crudelíssima a tarefa.

Teríamos de assistir, na ordem superior dos nossos fastos, o império revoltante da velha tolice metafísica, consistindo em esperarmos tudo das artificiosas e estéreis combinações políticas, olvidando que estas ao revés de causas são simples efeitos dos estados sociais; e aos desastrosos efeitos de um código orgânico que não é a sistematização das condições naturais do nosso progresso, mas uma cópia apressadíssima e grosseira, onde prepondera um federalismo incompreendido que despedaça e extingue a solidariedade nacional.

No campo mais íntimo da nossa vida,[41] veríamos desdobrar-se um pecaminoso amor da novidade exagerada ao olvido das nossas próprias tradições; o afrouxamento em toda a linha da fiscalização moral de uma opinião pública que se desorganiza

---

38 No original: brasileiro... § ~~larga razão~~ § De
    Euclides redigiu o parágrafo acima mais uma vez: "Concluímos que este pavor e este ~~[ilegível]~~ bracejar entre fantasmas são um simples reflexo subjetivo de fraqueza transitória; e que estes perigos — alemão, *yankee* ~~ou~~, italiano ou quaisquer outros que se nos figuram estranhos, são claros sintomas de um perigo ~~real~~ maior, do perigo real e único que está todo dentro das nossas mesmas fronteiras e irrompe numa alucinação da nossa mesma vida nacional: o perigo brasileiro".

39 *Este* se refere ao "perigo brasileiro".

40 No original: lhos ~~conside~~ analisamos.

41 No original: vida ~~desdobraríamos~~ veríamos

dia a dia, e cada dia se torna mais inapta a corrigir aos que[42] a afrontam, que a escandalizam, e que triunfam; uma situação econômica paradoxalmente abatida e tombada sobre as maiores e mais fecundas maravilhas naturais; e por toda a parte, na glorificação da incompetência e nos desfalecimentos de todas as virtudes do trabalho e perseverança[43] – a nossa terra transformada num vasto, num opulentíssimo e num deplorável paraíso dos medíocres...[44]

Aquilataríamos então, com segurança, os perigos reais que nos[45] assoberbam – e não mais nos saltearia um temor que é até uma calúnia e uma tristíssima afronta a nacionalidades que nos aterram porque progridem, e que nos ameaçam pelo motivo único de seguirem triunfantemente e civilizadoramente [para o futuro.][46]

---

42 No original: que se a
43 No alto da página, Euclides reescreveu: "virtudes do trabalho, e perseverança".
44 No original: medíocres... § Veríamos § Aquilataríamos
   Esta qualificação se encaixa perfeitamente no plano ideológico de Euclides, também adotado no poema homônimo inconcluso, "O paraíso dos medíocres", escrito por volta de 1902. Consultar Cunha, *Poesia reunida*, p.278-85. O parágrafo seguinte em *Contrastes e confrontos* não foi lançado no *ms* e os três últimos do livro foram condensados em um só no *ms*.
45 No original: nos ameaçam assoberbam
46 O trecho entre colchetes, que fecha o ensaio em sua redação final, não se encontra no rascunho, interrompido em *civilizadoramente*.

17
Notas políticas[1]

Se[2] tivéssemos o menor traço de nacionalidade, a tradição deste jornal diz, por si mesma, que ela seria toda em favor das gentes disciplinadas e ativas, que em dez anos transfiguraram o progresso paulista e completaram, nobilitando o trabalho, a mais civilizadora reforma social do nosso tempo.[3]

Fomos sempre, e o somos ainda, intransigentemente,[4] adversários de um nativismo, que é um erro e,[5] batemo-lo sempre, consideramo-lo sempre uma anacronia [ilegível] ao espírito

---

1 Manuscrito lançado no caderno *Apontamentos para a história da geografia brasílica*, de Teodoro Sampaio. Fonte: Instituto Geográfico e Histórico da Bahia. Primeiramente publicado em *O Paiz*, Rio de Janeiro, 10 jul. 1904, com o título modificado para "Nativismo provisório", o mesmo com que foi republicado em *Contrastes e confrontos* (1907).

2 No original: Se ~~houvéssemos~~ tivéssemos o ~~mínimo~~ menor

3 No original: tempo. ~~Não há nativismo fervente no jingoísmo irritável que não ceda ante caia completamente batido — ante o quadro da imigração italiana entre nós: homens de outros climas.~~ § Fomos sempre, ~~e ainda o s~~ e

4 No original: intransigemente

5 No original: erro e ~~uma fraqueza, pelo se contrapor~~ batemo-lo

liberal da política contemporânea, e à[6] revelação que temos prejudicialíssima na concorrência forçada de outras raças.[7] E mesmo que nos perturbasse o mais irritável jacobinismo, não acreditamos que ele pudesse vingar ante o quadro da imigração entre nós: homens de outros climas,[8] que se nacionalizaram neste país [ilegível] existência [ilegível] e que tanto têm feito pela sua regeneração econômica, em todos os campos da atividade.[9] É nesta circunstância que lobrigamos o perigo. Como se vê, ele não surge da concepção negativa de um estreito nativismo, mas da concepção positiva de um claro nacionalismo.[10]

A imigração – necessidade imperiosa, exigida pela nossa existência econômica – a imigração, que desejamos ardentemente só[11] pelo concurso material do braço que trabalha mais porque carecemos da colaboração artística e até do aperfeiçoamento moral de outros povos – assim naturalmente diante da frouxidão da nossa estrutura política e da nossa formação histórica incompleta, o caráter gravíssimo de um problema que não podemos afastar, que não queremos afastar, que não devemos afastar, mas que devemos resolver com infinitas cautelas. Não podemos considerá-la com o coração folgado[12] com que a consideram, por ex., os naturais[13] de um país, onde o foras-

---

6 No original: a ~~denúncia~~ revelação

7 No original: raças. ~~Mas ainda quando~~ E

8 No original: climas ~~nacionalizados~~ que

9 No original: atividade. ~~Dada esta explicação – que retirada da nossa atitude~~ [interrompido] ~~Assim~~ É

10 Os três parágrafos seguintes em *Contrastes e confrontos* não foram lançados no *ms.*

11 No original: só ~~porque~~ pelo

12 No original: folgado ~~do norte am~~ com

13 No original: naturais ~~do~~ de um país ~~[ilegível] mais~~, onde

Ensaios e inéditos

teiro, parta de onde partir, encontra a par[14] do forte individualismo de uma raça constituída a atmosfera virtual de uma
civilização própria, onde ele, para viver, tenha que se adaptar. A
nossa situação é de todo em todo oposta. O estrangeiro, venha
de onde vier, encontra entre nós um meio político, intelectual
e materialmente inferior ao meio em que nasceu – e a pouco e
pouco, lenta e naturalmente, vai nos trazendo o seu ambiente
moral,[15] destruindo pela implantação dos costumes o próprio
exílio que[16] procurou e, a pouco e pouco, nos criando pelo de-
sapego às tradições, o abandono dos mais entranhados hábitos,
um exílio paradoxal dentro da nossa própria terra.[17]

Neste ponto, as mais exageradas susceptibilidades patrióticas se harmonizam com as mais frias considerações positivas.

Nós não temos ainda uma integridade étnica que nos aparelhe de um poder assimilador sobre os caracteres de outros
povos mais vigorosos e mais autônomos.

Infelizmente,[18] o Brasil não é os[19] Estados Unidos, nem a
Austrália – onde o inglês, o alemão e o francês – equilibram as
qualidades nativas ou as combinam, formando um tipo ainda
mais elevado e autônomo de qualquer dos elementos formado-
res. Está numa situação de fraqueza na larga instabilidade de
uma combinação incompleta, de resultados apenas esboçados,

---

14 No original: par ~~de sua~~ do
15 No original: moral ~~impondo-nos uma adaptação ilógica e criando~~
~~a singularíssima [ilegível] histórica~~ destruindo
16 No original: que procur~~ava~~ou e
17 No original: terra. § ~~Precisaremos exemplificar? § Não precisamos~~
~~demonstrar. Não se demonstra o que se vê. De há muito~~ § Daí
18 No original: Infelizmente ~~não~~ o
19 No original: é o Estados

175

Euclides da Cunha

em que a variedade dos sangues que se caldeiam se complica com o dispersivo das tendências díspares que se entrelaçam.[20] E isto numa quadra excepcional em que parecem violadas as melhores[21] esperanças no influxo nivelador do pensamento moderno cuja circulação poderosa, contra todas as expectativas, não confundiu os atributos primitivos dos povos nem apagou as fronteiras ou reduziu-as a simples demarcações aduaneiras.[22]

---

20 É preciso saber ler Euclides com atenção e dentro de contextos muito específicos. Politicamente incorreto hoje, na sua época, entretanto, ele se debateu para conciliar as nossas diferenças raciais em termos continentais e que eram pautadas menos por fatores biológicos, por exemplo *sangue*, como aparentemente podem levar-nos a crer, do que por diferenças culturais. Porém, já se vê também que nesse esforço para entender uma situação social e política especificamente nossa, Euclides não pôde se desvencilhar totalmente das infelizes teorias raciais de sua época, influenciados como ele e tantos outros de sua geração e escola estavam pelas opiniões estrangeiras acerca de uma suposta unidade sul-americana. O dilema que se faz sentir também no ensaio "Solidariedade sul-americana" é moderníssimo, porque toca no fundo da questão dos povos imigrados, subvertendo a lógica da harmonia entre as raças, quando esta parece ganhar cada vez mais ares de utopia e perigosamente reclama o isolamento e o ufanismo nacionais num contexto globalizante atual. Compare-se o conteúdo desse trecho com o de "Solidariedade sul-americana" (*Contrastes e confrontos*, p.158): "E, dada a complexidade étnica e o apenas esboçado de uma sub-raça onde ainda se caldeiam tantos sangues, aquela placabilidade e aquele marasmo recordavam-lhe na ordem social e política a imprescindível tranquilidade de ambiente que, por vezes, se exige na física para que se completem as cristalizações iniciadas...".

21 No original: melhores ~~influênci~~ esperanças

22 Euclides rascunhou uma vez mais o trecho final deste parágrafo: "E, mais infelizmente ainda, a expansão prodigiosa do pensamento humano, diante da qual parece que deveriam apagar-se as caracte-

Ensaios e inéditos

As últimas palavras de Herbert Spencer são dolorosamente eloquentes.[23] O filósofo, que procurou traduzir o desdobramento evolutivo das sociedades numa fórmula concisa e positiva, como a fórmula em que Lagrange[24] sintetizou a mecânica – acabou[25] em desalentos.

Depois de acompanhar o progresso inegável das ciências e de caracterizar tão bem as suas irradiações admiráveis nas maravilhas da indústria, assombrou-o à última hora o alvorecer crepuscular do novo século. E notando – conforme escreve F. Loliée em página admirável[26] – em toda parte um falso progresso moral, a depravação das artes, o recuo[27] para o militarismo, o pseudopatriotismo ou o "diabolismo", e[28] o im-

---

rísticas nacionais e se reduzirem as fronteiras outrora impenetráveis a simples demarcações aduaneiras até ainda muito afastada das grandes esperanças que desperta".

23 Compare-se este trecho com o primeiro parágrafo do rascunho de "Civilização...": "Devemos convir em que Spencer, o Spencer dos últimos dias, o Spencer valetudinário e misantropo que chegou aos primeiros dias do nosso século para o amaldiçoar e morrer – desgarrou parcimoniosamente da verdade ao divisar nesses tempos um recuo espantoso para a barbaria. Viu a vida universal com a vista cansada dos velhos. Não a compreendeu". Redação muito semelhante à da versão final (*Contrastes e confrontos*, p.239).

24 Joseph-Louis Lagrange (Itália, 1736-França, 1813), matemático italiano que formulou uma das partes da mecânica pré-relativística, em seu livro *Méchanique Analytique* (1788).

25 No original: acabou ~~ilegível~~ desalentos.

26 Esta referência a Loliée não aparece na versão final em *Contrastes e confrontos* (p.210-1).

27 No original: artes,~~ o militarismo~~ o

28 No original: e ~~principalmente a tendência geral das raças fortes~~ o Euclides atribui o vocábulo "diabolismo" a Spencer em *Contrastes e confrontos* (p.207) e não a Loilée, como parece sugerir o autor no *ms*.

Euclides da Cunha

perialismo tirânico dos governos, no firmarem a hegemonia de seu gênio[29] – rematou uma vida que toda ela foi[30] um hino ao progresso, confessando que assistia à decadência universal. Exagerou.

Mas há um fato que ninguém nega: a tendência irresistível e atual das raças fortes[31] à hegemonia universal[32] – não pela espada ou pelo domínio material, mas pela infiltração poderosa do seu gênio,[33] de seus ideais políticos.

Para este choque, incomparavelmente mais sério, é que nos devemos preparar, apelando para todas as medidas – que[34] excitem e revigorem, que nos permitam [interrompido]. Realmente o desejo de uma revisão constitucional, que tanto se vai generalizando e que em breve constituirá a plataforma única de um partido, o primeiro digno de tal modo que se formará neste regímen, significa menos um movimento político que um largo, um irresistível movimento social. O nosso código orgânico foi copiado às carreiras. Não é uma sistematização das condições naturais do nosso progresso. Andamos, há catorze anos[35], na sociedade das nações, com a aparência pouco apresentável de um indivíduo de mediano porte, desastradamente revestido[36] com as vestes de um gigante.

Daí a maioria dos nossos males.

---

29 Estas ideias de Frédéric Loliée estão expostas na p.445 de seu livro *Histoire des Littérature Comparées: des Origines au XXe Siècle* (1903).
30 No original: foi uma ~~ameaça~~ hino
31 No original: fortes ~~para formarem~~ à
32 No original: universal ~~da sua política e do seu gênio~~ – não
33 No original: gênio, ~~da sua p~~ de
34 No original: que ~~avivem~~ excitem
35 No original: anos ~~através da vida~~ na
36 No original: revestido ~~nas~~ com

Ensaios e inéditos

Fora absurdo atribuí-los à República, numa época em que a pré-excelência das formas de governo é assunto secundário, relegado às estéreis torneios da palavra e às discussões acadêmicas. Atribuímo-los, e os atribuem todos os que ainda acreditam na regeneração dessa terra, ao artificialismo de um aparelho governamental, apressadamente feito de encomenda, sem a medida preliminar dos elementos próprios da nossa vida, sem a base indispensável da consideração objetiva do nosso meio e sem[37] a continuidade fortalecedora das nossas tradições.[38]

No projeto de reforma constitucional, recentemente aprovado pela Câmara,[39] e que será em breve discutido no Senado, existe um artigo acerca do qual nos abstivemos[40] de emitir parecer mais lógico, para intervirmos numa discussão que, pela sua natureza, iria ficar adstrita ao debate parlamentar.[41]

É o que trata da elegibilidade do estrangeiro para o cargo de presidente do Estado. Foi, neste ponto, inteiramente inverti-

---

37 No original: sem ~~o respeito~~ a
38 Os três parágrafos seguintes em *Contrastes e confrontos* não foram lançados no *ms*.
39 Do estado de São Paulo.
40 No original: abstivemos ~~até hoje~~ de ~~manifestar~~ emitir ~~[ilegível]~~ ~~a opinião mais [ilegível]~~ parecer
41 No original: parlamentar. ~~e [ilegível] que se não unir na nossa atitude um antagonismo ao governo recém-inaugurado diante do qual a nossa completa neutralidade só pode ter a influência perturbadora de uma expectativa francamente simpática.~~ § É o ~~artigo~~ que Euclides rascunhou este parágrafo mais uma vez: "~~Acompanhamos de algumas considerações o porquê da reforma constitucional que vai ser subordinada dentro de poucos dias à consideração do Senado. Propositadamente nos mantivemos no mais completo silêncio durante a discussão na Câmara — para que se não visse~~" [interrompido]

da a constituição antiga, em ressalva da condição mais breve.[42] O que era ontem uma proibição, será amanhã uma faculdade ampla: o naturalizado, investido de direitos políticos, facilmente adquiridos na liberalidade da grande naturalização, poderá dirigir os destinos deste Estado.

O próprio assunto que[43] consideramos hoje – aspecto particularíssimo de uma questão maior e que será em breve amplamente[44] ventilada – nos serve como exemplo.

Trata-se da eleição do presidente do Estado – isto é, do mais proeminente representante do povo, e a mais alta concretização da vontade popular, mesmo que o apresente um partido, destinado a[45] imprimir uma unidade indispensável em todos os outros elementos do governo.[46]

Considerando-o sob esta face,[47] o simples conhecimento do organismo nacional no-lo[48] impõe com o requisito fundamental de ser um filho desta terra.

Daí a necessidade urgente de atendermos e facilitarmos o adentramento real do nosso país, libertando-o das fantasias políticas e dispersivas lutas partidárias. Quaisquer combina-

---

42 Euclides rascunhou este trecho mais uma vez: "~~Sempre~~ ~~Combatemos~~ ~~a reforma constitucional que faculta a elegibilidade do estrangeiro~~ ~~para o elevado cargo da presidência do Estado. Com a [ilegível]~~ ~~segurança com que combatemos sempre~~" [interrompido]

43 No original: que ~~aqui~~ consideramos

44 No original: amplamamente

45 No original: a ~~f~~ ~~estabelecer~~ imprimir uma unidade ~~necessária aos~~ indispensável

46 Neste ponto do ms, à base da página, Euclides lançou a seguinte nota: "(usar tendências absorventes, a vontade, a ação)".

47 No original: face ~~os mais simples~~ o

48 No original: no-lo impõem com

Ensaios e inéditos

ções políticas que planeemos tem a condição predominante[49] desta situação social excepcionalíssima, embora transitória.[50] Mas, certamente, não atentamos para ela e vamos até comprometê-la,[51] atraindo para o ponto mais elevado das agitações eleitorais a arregimentação vigorosa daqueles que ainda, q^{do} outros atributos não os fortalecessem, têm a solidariedade espontânea e firme que lhes determina o próprio afastamento da verdadeira pátria. E, se consideramos bem o quadro desanimador da nossa atual existência política, praticamente caracterizada pela mais absoluta indiferença e em que o afastamento sistemático das urnas se erigiu em protesto único e contraproducente contra os estigmas irremediáveis que enfraquecem a organização dos poderes constituídos – o novo artigo traçado na Constituição do Estado mais cosmopolita do Brasil não é apenas um erro.[52]

É uma imprudência.

---

49 No original: predominante ~~desta na [ilegível]~~ desta
50 No original: transitória. ~~Devemos respeitá-la~~. mas
51 No original: cometê-la ~~aventurosamente~~ atraindo
52 Euclides rascunhou mais uma vez trechos condensados dos últimos parágrafos do *ms*: "Mas antes, notemos que o [interrompido] Discutamos ~~friamente~~ este ponto. § A Nossa isenção é absoluta. § É natural que nos sintamos até contrariados, vendo naquele artigo um erro, um erro grave, e até capaz de dolorosas surpresas no triste momento histórico que vamos atravessando. § ~~Não o diremos por amor próprio nacional; diremo-lo impressionados pelo quadro doloroso espetáculo desanimador – e que aí está diante dos olhos de toda a gente – da nossa desta lastimável indiferença política em que o afastamento da luta eleitoral se erige como protesto único e contraproducente, contra os vícios irremediáveis que desde muito enfraquecem a organização dos poderes na República.~~ § ~~Julgamos~~ § ~~Realmente o caráter nacional~~" [interrompido]

18
O Marechal de Ferro[1]

Conservo vivíssima a cena capital do 15 de novembro, a intimação ao ministério. O marechal Deodoro penetrara no quartel-general no meio de um tumulto indescritível: uma onda fulgurante de fardas, comprimida a princípio na escada que a não continha, e rolando pelo corredor extenso, no alto; e espraiando-se depois pela vasta sala próxima ao gabinete[2] dos ministros e invadindo todos os repartimentos do lado principal do vasto quadrilátero.[3] Os revolucionários triunfantes ansiavam[4] a contemplar os vencidos.[5] Entretanto a este remate

---

1 Manuscrito lançado no caderno *Apontamentos para a história da geografia brasílica*, de Teodoro Sampaio. Fonte: Instituto Geográfico e Histórico da Bahia. Primeiramente publicado em *O Estado de S. Paulo*, São Paulo, 29 jun. 1904, e republicado em *Contrastes e confrontos* (1907). No original: Ferro – § ~~No dia 15 de Novembro de 1889 às dez horas da manhã~~ § ~~No dia 15 de Novembro,~~ § Conservo
2 No original: gabinete ~~ministerial~~ dos
3 No original: quadrilátero. ~~ruidosa e revolta~~ Os
4 No original: ansiavam ~~para~~ a contemplar
5 No original: vencidos. ~~Era um remate indispensável às convenções desencontradas que desde a antemanhã as trabalhavam. Ainda~~ Entretanto

da vitória faltou o brilho[6] prefigurado. O marechal Deodoro estava doente. A sua brava fisionomia heroica tinha, certo, mais e mais vivas, em destaque na palidez e na magreza, essas linhas expressivas que traçam, impressionadoramente, nos rostos dos velhos ditadores toda a história dos perigos e das vitórias que passaram.[7]

No meio em que apareceu, o marechal Floriano Peixoto sobressaía pelo contraste. Era um frio, um[8] desconfiado, um indiferente, um cético entre entusiastas ardentes e efêmeros, na inconstância de uma época[9] volvida a todos os ideais, e[10] na credulidade quase infantil com que consideramos os homens e as cousas. Este antagonismo fez-lhe o destaque que lhe fez a glória singularíssima. Mais tarde o historiador não poderá explicá-la.

O homem que foi o enigma para os seus contemporâneos, pela circunstância claríssima de ser um excêntrico entre eles, será para a posteridade um problema insolúvel pela ausência completa de atos que lhe justifiquem o renome. É um dos raros casos de grande homem que não cresceu, pelo condensar numa individualidade as energias esparsas de um[11] povo.[12] Na nossa movimentação precipitada não foi uma resultante de

---

6 No original: brilho ~~fig~~ prefigurado

7 Todo este parágrafo refletindo uma perspectiva memorialística não aparece em *Contrastes e confrontos*.

8 No original: um ~~[ilegível]~~ desconfiado

9 No original: época ~~[ilegível]~~ volvida

10 No original: e ~~nessa~~ na

11 No original: uma ~~sociedade~~ povo

12 Euclides já havia utilizado semelhante argumento sobre Antônio Conselheiro em *Os sertões* (1902, p.182): "Espécie de grande homem pelo avesso, Antônio Conselheiro reunia no misticismo doentio

Ensaios e inéditos

forças – foi uma componente nova e inesperada que torceu os nossos destinos.

Assim considerado é expressivo.[13] Traduz admiravelmente não a sua[14] robustez, mas a nossa fraqueza.

O seu valor absoluto e pessoal reflete na história a anomalia algébrica das quantidades negativas: cresceu, prodigiosamente, à medida que, prodigiosamente, diminuía a energia nacional. Subiu: operara-se-lhe em nada uma depressão profunda. Avançou, destacando-se do seu tempo: era o Brasil que recuava abandonando o traçado superior das suas tradições.

Diante da sua figura enigmática, na tarde de 14 de novembro, os revolucionários apreensivos punham o ponto de interrogação das dúvidas mais cruéis e, ao meio-dia de 15[15] de novembro os pontos de admiração dos máximos entusiasmos.[16] Não se conhece transformação por igual tão súbita e tão explicável.

Sobretudo explicável. O seu prestígio começou a surgir paradoxalmente antes da revolução. Sabia-se que,[17] sobre o regímen condenado, velava imperceptível aquela astúcia silenciosa e formidável e cauta, contaminando, talvez dentro do próprio exército, o traçado subterrâneo da revolta; acompanhando-o, talvez sem que o notasse, ponto por ponto,[18] naquele prodígio

---

todos os erros e superstições que formam o coeficiente de redução da nossa nacionalidade".

13 No original: expressivo. ~~Reflete~~ Traduz

14 No original: sua ~~força~~ robustez

15 No original: e no meio dia 15

16 No original: entusiasmos. ~~Em menos de 24 horas~~ Não se conhece transformação ~~igual~~ por

17 No original: que ~~em torno do~~ sobre

18 No original: ponto, ~~a contra-revolução estirando-se~~ naquele

de conspirar contra a conspiração e de ajustar o rigor da lei ao lado da rebeldia improcedente, de sorte que esta, ao estalar, teria de súbito, em cima, irrompendo da sombra, a mão possante que a suplantasse.

Esta dúvida, sabem-no todos os revolucionários, era a maior entre tantas outras que nos abalavam.

Mostra-o um incidente inapreciável como tantos outros, porque o 15 de novembro foi uma glorificação espantosíssima de minúcias.

Na véspera daquele dia, às 10 horas da noite, toda a 2ª brigada estava em armas e pronta para a marcha. Mas antes de a realizar, houve um ato ilógico e inverossímil: um capitão, comissariado pelos chefes revolucionários, partiu a comunicar o fato ao ajudante general do exército, ao marechal Floriano; isto é, por um movimento idêntico ao do criminoso que segue, irresistivelmente, a confessar o crime ao juiz que o apavora, a conspiração se denunciava. Atirava aquela cartada perigosa, fugia ao temor ansioso do adversário, procurando-o,[19] trocava a expectativa do perigo pelo perigo franco.

Mas nada conseguira. Diante do oficial rebelde que[20] viera de S. Cristóvão[21] e o procurara na única sala que naquela noite

---

19 No original: procurando-o, ~~por um fenômeno vulgar de psicologia~~ trocava

20 No original: que ~~atravessava impávido os longos corredores escuros do quartel do Campo de Sᵗᵃ Anna, o impassível ajudante-general apareceu~~ viera

O oficial rebelde era o tenente-coronel Antonio Carlos da Silva Telles (Rio Grande do Sul, 1854-1925), comandante interino da 2ª Brigada.

21 No original: Cristóvão o

Ensaios e inéditos

se destacava clara, no vasto quartel do Campo de Santana[22] imerso na mais absoluta treva, o marechal Floriano surgiu[23] ainda mais indecifrável.[24] É certo que determinou, com a palavra indiferente de quem dá a mais desvaliosa ordem a uma ordenança, que se desarmasse a brigada em armas. Mas não fez a recriminação mais breve, o mais [ilegível] [e não] prendeu o parlamentário[25] que, entretanto, ao sair adivinhou adensados no vasto pátio interno todos os batalhões de infantaria com as carabinas em descanso e as baionetas caladas onde joeiravam salteadamente em súbitos reflexos os brilhos das estrelas...[26]

A consulta à esfinge complicara o enigma[27] que a tropa amotinada resolveu, inconscientemente, ao acaso e num arremesso fatalista para a derrota.[28]

Porque a vitória foi uma surpresa; e desfechara-a precisamente o homem singular e aparentemente frágil que,[29] equilibrando até ao último minuto as duas forças em presença

---

22 No original: S.ᵗᵃ Anna

23 No original: surgiu ~~enigmático~~ ainda

24 No original: que determinou-~~lhe~~, com

25 No original: parlamentário ~~rebelde~~ que

26 O oficial rebelde é novamente citado por Euclides numa reescritura feita na página posterior ao fim do *ms* em que também mescla trechos do 17º parágrafo do ensaio: "O oficial rebelde fez uma travessia rápida de S. Cristóvão ao Campo de S.ᵗᵃ Anna [*sic*]. Descavalgou num dos portões laterais fronteiros à estação de ferro; e dando-se a conhecer à sentinela penetrou no quartel completamente às escuras. Encontrou, tateando, uma das escadas; galgou-a; viu-se na" [interrompido]

27 No original: enigma – § ~~Advinha [ilegível].~~ que

28 No original: derrota. § ~~A~~ Porque

29 No original: que ~~balanceando~~ equilibrando

Euclides da Cunha

bifronte entre a placidez heroica do visconde de Ouro Preto[30] e a bravura tempestuosa de Deodoro, transmudara afinal a própria infidelidade no fiel único de uma situação de súbito inclinada para a revolta.

Este golpe teatral, deu-o com a impassibilidade costumeira, mas foi empolgante. Minutos depois, quando diante do ministério vencido, o marechal Deodoro, arquejante, levantava a palavra vitoriosa da Revolução, não era sobre ele que convergiam os olhares, nem sobre Benjamin Constant,[31] nem sobre os vencidos – mas para alguém que, a um lado, deselegantemente revestido numa sobrecasaca militar folgada[32] e mal costurada, um talim frouxo de onde caía tristemente uma espada, olhava para tudo aquilo com uma serenidade imperturbável. E quando algum[33] tempo depois os triunfadores, ávidos pelos aplausos de uma plateia que não contemplara o drama, saíram pelas ruas principais do Rio – alguém que se retardasse no quartel-general veria[34] sair de um dos repartimentos, no ângulo esquerdo

---

30 Trata-se de Affonso Celso de Assis Figueiredo (Minas Gerais, 1836-Rio de Janeiro, 1912), ministro da Marinha (1866-1868) e da Fazenda (1889) durante o Segundo Reinado. Recebeu o título de visconde de Ouro Preto em 1888.

31 Benjamin Constant Botelho de Magalhães (Rio de Janeiro, 1836-1891), engenheiro civil e militar, um dos principais articuladores do levante republicano de 1889, nomeado ministro da Guerra e da Instrução Pública no governo provisório. O lema "Ordem e Progresso" inscrito na bandeira nacional foi por ele adaptado do lema positivista de Auguste Comte (França, 1798-1857). Euclides da Cunha foi seu aluno no Colégio Aquino (1883) e na Escola Militar (1886-1892).

32 No original: folgada~~, desabotoada~~ e

33 No original: algum tempo ~~tempo~~ depois

34 No original: no QG veria

Ensaios e inéditos

do velho casarão, o mesmo homem, à paisana, passo tranquilo e tardo, apertando entre o médio e o índex um charuto meio consumido, e seguindo para outros rumos, impassível, indiferente e esquivo.

E foi assim – esquivo, indiferente e impassível que ele[35] se esgueirou na História.[36]

Vimo-lo depois na conspiração contra o golpe de estado de 3 de novembro.

A sua casa no Rio Comprido era o centro principal de resistência.[37] Ia-se para lá de dia, em plena luz. Nada de resguardos, nenhuma dessas cautelas,[38] que dão um traço tão romântico aos que conspiram. Os conspiradores iam de bonde; saltavam num portão à direita; galgavam uma escada lateral, de pedra e viam-se, a breve trecho, num salão modesto, com a mobília exclusiva de um sofá e duas dúzias de cadeiras, e dous aparadores vazios.[39] Lá dentro, janelas francamente abertas, como se se tratasse da reunião mais lícita, rabeava bravamente a rebeldia: gizavam-se planos de ataque; balanceavam-se recursos, pesavam-se incidentes mínimos, trocavam-se informes,

_____

35 No original: ele ~~entrou~~ se
36 No original: H.
   Euclides desistiu do termo *entrou*, trocando-o por *esgueirou*, o que muda completamente o sentido da oração. Posteriormente, voltou atrás, inserindo *penetrou* na redação final. Novamente, Euclides já havia utilizado semelhante argumento comparativo sobre Antônio Conselheiro em *Os sertões* (1902, p.151): "[...] indo para a história como poderia ter ido para o hospício".
37 No original: resistência. ~~Era de dia, em plena luz.~~ Ia-se
38 No original: cautelas ~~nem a mais pálida [ilegível]~~ que
39 Vide nota 26.

189

Euclides da Cunha

denunciavam-se trânsfugas, enumeravam-se adeptos[40] e nas palestras esparsas, em grupos febricitantes, vibrando todos nesse entusiasmo despedaçado de dúvidas que trabalha as almas revolucionárias.

De repente, uma ducha enregelada: aparecia o marechal Floriano com o seu aspecto original de eterno convalescente, o passo tardo, e o olhar vago, caindo sobre todos sem se fitar em ninguém.[41] Ao virar-se vagarosamente, lançava no silêncio que se formara de súbito uma longa e pormenorizada resenha dos achaques que o torturavam... Era desanimador.

Passado este sobressalto invertido, e a calma mais dolorosa que as ansiedades anteriores, renovava-se a agitação – e no gizarem-se[42] planos, no balancearem-se recursos, no pesarem-se todos os incidentes mínimos, no [ilegível], no revolto, no desordenado dos diálogos esparsos, ou cruzando-se, ou afinal fundindo-se na palavra única de alguém que atirava de chofre, entre os agrupamentos, uma novidade emocionante – o homem que era a nossa esperança mais alta atirava avaramente um monossílabo, um *não* apagado, um *sim* imperceptível num movimento fugitivo de cabeça.[43] ou abria a encruzilhada de um *talvez...*

Saía-se acreditando que havia um traidor na sala, impossibilitando-lhe o livre curso das ideias. Porque, isoladamente, a

---

40 No original: adeptos ~~dos cochichava-se~~ e
41 No original: ninguém ~~e depois de~~. Ao
42 No original: gizarem-se ~~os~~ planos
43 No original: cabeça, ~~[ilegível]~~ ou abria a encruzilhada de um *tal-vez...* ~~[ilegível] conjuntamente diante do traçado inflexível; de uma argumentação rigorosa [ilegível] fundo, intransponível de um *não* creia nestas cousas~~ § Saía-se

Ensaios e inéditos

cada um dos revolucionários, ele se manifestava[44] com a sua lucidez admirável.

Aceitava-os um a um, repelia-os em grupo. E a pouco e pouco naquele retrair-se cauteloso, naquele deslizar previdente sobre todas as questões que se lhe propunham na reunião revolucionária, tão contraposta à firmeza e ao definido no pensar que, parceladamente, manifestava a cada um dos que a compunham, foi infiltrando na conspiração a sua índole cautelosa e precavida. Por fim, confiava-se no melhor companheiro da véspera...desconfiando.

É natural que a trama sediciosa se alastrasse, durante vinte dias, completamente às claras e imperceptível; e que ao irromper a 23 de novembro o pronunciamento da Armada, simples remate teatral da mais artística das conspirações – o marechal Floriano, invariável na placabilidade habitual, seguisse triunfal e tranquilo para o governo, "obediente" a um chamado urgente do Itamaraty, corretamente disciplinado no fastígio da rebeldia vitoriosa e fosse depor o ditador vencido[45] com um abraço, um longo amplexo fraternal e calmo...[46]

*

* *

Conta-se que ao estalar a Revolução de 6 de setembro, no meio do espanto e do alarme, e do delírio de adesões e entu-

---

44 No original: manifestava ~~abertamente,~~ com a sua lucidez admirável. ~~[Ilegível]~~ Aceitava-os

45 O marechal Deodoro da Fonseca foi forçado a renunciar depois de pouco mais de dois anos no governo.

46 No original: calmo... § ~~Da~~ Conta-se

siasmos, que para logo o saltearam, convergentes de todos os lados naquela angustiosíssima comoção[47] nacional culminada tragicamente pela loucura de Aristides Lobo – conta-se que o marechal Floriano Peixoto requintara na placidez incoercível.

Superpora ao tumulto o seu mutismo[48] e o seu meio sorriso mecânico, imóvel entre os grupos estonteados...

Num dado momento, porém, abeirou-se de uma[49] janela na direção provável do mar; e ali quedou algum tempo, meditativo, a postura acurvada na atitude habitual da sua apatia traiçoeira ou fingida.

Depois alevantou vagarosamente a mão direita espalmada,[50] vertical e de chapa para o ponto onde se adivinhavam os navios revoltados – no gesto trivial e dúbio de quem atira ao longe uma esperança ou uma ameaça...

Ele naquele momento[51] traçou o melhor molde da própria estátua. Nenhum escultor de gênio o imaginará melhor – a um tempo ameaçador e plácido[52] sem expressões violentas, sem uma palavra, sem um tremor no rosto impenetrável, desdobrando silenciosamente na frente das[53] paixões desencadeadas e ruidosas uma energia tranquila e formidável.

---

47 No original: angustiosíssima ~~nacional~~ comoção
48 No original: mutismo ~~formidável~~ e
49 No original: janelas ~~aberta na direção do mar~~ na
50 No original: espalmada, ~~e da chapa~~ vertical
51 No original: momento o melhor molde ~~de sua~~ da
52 No original: plácido ~~desdobrando de chofre~~ sem
53 No original: das ~~onda revolucionária~~ paixões

19
Transpondo o Himalaia[1]

Um[2] despacho para o *War Office* inglês transmitiu, ontem, as informações do general Younghusband acerca da primeira vitória decisiva das tropas que constituem a expedição ao Tibete – e aquele telegrama mal desviou a atenção geral, toda absorvida pelo prélio emocionante russo-japonês.

Entretanto, ali estão as primeiras linhas de um drama certamente menos teatral e ruidoso do que aquele, mas talvez mais profundo e de inesperadas consequências.

Prática como sempre, a Inglaterra aproveitou as aperturas da Rússia, e transpôs a muralha[3] do Himalaia.

---

1 Manuscrito sem título lançado no caderno *Apontamentos para a história da geografia brasílica*, de Teodoro Sampaio. Fonte: Instituto Geográfico e Histórico da Bahia. Primeiramente publicado em *O Commercio de São Paulo*, São Paulo, 15 jul. 1904, sob o título "Transpondo o Himalaia", o mesmo com que foi republicado em *Contrastes e confrontos* (1907).

2 No original: Um ~~telegrama~~ despacho

3 No original: muralha ~~imensa~~ do

Que vai fazer? Adiante,[4] transpondo a orla formosíssima do vale paradisíaco de Caxemira, desata-se-lhe o planalto asperamente[5] revolto, que recorda uma dilatação da imensa cordilheira: são os *pamirs* desolados e rudes, quase[6] despidos, onde uma flora torturada, mal abrolhando entre pedras, reflete todo o excessivo de um clima impiedoso – de verão, calcinando no reverberar[7] fulgurante das soalheiras; de inverno, amortalhando a natureza toda no sudário branco dos plainos enregelados...

Ali não há firmar-se a mais ligeira continuidade de um esforço. A vida deriva-se tolhiça e imperfeita, num permanente mal das montanhas.

Dada uma centena de passos, o[8] forasteiro estaca, ofegante, no delíquio de um súbito assalto de fatiga, sentindo[9] que não lhe bastam aos pulmões afeiçoados aos ares nativos toda a atmosfera rarefeita que o rodeia. Fala,[10] e mal percebe a própria voz. Grita, e o grito extingue-se-lhe sem ecos no abafamento de um segredo.[11] Depara os primeiros habitantes; se observa diante de uns colossos-anões que fundem na estatura meã os extremos da plástica: amplos tóraxes de atletas sobre pernas bambeantes e finas de cretinos.[12]

---

4 No original: Adiante, ~~passando~~ transpondo

5 No original: asperamente ~~perturbado~~ revolto

6 No original: quase ~~desnudos~~ despidos
  Trata-se das Montanhas Pamirs do Himalaia.

7 No original: reverberar ~~de~~ fulgurante

8 No original: o ~~viajante~~ forasteiro estaca, ~~opresso,~~ ofegante,

9 No original: sentido

10 No original: Fala ~~e a voz~~ e

11 No original: segredo. ~~E ao d~~ Depara~~r~~ os primeiros habitantes; ~~[ilegível], estupendos no~~ se observa diante de uns [ilegível] colossos--anões

12 No original: cretinos; ~~torsos titânicos d~~ Compreendem-se

Ensaios e inéditos

Compreendem-se, então, de pronto, as terríveis exigências de uma aclimação aterradora, capaz daquela caricatura horripilante de titãs.[13]

O inglês desempenado e rijo tem naqueles lugares, na sua impecável harmonia orgânica, uma condição desfavorável e a fraqueza paradoxal[14] de uma robustez, meio asfixiado num ambiente que lhe não basta – suplanta-o o indígena desfibrado, o *chepang* ou o *hayn*, o mostrengo que vive à custa da redução da vida e da miséria orgânica, largamente satisfeita com uma hematose incompletíssima.[15]

Este sim – ali está equilibrado. Não lhe pula o sangue, ao escapar-se-lhe no afogueado rubor das arteríolas refertas; não o estonteia a vertigem e o seu pulmão hipertrofiado à custa de

---

13 No original: titãs. ~~A sua é dura, fátua, seca;~~ O

14 No original: paradoxal ~~da própria~~ de

15 Para este argumento sobre a adaptação do indivíduo ao meio físico comparem-se as seguintes passagens:

[1] "É [Jacques Huber] um espírito sutilíssimo servido por um organismo de atleta, entroncado e maciço: *vir quadratus* como deve ser o naturalista, porque as ciências naturais exigem hoje uma sorte de titãs pensadores em que os músculos cresçam com o cérebro, por maneira que a inervação vibrátil e ponderosa se justaponha a uma compleição inteiriça e resistente feita para as rudes batidas no deserto. Aquele sábio resolve um passeio de seiscentas léguas, de Belém às margens do Ucaiali, em menos tempo que qualquer de nós uma viagem até à Gávea." (Academia Brasileira de Letras: discurso de recepção, *Contrastes e confrontos*, p.339.)

[2] "[...] aqueles caboclos rijos, e esse saxônio excepcional [Cap. Hoefner], não são efeitos do meio; surgem a despeito do meio; triunfam num final de luta, em que sucumbiram, em maior número, os que se não aparelhavam dos mesmos requisitos de robustez, energia e abstinência." (Um clima caluniado, *À margem da história*, p.76.)

Euclides da Cunha

todos os outros órgãos,[16] colhe bem, no[17] espaço rarefeito o *pabulum vitae*[18] necessário.

Bastam-lhe largamente os recursos da terra pobre e aspérrima – e quando não lho bastassem, lá está para o amparar[19] e para lhe transfigurar em benefícios as dificuldades e as misérias, a sua religiosidade extraordinária,[20] maior que todas as outras sistematiza a renunciação e os sacrifícios.

Realmente, o Tibete, esse "teto do mundo", conforme a hipérbole oriental, tem, na sua maior cidade, Lhassa, o Vaticano do budismo.

A filosofia espantosa que é um prodígio de imaginação e incoerências – que se baseia na ideia essencial do nada ao[21] mesmo passo que vê na natureza toda uma série infinita de decomposições e recomposições sem começo e sem fim, não podia deparar melhor cenário nem mais apropriada gente.

O Tibete é uma Tebaida[22] monstruosa. Um terço da sua população é de lamas, monges sinistros [ilegível] revestidos de trapos de mortalhas, errantes, de mosteiro em mosteiro, numa mendicidade obrigatória, a pregarem a extinção da personalida-

---

16 Ideia equivocada. Euclides corrigiu esse erro na versão final dando--lhe um sentido totalmente oposto ao encontrado no *ms*: "e o seu pulmão, amplificado à custa da atrofia de todo o organismo" (p.107).

17 No original: no ~~ar paupérrimo~~ espaço

18 Expressão em latim que significa: "alimento da vida", o ar.

19 No original: Amparar ~~a sua religiosidade~~ e para

20 No original: extraordinária ~~toda~~ maior que ~~mais que qualquer sobre~~ todas

21 No original: ao ~~passo~~ mesmo

22 No original: Tebaida ~~desmedida~~ monstruosa.
   Euclides utiliza uma metáfora semelhante, "Tebaida turbulenta", para Canudos em *Os sertões* (1902, p.214).

Ensaios e inéditos

de, o dogma do desespero e o tédio universal da vida, enquanto os dous terços[23] restantes se abatem aniquilados – inteligências esmagadas sob o fardo de deuses, e de mundos, e de calpas seculares da mitologia incomparável que as estonteia e cega.

Toda essa gente ali se agita, num meio sonambulismo. O viajante depara às vezes em todos os cantos de ruas, à entrada das casas ou dos templos – numerosos moinhos tocados pelo braço de escravos ou pelos ventos e tem a ilusão do trabalho, é ilusão apenas.[24] A breve trecho, nota que os cilindros girantes não esmoem o trigo ou separam a lã; mas agitam esterilmente as orações e fórmulas sagradas que contêm; e que todas as energias escassíssimas das gentes vão-se naquele industrialismo místico das rezas.

Então,[25] avalia bem a identidade admirável que no Tibete associa, indissoluvelmente, a terra e o homem... Lança o olhar em volta – contempla as paragens desoladas e revoltas, tumultuando em píncaros desnudos desesperadamente arremessados no silêncio misterioso das alturas – e compreende que, para aquele recanto do planeta, alternativamente trabalhado pelos maiores estios e pelos maiores invernos, só mesmo a quietude eterna e a imensidade vazia do Nirvana...[26]

*

* *

---

23 No original: enquanto os dous terços ~~enquanto os dous~~ restantes
24 No original: apenas ~~porque~~ A
25 No original: Então ~~compreende~~ avalia bem a identidade admirável ~~entre~~ que
26 A oração que finaliza o parágrafo aparece, também, isolada no manuscrito: "a mesma quietude eterna e a imensidade vazia do Nirvana...".

Euclides da Cunha

Que vai fazer o inglês?[27]

Vai defender a Índia. Lorde Curzon, o atual vice-rei,[28] tão notável sob tantos aspectos, declara-o formalmente: a Índia é uma enorme fortaleza triangular, tendo o mar como um fosso envolvente por dous lados e de outro o alto muro do Himalaia. Transposto este, está uma esplanada, o *glacis*, que deve permanecer na mais absoluta neutralidade. É a região ao sul do Tibete. Este, porém, saindo nos últimos tempos de seu isolamento muitas vezes singular, mandou deportações ao Czar – abrindo espontaneamente à política asiática da Rússia um dilatado campo que é a própria expansão das fronteiras orientais extremas do[29] Turquestão. Deste modo, a Rússia, sobre o *glacis*, rodeia inteiramente, por terra, a mais imponente das possessões inglesas, bloqueando-lhe trezentos milhões de[30] súditos.

Daí, este movimento de contrapolítica que o *Times* de 2 de abril deste ano resume admiravelmente:

A resolução do governo inglês é clara. Para a Rússia, dominante no Turquestão, o Tibete é um país muito afastado e[31] tem muito próxima, a um passo, a Índia. E embora este passo tenha de dar-se sobre o Himalaia – a enorme cordilheira de modo algum

---

27 No alto da página, fora do texto, Euclides lançou: "Tchandalas... vestes armadas feitas de trapos de mortalhas... morando nas matas ou nos [ilegível], querendo ao acaso aos mosteiros. Tolerância – Mongólia – Genghis-Khan – $\frac{1}{3}$ de padres – Os lamas – Grão Lama, encarnação de Buda – Rodas de orações".

28 George Nathaniel Curzon (Inglaterra, 1859-1925), estadista britânico, foi vice-rei da Índia (1898-1905).

29 No original: do ~~Afeganistão~~ Turquestão.

30 No original: milhões súditos.

31 No original: afastado tem

Ensaios e inéditos

se compara ao imenso planalto enregelado, onde o caminhante opresso, numa altitude de 5.000 metros, palmilha durante dous meses a[32] neve, sem ver um só homem ou uma única árvore entre os plainos do Turquestão oriental e as primeiras cabanas dos caçadores a 200 quilômetros de Lhassa. É este planalto, e não a cordilheira, que forma a verdadeira fronteira setentrional da Índia; e o governo britânico não permite que lha ocupem, num movimento ameaçador e contorneante.[33]

A Inglaterra não vai colonizar, ou povoar, ou conquistar um grande trato inútil de território. O que a Inglaterra não quer e não admite tenazmente é que lhe destruam aquele deserto e que[34] penetre no país, perpetuamente sacrificado pelo clima impiedoso, pela imbecilidade desvairada dos lamas, pela vadiagem aventureira dos *tchandalas* – a alma forte e maravilhosa dos russos.

Decorre desta circunstância o traço interessantíssimo do acontecimento.

---

32 No original: a ~~lama e~~ neve

33 Euclides fez uma tradução livre de um trecho deste parágrafo, extraído diretamente do texto do correspondente do *London Times*, 2 abr. 1904, Latest Intelligence, The Mission to Tibet, Further Details of the Attack – Dispatch from Coronel Youghusband: *"It is true that the step is over the Himalayas; but how can even this formidable chain be compared with this immense ice plateau, where the traveller, oppressed constantly by an altitude of 5,000 metres, drags along for more than two months in the mud and snow without seeing a single human being or a single tree between the plain of Eastern Turkestan, and the first encampments of the Tibetan shepherds 150 or 200 kilometres to the north of Lhassa? It is this plateau, far more than the Himalayas, which constitutes in the north India's scientific frontier and one can understand that England does not mean to allow this frontier to be turned"*.

34 No original: que ~~entre~~ penetre

Euclides da Cunha

A nação mais prática do globo, onde a mesma inteligência, conforme o conceito de Emerson,[35] está em franco *materialismo mental*, porque não produz sem se basear num fato positivo – posta-se,[36] inteiramente, ao lado da infinita idealização estagnada do budismo...[37]

Os grandes lamas e o próprio Dalai Lama,[38] porém, inexplicavelmente, assim não entenderam. O governo inglês – praticando, predominantemente, o seu velho sistema do *divide et impera* – demasiou-se debalde ao captar o apoio de um dos mais prestigiosos chefes da teocracia tibetana, o Grande Lama de Tashilhunpo – "o glorioso mestre", como o chamam.

Por fim apelou para o recurso das armas; e lá estão há meses as tropas de Younghusband e MacDonald,[39] numa expedição cujas dificuldades são verdadeiramente incalculáveis. Mas formam-na os primeiros soldados do velho mundo, os *gurkhas* e os *siks* de Nepal – únicos talvez capazes de arrastarem, vingando

---

35 No original: Emerson ~~se caracteriza uma~~ está franco
   Ralph Waldo Emerson (Estados Unidos, 1803-1882), ensaísta e principal expoente do *transcendentalismo* norte-americano.

36 No original: posta

37 Os quatro últimos parágrafos do *ms* não correspondem exatamente, nem em número nem em conteúdo, aos parágrafos da versão final em *Contrastes e confrontos*.

38 Euclides refere-se ao 13º Dalai Lama, Thubten Gyatso (1876-1933), reconhecido em 1879 e cujo reinado iniciou em 1885.

39 Francis Edward Younghusband (Paquistão, 1863-Inglaterra, 1942) e James Ronald Leslie MacDonald (Inglaterra, 1862-1927), oficiais e exploradores do exército britânico, cujas expedições ao norte da Índia e ao Tibete entre dezembro de 1903 e setembro de 1904 culminaram na assinatura do Tratado Anglo-Tibetano, com concessões comerciais de longo prazo à Grã-Bretanha.

Ensaios e inéditos

os pendores resvaladios da região malgradada e abrupta, os pesados trens de artilharia e bagagens do exército.

Os últimos telegramas revelam-nos que esta marcha admirável – e que será em breve pormenorizada em todas as revistas militares – foi executada com o êxito mais completo. O coronel Younghusband alcançou, afinal, o[40] posto estratégico de Gyantse –; abriu[41] à meia-noite sobre a cidade um rude canhoneiro e tomou-a pela manhã. Expugnado este ponto – a campanha marchou verdadeiramente para o seu objetivo lógico, Lhassa.

Vai se desenrolar um dos mais interessantes episódios da história universal – porque devem aguardar-se todas as surpresas e até as revelações mais imprevistas desse[42] [ilegível] formidável da nação, em cujo gênio se equilibram melhor e mais estavelmente todas as energias do espírito moderno,[43] batendo de encontro à mais velha de todas as raças[44] [interrompido]

---

40 No original: o ~~sítio~~ posto
41 No original: abriu ~~à noite um canhoneiro sobre~~ à
42 No original: desse ~~choque [ilegível]~~ [ilegível]
43 No original: moderno ~~com~~ batendo
44 No original: as [interrompido]

Estátua do Marechal Ney, esculpida por François Rude.
Avenue de l'Observatoire, Paris.

20

A vida das estátuas[1]

O artista moderno, afinal, é[2] um vulgarizador das conquistas da inteligência e do sentimento.[3] Extinguiu-se-lhe com o decair das crenças religiosas a primitiva fonte inspiradora.[4] Ele

---

1 Manuscrito lançado no caderno *Apontamentos para a história da geografia brasílica*, de Teodoro Sampaio. Fonte: Instituto Geográfico e Histórico da Bahia. Primeiramente publicado em *O Paiz*, Rio de Janeiro, 21 jul. 1904, e republicado em *Contrastes e confrontos* (1907). Cabe lembrar que em carta a Plínio Barreto, sem data, mas possivelmente de 27 jul. 1904 (como outra enviada ao mesmo destinatário), Euclides reclama: "Lembrei-te a transcrição do artigo 'Vida das Estátuas' no *Commercio* [*de São Paulo*]. Nunca!!! O *Paiz* estropiou todo o artigo. Um horror! Que revisão!" (*Correspondência de Euclides da Cunha*, p.217). Entretanto, apesar de não ter aprovado a revisão feita pelo jornal, quando o artigo foi reunido em *Contrastes e confrontos*, Euclides nada retificou. Para uma apreciação crítica de "A vida das estátuas", consultar Amory, *Euclides da Cunha:* Uma odisseia nos trópicos, p.254-5; Nascimento, "A vida das estátuas": A escultura como celebração da alma popular, *Euclides da Cunha e a estética do cientificismo*, p.1-22.

2 No original: é ~~o melhor~~ um

3 No original: sentimento. ~~Ap~~ Extinguiu-se-lhe

4 No original: inspiradora. ~~E~~ Ele

aparece num tempo em que as realidades demonstradas, dia a dia, se avolumam à medida que se desfazem todas as aparências enganadoras, todas as quimeras e todas as miragens das velhas teogonias, de onde a inspiração irrompia-lhe libérrima, a se desafogar num majestoso simbolismo.[5] Resta-lhe para não desaparecer uma missão dificílima: sobrepor, dominantes, às relações positivas que se sistematizam, outras relações mais altas em que as verdades fragmentárias desvendadas pela análise, se concentrem numa impressão dominante. Aos objetos e aos fatos capazes de todas as definições marcadamente científicas – geométricas, ou mecânicas ou físicas – ele tem de superpor a imagem e as sensações, a[6] este impressionismo que se não define ou que palidamente se define "como uma nova relação, passiva de bem-estar moral, que nos leve a identificar a sinergia do nosso organismo com a harmonia natural".[7]

É a *verdade extensa* de Diderot, é o véu diáfano da fantasia de Eça de Queirós, lançado sobre todas as verdades, sem as encobrir, sem as deformar, mas aformoseando-as, desbastando-lhe as arestas vivas e retificando-as – como a harmonia musical paira sobre as secas progressões aritméticas[8] das gamas acústi-

---

5 Esta ideia está muito próxima da desenvolvida por Rui Barbosa no seu discurso "Bustos e estátuas", proferido por ocasião das festas do jubileu cívico do orador na Biblioteca Nacional do Rio de Janeiro (*Revista do Brasil*, ano 3, n.32, ago. 1918, p.486): "A estatuária teve seu tempo e seu meio na antiguidade: porque a antiguidade era imaginativa e supersticiosa".

6 No original: a impressionismo

7 Citação não referenciada por Euclides, nem no *ms* nem em *Contrastes e confrontos*, e cuja fonte não foi possível identificar.

8 No original: aritméticas ~~e harmônicas~~ das

Ensaios e inéditos

cas e[9] o arremessado maravilhoso das ogivas sobre as linhas geométricas e as forças rigorosamente distribuídas da mecânica.[10]

Daí as dificuldades crescentes do artista de hoje no ampliar, transmitir e reproduzir a sua emoção isolada. Entre ele e o espectador ou o leitor estão os elos intangíveis de uma vasta série crescente de noções comuns – o *perpetuum mobile*[11] – desta vasta legislação que resume e enfeixa tudo quanto que se agita e vive e brilha e canta na existência universal. Atenua-se-lhe a primitiva originalidade; disciplinam-se-lhe os antigos arroubos. Vinculado cada vez mais estritamente ao meio,[12] ele aí tem a quase passividade de[13] um prisma: refrata os brilhos e os encantos de um recanto da natureza ou de uma parcela da sociedade, apenas emprestando-lhes os cambiantes de um temperamento.[14] Contrariando ao conceito de Herbart,[15] já

---

9 No original: e ~~a fachada m~~ o

10 No original: mecânica. ~~De~~ Daí

11 Euclides já havia aproveitado ideia semelhante em seu discurso de posse no IHGB em 20 nov. 1903: "[...] nesse eterno equilíbrio dinâmico das tendências psíquicas e individuais e dos motivos – *perpetuum mobile* onde os nossos impulsos pessoais se corrigem, se retificam e se ampliam, sob a disciplina austera da influência acumulada das gerações que passaram...". *Revista Trimensal do Instituto Historico e Geographico Brazileiro*, 66, parte 2 (1905), p.292.

12 No original: meio ~~resta-lhe quase a passividade de um prisma refratando com os cambiantes que cada vez mais pálidos do temperamento pessoal – o estudo psíquico de uma época~~ ele

13 No original: passividade um

14 No original: temperamento. ~~e subordinando a sua idealização às realidades que o [ilegível]~~ Contrariando

15 Johann Friedrich Herbart (Alemanha, 1776-1841), filósofo, considerado um dos fundadores da pedagogia moderna, não mencionado por Euclides na versão impressa.

não lhe é hoje indiferente a ideia ou o assunto que ele tenta concretizar no mármore ou no livro –. Tem que[16] a afixar pela nota predominante do seu tempo.

O seu trabalho é uma homogenia[17] de uma afetividade e da consciência coletiva. E a sua personalidade pode imprimir-se fortemente num assunto, mas lá permanecerá eternamente inútil se destoar das ideias gerais e dos sentimentos e de todos os elementos esparsos e varonis que formaram as tradições.[18]

Diante de estátuas gregas todas corretíssimas, todas exageradamente bem proporcionadas, quase[19] todas simbólicas, refletindo os primores da plástica, escravizadas [ilegível] à imobilidade e a serenidade dos deuses, não se distingue o buril de Fídias do de Escopas.[20] A personalidade do artista[21] perdeu-se na personalidade da raça. E se isto sucedeu[22] com o simbólico da escultura antiga, quase toda devotada à sociedade[23] estranha do Olimpo[24] – que lhe emprestava todas as asas à fan-

---

16 No original: que ~~se~~ a

17 No original: homogenia ~~da sua~~ de

18 No original: tradições. § ~~Da mesma forma que o~~ É uma cousa ve~~lhíssima.~~ Diante

19 No original: quase ~~todas simbólicas,~~ todas

20 Euclides segue as ideias de Véron neste parágrafo não aproveitado em *Contrastes e confrontos*. Vide *L'Esthétique* (4a. ed., 1904), p.491. Fídias (*c*.480-*c*.430) e Escopas (*c*.395-*c*.350), notáveis escultores gregos; o primeiro, autor da estátua de Zeus em Olímpia e o segundo, coautor do Mausoléu de Halicarnasso, ambas *maravilhas* do mundo antigo.

21 No original: artista ~~[ilegível]~~ perdeu-se

22 No original: sucedeu ~~em que pese ao caráter~~ com

23 No original: sociedade ~~imortal e~~ estranha

24 No original: Olimpo – ~~que não acontecerá hoje – em plena vida moderna~~ – que

Ensaios e inéditos

tasia, que não acontecerá hoje no tumulto e na positividade dos nossos tempos, em que o escultor, subordinado às realidades que o rodeiam, tem que fixar na matéria a expressão e o movimento das almas que lhe tumultuam em nada?[25]

*

* *

Tomemos um exemplo sugestivo.

Há uma estátua do marechal Ney,[26] contra a qual se tem quebrado, arrombado, inúteis, todos os dentes da crítica[27] acadêmica e reportada.[28]

Dos múltiplos aspectos da vida tormentosa do maior soldado,[29] entre os grandes generais, o escultor escolheu o mais movimentado e revolto: o final de uma carga vitoriosa.[30]

---

25 Este parágrafo não foi lançado no *ms.*

26 No original: ~~Um~~ O escultor de gênio no fundo que moldou a estátua do Marechal Ney § Há uma estátua do marechal Ney ~~em cujo bronze onde~~ contra
Esculpida por François Rude (França, 1784-1855), a estátua do marechal Ney encontra-se numa praça da Avenue de l'Observatoire, em Paris.
Michel Ney (Alemanha, 1769-França, 1815), duque de Elchingen. Um dos mais conhecidos marechais de Napoleão (de 1804 a 1814), que jurou fidelidade à monarquia Bourbon quando aquele abdicou. Com o retorno de Napoleão em 1815, juntou-se ao seu exército durante a Batalha de Waterloo. Com a monarquia novamente restaurada, foi acusado de traição e fuzilado.

27 No original: da crítica da crítica

28 No original: reportada. ~~que se ampara em [ilegível] metodicamente, com as penas secas dos compassos § Entre~~ Dos ~~os~~ múltiplos
A versão rascunhada do ensaio se inicia com esse parágrafo.

29 No original: soldadado

30 No original: vitoriosa. § ~~O [ilegível].~~ (É

Euclides da Cunha

O general, no mais absoluto desmancho, a farda desabotoa-
da e rota, a postura arremetente num arranco destemeroso,[31]
o torso vivamente arqueado num desgarre desafiador, mal se
equilibrando sobre uma das pernas de rijo sobre o chão, enquanto a outra se alevanta como num salto impetuoso,[32] que
se denuncia menos na espada firmemente brandida que na face
revolta e contorcida onde os olhos se dilatam exageradamente[33]
e a boca se abre num[34] brado de triunfo…

(É um instantâneo prodigioso. Uma vida que se funde num
relance. Um delírio num[35] pedaço de metal. Um arremesso
que se paralisa na imobilidade da matéria, mas para animá-la,
transfigurando-a e espiritualizando-a numa ilusão maravilhosa e imprimindo-lhe uma vida subjetiva e eterna,[36] perpetuamente renascente das emoções e dos entusiasmos dos que a
contemplam.)

Mas para muitos – entre eles Eugène Véron[37] – são perfeitamente ridículos aquela boca aberta e muda e aquele braço e
aquela perna no ar. Num quadro, sim, conclamam, à frente de
um regimento, aquela atitude seria admirável. Ali não; não se
compreende aquela nevrose, aquela violência e aquela epilepsia
metalizada no isolamento de um pedestal.[38]

---

31 No original: destemeroso, ~~a perna arqueada em impetuoso salto~~ o
32 No original: impetuoso, ~~braços que se agitam~~ que se [ilegível] denuncia menos ~~pela~~ na espada [ilegível] firmemente
33 No original: exageradamente e exageradamente
34 No original: num ~~grito~~ brado
35 No original: num ~~bloco~~ pedaço
36 No original: eterna, ~~que~~ perpetuamente
37 No original: Eugênio Véron – é perfeitamente ridícula aquela
38 Este trecho se baseia na seguinte passagem da obra de Véron (França, 1825-1889), *L'Esthétique* (4a. ed., 1904, p.241): "La statue du

Ensaios e inéditos

Entretanto, o que a miopia da crítica não distingue, adivinha-o a alma francesa.[39] O legitimista, o orleanista, o bonapartista e o republicano, absolutamente divorciados ali se irmanam, presos pela mesma emoção e escutam ressoando naquela boca o brado de triunfo que rolou dos Pirineus à Rússia, e veem, não o regimento reclamado, requisitado,[40] mas todo o grande exército...

É que a escultura, graças ao seu poder evocatório, pode reproduzir a simultaneidade representativa da pintura e a sucessão rítmica da poesia e da música.[41] Basta-lhe para isto que ela,[42] sem limitar a pôr em destaque um caráter dominan-

---

maréchal Ney, isolée sur son piédestal, est parfaitement ridicule avec sa bouche ouverte, un bras et une jambe en l'air". ("A estátua do marechal Néry, isolada sobre o seu pedestal, é perfeitamente ridícula com sua boca aberta, um braço e uma perna no ar".)

39 No original: francesa. ~~O legitimista, o orleanista, o bonapartista, o republicano e o monarquista postos diante~~ A estátua ~~que seria uma extravagância.~~ O legitimista, o orleanista, o bonapartista e o republicano, absolutamente divorciados ali se irmanam-se ~~[ilegível] — graças ao poder evocatório da escultura que lhe dá às vezes a simultaneidade representativa~~ presos

40 No original: reclamado requisitado ~~por Eugênio Véron~~, mas

41 No original: música (~~sobretudo a que se propõe.~~ Basta-lhe Esta ideia parece contradizer a de Véron (p.241): "[...] la peinture elle-même, grâce à la multiplicité des personnages et des détails qui partagent et détournent l'attention, et le explique les mouvements, comme la succession des idées dans la poésie, a sur ce point des immunités dont la sculpture est privée". ("[...] a pintura por sua própria natureza, graças à multiplicidade de personagens e de detalhes que são compartilhados e que desviam a atenção, e explica os movimentos como a sucessão de ideias na poesia, tem neste ponto imunidades que faltam à escultura".)

42 No original: ela, ~~não se limi~~ sem

te e especial, o harmonize com um sentimento dominante e generalizado.[43]

Em tal caso, em que[44] pese ao limitado de seus recursos e ao prodígio da síntese criadora[45] para reproduzir a amplitude e a agitação de uma vida num bloco limitado e imóvel, esta tarefa é singularmente favorecida pelo sentimento coletivo.[46] A mais estática das artes, se assim podemos dizer, vibra então poderosamente na dinâmica vigorosa das paixões e das ideias – e a estátua, um trabalho de colaboração, em que entra mais a alma popular do que o gênio do artista, a estátua aparece-nos viva, e positivamente viva – porque é toda a vida imortal e subjetiva de um povo, numa fase qualquer de sua história que vai perpetuar--se[47] num organismo de bronze.[48]

---

43 Euclides reescreveu parte deste parágrafo no verso de uma carta recebida de seu cunhado, Octaviano Vieira, datada de 14 jul. 1904 (cujo fac-símile encontramos no arquivo de Roberto Ventura, no Instituto Moreira Salles), nestes termos: "harmonizou tanto quanto possível um caráter dominante especial com um sentimento dominante e generalizado". Nesse rascunho, intitulado "Escultura humana", Euclides lançou ainda: "os monumentos surgem com uma materialização do panteísmo" § Em todo o trabalho artístico [ilegível] numa unidade lógica. § Um [ilegível] permanente [ilegível]. § É uma síntese [ilegível] e de ideias. [Ilegível]. § O bronze das estátuas [ilegível]. § Ninguém compreende um triunfo [ilegível]".

44 No original: em pese

45 No original: criadora [ilegível] para fixar reproduzir

46 No original: coletivo. O artista transforma-se em termo representativo das energias sociais A

47 No original: perpetuar-se nestes num

48 Sem dúvida, aqui cabe a teoria de Véron, sobre Fídias (p.160): "Phidias, au lieu de les animer au souffle de son âme, y a fait passer le souffle de l'âme universelle". ("Fídias, em vez de animá-los ao sopro de sua alma, fez passar o sopro da alma universal".)

Ensaios e inéditos

Há uma gestação para estes entes privilegiados que deparamos pelas praças e que nos dominam com a sua eloquência sem voz. Não bastam, às vezes, séculos. Durante séculos, sucessivas gerações os modelam e refazem e aprimoram, já exagerando-lhes as qualidades superiores, já corrigindo-lhes os deslizes, já transfigurando-os nas lendas que se transmitem cada vez maiores até que se ultime a criação profundamente humana e vasta. Às vezes a estátua virtual está feita e falta apenas o artista para o trabalho material de fundi-la.[49]

*
* *

A de Anchieta,[50] em S. Paulo, é um expressivo exemplo.

Tome-se o mais bisonho artista, e ele a modelará de um lance.

Tão alta, tão sugestiva é a tradição popular em torno da memória do evangelizador, que o seu esforço se reduzirá ao trabalho reflexo de uma cópia.

Não pode[51] errar. As linhas ideais do[52] grande homem corrigem-lhe os desvios do buril. O elemento passivo ali não é

---

49 No original: fundi-la. § ~~Desde que as crenças religiosas deixaram de imperar a arte, esta se acolheu às leis das tradições humanas e transmudou-se num instrumento vulgarizador~~ [interrompido]

50 Nascido nas ilhas Canárias (Espanha), o jesuíta José de Anchieta (1854-1597), conhecido por ter catequizado os índios em terras tupis, é considerado um dos fundadores da cidade de São Paulo. Somente em 1954 (quarto centenário do município), depois de décadas de discussões, é que foi inaugurada, na praça da Sé, a estátua em sua homenagem.

51 No original: pode ~~até~~ errar

52 No original: do ~~herói~~ grande

a pedra ou o bronze é o seu gênio. A alma poderosa do herói nascente do culto de todas as almas, absorve-lhe toda a personalidade, e o transfigura e o imortaliza com um reflexo da sua mesma imortalidade.[53]

Mas há ocasiões (e esta exceção é uma contraprova dessa fisiologia transcendental e ao parecer singularmente imaginosa)[54] em que a estátua nasce prematura.

Falta-lhe a longa elaboração do elemento popular. Possui talvez admiráveis elementos que a tornariam grande ao cabo de longo tempo – um longo tempo em que se amorteçam as paixões e vão se apagando pelo só efeito de uma larga perspectiva histórica todas as linhas secundárias de uma dada fase da vida nacional...

Mas não se aguarda este tempo; não se respeita essa quarentena ideal que livra[55] as grandes vidas dos contágios perniciosos das nossas pequeninas vidas, e decreta-se uma estátua como se fosse possível decretar-se um grande homem.

Então, neste vir fora de[56] tempo – ela recorda um abasto monstruoso; um monstrengo metálico, atirado numa praça para espantar o futuro.

E não há[57] golpes de gênio que a transfigurem.

É uma estátua morta.

---

53 No original: imortalidade. § ~~E depois de construir esta estátua não há perder-se o tempo no em preservar uma praça amplíssima ou uma avenida longa. Assim Levantam-na ao acaso num cunhal de rua. Na escala indefinida da história~~ § Mas

54 No original: imaginosa) a estátua

55 No original: livra ~~estas~~ as

56 No original: fora tempo

57 No original: há ~~lances~~ golpes

Peru versus Bolívia

21

Peru versus Bolívia[1]

1 Manuscrito lançado em caderneta (*c*.1906-1907). Fonte: Fundação Biblioteca Nacional. Primeiramente publicado numa série de oito artigos no *Jornal do Commercio*, Rio de Janeiro, em 9, 13, 19, 25 e 31 jul. 1907; 4, 9 e 13 ago. 1907; reunidos no livro *Peru versus Bolívia*, editado em agosto do mesmo ano pela própria tipografia do *Jornal do Commercio*, trazendo uma epígrafe de Victor Hugo (frontispício) e uma errata. Ainda no mesmo ano, foi reeditado pela Livraria Francisco Alves (como primeira edição), sem a epígrafe e com a errata corrigida. Não se conhecem exemplares publicados pela Livraria Francisco Alves que tragam o autógrafo do autor; todos os exemplares, com dedicatória, encontrados, são da tipografia do jornal, o que nos leva a crer que essa "primeiríssima edição" só teve exemplares *fora do comércio*, possivelmente para serem doados por Euclides aos seus amigos e instituições públicas. No *ms* faltam os quatro primeiros capítulos de *Peru versus Bolívia*, sendo que os primeiros catorze parágrafos do cap.V estão também ausentes. Para uma apreciação crítica de *Peru versus Bolívia*, consultar Amory, *Euclides da Cunha:* Uma odisseia nos trópicos, p.285-308. As seguintes anotações de Euclides encontram-se no início do *ms*, mas não foram utilizadas nas seções V, VI, VII e VIII de *Peru versus Bolívia*:

~~A terra de Amanhã~~ § Terra de Amanhã

Caupolicán ó Apolobamba – ver Raimondi Tomo 3º p.   210
Moxos   "   "   "   " "   211 + + e pág.
                                                     227
Gibbon   "   "   "   " "   219 e 225
    e m^{ro} principalmente!   pág. 227

Chunchos... "Perú [...] no acepta que el debate se sitúe en el terreno de la región de Chunchos – porque depois das Ord. de I. todos
os conceitos [sic] geográficos más o menos abstrusos de tiempos
anteriores perdieron su sentido y valor jurídicos". ("o Peru [...]
não aceita que o debate se situe no terreno da região de Chunchos –
porque depois das Ordenanças de Intendentes todos os conceitos
geográficos mais ou menos abstrusos de tempos anteriores perde-
ram seu sentido e valor jurídicos.")
[Euclides extrai a citação do livro *Exposición de la República del Perú
presentada al Excmo. gobierno argentino en el juicio de límites con la República
de Bolivia conforme al Tratado de Arbitraje de 30 de diciembre de 1902*, p.21.]

Momento histórico 1810
O que era o vice-reinado de Lima em 1810?

A Bolívia quer ir ao Ucayali, baseando-se na opinião geógrafos coloniais Cosme Bueno e Baleato.
"territórios vice-reinatícios"
Território de Moxos, (Beni, Exaltación, Mamoré)... "por no haber
sido objeto de acto real que lo segregara del virreinato peruano"
[*Exposición*, p.5.]
Terras a Este da oblíqua Inambari-Javari
590.100 quilômetros quadrados

Os terrenos litigiosos abrangem o Madre de Dios, o Purus e o Juruá do curso médio para as cabeceiras com todos os tributários, a
bacia inferior do Beni a partir do Madidi, e a margem esquerda do
Mamoré à jusante da confluência do Iruyani.

[Nessa página do *ms*, Euclides lançou as seguintes coordenadas,
as quais correspondem a um trecho do Capítulo I de *Peru versus
Bolívia*, p.30:]

Ensaios e inéditos

V

Intercorrente com estes sucessos, erigiu-se, provisionalmente pela Cédula Real de 1º de agosto de 1776, e definitivamente pela de 27 de outubro de 1777, o vice-reinado das províncias do Rio da Prata e distrito de Charcas. Respeitar-se-ia mais a exação histórica, dizendo com o visconde de Porto Seguro: "o vice-reinado e capitania geral de todas as províncias da Audiência de Charcas".[2] Conceda-se, porém, que no anti-

---

Mapa do Peru, de F[rançois Louis Nompar de Caumont
               LaPorte, conde de] Castelnau   7°30'
"   "   "   " [Manuel] Paz Soldán   9°50'
"   "   "   " [Daniel] Barrera   10°00'0"
"   "   "   " Gautherot   9°28'24"
"   da Bolívia, de [Juan] Onda[r]za [Lara] e [Juan   6°28'20"
          Mariano] Mujia
"   de [Carlos] Larrabure y Correa   6°50'0"
"   [da] S[ociedad] G[eográfica] de Lima   6°52'30"

[Em *Peru versus Bolívia*, Euclides não utilizou a coordenada de Larrabure y Correa, mas acrescentou a coordenada de Gibbon, 10°20'00". As coordenadas de Paz Soldán e Ondarza estão grafadas, respectivamente: 9°30'0" e 6°28'15". A última coordenada, extraída da Sociedade Geográfica de Lima, foi referenciada no livro como sendo de A[ntonio] Raimondi, indicando a localização de 6°52'15". Na página oposta do *ms* há cálculos e citações de nomes de estados brasileiros, sem relevância para o contexto das páginas posteriores.]

2 *Historia geral do Brazil*, pelo visconde de Porto Seguro. 2ª edição. Tomo 2º (1877), pág. 958. Sabe-se quanto era acautelado o nosso historiador. Além disto, o próprio ofício a nomeando d. Pedro Cevallos ~~nomeando-o~~ "Virrey y capitán general y Superior Presidente de *la Real A[udiencia] de La Plata*", o confirma porque este era o título of[icial] da de Charcas desde as primeiras Cédulas que a

instituíram. Em 1680 a *Recopilación* dizia: "En la ciudad de *La Plata*, provincia de Las Charcas resida nuestra Audiencia y Cancillería Real". ~~Além disto~~ Também vimos já como o pensamento de erigir--se, ~~em Charcas~~ naquela jurisdição; um governo supremo, se agitara no Conselho das Índias. O dizer vice-reinado de Buenos Aires, que prevaleceu, proveio do nome da primeira das províncias nomeadas na Real cédula. Mas não insistamos nesta minúcia. (N. A.) Esta nota foi reescrita por Euclides da seguinte maneira: "O próprio ofício ~~de nomeação de~~ a D. Pedro Ceballos nomeando-o "virrey y capitán general y superior presidente de La Real Audiencia de La Plata", o demonstra, porque este era o título oficial dela desde as primitivas Cédulas Reais que a instituíram. ~~Ainda~~ A "Recopilación" estabelecia em 1680: "En la ciudad de *La Plata*, provincia de los Charcas – resida ~~out~~ nuestra Audiencia y Cancillería Real". Além disto, vimos como o pensamento de erigir-se ali este supremo governo, ~~nos~~ se impôs triunfalmente nos debates do Conselho das Índias. ~~A designação de Vice-Reinado de Buenos Aires, que persistiu de 1º de agosto que era apenas a primeira província nomeada na Real Cédula não era [de] nenhuma origem oficial proveio de um lado por evitar--se a confusão da igualdade de nomes daquela antiga jurisdição e do rio principal da antiga Audiência de "Trinidad, puerto de Buenos Aires", e de outro porque as circunstâncias históricas, prementes, exigiam que se estabelecesse neste último a sede do governo geral. § Realmente, o vice-reinado que se erigia, com as províncias do rio [da] Prata [ilegível], o governo lo Chile ao sul e as províncias de Charcas com do Rio da Prata com as províncias do extremo sul e as do norte, proveio de ser~~ [O dizer vice-reinado de Buenos Aires] prevaleceu, apenas em virtude da situação excepcional do porto da antiga Audiência de Trinidad, de onde se realizavam mais rápidas comunicações com a Metrópole. § ~~A designação~~ O dizer Vice--Reinado de Buenos Aires, que prevaleceu, proveio de ser aquela a primeira província a primeira [*sic*] entre as nomeadas na cédula organizadora. Mas não insistamos em tal ~~minúcia~~".
Francisco Adolfo de Varnhagen (São Paulo, 1816-Áustria, 1878), autor de *Historia geral do Brazil* (1854-1857).

Ensaios e inéditos

go porto da[3] Jurisdição de Trinidad, devesse erigir-se, de fato como se erigiu a sede[4] do novo governo supremo:[5] Ele estava no limiar de todos os domínios castelhanos, cisandinos.[6]

As lutas que se renhiam entre espanhóis e portugueses, no Mato Grosso e em Charcas, apagavam-se de algum modo nos recessos do longínquo cenário sertanejo: ao passo que[7] naquela orla do continente, assumiram desde 1762, com a tomada da Colônia do Sacramento, uma feição ruidosa e teatral.[8]

---

3 No original: da ~~Audiência~~ Jurisdição
4 No original: sede ~~da nova capitania~~ do
5 No original: supremo: ~~Ele estava no limiar~~ Ele
6 No original: cisandinos. § ~~Além disto, as~~ As lutas que se renhiam ~~em [Ilegível]~~ entre
7 No original: que ~~ali [ilegível]~~ naquela ~~ourela~~ orla
8 No original: teatral. ~~Ali~~ Na faixa ~~marginal, ele~~ de.
Estes dois primeiros parágrafos receberam semelhante redação uma vez mais no *ms*: "Na intercorrência destes sucessos erigiu-se ~~o vice reinado~~, provisionalmente, pela Cédula Real de 1º de agosto de 1776, e definitivamente, pela de 27 de outubro de 1777, o vice-reinado ~~de Buenos Aires — dizem todas as histórias dos todos os historiadores argentinos, dos peruanos, e até os próprios bolivianos. Dizemos nós: o "vice-reinado e capitania geral de todas as províncias da jurisdição da Audiência de Charcas",~~ das províncias do rio da Prata e Audiência de Charcas. Respeitar-se-ia ~~ainda~~ mais a verdade histórica dizendo como o ~~nosso~~ visconde de Porto Seguro, tão ~~criterioso~~ escrupuloso em todos os seus assertos: "o vice-reinado e capitania geral de todas as províncias da Audiência de Charcas". *Historia geral do Brazil*. Visconde de Porto Seguro. Tomo 2º pg. 958. (N. A.)
A passagem citada por Euclides é ligeiramente diferente da que se encontra na fonte: "vice-rei, governador, capitão general de todas as províncias da jurisdição da Audiência de Charcas".
"Conced[a]mos ~~ainda~~ que, ~~realmente~~, no antigo porto da Audiência de Trinidad se devera erigir, como se erigiu, a sede da nova capitania geral. Estava no limiar de todas as possessões castelhanas cisandinas. ~~Enquanto~~ Além disto, as lutas que se renhiam em Mato

Euclides da Cunha

Na faixa de terras, que debruam todo o norte do majestoso estuário e se desatam em plainos desimpedidos ou ondulando em albardões e cochilas até a ponta oriental do Maldonado, expande-se o mais concorrido campo de batalhas de toda a história sul-americana.

Não as relembremos, tão várias e agitadas são elas a irradiarem,[9] — ou rompentes, de arrastão nos rolos das cavalarias tumultuárias — que as estenderam por vezes ao Uruguai e ao Rio Grande, onde se construía, sem muros, no desafogo dos pampas a escola superior de guerra dos gaúchos.[10] Seria fácil e pinturesco o assunto.

Grosso e Charcas, ~~mal se percebiam adstritas~~ apagavam-se de algum modo nos recessos do longínquo cenário sertanejo – ali; à margem do continente, ~~tomaram~~ assumiram desde 1762, com a tomada da Colônia do Sacramento, uma feição teatral e ruidosa. § ~~Fora rememorar sucessos sutilíssimos~~ § Além disto, ~~os recontros~~ as lutas entre espanhóis e portugueses, que no Mato Grosso e Charcas mal se percebiam indistintas nos recessos do longínquo cenário sertanejo, ali, à margem de todo o continente, e à entrada" [interrompido]

9 No original: irradiarem, ~~deslocando-se para o Uruguai e o Rio Grande, num tumulto~~ – ou rompentes, de arrastão nos rolos das cavalarias ~~ensofregadando entreveros~~ ~~gigantes entreveros~~ tumultuárias ~~que constituíram pelo correr dos tempos a grande escola superior de guerra dos gaúchos~~ – que as estenderam por vezes aos ~~[ilegível]~~ Uruguai

10 Euclides rascunhou o presente parágrafo outras duas vezes no *ms*:
[1] "Diríamos mais pinturescamente: lá se construiu e se armou sem muros, a grande escola superior de guerra dos gaúchos."
[2] "Construíra-se sem muros no desafogo largo das pampas a ~~gran~~ escola superior de guerra dos gaúchos. § ~~Em todo este assunto~~ ~~No versar este assunto~~ O nosso assunto é um tema excepcionalmente monótono que se recorta de ~~um sem número~~ inumeráveis doutros, atraentíssimos. Vai-se, versando-o, como quem ~~segue~~ vai por uma ~~vereda~~ trilha vazia e solitária, cruzada de avenidas deslumbrantes."

Ensaios e inéditos

Veríamos como[11] a rígida infantaria espanhola, formada[12] pela disciplina de O'Reilly e os[13] admiráveis terços portugueses endurados pelo conde de Lippe,[14] ali tontearam, vacilantes e inúteis, partindo-se-lhes[15] a retitude militar no arremesso das disparadas[16] e círculos emulados dos "entreveros". E como resultam, impressionadores[17] e sobretudo paradoxais, os efeitos[18] da nova tática que circuncisava a velocidade e o deserto, sistematizando ao mesmo passo as cargas violentas e as fugas [ilegível] tornando perpetuamente problemáticos[19] todos os triunfos – e espelhando-se desde aqueles velhos tempos, até[20] a quadra da Independência, sempre antinômica e de resultados singulares, os combates platônicos de Juan Vertiz[21] até a nossa

---

11 No original: como ~~os rígidos generais espanhóis~~ a

12 No original: espanhola ~~fundidos~~ formada

13 No original: os ~~rígidos generais~~ admiráveis terços portugueses ~~saídos de~~ endurados

14 Alejandro O'Reilly (Irlanda 1722-Espanha 1794), marechal e conde, foi reformador militar e inspetor-geral de infantaria para o império espanhol no século XVIII; conde Schaumburg-Lippe (Inglaterra 1724-Alemanha 1777), importante estrategista militar que esteve a serviço de Portugal durante a Guerra dos Sete Anos.

15 No original: partindo-se-lhe

16 No original: disparadas ~~dos~~ e círculos ~~vibrantes e estonteadores~~ emulados

17 No original: impressionadores ~~e flagrantemente~~ e sobretudo

18 No original: efeitos ~~de uma~~ da nova tática ~~feita~~ que ~~com os elementos essenciais da~~ circuncisava a velocidade e ~~a amplidão tornando heroico criando o heroísmo da fuga,~~ o deserto

19 No original: problemático todos os triunfo

20 No original: até ~~aos nossos dias~~ a

21 Juan José de Vértiz y Salcedo (México, 1719-Espanha 1799), militar, último governador de Buenos Aires sob o vice-reinado do Peru e vice-rei da região do Rio da Prata.

grande vitória perdida de Ituzaingó;[22] ou até aos nossos dias, desenrolando-se na vagabundagem heroica dos caudilhos...[23]

Forremo-nos, porém, à fascinação do quadro. O nosso assunto é um tema excepcionalmente monótono que se recorta de[24] inumeráveis doutros, atraentíssimos. Vai-se, versando-o, como quem[25] vai por uma trilha vazia e solitária, cruzada de avenidas deslumbrantes.

Voltemo-nos[26] à socava obscura em que se contraminam as mais[27] exageradas pretensões que ainda se submeteram à seriedade de um árbitro.

*

*   *

Nem[28] precisaria rememorar-se o duelo da Colônia para dizer que o vice-reinado platino surgia para a batalha. Vimo-lo[29] nascer nas fronteiras[30] do Mato Grosso; e ecoar nas salas do Conselho das Índias, como um remate[31] e uma sanção real legalizando a admirável marcha evolutiva da[32] Audiência remota que se transfigurara e crescera, num constante apelo às mais

---

22 Também conhecida como Batalha do Passo do Rosário, durante a Guerra Cisplatina.

23 No original: caudilhos... § * § ~~Mas~~ Forremo-nos,

24 No original: de ~~um sem número~~ inumeráveis

25 No original: quem ~~segue~~ vai por uma ~~vereda~~ trilha

26 No original: Voltemo-nos ~~à tarefa obscura e fatigante, ou à~~ socava

27 No original: mais ~~irrefleti~~ exageradas

28 No original: Nem precisaríamos rememorar-se

29 No original: Vimo-lo ~~repontar~~ nascer

30 No original: fronteiras ~~remotas~~ do

31 No original: remate ~~admirável~~ e uma sanção real ~~confir~~ legalizando

32 No original: da ~~Bolívia. A diretriz histórica~~ Audiência

Ensaios e inéditos

enérgicas qualidades do caráter, para a repulsa do estrangeiro. A diretriz histórica da Bolívia – a princípio uma frase,[33] traçou-se com um caráter geométrico de resultante numa composição de forças – definida pelos dizeres[34] eloquentes dos mais altos representantes da Metrópole. E, contraprovando-a, pôs-se de manifesto, consoante às[35] mesmas palavras claríssimas que se extrataram, a completa inaptidão do vice-reinado de Lima para a gerência eficaz daquelas terras. Condenaram-no todas as vozes, e entre elas, registre-se de passagem, a do marquês de Valdelirios,[36] que era peruano.

O vice-reinado cisandino formar-se-ia mesmo sem a exigência dos negócios embaralhados da Colônia. Ou melhor, somente estes, ligados à situação marítima mais favorável, de Buenos Aires, obstaram[37] a que a sua Audiência-Metrópole se constituísse em La Paz ou Santa Cruz de La Sierra.[38] Ainda

---

33 No original: frase, ~~univo-la~~ traçou-se com ~~o~~ um caráter geométrico de ~~uma~~ resultante

34 No original: dizeres ~~claros e~~ eloquentes

35 No original: consoante às ~~expressões~~ mesmas

36 D. Gaspar de Munive León Garabito Tello y Espinosa, [quarto] marquês de Valdelyrios, nasceu em Uamanga no Peru em 1711 [e faleceu na Espanha em 1782. Foi um dos responsáveis pelo Tratado de Madri (1750) e chegou a ocupar lugar destacado no Conselho das Índias.] (N. A.)
No original: peruano. § ~~Ainda quando não existissem os negócios atrapalhados da Colônia~~ § O vice-reinado cisandino ~~(seria o seu nome mais exato)~~ formar-se-ia

37 No original: obstaram que sua ~~sede se formasse~~ Audiência-Metrópole

38 No original: Sierra, ~~e que~~. § ~~É tão segura a dedução que se conchava com outro intento expresso da Metrópole o seu nome recordasse a Bolívia.~~ § Ainda em 1802, ~~o Conse~~ há

em 1802, há muito conjuntados os vice-reinados do Peru e de Buenos Aires, o Conselho das Índias "em pleno de três salas",[39] propôs que se instituísse o de Charcas; e o ministro[40] d. Jorge Escobedo,[41] a mais alta autoridade dos assuntos hispano-americanos, declarava[42] haver

[…] una suma y urgente necesidad de que se declaren *independientes* de los dos Virreinatos, y que la Presidencia de dicho Charcas se *erija en Gobierno y Capitanía General* para el distrito de su Audiencia […][43]

Mas não nos antecipemos.[44]

---

39 No original: propôs a sua criação autôno autônoma, entre os do o Peru e de Buenos Aires que

40 No original: o Visitador ministro

41 Jorge Escobedo y Alarcón (Espanha, *c.*1775-*c.*1808), intendente do exército do Peru e do Chile durante a revolta de Túpac Amaru, governador intendente de Lima e visitador geral do Peru, Chile e províncias do Rio da Prata.

42 No original: declava

43 *Extractos de la Junta Suprema de Estado y del Consejo de Indias*. Archivo de Indias. Caj[ón] 7. Leg[ajo] 16. Est[ante] 112. [*Colección de Documentos que apoyan el alegato de Bolivia en el juicio arbitral con la República del Perú*. Tomo Segundo. Buenos Aires: Compañía Sud-Americana de Billetes de Banco, 1906. p.218]. (N. A.)
([…] uma extrema e urgente necessidade de que se declarem *independentes* dos Vice-reinados, e que a Presidência do dito Charcas se *erija em Governo e Capitanía Geral* para o distrito de su Audiência […])
No original: Audiência § Mas não antecipemos § Mas

44 Este parágrafo não corresponde ao de *Peru versus Bolívia*.

Ensaios e inéditos

A Cédula Real de 1776[45] reviveu na América o regímen Vice-Real,[46] cujo decaimento era[47] visível, sob a injunção de um estado anômalo, de guerra. D. Pedro de Cevallos era, sobretudo, o[48] comandante das tropas que se aprestavam, e partiriam de Cádiz, "a tomar satisfacción de los portugueses por los insultos cometidos".[49] Governar reduzia-se-lhe a uma palavra: bater-se. Era menor o chefe político que o chefe militar.[50] O regímen não renascia, retrogradava,[51] repelido pelos acontecimentos. À descentralização que se operava, superpunha-se, velando-a sem a destruir, a unidade obrigatória[52] do plano de uma campanha. E neste plano,[53] a organização política da Audiência que até então reagira isolada contra os inimigos pertinazes – ajustou-se admiravelmente. A Metrópole completava-lhe apenas a ação; ou ampliava-lha, engrandecendo-a, nobilitando-a hierarquicamente com o fornecer-lhe, ao revés de um daqueles rudes lidadores que lhe bombeavam as fronteiras cuidadosamente [ilegível] um garboso fidalgo zeloso de seus títulos, da sua

---

45 No original: A ~~própria~~ Cédula Real de 1776 ~~formulava que no reviver a decaída [ilegível]~~ reviveu

46 No original: Vice-Real ~~[ilegível] em virtude de uma anomalia de guerra~~ cujo

47 No original: era ~~absoluto~~ visível

48 No original: o ~~comandante-geral chefe~~ comandante
Pedro Antonio de Cevallos [ou Ceballos] Cortés y Calderón (Espanha, 1715-1778) foi militar e governador de Buenos Aires (1757-1766) e primeiro vice-rei do Rio da Prata em 1776.

49 No original: cometidos". ~~É natura[l] Conforme Não ia organizar ela o declara~~ Governar

50 No original: militar. ~~A instituição~~ O

51 No original: retrogradava, ~~batido~~ repelido

52 No original: obrigatória ~~de um norte~~ do

53 No original: plano ~~o organismo~~ a

Euclides da Cunha

linhagem,[54] da sua bravura guardada numa couraça rebrilhante, e de altos coturnos e esporas estridentes,[55] vestido corretamente para residir na história. Nada mais. No sistema recém-criado, a antiga jurisdição incluía-se íntegra – com as suas tendências originárias[56] apuradas no seu retiro de montanhas e com a sua capacidade adquirida – e legalizada, como vimos – para o domínio das paragens virgens que lhe demoravam ao norte.

É explícita a este respeito a Cédula Real precitada:

he venido en crearos, mi Virrey Gobernador y Capitán General de[57] las provincias de Buenos Aires, Paraguay, Tucumán, Potosí, Santa Cruz de la Sierra, Charcas y de todos los corregimientos, Pueblos y Territorios, a que se extiende la jurisdicción de aquella Audiencia…[58]

A enumeração aí está, sem um hiato, do sul para norte.[59] Nomeia-se Charcas e, logo depois, recém os corregimentos,

---

54 Na edição de *Peru versus Bolívia* da Typ. do *Jornal do Commercio*, está *linhagem*, conforme o *ms*. Já na edição da Livraria Francisco Alves, também considerada 1ª ed., está *linguagem*, comprovado erro editorial.

55 No original: estridentes, ~~com a sua véstia impecável~~ vestido corretamente para ~~penetrar~~ residir

56 No original: originárias ~~conservadas~~ apuradas no seu ~~encerro~~ retiro de montanhas e com ~~as~~ sua

57 No original: de la de

58 Tratado de São Luiz Ildefonso, 1776. Vide Solar, *Los tratados de Chile*, tomo I, p.177.
(vim para criar-lhes, meu Vice-rei Governador e Capitão Geral das Províncias de Buenos Aires, Paraguai, Tucumán, Potossi, Santa Cruz de la Sierra, Charcas e de todos os corregimentos, Povoados e Territórios, a que se estende a jurisdição daquela Audiência…).

59 No original: norte. ~~Depois de Charcas~~ Nomeia-se

Ensaios e inéditos

povos e os territórios que lhe pertenciam.[60] Ora, o "corregimiento" e o "pueblo" constituíam a derradeira subdivisão, a molécula irredutível e definida do organismo colonial. Os[61] "territórios", sem definição administrativa precisa, eram fisicamente, sem limites: o[62] indeciso, o indeterminado da terra, atraindo os novos povoadores[63] até em virtude da própria força natural, irresistível, do[64] vácuo.

Sobre eles,[65] continuaria a irradiar, na direção de todo em todo, autônoma do NO, a influência boliviana.

Demonstramo-lo em linhas anteriores. Confirmam-no, agora, outros ditames claros da Metrópole. Extratemo-los, lamentando a impossibilidade da transcrição integral.[66]

Investiu-se, definitivamente, no seu cargo o vice-rei de Buenos Aires, o qual[67] recebeu, datado de 5 de agosto de 1777, um ofício da Metrópole, transmitindo-lhe as instruções que regulavam os governadores das missões setentrionais de Moxos, e viu, para logo, como se lhe reduzia o mando ante[68] determinações imprescritíveis.

O imponente vice-reinado, apequenando-se de fato na moldura das duas margens do Prata, alongar-se-ia no máximo até

---

60 No original: pertenciam. ~~Isto é, ora~~ Ora
61 No original: colonial. O "territórios"
62 No original: o ~~vago~~ indeciso
63 No original: povoadores ~~com o seu próprio vácuo~~ até ~~pelas leis físicas~~ em
64 No original: vácuo. § ~~Vimos em linhas anteriores. Para ali~~ § ~~Para~~ Sobre
65 No original: eles, ~~[ilegível]~~ continuaria
66 No original: integral. § ~~Antes~~ Investiu-se
67 No original: Aires, recebeu
68 No original: ante ~~as [ilegível] e mais imprescri~~ determinações

227

Euclides da Cunha

ao médio Paraguai.[69] O rei ordenava estas cousas extraordinárias que nos permitimos sublinhar nos lances mais golpeantes:

> Las circunstancias locales de aquellos Países, noticias, y conocimientos, que deben presidir a las determinaciones que hayan de ofrecerse en tan importantes asuntos, han constituido[70] al Rey en la necesidad de que dependan estos Gobernadores inmediatamente sujetos del Presidente y Audiencia de Charcas, cuyo tribunal podrá providenciar de prontos auxilios o su desempeño, y con más particularidad en punto a Misiones en que lo tiene acreditado [...]. Por estas tan sólidas razones, y por comprender Su Majestad, igualmente, cuanto podrían atrasarse aquellos prontos auxilios de haber de *preceder*[71] *para ellos la intervención de Vuestra Excelencia como Virrey de aquel distrito*, a que se agrega también la justa consideración de las circunstancias en que Vuestra Excelencia está constituido para la atención de otros[72] asuntos [...] ha resuelto como ha expresado poner al *cuidado de aquel Presidente y Audiencia* en lo principal aquellos nuevos establecimientos...[73]

---

69 No original: Paraguai. § ~~"Las circunstancias~~ § O

70 No original: construydo

71 No original: *proceder*

72 No original: otros ~~assuntos~~ asuntos ~~de mayor gravedad (refere-se às lutas da Colônia de Sacramento)~~... O trecho entre parênteses é de Euclides.

73 Archivo de Indias. Legajo: Audiencia de Charcas, 1777. [*Colección de Documentos*, p.16]. (N. A.)
("As circunstâncias locais daqueles Países, notícias, e conhecimentos, que devem preceder às determinações que se hão de oferecer em tão importantes assuntos, tem constituído ao Rei na necessidade de que dependam estes Governadores imediatamente sujeitos do Presidente

Ensaios e inéditos

Leu D. Pedro de Cevallos[74] as instruções e avaliou os poderes que[75] lhe cerceavam.

D. Ignacio Flores,[76] governador de Moxos, não se revestia apenas da maior amplitude de ação[77] para a defesa das paragens novas, de acordo com a antiga Cédula Real de 15 de setembro de 1772;[78] mas a faculdade de modificar as[79] ordens existentes, apenas subordinando

---

e [da] Audiência de Charcas, cujo tribunal poderá providenciar de imediatos auxílios ou seu desempenho, e com mais particularidade nesse ponto a Misiones no que tem acreditado [...]. Por estas tão sólidas razões, e por compreender Sua Majestade, igualmente quando podiam atrasar-se aqueles prontos auxílios de haver de *preceder para eles a intervenção de Vossa Excelência como Vice-Rei daquele distrito*, a que se agrega também a justa consideração das circunstâncias em que Vossa Excelência está constituído para a atenção de outros assuntos [...] revelou Sua Majestade como decidiu deixar ao cuidado *daquele Presidente e* [daquela] *Audiência* principalmente aqueles novos estabelecimentos...")

74 No original: Pedro Cevallos

75 No original: que ~~se~~ lhe

76 José Ignacio Flores de Vergara y Ximénez de Cárdenas (Peru, 1733-Argentina, 1786), o "Pacificador do Peru", foi governador de Moxos em 1772-1781, governador intendente de Chuquisaca (La Plata) entre 1783-1785 e presidente da Real Audiencia de Charcas entre 1781-1785.

77 No original: de ~~governo mando~~ ação ~~"para el mejor y más recto gobierno en lo *espiritual y temporal* de las misiones" nas paragens novas~~ para
A citação entre aspas, não aproveitada por Euclides, estava na página 15 da obra consultada (*Colección de documentos*).

78 No original: 1772; ~~cumpriu-lhe também ocorrer a todas as exigências das paragens novas,~~ mas

79 No original: a orde~~mn~~s

Euclides da Cunha

al Presidente y Audiencia de Charcas, quanto hallareis conveniente variar para el mejor gobierno de los pueblos *tanto en lo espiritual como en lo temporal*, pues este tribunal deberá proceder al examen de los puntos [que les propongáis] y determinar lo que hallarse justo...[80]

Ia, evidentemente, raiando pela independência política o governo audiencial, que a mesma Ordem Régia, anterior, ainda uma vez dilatou ao território de Apolobamba, que jazia ao norte.

E para firmar bem o critério de que a sua criação fosse ampliando-se desafogada e livre pelas terras ignotas, cujos elementos naturais não se conheciam, porque não estavam descobertas e não se descriminavam, determinou "dejar al cuidado, y esmero[81] del nuevo gobernador varios asuntos que sólo con la experiencia *y práctica de los Países* de su mando, pueden prometerse

---

80 Euclides transcreveu o trecho misturando o espanhol com o português: "al Presidente e Audiencia de Charcas quanto julgasse conveniente variar para el mejor gobierno de los pueblos *tanto en lo espiritual como en lo temporal*, pues este tribunal deberá proceder al examen de los puntos y determinar lo que hallare justo...".
("ao Presidente e [à] Audiência de Charcas quanto julgareis conveniente variar para melhor governo dos povos *tanto espiritual como temporalmente*, porque este tribunal deverá proceder ao exame dos pontos [que lhes são propostos] e determinar o que considera justo..."). Archivo de Indias. Estante 120. Cajón 7. Legajo 27. *Colección de Documentos*, p.24.

81 No original: esmero ~~de estos~~ del nuevo gobernador~~es~~ varios

Ensaios e inéditos

las ventajas que se desean…".[82] Assim, a[83] própria locação das colônias de espanhóis ou fortalezas,[84] a que se referira à Cédula Real de setembro de 1772, foi confiada ao arbítrio dele[85] ("me parece conveniente dejarla a vuestro arbitrio") e poderiam estabelecer-se em *toda* a extensão das divisas portuguesas naquela banda. Não há ilusão possível. A Ordem Real é terminante: d. Ignacio Flores, subordinado ao parecer do Tribunal de Charcas, devia fundar aqueles redutos com o fim de "impedir que los Portugueses se apoderen de la navegación del río de la Madera y de los de Mamoré e Iténez, con los demás que entran en ellos y van a desaguar en el Marañón".[86]

Pormenorizam-se:[87] o Iténez, o Mamoré,[88] o Madeira. Em qualquer ponto das terras[89] perlongam a margem esquerda do

---

82 Archivo de Indias. Est[ante] 120. Caj[ón] 7. Legajo 27. [*Colección de Documentos*, p.18]. (N. A.)
   ("deixar ao cuidado e diligência do novo governador diversos assuntos que apenas com a experiência e a prática dos países de seu comando, podem prometer as vantagens desejadas…").

83 No original: a próprias ~~fundação~~ locação

84 No original: fortalezas, ~~foi confiada~~ a que se referira à Cédula de 1772

85 No original: deles ~~embora~~ ("me

86 Neste ponto do *ms*, Euclides apenas tencionou inserir uma nota, publicada incorretamente em *Peru versus Bolívia* (p.109): Archivo de Indias. Est[ante] 120. Caj[ón] 7. Legajo 27. A referência correta é a seguinte: *Colección de documentos*, p.509. Archivo de Indias. Est[ante] 121. Caj[ón] 3. Legajo 9.

87 No original: Pormenorizam-se: ~~o Madeira, o Guaporé, o Iténez.~~ o

88 No original: Guaporé
   Euclides trocou Mamoré por Guaporé, quando este último e Iténez possuem denominações de um mesmo rio.

89 No original: terras ~~que se~~ perlongam a margem esquerda do último – na foz do ~~Guaporé~~ Mamoré,

Euclides da Cunha

último – na foz do Mamoré, ou na do Beni, ou[90] no Abunã, ou além, até a última cachoeira, poderia a Audiência de Charcas erigir os povoados que entendesse, e dirigi-los, e governá-los, temporal e espiritualmente, sem que interviesse o vice-reinado do Peru, nem o de Buenos Aires, nem a própria Metrópole que solenemente lhe confiara o destino daquelas regiões.[91]

Assim, pelo desdobramento de suas energias próprias profundas, do antigo vice-reinado peruano que a abrangia, a Bo-

---

90 No original: o
91 No original: regiões. § ~~De fato não as erigiu não em virtude de causas estranhas entre as quais avulta a do estacionamento da invasão portuguesa. Assim é que desde 1774, se extinguira o povoado de Balsemão.~~ § Assim ~~precisamente quando se lhe restaurava próximo~~, depois de se desprender ~~do antigo vice-reinado que a~~ pelo
Os três últimos parágrafos foram rascunhados uma vez mais e condensados em apenas dois: "Neste lance, ruía pela independência política, o governo audiencial, que a mesma Ordem régia dilatava, expressamente para o Norte através das ~~Missões~~ terras do Apolobamba. E, como a firmar de todo este critério, ~~depois de observar a determinara ao, isto é o avançamento que se devera realizar em terras ainda ignotas~~ que a sua ação governamental se devera ir ampliando lentamente pelas terras ignotas, na conquista do deserto determinou que d. Ignacio Flores mandasse reconhecer a "situación y fronteras de aquellas misiones individualizándolas con una descripción muy puntual"; e propusesse depois as medidas que fossem necessárias a "impedir que los portugueses se apoderasen de la navegación *del Rio de la Madeira* y de los de Mamoré e Iténez, con los demás que entran en ellos y van a desaguar en el Marañón". § A descriminação é perfeita. Não se trata apenas do Mamoré e do Iténez. Ao governador de Moxos cumpria a fiscalização do Rio Madeira. ~~As colônias de~~ Em qualquer ponto da sua margem esquerda, na foz do Beni, na do Abunã, ou mais longe até a última cachoeira poderia ter erigido as povoações de espanhóis insistentemente recomendadas pela Metrópole. § ~~As divisões~~" [interrompido]

Ensaios e inéditos

lívia crescera[92] ao ponto de não poder ser abrangida pelo de Buenos Aires. Persistiu, incólume ilesa, entre ambos.[93] Criou--se no seu esplêndido retiro de montanhas.[94] Manteve evolução própria, que a tanto a destaca na ordem moral como um organismo à parte em todo o progresso sul-americano, assim como a ordem física a[95] destaca, nitidamente, desde os rebordos das suas altiplanícies majestosas até aos vales ardentes da montanha exuberante.

E quando se considera que a[96] independência sul-americana surgiu da rivalidade entre as Audiências – órgãos das esperanças populares, e os vice-reis, símbolos da tradição imperial, não maravilha que na Bolívia relampagueasse, e não se extinguisse mais o primeiro rastilho da[97] deflagração de Quito.[98]

Mas não nos desviemos.

---

92 No original: crescera ~~e desenvolvera-se~~ ao
93 No original: ambos~~, com a sua~~. Criou-se
94 No original: montanhas. ~~E transfigurou~~ Manteve
95 No original: física a ~~destacou~~ destaca, nitidamente, ~~nos~~ desde
96 No original: que a ~~liberdade~~ independência
97 No original: da ~~insurreição~~ deflagração
98 E que "la primera señal del alzamiento de los criollos americanos fué dada por ella en 1809 en Chuaquisaca y La Paz, un año antes que en Buenos Aires". Bartolomé Mitre. *Historia de San Martín* [*y de la emancipación sud-americana.* Buenos Aires: Imprenta de *La Nación*, 1887]. Tomo 1º, pág. [212]. (N. A.)
   ("o primeiro sinal de alçamento dos *criollos* americanos foi dado por ela em 1809 en Chuaquisaca e La Paz, um ano antes que em Buenos Aires"). Euclides alterou o sentido, referindo-se à Bolívia (*ela*) e não ao herói indígena Tupac Amaru, como se verifica no texto de Mitre.

Euclides da Cunha

A criação do vice-reinado platino, para o nosso caso serve a denunciar a extensão territorial a que se reduzia o[99] Peru.

*

* *

Os deslindes territoriais dos dous vice-reinados, determinados pela Ordem de 21 de março[100] de 1778,[101] sofreram várias modificações e delongas determinadas, de um lado, em virtude das mudanças realizadas na estrutura administrativa das colônias espanholas pelas Ordenanças de Intendentes de 28 de janeiro de 1782; e de outro pelas exigências, pelas reclamações, e o mal contido despeito dos vice-reis peruanos, sentindo escapar-se-lhes o melhor dos seus domínios, malgrado o caráter meramente platônico destes últimos.[102]

A este propósito ressaltam algumas afirmativas curiosas.

Delas se colhe que o encolhimento territorial do desmedido vice-reinado refletira rigorosamente e, materialmente, a sua con-

---

99 No original: o ~~de Bueno~~ Peru. § * § ~~Neste ponto, a autonomia da Audiência do governo audiencial ruía pela independência política. E se nos delongássemos copiando a Ordem Real, veríamos que ela o dilatou para o expressamente, através das missões de Apolobamba. E incluindo-se, expressamente, no novo distrito as missões do Apolobamba, a Ordem Régia dilatou-o independe~~ § Neste

100 Na edição impressa de *Peru versus Bolívia* está *maio*, comprovado erro tipográfico.

101 No original: 1778, ~~foram tantos [que] não se realizaram~~ sofreram várias modificações e delongas ~~determinadas, as últimas~~ determinadas, de um lado, ~~pelas~~ em virtude mudanças realizadas na estrutura ~~política e~~ administrativa

102 No original: últimos. ~~E a~~ A este propósito ressaltam algumas afirmativas curiosas. Delas se colhe que ~~a retração~~ o

Ensaios e inéditos

siderável retração política. Constringia-se entre as cordilheiras e o Pacífico: uma faixa de terras de quinhentas léguas, desdobrada entre as muralhas dos Andes e a solidão indefinida das águas.[103]

Os cuidados da Metrópole deslocados para o levante, deixavam-no.

E podiam deixá-lo. Estava garantido – pela própria força formidável de inércia em que se[104] nulificam todos os estímulos e largos movimentos heroicos que vimos desdobrados no levante.

A presença dos vice-reis[105] malsinara a Audiência-Metrópole.[106] Ali, não será preciso copiar-lhe a história,[107] basta-nos reparar de perto a um dos seus mais ilustres[108] escritores – o vício essencial da colonização espanhola, baseado no princípio invariável de aumentar à custa dos países novos a opulência parasitária da Península,[109] imobilizara o progresso. As atividades amorteciam-se nas restrições de toda a ordem; tolhiam-nas os monopólios régios; e afistulavam-nas as exações degradantes dos *dízimos*, das *taxas* e das deprimentes *alcavalas*, que noutros pontos se iludiam ou se atenuavam pelo contrabando, pelas rebeldias favorecidas por um afastamento salvador. Lá se exercitavam, duramente, intactas. Entre os 300.000 exatores que Humboldt, aterrado, recenseou nos domínios espanhóis,[110] tal-

---

103 No original: águas. § ~~As preocupações~~ Os

104 No original: se ~~amorteciam~~ nulificam

105 No original: Vice-Reis ~~malograra~~ malsinara

106 No original: Metrópole ~~de uma.~~ Ali ~~[ilegível]~~ não

107 No original: história, ~~– o vício essencial da colonização espanhola construída~~ basta-nos

108 No original: ilustres ~~filhos~~ escritores

109 No original: Península ~~não só~~ imobilizara

110 No original: espanhóis ~~a metade~~ talvez

vez a metade se agitasse centralizada pela magnífica cidade de los Reyes.

Por outro lado,[111] a despeito de seiscentas léguas de costa, o seu insulamento[112] social era completo. A amplitude do oceano, adiante – não a desafogava, comprimia-a.

Facilitava uma fiscalização maior impedindo os mais leves tratos do estrangeiro. A Metrópole bloqueou durante dous séculos a Audiência.[113] Em 1789, um navio espanhol encontrou, por acaso, nas costas remotíssimas do sul, além de 37° de latitude, um outro, inglês, entregue às fainas da pesca de baleias, e o incidente fortuito abalou em tanta maneira o vice--rei Teodoro de Croix,[114] que durante largo tempo lavraram as caravelas as águas entre Guayaquil e Iquique a vigiarem quaisquer embarcações que se achegassem do litoral. O comércio do estrangeiro, nas várias tentativas feitas pelos ingleses, flamengos e portugueses, era um sinistro comércio armado, de traficantes heroicos, conquistando mercados a tiros de arcabuzes e derivando em lances romanescos de combates.

Sobre tudo isto o sequestro espiritual, absoluto.

---

111 No original: lado ~~em contraposição~~ a

112 No original: insulamento ~~político~~ social

113 No original: Audiência. ~~Vê-de este exemplo: em que acompanhamos de perto [n]um escritor peru[ano]~~ Em
  Provavelmente, este escritor aludido por Euclides no trecho riscado seria Valdez y Palacios, autor de *Viagem da cidade do Cuzco a de Belem do Grão Pará pelos Rios Vilcamayu, Ucayaly e Amazonas, precedido de hum bosquejo sobre o estado politico, moral e litterario do Perú em suas tres grandes épocas* (1844).

114 No original: Theodoro Croix,
  Teodoro de Croix (França, 1730-Espanha, 1792), soldado e funcionário da Coroa espanhola nos vice-reinados da Nova Espanha e Peru. Foi vice-rei do Peru durante 1784-1790.

Ensaios e inéditos

A Revolução deslocaria de golpe a diretriz política dos povos,[115] vergados logo depois ao peso das armas napoleônicas:[116] a Espanha vibrava de um a outro extremo, alarmando-se, à tropeada da invasão... e estas notícias espantosas chegavam aos *limeños* diluídas nos longos períodos[117] abstrusos da *Gaceta de Madrid.* "As classes baixas, logo depois das altas, porque não havia classes intermédias, estavam condenadas a não receberem o menor vislumbre destes assuntos que, misteriosa e enfaticamente, se chamavam *assuntos de estado*".[118]

E[119] em 1790, em Lima, o Índex Expurgatório[120] relegava às fogueiras purificadoras estas abominações: Robertson, Hume, Shakespeare, Cornèille, Racine, Voltaire, Boileau e Rousseau...[121]

---

115 No original: povos ~~e a Europa~~, vergados
116 No original: napoleônicas: ~~e a~~
117 No original: períodos ~~obscuros~~ abstrusos
118 *Viagem da Cidade do Cuzco a* [*de*] *Belem do Grão Pará* [...], *pelo Dr. José Manoel Valdez y Palacios.* 1844. Tomo 1º. (N. A.)
A citação completa extraída deste texto é a seguinte: "As classes baixas, que seguiam as altas, pois que nas colônias, do mesmo modo que na metrópole, não se conheciam classes intermédias, estavam condenadas a não receberem o mais pequeno vislumbre destes assuntos, que misteriosa e enfaticamente se chamavam *assuntos de estado*" (p.55). Na versão impressa de *Peru versus Bolívia* (p.113), Euclides mais uma vez toma a liberdade de modificar a gramática dessa citação.
119 No original: E ~~ainda~~ em 1890
120 No original: expurgatório ~~libertava~~ relegava
121 Este parágrafo foi também extraído do livro de Valdez y Palacios, seguindo a citação anterior: "... em cujo último índice expurgatório de 1790 eram designadas com especialidade Robertson, Hume, Shakespeare, Corneille, Racine, Voltaire, Rousseau, Boileau, e uma infinidade dos maiores escritores da Europa" (p.55).

Euclides da Cunha

Assim, é natural que a Monarquia distante, toda volvida à garantia de suas possessões do[122] oriente, pusesse num plano secundário a vasta circunscrição que se cristalizara na submissão absoluta; e lhe demarcasse, concretamente, esta desvalia, com a redução territorial correlativa.

Os vice-reis protestaram; e os seus protestos são eloquentes. Arquivemos o primeiro, de d. Manuel de Guirior,[123] a quem se dirigira a Ordem Régia precitada.

Dirigindo-se ao rei, em 20 de maio de 1778, e agitando serôdios argumentos relativos à inconveniência no[124] dividir-se o vice-reinado, rematou desta maneira frisante:

De lo dicho se percibe que el Reino del Perú es un terreno de 500 a 600 [léguas] de largo (comprimento) y de 50 ó 60 de ancho (largura) con el mar por frente, la cordillera[125] *y países desconocidos a la espalda y con dos despoblados, a uno y otro costado.*[126]

---

122 No original: do ~~levante~~ oriente, ~~lançasse expressamente a~~ pusesse
123 No original: Manoel Guirior,
    Manuel de Guirior y Portal de Huarte y Edozain (Espanha, 1708-1788), marquês de Guirior, vice-rei de Nova Granada (1773-1776) e vice-rei do Peru (1776-1780).
124 No original: no ~~sub~~dividir-se o
125 No original: frente. La Cordillera ó países desconocidos á la espalda y con despoblados a
126 *Colección de documentos*, p.115. [Anexo 74.] Arc[hivo] de Indias. Est[ante] 110. Caj[ón] 3. Leg[ajo] 21. (N. A.)
    (Do dito se percebe que o Reino do Peru é um território de 500 a 600 léguas de comprimento e de 50 ou 60 léguas de largura com o mar pela frente, a cordilheira e os países desconhecidos pelas costas, com dois despovoados, de um ou outro lado.)

Ensaios e inéditos

É preciso e fulminante. Nenhuma referência às terras afastadas do oriente. A palavra é oficial: o reino do Peru entranhava-se nas terras por sessenta léguas no máximo. *A la espalda*, permaneciam-lhe[127] a cordilheira e os desertos.

A afirmativa é franca, sem atavios e resume, admiravelmente, os limites que restavam à antiga Capitania geral, inteiramente sacrificada pelas Audiências orientais.

Mas o protesto contra eles, sobre[128] ter sido tardio, foi absurdo.

A modificação territorial ajustava-se à transfiguração política.

O fenômeno era até físico: as maiores massas deveriam consolidar-se nos pontos em que se haviam despendido maiores movimentos.[129]

É o que nos revelam os acontecimentos imediatos.

VI[130]

As linhas anteriores —[131] eram indispensáveis.

---

127 No original: permaneciam-lhe, ~~imperiosas~~ a

128 No original: sobre ~~ser~~ ter

129 Euclides rascunhou este trecho mais uma vez: "O fenômeno era até maciçamente físico no seu significado estritamente físico: as... [interrompido]

130 Euclides acrescentou mais três parágrafos antes deste em *Peru versus Bolívia*.

131 No original: Nas linhas anteriores — ~~que~~ eram

Era forçoso mostrar que[132] a Bolívia, tão mutilada ao ponto de transformar-se hoje em Polônia sul-americana[133] construiu um destino que se lhe não pode violar.

Quando se constituiu república nobilitando o nome do chefe preeminente das lutas da liberdade, capitalizava esforços seculares. Avançara por si mesma, mais[134] que todas, — fundamentalmente distinta entre todas as repúblicas espanholas[135] — na conquista da própria autonomia. Nenhuns vínculos políticos a submetiam aos imponentes vice-reinados que não a comprimiam. Porque o peso morto, desmesurado, destes dous regímens sistemas estagnados, repelia-os ela com a sua expansibilidade nativa admirável. Era na frase de Mitre "un mundo, una raza y un organismo aparte",[136] que dentro de si mesmo podia operar a sua evolução pelo caldeamento das raças e equilíbrio de seus elementos constituintes. Marchou por si; e esta marcha, sancionada pela Metrópole,[137] como nos disseram solenes vozes antigas, foi para o Norte — indefinidamente para o norte, com um determinismo inviolável, seguindo a diretriz a princípio sem[138] *terminus* de um meridiano, na cola das inva-

---

132 No original: que ~~esta~~ a
133 No original: sul-americana ~~tem jus a um elevado destino~~ construiu
134 No original: mas
135 No original: espanholas ~~constituindo "un mundo, una raza y un orga[nismo] constituindo na frase de Mitre "un mundo, una raza y un organismo aparte"~~ – na
136 Mitre, op. cit., p.210. ("um mundo, uma raça e um organismo separado").
137 No original: Metrópole, ~~disseram-nos~~ como
138 No original: sem ~~um~~ *terminus*

Ensaios e inéditos

sões portuguesas. E nesta empresa surpreendente os seus[139] rijos mestiços em que a coragem garbosa do espanhol se firmava melhor engastada na compleição robusta do[140] indígena, fundaram a rude nobiliarquia de um verdadeiro marquesado das fronteiras.

Ali – vimo-lo à luz dos mais incisivos episódios, ela refinou os seus atributos nativos; e atingiu a independência política antes de chegar à república.

Não se iludem estes fatos.[141] Nem espanta que se abriu o período revolucionário de 1809 a 1824[142] e ela centralizou por vezes as esperanças sul-americanas.[143]

Vinha de uma tremenda escola de batalhas. Bartolomé[144] Mitre em luminoso destaque, entre o Paraguai, produto de uma civilização embrionária enxertada no tronco indígena pelo espírito jesuítico, e o Peru, onde se afincavam e se restauravam as esperanças realistas –[145] descreve-a revestida de fortaleza estoica para a resistência e a morte, como "uno dos espectáculos más heroicos de la revolución sudamericana".

---

139 No original: seus ~~rudes ocupadores, os seus~~ rijos ~~montañeros~~ mestiços em que ~~o cavalheirismo~~ a coragem

140 No original: do ~~selvagem~~ indígena, fundaram ~~uma~~ a

141 No original: fatos. ~~Ao abrir-se~~ Nem

142 No original: 1824 ela
   Na versão do *Jornal do Commercio* e em *Peru versus Bolívia* (p.118): 1823. O pronome feminino ainda refere-se à Bolívia.

143 No original: sul-americanas ~~porq~~. Vinha

144 No original: Bartholomeu Mitre ~~mostrano-la~~ em
   Bartolomé Mitre Martínez (Argentina, 1821-1906), militar, historiador, político, governador de Buenos Aires e presidente de seu país entre 1862 e 1868.

145 No original: realistas – ~~com a sua~~ descreve-a ~~apontando-a~~ revestida

Euclides da Cunha

Devem-se ler todas estas páginas do grande historiador militar.[146]

A antiga barreira das possessões espanholas tornou-se então, por vezes, nos dias mais sombrios da luta – a guarda incorruptível e indomável – da liberdade americana.[147] Completava

---

146 Quando as tropas libertadoras de Belgrano, em 1813, depois da derrota do Desaguadero, recuaram abandonando as suas terras agitadas, os *criollos* rebeldes persistiram "en armas a espaldas del enemigo triunfante" ["em armas por trás do inimigo triunfante"]; e os exércitos realistas, donos dos campos das batalhas, ficaram aprisionados num círculo furioso de guerrilhas que prolongaram a crise revolucionária até a vinda de Bolívar. § "Los ejércitos del rey habían derrotado a los [de los] patriotas en el Alto Perú (Bolivia), pero no habían conseguido domar el espíritu público... § A pesar de tantos y tan severos contrastes, no se pasó un sólo día sin que se pelease y se muriese en aquella región mediterránea... § ~~Bajo la protección de estos levantamientos~~ § ... la insurrección (na Bolívia) cundía a la menor señal y hasta los toscos indios armados de macanas[, de hondas y de flechas] se lanzaban [estoicamente a] una muerte [casi] segura..." § Poderíamos citar centenas de outros trechos expressivos. (N. A.)

("Os exércitos do rei tinham derrotado os dos patriotas no Alto Peru (Bolívia), mas não tinham conseguido domar o espírito público... § Apesar de tantos e tão severos contrastes, não houve um único dia sem que se lutasse e se morresse naquela região mediterrânea... § ~~Sob a proteção destes levantamentos~~ § ... a insurreição (na Bolívia) se propagava ao menor sinal e até os toscos índios armados de macanas, de fundas e de flechas, se lançavam estoicamente a uma morte quase certa...") [Mitre, op. cit., p.223, 226-7].

147 O general Mitre em numerosas páginas descreve brilhantemente a atitude incomparável dos bolivianos nos piores dias de revezes, qdo os generais espanhóis em vão invariavam dados os rigores [interrompido] (N. A.)

Ensaios e inéditos

assim o seu destino histórico.[148] Firmou uma continuidade perfeita na sua existência ativa e combatente.

Assim – esta continuidade da marcha, este destino incomparável, e aquele determinismo inflexível, e aquela diretriz superior que rompeu, retilineamente, três séculos atumultuados –[149] se não excluem, ao menos em muitos pontos, podem retificar os riscos, por vezes inextricáveis, dos cartógrafos tateantes.

É o que nos revela a interpretação mais lógica do *uti possidetis* de 1810.[150]

É até um truísmo dizer-se que este princípio fundamental dos deslindes sul-americanos, tem um elastério maior que o[151] velho *"uti possidetis, ita possideatis"*,[152] da antiga jurisprudência que o transmitiu ao direito internacional. Ampliou-se naturalmente, no transitar das relações individuais para as das nações, sobretudo na América. À antiga posse *de fato*,[153] efetiva e tangível, diz-no a breve noção da geografia sul-americana em 1810, não bastará a firmar os deslindes entre as Repúblicas nascentes. Entre umas e outras intercalavam-se vastas regiões

---

148 No original: histórico. ~~Havia assim~~ Firmou uma continuidade perfeita na sua existência ativa ~~e~~ [ilegível] e combatente.

149 No original: atumultuados – ~~devem sobrancear e corrigir, de um modo geral e elevado, sobrelevar,~~ [ilegível] se

150 No original: 1810[.] § ~~Sobretudo~~ § ~~Realmente o *uti possidetis* de 1810 Realmente no~~ É

151 No original: o ~~do velho~~ velho *"uti possidetis ita possideatis"*, ~~do direito romano~~ da

152 Literalmente: "como possuís, assim possuais". Segundo o direito internacional, aquele que possui um território durante um certo período de tempo, fica sendo o seu dono. No Brasil, este princípio é conhecido também como o do "uso do capião".

153 No original: *fato*, ~~aditou-se a de direito e a iminência da posse, e o domínio virtual resultantes~~ efetiva

de todo desconhecidas. Assim se lhe aditou a posse *de direito*, resultante da iminência da posse da capacidade virtual para o domínio. Quando a Colômbia o proclamou em 1819,[154] – estabelecendo a doutrina, logo depois aceita por todas as repúblicas espanholas – de que as bases físicas das nacionalidades nascentes compreenderiam os territórios demarcados até 1810 pelas leis da Metrópole – pôs-se de manifesto que a posse *de fato*, efetiva e tangível não bastaria a firmar os deslindes entre elas.[155] Impossibilitou-o a própria geografia da época. Entre umas e outras intercalavam-se vastas áreas desconhecidas. Assim se lhe aditou a interpretação superior de ordem política mais elevada,[156] consistindo não só na posse, como no direito para possuir, ou a iminência da posse demonstrada pelos antecedentes históricos reveladores da capacidade do domínio sobre as terras convizinhas.[157]

É o *uti-possidetis* americano, ou *criollo*, conforme a adjetivação pinturesca de Quijano Otero[158] – mercê do qual a Argenti-

---

154 No original: 1819, ~~com a aquiescência de todas as rep nações hispano-americanas~~ – estabelecendo

155 No original: elas. ~~Obstav[a] Impedia Demonstrava-o~~ Impossibilitou-o

156 No original: elevada, ~~do direito adquirido para a posse~~ consistindo não só na posse, como no direito para possuir, ou a iminência da posse ~~demonstrada pela capacidade de domínio sobre as terras convizinhas, e esclarecida~~ demonstrada

157 No original: convizinhas. ~~Era~~ É

158 Neste ponto do texto de *Peru versus Bolívia* (p.120), Euclides colocou a seguinte nota: "*Memoria Histórica sobre Límites*, etc. por José María Quijano Otero. Bogotá, 1900".
Possivelmente haja um erro de datação dessa obra de Quijano Otero, cuja primeira e talvez única edição em forma de livro foi publi-

Ensaios e inéditos

estendeu-se indefinidamente pela Patagônia em fora até as mais altas latitudes meridionais; e em virtude do qual, com o mesmo direito adquirido através de lutas mais penosas, a Bolívia avantajou-se até ao Acre.[159]

Mas[160] atalhemos. As páginas mais firmemente[161] blindadas de fatos inegáveis não se forram por vezes ao subjetivismo dos que as leem. E não raro vê-se um romancear imaginoso no curso de uma argumentação positiva.[162] Datas, cartas, coordenadas geográficas, números, medições, riscos golpeantemente incisivos, de mapas, dados asperamente secos, elementos tangíveis,[163] massudamente concretos, acaçapadissimamente positivos...[164]

Continuemos, trocando a pena pelas réguas e os compassos.

*

* *

---

cada em 1869. A expressão *criollo* aplicada ao "uti possidetis" para designar direito de posse "americano" não aparece no livro, entretanto a expressão *uti possidetis americano* (p.426) assim foi cunhada por seu autor.

159 O parágrafo seguinte em *Peru versus Bolívia* não foi lançado no *ms.*

160 No original: Mas atalhemos. § Mas atalhemos. As ~~melhores frases mais soladamente blindadas numa estrutura inteiriça~~ páginas

161 No original: firmemente de

162 No original: positiva. § ~~Mas evidentemente [*sic*] não se escrevem romances com as réguas escalas, os transferidores e os compassos. § Considera-se Pross[e]guimos de bruços sobre qualquer mapa sul-americano. § * § Considera-se qualquer mapa sul-americano. § Querem-se~~ datas

163 No original: tangíveis, ~~palpáveis,~~ massudamente

164 No original: positivos... § ~~Tomemos uma régua ou um compasso e um mapa qualquer moderno~~ § Continuemos,

Euclides da Cunha

Realmente, a questão assume agora aspecto friamente geométrico.[165]

A derradeira fase da jurisdição territorial dos domínios hispano-americanos retrata-se nas[166] Ordenanças de Intendentes de 28 de janeiro de 1782 e 23 de setembro de 1803, demarcando as unidades administrativas pelas lindas dos bispados existentes. De acordo com elas mantiveram-se as Audiências, subdivididas em várias nações ou Intendências, prefigurando os atuais departamentos, com o nome da cidade ou vila principal que localizaria o governo; subdividindo-se estes, por sua vez,[167] em partidos representando as antigas províncias.[168] A administração colonial aparecia com outros rótulos.[169] Pouco se alterara. A Carta-Régia geradora[170] reporta-se às "sabias

---

165 Euclides rascunhou esta frase mais uma vez: "A questão assume, agora, um aspecto friamente geométrico".

166 No original: na Ordenança de Intendentes de ~~1782~~ 28-1 de 1782 O trecho anterior se baseia no seguinte, o qual se encontra na página oposta do *ms*: "*Real ordenanza para el establecimiento e instrucción de intendentes de exército y provincia en el virreinato de Buenos Aires. Año de 1782.* Os intendentes = Lustram a seu cargo os quatro ramos ou causas da Justiça, Polícia, Fazenda e Guerra – com subordinação ao Virrey e Audiência" [interrompido]

167 No original: vez ~~nos~~ em Partidos ~~que~~ representando

168 Na página oposta do *ms* Euclides lançou as seguintes notas para o trecho anterior: "demarcação analítica § Peruana § novas unidades administrativas dentre das lindas dos bispados § ... Audiências – persistiram – as intendências substituíram as províncias § Intendências – última fase da jurisdição territorial dos domínios espanhóis § Boliviana § seções chamadas Intendências (com o nome da cidade ou vila que deverá ser a capital – e chamando partidos as antigas províncias" [interrompido]

169 No original: rótulos~~; mas nada se alterou essencialmente~~. Pouco

170 No original: geradora ~~[ilegível]~~ reporta-se às

Ensaios e inéditos

leyes de Indias, cuyas prudentes y justas reglas, desea se observen exactamente por los Intendentes";[171] e, de fato, apenas as restringiu ou ampliou em pontos adiáfanos.

Mas para a geografia legal das possessões, a sua importância[172] foi inestimável, avultando, sobretudo,[173] no deslindamento mais claro dos dous vice-reinados, calcado nos[174] limites particulares de suas várias sessões, por maneira a esclarecer notavelmente o atual litígio.

Com efeito, desde então as Audiências de Lima e de Charcas, o Peru e a Bolívia,[175] surgiram com a fisionomia geográfica quase inalterável, que mantiveram até 1810,[176] data do *uti-possidetis* à parte ligeira variação de traços secundários.[177]

---

171 A Carta Régia – Tomo 2º pág. 39 – d̶i̶z̶ recorda as 'sabias leyes de Indias' e as Cédulas Reais que se despacharam de 1718 a 1749 'cuyas prudentes y justas reglas quiero se observen exactamente por los Intendentes' – apenas com as ampliações e restrições de esta Instrucción de... (N. A.)
Nesta citação, Euclides mescla o espanhol com o português, fazendo ao mesmo tempo uma tradução livre do texto em castelhano, que se encerra no termo *Instruccion*. O trecho aparece em *Real ordenanza*, p.1-2, mas a referência dada por Euclides é a *Colección de documentos*, p.39.

172 No original: importância [ilegível] foi

173 No original: sobretudo nos̶ deslindamentos̶ mais claros dos

174 No original: nos de̶ s̶u̶a̶s̶ limites

175 No original: Bolívia, a̶p̶ surgiram

176 No original: 1810, a̶ [ilegível] data

177 No original: secundários. § D̶e̶s̶t̶e̶ ̶m̶o̶d̶o̶ ̶p̶o̶d̶e̶ Pode acompanhar-se, a̶ ̶d̶e̶m̶a̶r̶c̶a̶ç̶ã̶o̶ ̶d̶o̶s̶ ̶d̶o̶u̶s̶ ̶v̶i̶c̶e̶-̶r̶e̶i̶n̶a̶d̶o̶s̶,̶ ̶d̶e̶ ̶B̶u̶e̶n̶o̶s̶ ̶A̶i̶r̶e̶s̶ ̶e̶ ̶L̶i̶m̶a̶ ̶d̶o̶ P̶e̶r̶u̶,̶ ̶m̶o̶d̶e̶l̶a̶d̶a̶ ̶p̶e̶l̶a̶s̶ ̶d̶e̶ ̶s̶u̶a̶ ̶i̶n̶t̶e̶n̶d̶ê̶n̶c̶i̶a̶,̶ ̶c̶o̶n̶t̶e̶m̶p̶l̶a̶n̶d̶o̶-̶s̶e̶ ̶q̶u̶a̶l̶-̶ q̶u̶e̶r̶ ̶m̶a̶p̶a̶ ̶m̶o̶d̶e̶r̶n̶o̶.̶ § Podem acompanhar-se os deslindamentos, e̶x̶i̶s̶t̶e̶n̶t̶e̶s̶ ̶n̶a̶q̶u̶e̶l̶e̶ preexistentes

Euclides da Cunha

Podem acompanhar-se os deslindamentos,[178] preexistentes nos começos do século passado, contemplando-se um mapa atual.

O vice-reinado de Buenos Aires repartia-se[179] nas oito intendências: General[180] de Ejército y Província de Buenos Aires, Assunção do Paraguai, S. Miguel de Tucumã, Mendoza, Santa Cruz de la Sierra, La Paz, La Plata (arcebispado de Charcas) e Potosí, compreendendo os territórios dos respectivos bispados, além dos governos militares, de Moxos e Apolobamba etc. O do Peru, nas de Lima, Tarma, Huamanga, Huancavelica,[181] Arequipa, Cuzco e Puno – em que se lhe fracionaram as suas cinco[182] dioceses.[183]

O processo deste repartimento administrativo foi, como os demais, extremamente longo.[184]

Atravessou mais de dous decênios em que debateram à sociedade os mínimos pormenores; e nele incidiam, persistentes e irritantes, os protestos e as reclamações dos vice-reis peruanos, mercê dos quais em 1796 se segregaram da Jurisdição de La

---

178 No original: deslindamentos, ~~existentes naquele~~ preexistentes
179 No original: repartia-se ~~em~~ nas
180 No original: Intendências: Geral de
181 No original: Huancavelica, ~~Cuz[co]~~ Arequipa,
182 No original: cinco ~~bispados~~ dioceses. § ~~Deste modo a questão assume um aspecto geométrico, inflexível. Ante o critério que sobranceia os novos repartimentos.~~ O processo deste repartimento administrativo, foi, como os demais, ~~foi~~ extremamente longo. § ~~Atravessaram~~ Atravessou
183 Os dois parágrafos seguintes em *Peru versus Bolívia* não foram lançados no *ms*.
184 Na página oposta do *ms* lê-se: "Jorge Escobedo".

248

Ensaios e inéditos

Paz[185] os partidos de Lampa, Azángaro e Carabaya e outras,[186] constituintes da Intendência de Puno, que se incorporaram ao Peru. Assim a Audiência de Charcas perdeu, definitivamente, daquele lado, não só a metade do lago[187] de Titicaca e as terras ribeirinhas da sua margem ocidental, como a divisa secular das serranias de Vilcanota, que vimos[188] desenhar-se desde os princípios da sua constituição territorial.

Não comentemos o fato.[189] Consumou-se.[190]

Um[191] ano antes da segregação da Intendência de Puno, cujos limites veremos[192] em breve, o capitão-general que governou o Peru de 1790 a 1796,[193] d. Francisco Gil y Lemos, por obedecer à prescrição legal, entregou ao seu sucessor, além do relatório[194] de seus atos, um mapa escrupulosamente desenhado de todos os domínios.[195]

---

185 No original: La Paz as ~~províncias~~ os
186 No original: outras, ~~constituindo a~~ constituintes da Intendência de Puno que se ~~incorporou~~ incorporaram
187 No original: lado
188 No original: vimos ~~sob~~ desenhar-se
189 No original: Não cometemos o fato. ~~Consumado, embora o estado da sua gênesis nos revelassem outros elementos favoráveis.~~ Consumou-se.
190 Os dois parágrafos seguintes em *Peru versus Bolívia* não foram lançados no *ms.*
191 No original: ~~Um ano Observamos apenas para logo que um ano~~ Um ano antes ~~daquela~~ da
192 No original: veremos ~~já~~ em breve, o ~~Vice-rei peruano~~ capitão-general governou
193 No original: 1795
    A data incorreta de 1795, também aparece em *Peru versus Bolívia* (p.124).
194 No original: relatório ~~escrito~~ de seus atos, um mapa escrupulosamente desenhado de ~~seus domínios~~ de todos os ~~vice-reinado[s]~~ domínios.
195 *Plano ge[ne]ral / del Reyno del Perú / en la America Meridional,* ~~que comprehende desde la equinoccial hasta~~ / [... H]echo de Orden del

Subscrevia-o o cosmógrafo Andrés Baleato.[196]

Temo-lo sob os olhos e vemos de um lance[197] ao que se reduzia, não já a Audiência de Lima, senão *todo* o vice-reinado peruano em 1795. E embora o vice-rei, na Memória escrita para o seu sucessor, não tenha advertido que "el reino del Perú *ha perdido mucho* de aquella grandeza local que tuvo, tanto en tiempo de sus antiguos emperadores incas, cuanto en aquel en que lo fijaron[198] sus primeros conquistadores" – [199] e – tenhamos assistido à redução, mutilado pela formação do de Buenos Aires, ou retraindo-se ante a expansão boliviana – surpreendemo-nos.

A primitiva grandeza mal se lhe vislumbra na fita continental que se desata de[200] Tumbes (3°20') a extremo norte de Atacama (21°25' de lat. sul) estirando-se por 423 léguas de vinte ao grau, ajustadas à costa. À extensão meridiana engravesce-lhe a largura exígua. Acompanhando-se de perto o geógrafo cujas

---

Exmo Senõr Virrey Bº Fr. D.ⁿ Francisco Gil y Lemos / Por D.ⁿ Andrés Baleato. Año [de] 1776 [*sic*]. (N. A.)
A data correta da publicação do mapa é 1796, tal como aparece em *Peru versus Bolívia* (nota 3, p.125). Francisco Gil de Taboada y Lemos y Villamarín (Espanha, 1736-1809) foi político, militar, capitão da Real Armada espanhola, vice-rei dos reinos de Nova Granada (1789) e do Peru (1790-1796).

196 No original: André
Andrés Baleato (Espanha, 1766-1847) foi marinheiro, diretor da Escola Náutica de Lima e cartógrafo.

197 No original: e a~~ vemos de um lance ~~vemos~~ ao

198 No original: que se fijaran

199 *Memórias de los virreys que han gobernado el Perú.* Tomo VI. pág. 2. (N. A.)
Euclides preferiu não usar toda a citação do *ms* no livro *Peru versus Bolívia* (p.125).

200 No original: de ~~Guayaquil~~ Tumbez

Ensaios e inéditos

palavras tem a sanção oficial do vice-rei, pormenoriza-se a sua expansão para o âmago das terras:

> *Por el paralelo de Arica desde la costa hasta lo más oriental de su partido, tiene dieciocho [leguas]; por el de Pisco, desde su puerto hasta lo más oriental de la Intendencia de Cuzco, 120 leguas; por el de Barranca, desde la desembocadura de su río hasta lo más occidental del partido de Tarma, 44 leguas; por el de Sechura, desde su ensenada hasta lo más oriental del partido de Chachapoyas, 131 leguas.*[201]

Partindo[202] destas perpendiculares à costa, verdadeiras abscissas sujeitas à longa ordenada do litoral, e determinando-lhes a média de 79,5 léguas, Andrés Baleato chegou à superfície territorial rigorosa de 33.628,5[203] léguas quadradas.

O rigorismo aritmético aí vai, como se vê até as arestas cortantes das vírgulas das frações.

É positivo, é claro, é irredutível.[204] Contemplando aquele mapa oficial, o sucessor de Gil y Lemos tinha inscrita em linhas

---

201 (Pelo paralelo de Arica, desde a costa até o mais oriental de seu território, tem dezoito léguas; pelo de Pisco, desde seu porto até o mais oriental da Intendência de Cuzco, 120 léguas; pelo de Barranca, desde a desembocadura de seu rio até o mais ocidental do território de Tarma, 44 léguas; pelo de Sechura, desde seu enseada até o mais oriental do território de Chachapoyas, 131 léguas.) Esta citação provém do *Alegato de parte del gobierno de Bolivia en el juicio arbitral de fronteras con la república del Perú*. Buenos Aires: Compañía Sud-Americana de Billetes de Banco, 1906, p.194.

202 No original: Partindo ~~destes elementos m~~ destas perpendiculares à costa, verdadeiras abscissas ~~rigorosas~~ sujeitas

203 No original: 33.628,5 meia léguas

204 No original: irredutível. ~~Diante do~~ Contemplando aquele mapa oficial, o sucessor de Gil y Lemos tinha ~~inextensivelmente~~ inscrita

Euclides da Cunha

inextensíveis a sua ação. Viu-lhe, como todos podem ver-lhe, como lhe estamos vendo, os limites: ao norte, o vice-reinado de Nova Granada, estendendo-se até 6° de Latitude Sul[205] e tomando os baixos cursos do Huallaga e do Ucayali; a leste, sucessivamente os Pampas do Sacramento,[206] estendendo no máximo até à margem esquerda do médio Ucayali —[207] e a serrania de Vilcanota[208] separando-o, nitidamente do vice-reinado de Buenos Aires; ao sul, o deserto de Atacama.[209]

E é tudo. Para NE, a partir da margem direita do Ucayali e dilatando-se para o oriente e para o sul – isto é, precisamente onde se expandem as atuais paragens litigiosas,[210] lê-se, num grande espaço em branco: *Países incógnitos.*

E um simples exame das medidas exatas que se pormenorizaram assim demonstram-nas[211] ao lado da própria expansão visível do mapa que eles, aqueles países desconhecidos, as velhas terras "no descubiertas" das vetustas Cédulas Reais, em 1795, estavam criteriosamente fora da alçada do governo peruano. Ou mais explicitamente: a jurisdição da Audiência

---

205 No original: de L. S. e

206 No original: Sacramento, ~~que a~~ estendendo

207 No original: Ucayali – ~~e pelo Paucartambo~~ e

208 No original: *Vicalconota* ~~o~~ separando-o,

209 No original: Atacama. ~~No extremo NE onde se unem as atuais paragens litigiosas num grande espaço branco onde sete Países incógnitos as demonstravam, a cavaleiro, de lado os sofismas (que diante de medidas tão rigorosas e de cálculos tão precisos reforçando as medidas exatas precitadas, que~~ E

210 No original: litigiosas, ~~lê-se Paí[ses]~~ lê-se,

211 No original: demonstram-nas ~~(ao lado da própria expansão visível do mapa)~~ que

Ensaios e inéditos

de Lima não se estendia por ali em fora até todas as raias dos domínios portugueses.

Pelo menos a sua intendência mais avançada para nordeste, a de Cuzco, não o permitia. Os seus partidos[212] mais avantajados naquele rumo, o de Paucartambo, único capaz de permitir uma tal dilatação, tinha a nordeste e leste lindas explicitamente claras. Dizia desde 1782 o visitador d. Jorge Escobedo.[213] Dizia-o o próprio vice-rei peruano. Mostra-o o seu principal geógrafo:

[...] *tiene de largo 26 leguas Norte Sur sobre 5 a 7 de ancho... confina* [...] *por el Nordeste y Este con los Andes o Montañas de* [los] *Infieles (Vilcanota).*[214]

Quaisquer que sejam os[215] erros desta carta, onde, para citar-se um só, o Beni se desenha como um afluente do Ucayali, a sua expressão geral é inequívoca: o vice-reinado peruano, na

---

212 No original: partidos [ilegível], de Quispicanchi, mais avantajados naquele rumo o de Paucartambo, a Urubamba único

213 É [o] que nos indica outro mapa, anterior, feito em 1781 por José Ramos de [sic] Figueroa, secretário do visitador Escobedo. Arch[ivo] de Indias. Est[ante] 112. Caj[ón] 7. Leg[ajo] 16. (N. A.) Consultar *Alegato de parte del gobierno de Bolivia en el juicio arbitral de fronteras con la república del Perú*, p.169 e 215. José Ramos Figueroa foi oficial do Ministério de Estado e, entre outros cargos, ocupou o de secretário de Visitadores Generales, subdelegado da Visita e superintendente da Real Fazenda do Peru, a serviço de d. Pedro Dionisio Gálvez.

214 No original: *montañas de índios infieles*. ([...] tem de comprimento 26 léguas Norte-Sul sobre 5 a 7 de largura... confina [...] pelo Norte-Leste e Leste com os Andes ou Montanhas dos Infiéis (Vilcanota).)

215 No original: o erros

Euclides da Cunha

sua penetração máxima, estacava nas[216] ribas esquerdas deste último – e mais para o sul não[217] transmontava a serrania que desde as primitivas Cédulas Reais – revigoradas pela Recopilación de 1680 separava[218] a Audiência de Los Reyes[219] da Audiência de las Charcas.[220]

Ora, a Cédula Real de 1º de fevereiro de 1796, agregando à província, em detrimento dos direitos[221] seculares da segunda, os territórios da intendência de Puno – constitui, malgrado esta circunstância desfavorável, hoje, um elemento precioso no completar-se um deslindamento que não mais variou até aos nossos dias.[222]

Realmente, a circunscrição que se integrava no território peruano tinha perfeitamente definidos os[223] limites de seus cinco partidos de Chucuito, Puno, Lampa, Azángaro e Carabaya.[224] O vice-reinado do Peru cresceu pela justaposição de um bloco territorial[225] limitado. Depois daquela Cédula constituíram--no as oito intendências precitadas e as dimensões diametrais

---

216 No original: nas ~~suas~~ ribas
217 No original: não ~~ia além da~~ transmontava
218 No original: 1680 ~~a~~ separava
219 No original: Reys
220 O parágrafo seguinte em *Peru versus Bolívia* não foi lançado no *ms.*
221 No original: direitos ~~regulares~~ seculares
222 Os dois parágrafos seguintes em *Peru versus Bolívia* não foram lançados no *ms.*
223 No original: os ~~seus~~ limites
224 No original: Carabaya – ~~e constituiu desde aquela época, a mais oriental de todas daquele as do Vice-Reinado. As suas extremas deste para o levante tocavam, ali, as do de Buenos Aires. § Assim depois daquela decisão o Vice-Reinado Peruano~~ § O
225 No original: territorial ~~definido~~ limitado.

Ensaios e inéditos

destas determinavam-se até pelo número de léguas meticulosamente avaliadas. Poderíamos apresentá-las todas. Mas abreviemos o raciocínio aos pontos essenciais.

Pelo mapa de Andrés Baleato,[226] vê-se que o Peru[227] em todo o seu quadrante de NE[228] estacava na serrania de Vilcanota, última barreira da Intendência de Cuzco, que ali se separava secularmente da de Charcas. A Cédula de 1796 anexou-lhe a de Puno. Resta saber se esta,[229] ampliando o vice-reinado para o levante, estendeu-o[230] pelas terras hoje litigiosas. Para isto há elementos decisivos. Dos cinco partidos da Intendência de Puno, os quatro primeiros e mais meridionais (Chucuito, Puno, Lampa e Azángaro) como no-lo revela qualquer mapa, acarretaram uma expansão de limites[231] para o nascente,[232] entre os paralelos de 14°30' e 16°30'. Assim não implicam os deslindamentos atuais. Resta o mais setentrional, de Carabaya, confinante com as missões de Apolobamba – único, por onde poderia entrar e avançar pela Amazônia em fora a influência peruana.[233]

Mostremo-lo, em primeiro lugar, o próprio visitador Escobedo em 1782. O partido de Carabaya, a exemplo dos demais, era rigorosamente definido:

---

226 No original: Baleato, ~~vemos~~ vê-se
227 No original: Peru [ilegível] em
228 No original: NE ~~só poderia~~ estacava
229 No original: esta, ~~que os~~ ampliando
230 No original: estendeu-o ~~até~~ pelas
231 No original: limites [ilegível] para
232 No original: nascente, ~~entre os~~ entre
233 No original: peruana. ~~Estudemo-lo~~ § Ora
   O parágrafo seguinte em *Peru versus Bolívia* não foi lançado no *ms.*

Euclides da Cunha

Tiene de largo cuarenta leguas Norte Sud, y en parte sobre cincuenta de ancho. Confina por el Noroeste y Norte con las tierras de Indios Infieles, [de] *que los separa el famoso río Inambari.*[234]

Ora, considerando-o, vê-se para logo, que mais rigorosas barreiras a tolherem-na. A anexação de Puno teve o efeito único de apagar a[235] divisa arcifínia[236] magistral de Vilcanota,[237] deslocando para levante até cair [ilegível] a outra, a do *thalweg* do Inambari.[238] E na margem esquerda deste parou o vice-reinado no seu maior estiramento para o levante e para o norte.[239] Assim, se verifica mais uma vez que as "tierras aún descubiertas", a estirarem-se pelo NE[240] a partir do Inambari estavam fora dos domínios peruanos. Os documentos a este respeito

---

234 No original: "Tiene de largo 40 leguas norte-sur, y en parte sobre 50 de ancho... Confina por el ~~nordeste~~ noroeste y norte con las tierras de indios infieles, *de que los separa el famoso río Inambari*".
("Tem de comprimento quarenta léguas Norte-Sul e em algumas partes cinquenta de largura. Confina pelo Noroeste e Norte com as terras dos índios infiéis, dos quais o separa o famoso rio Inambari.")
A citação provém de documentação do *Archivo de Indias*. Est[ante] I 12, Caj[ón] 7 e Leg[ajo] 16, como se vê em *Peru versus Bolívia* (p.129). Consultar *Alegato de parte...*, p.167.

235 No original: a ~~linha~~ divisa

236 No original: arcifínia ~~da~~ magistral
Do latim *arcifiniu*. Terreno que tem por limites geográficos acidentes naturais, como montanhas, rios etc.

237 No original: Vilcanota, ~~trocando-a, trocando-a por uma~~ deslocando

238 No original: Inambari,~~lucidamente reclamada hoje pelos estadistas bolivianos que~~. E

239 No original: norte. § ~~Mostremo-lo em primeiro lugar.~~ § Mostremo-lo

240 No original: NE ~~as~~ partir

Ensaios e inéditos

são numerosos. Fora demasiado longo extratá-los,[241] fazendo póstuma injustiça à clareza do visitador geral d. Jorge Escobedo.[242] Dispensam-nas. Além disto, reforçam-na todos os mapas do tempo, desenhados pelos que perlustraram as regiões. O[243] já anotado, de Figueroa,[244] confirma-o. O de don Joaquim de Alós[245] mostra o partido de Carabaya além, nitidamente circulado pela linha pontuada limítrofe, abrangido ao norte e NE pelos territórios de Apolobamba e de Moxos.[246] O de Pablo Oricain; de 1786[247] – esclarecido por um breve texto, anexo, em que se refere à opulenta província com "sus bajos y demás quebradas llenas de lavaderos de oro"[248] precisamente no trecho em que "confina con los Chunchos" – localiza de modo

---

241 No original: extratá-los, ~~os dizeres~~ fazendo

242 No original: Jo Esc.

243 No original: O ~~m~~ já

244 Trata-se do mapa (1781) de José Ramos Figueroa, tal como indica Euclides em *Peru versus Bolivia* (nota 5, p.127).

245 No original: Joaquim Atós
Joaquín Alós y Brú (Espanha 1786-Peru 1827), militar a serviço da Espanha, ocupou o cargo de intendente do Paraguai entre 1787 e 1796. Mais tarde foi governador militar em Valparaíso, Chile.

246 *Demostración geográfica de las provincias que abraza cada intendencia de la parte del Perú* etc. por Don Joaquim Alós [y Brú]. (N. A.)

247 ~~La intendencia de Cuzco, dividida em sus partidos ó departamentos~~ "*Las Provincias del Colláo*" – 1786. Callao é o antigo nome da intendência de Puno. (N. A.)
O ano de 1786 pode referir-se à data da feitura do mapa, por Oricain, também autor do *Compendio breve de discursos varios, sobre diferentes materias, y noticias geographicas, comprehensivas a este obispado del Cuzco, que claman remedios espirituales / formado por Pablo Joseph Oricain.* Composto em Andaguaylillas (Quispicanche), 1790.
No original: 1786 – ~~limita-o~~ esclarecido

248 ("seus baixios e demais quebradas cheias de calhas de lavação").

iniludível estes[249] selvagens nas "Misiones[250] de Apolobamba"
que se dilatam, fora da divisa traçada num visibilíssimo risco
amarelo, a irradiarem, estranhas à divisão territorial do vice-
-reinado, pelo indefinido NE que hoje se debate.

Assim surgiu a linha divisória hoje lucidamente reclamada
pela Bolívia.[251]

Por fim...

Por fim, transcorridos 67 anos, d. Mateo Paz Soldán,[252] o
criador da geografia peruana, parafraseou os velhos dizeres de
d. Jorge Escobedo:

> La province de Carabaya[253] a environ 50 lieues de l'Est à l'Ouest.
>
> ... est bornée au Nord et[254] au Nord-Est par le territoire des Indiens barbares
> appelés Carangues et Sumachuanes, et[255] d'autres tribus encore dont la
> sépare la fameuse rivière Ynanvari...[256]

---

249 No original: estes ~~[ilegível]~~ selvagens

250 No original: nas "Miciones de

251 Somente duas linhas do parágrafo seguinte em *Peru versus Bolívia*
foram lançadas no *ms.*

252 Mateo Paz Soldán (Peru, 1812-1857), geógrafo, matemático, astrônomo e como poeta satírico escreveu sob o pseudônimo Tomás
de la Ponza (anagrama de seu próprio nome). É autor do *Géographie
du Pérou* (1863).

253 No original: Carabaye

254 No original: e

255 No original: e

256 *Géographie du Pérou* etc. du D. D. Mateo Paz Soldán. Paris: [M. A.
Durand], 1863. Pág. 261. (N. A.)
(A província de Carabaya é cerca de 50 léguas de Leste a Oeste. ...
é limitada ao norte e nordeste pelo território dos índios bárbaros
chamados *Carangues* e *Sumachuanes* e outras tribos ainda separadas
pelo famoso rio *Ynanvari*...).

Ensaios e inéditos

Até parece um plágio. Evidentemente o notável geógrafo tinha defronte o vetusto relatório daquele visitador geral.[257]Como iludir-se o significado gráfico, a entrar-nos vivamente pelos olhos, destas cartas – traçadas todas por[258] ordem dos vice-reis, estereotipando de modo tão evidente a distribuição legal e geográfica[259] daquelas terras?A conclusão é infrangível: em nenhuma das duas intendências, de Puno e de Cuzco, do extremo nordeste do vice-reinado peruano, inteiramente trançadas em limites fixos, se incluíram os territórios indefinidos que, sob a denominação vaga de Apolobamba, se estiravam pelas bordas meridionais da bacia do Amazonas. Em 1796,[260] o vice-reinado do Peru, porque a sua capacidade legal para dominar diminuíra, não se estendia, nem mesmo virtualmente, até as margens do Madeira.

*

* *

Resta-lhe um recurso, o último.[261]

Naquela época limitava-o, pelo norte, como vimos, o vice-reinado de Nova Granada,[262] (do qual nasceriam mais tarde o Equador, a Colômbia e Venezuela) – dilatando-se pelo sul até ao Huallaga onde se firmavam os aldeamentos das Missões dos

---

257 Os dois parágrafos seguintes em *Peru versus Bolívia* não foram lançados no *ms*.

258 No original: por ~~determinação~~ ordem dos Vice-Reis, ~~fotograf~~ estereotipando

259 No original: geográfica ~~das~~ daquelas

260 Em *Peru versus Bolívia* (p.133), está, incorretamente: 1876.

261 No original: último. § ~~Em 1602~~ Naquela

262 No original: Granada, (~~de onde surgiriam~~ do

Euclides da Cunha

Maynas. Estas últimas, já muito antes de 1796, alongavam-se pelo Ucayali acima até à foz do Pachitéa, onde se erigia a aldeia de S. Miguel de Conibos.

Têm uma extensa história, acidentada e dramática,[263] feita pelo devotamento e a tenacidade surpreendentes dos jesuítas,[264] nobilitados com as figuras admiráveis do estoico padre Richter ou daquele extraordinário Samuel Fritz, precursor de La Condamine e primeiro geógrafo do Amazonas.[265]

Não a acompanhemos.[266] Para o nosso caso, baste-nos notar que desde[267] 1777[268] – elas estendiam-se tanto para o sul[269] ao longo daquele rio o vice-reinado de Nova Granada, a que pertenciam, que o do Peru[270] não teve, como vimos, nenhuma participação nos deslindes internacionais com as possessões portuguesas. Estava de lado.[271] Não se limitava com elas. Entre elas e ele a partir da margem direita daquele último rio estiravam-se para o levante as "tierras no pacificadas

---

263 No original: dramática, ~~de onde ressaltam,~~ feita
264 No original: jesuítas, ~~que ali se nobilitavam~~ nobilitados
265 Heinrich Wenzeslaus Richter (Alemanha, 1653-Rio Ucayali 1696), missionário jesuíta que, unido ao irmão Francisco Herrera, fez catequese entre os conibos e os omáguas na Amazônia. Samuel Fritz (Alemanha, 1654-Peru, 1725), missionário jesuíta e cartógrafo. É autor do *Mapa geographica* [*sic*] */ del Rio Marañon /Amazonas. / hecha* [*sic*] *por el / P. Samuel Fritz / de la Compañia de Jesus / misionero en este mismo / Rio de / Amazonas. / el año de / 1691* [Quito].
266 No original: acompanemos.
267 No original: de desde
268 Grafado 1750 em *Peru versus Bolívia* (p.134).
269 No original: sul ~~que~~ ao longo ~~do grande rio Ucayali~~ daquele
270 No original: o Peru
271 No original: lado. ~~As des~~ Não

Ensaios e inéditos

no descubiertas",[272] as terras de Apolobamba, que consoante à frase do ministro mais preeminente do Conselho das Índias, Campomanes,[273] se extremavam, de um lado com os territórios de Moxos e de outro com os dos Franciscanos do Ucayali, "*Se dan la mano*[274] con las de Moxos y las que administran los Franciscanos sobre el río Ucayale".[275]

Deste modo se limitavam daquele lado e naquele tempo, com as terras brasileiras, a Audiência de[276] Quito[277] pelo governo de Maynas, e a de Charcas pelo de Moxos — traçando--se, como o vimos,[278] a divisória do Madeira ao Javari,[279] na espessa penumbra geográfica das províncias desconhecidas. E do mesmo modo que o governador[280] de Moxos pela circuns-

---

272 No original: descubiertas" ~~através das quais~~ as terras de Apollo-bamba, ~~através das quais para traduzindo-se a frase literalmente~~ que consoante à frase ~~literalmente~~ do

273 No original: Campomanes, "~~ao se darem as mãos~~ se extremavam

274 No original: *manos* ~~(evidentemente as terras intermédias, de Apol-lobamba)~~ con

275 *Carta*, anteriormente citada, de d. Pedro Campomanes a d. José Gálvez. [Nota de Euclides, publicada no livro, mas não encontrada no *ms.*] Pedro Rodríguez de Campomanes y Pérez (Espanha, 1723-1802), político, jurisconsulto, fiscal e economista durante o reinado de Carlos III. Aparentemente, Capomanes não foi autoridade do Conselho de Índias e sim do Conselho da Fazenda de Castilla (1783-1786).
(Dão-se as mãos com as de Moxos e com as que administram os Franciscanos sobre o rio Ucayali).
Consultar Maurtua, *Juicio de límites entre el Perú y Bolivia,* p.188-9.

276 No original: brasileiras, ~~as~~ Audiência~~s~~ de

277 No original: Quito ~~e a de Charcas~~ pelo

278 No original: vimos, ~~às cegas,~~ a

279 No original: Javari, ~~às cegas,~~ na

280 No original: governador ~~rayano~~ de

tância de ser *rayano*, foi nomeado Comissário da 3ª partida de-
marcadora – o engenheiro Francisco Requena que era o Chefe
da 4ª, encarregada do implante dos marcos divisórios desde a
foz do Javari para o norte até ao Orenoco, foi nomeado governador de Maynas, subordinado ao vice-rei de Nova Granada,
d. Silvestre de Albarea.[281]

Assim, somente as Audiências de Quito e de Charcas[282] se
extremavam por aqueles lados naquela época com o Brasil,[283]
a primeira ao longo do Javari até às suas cabeceiras, a segunda,
desde estas até ao Madeira pela paralela de Sto Ildefonso.

Mas esta situação mudou em 1802.

Uma Cédula de 15 de julho desse ano, inspirada pelo
mesmo Francisco Requena, governador de Maynas, determinou a segregação desta província, do vice-reinado de Nova Granada, e a sua incorporação ao Peru, incluindo-se as missões no
arcebispado de Lima.[284]

Poder-se-ia demonstrar que esta Cédula nunca se cumpriu.
Há toda uma literatura jurídico-geográfica em torno dela.
Nenhum dos velhos ditames foi ainda mais discutido ou despertou mais insolúveis controvérsias. Ela revolucionou tanto a
geografia americana que ainda hoje revive na gravíssima ques-

---

281 Francisco Policarpo Manuel Requena y Herrera (Espanha, 1743-
     1824) foi engenheiro militar espanhol e participou na demarcação
     dos limites lusitanos e hispânicos na bacia do Amazonas; Silvestre
     de Albarea foi marechal de campo de engenheiros. Euclides muda o
     título de Silvestre de Albarea para capitão-general na versão impressa
     de *Peru versus Bolívia* (p.135) e se baseia nas informações dadas no
     Alegato de Parte..., p.238.

282 No original: Charcas ~~transitavam naquela época~~ se

283 No original: Brasil, ~~a primeira naqueles lados,~~ a

284 O parágrafo seguinte em *Peru versus Bolívia* não foi lançado no *ms*.

Ensaios e inéditos

tão de limites entre o Peru e o Equador, pendente do juízo arbitral do governo da Espanha. Mas não lhe discutamos os fundamentos. Admitamos.[285]

Vamos além: admitamos com Antonio Raimondi[286] a sua legitimidade e todos os seus efeitos. E mostremos que mesmo sob tal hipótese, a Carta Régia que tanto ampliou na bacia ocidental do Amazonas[287] os domínios peruanos ao ponto de estendê-los sobre dous terços da atual república do Equador,[288] não as ampliou de um metro para o levante, a partir das margens direitas[289] do Ucayali e do Javari.[290]

A suma da Cédula Real de 1802 é esta:

---

285 Os três parágrafos seguintes em *Peru versus Bolívia* não foram lançados no *ms*.

286 No original: F. Raimondi
Na versão do *Jornal do Commercio* o nome aparece por extenso: Francisco Raimondi. Tal lapso de Euclides se repete adiante no *ms* outras duas vezes. Felizmente, a correção para Antonio se dá em *Peru versus Bolívia* (p.136,159,163). Antonio Raimondi Dell'Acqua (Itália, 1826-Peru, 1890) foi um eminente geógrafo, naturalista e explorador, especializando-se no estudo da fauna, da flora e da geologia peruanas.

287 No original: Amazonas ~~as terras~~ os

288 Área total ocupada ó pretendida por el Perú (no Equador) — 503.430 quilômetros quadrados. Quiere decir más de las dos terceras partes de la República del Ecuador, cuya tierra firme quedaría reducida a 204.000 Km cuadrados! *Geografia y geologia del Ecuador*. Teodoro Wolf. (N. A.)

289 No original: direita

290 No original: Javari — ~~(verão que constitui documento admirável no demonstrar que as divisórias peruanas naqueles lados são as linhas naturais destes dous rios: o 1º Javari, até perto de suas nascentes e o 2º Ucayali, até à confluência do Urubamba, toda a área de 11º de lat. sul, reclamadas pela Bolívia.~~ § A
Neste ponto, Euclides tencionou incluir uma nota, não levando a ideia adiante.

263

Euclides da Cunha

He resuelto [...] agregar al Virreinato de Lima el Gobierno y Comandancia General de Maynas, no sólo por el río Marañón abajo hasta las fronteras de las colonias portuguesas, sino también por todos los demás ríos que entran al mismo Marañón por sus márgenes meridional y septentrional que son: Morona, Huallaga, Pastasa, Ucayali, Napo, Yavarí, Putumayo, Yapurá y otros *menos considerables* hasta el paraje en que estos mismos por sus saltos y raudales inaccesibles no puedan ser navegables...[291]

Aí está um documento admirável no mostrar que as divisórias peruanas naqueles lados são – exclusivamente as linhas naturais do Javari até perto das suas cabeceiras e o Ucayali até à confluência do Tambo[292] (10°50' de lat. sul), reclamadas hoje pela Bolívia.

Diante de demarcação tão[293] clara, justificam-se amplamente os estadistas peruanos que formaram em 1851 com o

---

291 No original: navegables..." § ~~Assim verifica~~ Aí

Archivo de Indias. Est[ante] 115, Caj[ón] 6, Leg[ajo] 23. Referência publicada em *Peru versus Bolívia* (p.137), mas não encontrada no *ms*. Consultar *Alegato de Parte...*, p.240.

(Resolvi [...] agregar ao Vice-reinado de Lima o Governo e Comandância Geral de Maynas, não só pelo rio Marañón abaixo até as fronteiras das colônias portuguesas, mas também por todos os demais rios que entram ao mesmo Marañón por suas margens meridional e septentrional, que são: Morona, Huallaga, Pastasa, Ucayali, Napo, Yavarí, Putumayo, Yapurá e outros menos consideráveis, até a paragem em que estes mesmos por seus saltos e correntezas inacessíveis não podem ser navegáveis...)

292 No original: Tambo ~~acerca de~~ (10°50' de lat. sul), ~~conforme~~ reclamadas

293 No original: tão tão

Ensaios e inéditos

Brasil, como fronteira arcifínia *todo o Rio Javari*, sem[294] cuidarem da semidistância do Madeira, e os comissários brasileiro e peruano que[295] implantaram em 1874 o *marco divisório definitivo* nas[296] cabeceiras do mesmo rio na latitude de 6°59'29,5",[297] até aonde ele "por sus saltos y raudales inaccesibles"[298] não pôde mais ser navegado,[299] até aonde –[300] como declararam "os obstáculos eram tais que não permitiam subir além".

Realmente, a Cédula Real é de uma limpidez extraordinária. Esclarecia, além disto,[301] o mapa desenhado pelo próprio Francisco Requena, em 1779.[302] Lá estão visibilíssimas, fechadas numa curva contínua, as terras que se anexavam ao vice-reinado de Lima:[303] perlongam a margem esquerda do Javari e, deixan-

---

294 No original: sem ~~os limites impostos pela~~ cuidarem
295 No original: que ~~de acordo com os brasileiros firmaram que~~ implantaram
296 No original: nas ~~suas~~ cabeceiras
297 No original: 29,5", ~~"porquanto os obstáculos eram tais que não permitiam subir além"~~ isto é, até aonde ~~o mesmo rio~~ ele
298 No original: saltos o raudales inaccesibles" ~~não podem ser~~ não ("por seus saltos e correntezas inacessíveis".)
299 Vide Relatório do Ministério dos Estrangeiros, de 1875. Os comissários expressamente declararam que subiriam até aonde "os obstáculos eram tais que não permitiam subir além". (N. A.) Trata-se do *Relatorio da Repartição dos Negocios Estrangeiros...*, Rio de Janeiro: Typographia Laemmert, 1875, p.188.
300 No original: aonde – ~~como o disseram os comissários~~ como
301 No original: disto ~~o próprio~~ o mapa desenhado próprio
302 Mapa – para acompañar a la descripción del nuevo obispado que se proyecta en Maynas. Construido por d. Francisco Requena. Ingeniero ordinario gobernador de Maynas y primer comisario de límites. (N. A.)
303 No original: Lima: ~~[ilegível] o Ja[vary]~~ perlonga a margem ~~direita~~ esquerda

Euclides da Cunha

do-a a certa altura, inflectem[304] para oeste, a cortar o Ucayali, aproximadamente na latitude acima exposta; e desenhados por Andrés Baleato, em 1796, os deslindes firmados pelo vice-rei Gil y Lemos, mantinham-se invioláveis no tocante à expansão oriental. As terras não descobertas do Apolobamba,[305] fora da alçada peruana, permaneciam sob o domínio eminente da Audiência de Charcas.

E quando nos[306] restassem dúvidas a este respeito, destruir--no-las-ia ainda esse mesmo Francisco Requena que tanto revolucionou a geografia política sul-americana, e[307] forneceu ao Peru o título proeminente das suas mais ousadas pretensões.

O lance é inopinado. Ao mais solerte advogado da República vizinha, certo, ainda se lhe não antolhou a conjectura de que o máximo dador de seus territórios setentrionais pudesse erigir-se em juiz – o mais insuspeito dos juízes – no vedar-lhe a marcha para o oriente, precisamente na zona em que hoje se debate.[308]

Desvendemos esta atitude inesperada. Francisco Requena em 1799 galgaria a posição eminente de membro do Conselho das Índias, onde o seu parecer prevalecia sempre no tocante às cousas da América[309] e nas "salas" daquela assembleia soberana,

---

304 No original: inflecte
305 No original: Apolobamba, ~~confiados à soberania e domínio eminente da Audiência de Charcas,~~ fora
306 No original: nos ~~sobrassem~~ restassem
307 No original: e ~~que~~ forneceu
308 No original: debate. § ~~Revelemo-lo~~ Desvendemos
309 No original: América ~~Oci~~; e

Ensaios e inéditos

apresentou o informe[310] em que se reproduziu num verdadeiro decalque à celebre Cédula de 1802.

Pois bem —[311] precisamente no lance do longo arrazoado que se refere ao estabelecimento do bispado das Missões naqueles lados, o ministro, com a enorme autoridade que lhe dava o seu título de engenheiro profundamente conhecedor dos territórios que percorrera e explorara — estabeleceu de um modo acima de toda a dúvida que elas não deveriam e não poderiam transpor o Ucayali para o levante.

Estudando vários projetos que se formularam[312] para marcar-se a extensão da nova diocese, declarou, que, no geral, aos que os formulavam, se lhes sobravam zelos, "les faltó inteligencia de los Países". E ao considerar precisamente as terras hoje litigiosas, as terras que o Peru pretende hoje abranger, como se fosse possível estirar também por aqueles lados a maravilhosa Cédula, disse:

El que represento, ya hace algunos años, unir bajo de una Mitra *las Misiones de Apolobamba con las de Maynas* y todas las que entre estas dos hay intermedias situadas por las montañas, no supo desde luego, *por falta de geografía*, la inmensa estensión que daba a este Obispado; *y que el Prelado era imposible, las pudiese todas visitar.*[313]

---

310 No original: informe ~~sobre o qual a~~ em
311 No original: bem — ~~no longo parecer~~ precisamente
312 No original: formularam ~~quanto à extensão da nova diocese~~ para
313 No original: *visitar.*" § ~~Baste-nos sublinhar esta opinião extraordinária.~~ § Assim
    "Informe que hizo al Consejo, Don Francisco Requena, sobre el arreglo temporal de la Misiones de Maynas. Archivo de Indias.

Assim ficaram, de uma maneira categórica, e clara, pela voz, do próprio autor intelectual da Cédula de 15 de julho de 1802, inteiramente fora do território que se agregara ao Peru com a anexação do governo de Maynas, as terras dilatadas no NE. Toda a argumentação anterior [interrompido]

VII

Francisco Requena foi,[314] sem o querer, cruel, na concisão golpeante destas frases que por si sós renteiam, senão desarraigam todas as pretensões peruanas a leste do Ucayali em cujas margens se erigiam as Missões de Maynas, que a Cédula Real de 15 de Julho de 1802 anexava ao Peru.[315]

Repitamo-las, ainda uma vez, decoremo-las, destacando-as:

Est[ante]. 115. Caj[ón]. 6. Leg[ajo]. 23." (*Peru versus Bolívia*, p.140). A citação provém da *Colección de documentos*, p.407. O parágrafo seguinte em *Peru versus Bolívia* não foi lançado no *ms.*

(O que represento, já faz alguns anos, unir sob uma Mitra as Missões de Apolobamba com as de Maynas e todas as que há entre estas duas intermédias situadas pelas montanhas, não conheceu, logicamente, por falta de geografia, a imensa extensão que dava a este Bispado; e que era impossível que o Prelado pudesse todas visitar.)

314 No original: foi ~~realmente, cruel,~~ sem o querer, ~~admirável,~~ cruel

315 Euclides rascunhou mais uma vez este parágrafo, como se pode notar a seguir:

"Demonstramos que a Cédula Real de 15 de julho de 1802 não estendeu a juri[s]dição do vice-reinado peruano pelas terras da bacia Amazônica a leste do Ucayali e do Javari. Fomos além: revelamos que a ~~[ilegível]~~ autoridade mais alta no interpretar aquele documento, porque o ~~sugerira~~ sugeriu, e ~~advogara~~ advogou, e certamente o redigiu. Francisco Requena de uma maneira expressa declarou que as Missões de Maynas, através das quais se procura justificar a expansão oriental do antigo vice-reinado só poderiam" [interrompido]

Ensaios e inéditos

1º —[316] a quem quer que pretendeu estender aquela diocese além do Ucayali, "les faltó inteligencia de los Países que querían comprender en la nueva Diócesis";

2º — os que tentavam unir, sob uma só jurisdição, as Missões de Maynas e as de Apolobamba não sabiam "por falta de geografía la inmensa extensión que daban a esto Obispado";

3º — que se por acaso se efetuasse semelhante absurdo, ao prelado lhe seria "imposible que las[317] pudiese todas visitar".

Notemos mais uma vez que as Ordenanças de Intendentes de 1782 a 1803 — no estabelecerem a constituição territorial definitiva das colônias, adotaram, consoante acordam todos os historiadores — com a norma exclusiva para[318] *fixar a área dos novos distritos administrativos, às demarcações eclesiásticas.* As terras de Maynas adquiridas pelo Peru em 1802 foram as do bispado que ali se projetou. E este, conforme o desenhou e explicou o seu verdadeiro criador,[319] limitava-se rigorosamente ao oriente pelas linhas naturais do Javari e do Ucayali.

Poderíamos[320] finalizar a argumentação. As palavras do benfeitor máximo do Peru acolchetam-se como se vê neste lance, às nossas deduções mais rigorosas.

Daí um corolário: baseadas em semelhante documento, malogram-se de todo as pretensões peruanas que ultrapassem aqueles rios no sentido das terras amazônicas.

---

316 No original: 1º — aos que pretendiam a quem

317 No original: "imposible las

318 para marcar fixar

319 No original: criador, limitava-se rigorosamente pelo term limitava--se rigorosamente ao oriente pelas linhas naturais do Javari e do Ucayali. § Então o D'aí

320 No original: Poderíamos cerrar finalizar

Euclides da Cunha

Mas insistamos ainda. Aquela Cédula Real, mirífico documento que já entregou de fato, embora ainda não[321] de direito,
à venturosa República do Pacífico dous terços da terra onde
primeiro irrompeu a voz da liberdade sul-americana, tem a resistência das fantasmagorias garantidas pela própria intangibi-
lidade. Assim, poderíamos mostrar[322] que desde o nascedouro
condenou-a uma das figuras mais austeras da história peruana,
o esclarecido D[on] Hipólito Unanue,[323] antigo presidente do
Conselho da república, e autor de[324] um mapa de seu país que
traçou em 1804, sem absolutamente cogitar dos limites que ela
marca. Depois teríamos o peso esmagador da autoridade de
Alexander Humboldt, com a sua "Carta Geral da Colômbia"
onde as linhas da singularíssima Cédula não se veem.[325] Em se-

---

321 No original: não direito
322 No original: mostrar desde
323 José Hipólito Unánue y Pavón (Peru, 1755-1833), médico, naturalista, metereólogo e político, serviu durante o governo de Francisco
Gil de Taboada y Lemos sob o título de cosmógrafo-maior do Reino. É autor dos cinco volumes da *Guía política, eclesiástica y militar del
virreynato del Perú* (Lima, 1793-1797) e das *Observaciones sobre el clima
de Lima y su influencia en los seres organizados, en especial el hombre* (Lima,
1806).
324 No original: de uma ~~carta~~ mapa
325 Possivelmente Euclides estivesse se referindo ao *Atlas Pittoresque. Vues
des Cordillères, et monumens des peuples de l'Amérique*. Em 1826, Humboldt
publica em Paris, no seu *Grande Atlas* (p.22), o mapa geral da Colômbia. A cédula a que se refere Euclides é a de 1802, mencionada
antes. Humboldt prescindiu dessa cédula e se baseou na de 1740.
Consultar *Boundaries Between Ecuador and Peru, Memorandum Presented to
the Ministry of Foreign Relations of Bolivia by his Excellency Doctor N. Clemente
Ponce, Envoy Extraordinary and Minister Plenipotentiary of Ecuador*, p.32.
Consultar Oliver y Esteller, *Determinación del territorio de la república
del Ecuador confinantes con el de la república del Perú*, p.209-10.

Ensaios e inéditos

guida, o que é surpreendente o "mapa físico y político del alto y bajo Perú", mapa oficial publicado pelo governo da República em 1826, ermo totalmente de quaisquer traços a revelarem a zona que ela indica. Subsecutivamente sepultou-a um tratado, um Tratado soleníssimo, o de 1829 entre o Peru e a Nova Granada... E ela renasce, ressuscita, desculpa-se, incoercível, intangível, impalpável, a espantar intermitentemente a política sul-americana com o seu aspecto rebarbativo de recalcitrante espectro colonial.

Traçaram-se-lhe[326] ou escreveram-se-lhe por cima outras linhas de mapas, outras frases[327] invioláveis de ulteriores convenções; porém raspam-se estas frases e aquelas linhas, e repontam-lhe indeléveis como estigmas os dizeres no[328] emperrado castelhano da época. Lembra um desses velhos palimpsestos medievais, cujos primitivos[329] caracteres, cobertos por outros dos escribas, hoje se desvendam na raspadura as letras mais recentes.

Felizmente, para o caso em litígio, bem é que ela reviva. Não repudiaremos, neste passo, a diplomacia imperial que a reconheceu favorecendo o Peru... do Equador. Queremo-la, integral, se que se lhe desloque uma letra, uma vírgula, com a sua gramática suspeita a gaguejar irritantemente nas suas redundâncias infindáveis.

Esta Cédula Real, agitada imprudentemente como a prova predominante dos direitos do Peru, é a prova esmagadora dos

---

326 No original: ~~Sobre elas traçaram-se~~ Traçaram-se-lhe
327 No original: frases ~~intensíssimas de outras~~ invioláveis de ulteriores convenções; ~~mas~~ porém
328 No original: no ~~gaguejante~~ emperrado
329 No original: primitivos ~~dizeres~~ caracteres, cobertos por outros ~~mais recentes~~ dos escribas, ~~adstritos a~~ hoje se desvendam ~~apagadas~~ na

direitos bolivianos. Contraproduz. É desastrosa para a República que se fez herdeira principal do vice-reinado.

O que ela nos diz nos seus termos fatigantemente repetidos, e o que nos diz o homem que a sugeriu e a engenhou, em[330] frases inequívocas, é que as terras jacentes a leste do Ucayali não[331] podiam repartir-se, não deviam repartir-se e não se repartiram entre as jurisdições de Cuzco, de Puno e de Maynas.[332] A primeira imobilizou-se à margem esquerda do Inambari até aonde a estendera a Cédula Real de 1796; a segunda permaneceu nitidamente separada pelo *thalweg* do Ucayali, onde a fixou a Cédula Real de 1802,[333] devidamente interpretada, esclarecida e definida naqueles lados pelo informe expressivo de Requena. E não só pelo informe – senão pelo mapa que o traduz graficamente onde a diocese projetada se inscreve em linhas nítidas, contínuas, que não se iludem.[334]

---

330 No original: em ~~diz~~ frases

331 No original: não ~~se repartiam~~ podiam

332 No original: Maynas. ~~Assim~~ A

333 No original: 1802, ~~depois de~~ devidamente

334 Mapa que contiene todo el distrito de la Audiencia de Quito, para acompañar la descripción del nuevo Obispado que se proyecta en Maynas, por F. Requena. 1779. (N. A.)
No original: iludem. § ~~Assim teve a prova capital das pretensões peruanas. § É possível que o Peru tenha outros elementos para justificar a posse daqueles territórios. Não os conhecemos. O [ilegível] que aí deixamos é inabalável; a desafiar Sobranceia todas as contraditas profundamente radicadas. Radica-se profundamente nos mais sólidos documentos; e não poderá sequer ser impugnada. A Cédula de Real de 15 de julho de 1802 é desastrosa, par[a] neste ponto, para o Peru para a república que se fez herdeira do vice-reinado. Contraproduz. Reconhecendo-a em 1854 o Brasil permitiu avantajar-se para o norte até a foz do Apaporis. Reconhecendo-a hoje,~~

Ensaios e inéditos

Então,[335] recapitulando-se, rapidamente, os deslindes que se efetuaram desde 1796 a 1802, o quadro da demarcação[336] do vice-reinado peruano[337] orna-se todo numa moldura inteiriça e completa.[338] Pelo oriente termina nas linhas extremas dos partidos que se mediram até às frações das léguas, desde Azángaro, ao sul, à Carabaya, ao norte, onde se traça o[339] *thalweg* do Inambari.

No grande espaço[340] de terras entre este último e as linhas anteriores do Ucayali e do Javari, expressivamente imposta pela Cédula de 1802. Correm sucessivamente as lindas setentrionais do partido de Paucartambo – pelo leito de Marcapata até à confluência do Tono-Piñipiñi, e as do Urubamba, continuando pelo rio deste nome até à confluência do Tambo, onde se forma o Ucayali.[341]

Não há fugir-se à ilação baseada nos documentos mais sérios da última demarcação colonial que prevaleceram até 1810. Pelo menos não se conhecem outros. As Ordenanças de Inten-

---

~~deve impedir-lhe que avance à divisa do Ucayali. O nosso interesse no litígio não é apenas material desde que nele se joga com um vasto território que a adquirimos por um Tratado. Tem um significado moral, preeminente, consistindo no resguardar as próprias tradições diplomáticas~~ [interrompido]

335 No original: Então, ~~considerando~~ recapitulando-se

336 No original: demarcação ~~oriental~~ do

337 No original: peruano ~~terminando termina~~ orna-se

338 No original: completa~~, e pelo~~. Pelo oriente termina nas ~~[ilegível]~~ linhas

339 No original: traça o ~~raio natural~~ *thalweg* do Inambari. ~~Pelo extremo norte~~ § No

340 No original: espaço terras

341 Consultar Osambela, Hidrografía peruana, su importancia, *Boletín de la Sociedad Geográfica de Lima*, Año V, Tomo V (1895), p.301-17.

dentes de 1782 a 1803, a Cédula Real de 1796, e a ruidosa Cédula Real de 1802 são os únicos, e os mais sérios e os mais firmes e os mais compreensivos elementos em que se esteiam as pretensões peruanas.

Mas não lhes abrem a porta da Amazônia.

*

*   *

Fora disto,[342] resta o incongruente e o desesperadoramente torturante das célebres provas cartográficas. Temo-las por adiáforas: no geral suspeitas, as mais das vezes incompletas e quase sempre traiçoeiras.

O cartógrafo profissional de gabinete,[343] afeito a percorrer à maravilha centenares de milhas e miriâmetros[344] montando comodamente um lápis bem aparado[345] e destro e velocíssimo e ágil no pular sobre oceanos e a romper em décimos de segundo, continentes inteiros, perde, exausto, ao fim destas singularíssimas viagens, em que não moveu um passo, as próprias noções universais da forma e das distâncias.

Há um deplorável traço de decrepitude em todos estes Atlas-homúnculos que por aí[346] nos aparecem carregando os seus pequeninos mundos muito bem feitos e completamente errados.

---

342 No original: disto, o
343 No original: gabinete, ~~versado~~ afeito a percorrer ~~maravilhosamente~~ à
344 No original: miriâmetros ~~[ilegível]~~ montando
345 No original: aparado ~~e velocíssimo e destro~~ e
346 No original: aí ~~se~~ nos aparecem ~~apresentando-nos~~ carregando os seus ~~pequenos~~ pequeninos

Ensaios e inéditos

Falta-lhes a intimidade da Terra. Nunca sentiram em torno, entre as peripécias das explorações longínquas, uma cousa[347] que se não define que é a pressão formidável do desconhecido, a ressaltar quase visível[348] nas perspectivas assombradoras das paragens ermadas e nunca percorridas. E sobretudo[349] por lhes inspirar mais amor e menos confiança, ao mais breve trato do planeta que pecaminosamente garatujam — não avaliam que — por vezes a zona mais exígua por onde lhes passa o lápis forro e endiabrado, é o deserto interminável[350] que o explorador sucumbido, não lhe bastando a diretriz vacilante da bússola, só pôde dominar uma penitência demorada, amarrando-se noite à noite com os raios incidentes dos sextantes às âncoras seguras das estrelas.[351]

Daí, em grande parte, a suficiência, com que pompeiam, impunes, as suas heresias gráficas[352] e os seus riscos rebeldes, estes incorrigíveis caricaturistas de rios e de montanhas.[353] Só se tornam inócuos quando se limitam a copiar, mecanicamente, as linhas ou os erros de seus antecessores.[354] Se a fantasia se lhes desaperta, livre, a revolver terras e mares, assiste-se à inversão do Gênesis. Cada um desses deusinhos barrocos ruge

---

347 No original: cousa ~~indefinível~~ que
348 No original: visível ~~nos próprios aspectos~~ nas
349 No original: sobretudo ~~— para~~ por lhes inspirar mais amor e ~~mais [ilegível]~~ menos
350 No original: interminável ~~onde ao~~ que
351 Euclides reescreveu a frase: "amarrando-se dia a dia *com os raios* mordentes dos sextantes às ancoras das estrelas…".
352 No original: gráficas ~~esses~~ e
353 No original: montanhas~~, que [ilegível]~~. Só se ~~figuram~~ tornam
354 No original: antecessores. ~~Porque~~ Se a fantasia se lhes ~~desafoga~~ desaperta,

Euclides da Cunha

sobre o globo que se deforma o seu *fiat tenebras.*[355] Restaura-se
furambulescamente a imagem arrepiadora do Caos...

Faz-se mister, cautelosamente, evitá-los.

Fomos coerentes nos longos raciocínios anteriores – re-
portando-nos exclusivamente aos geógrafos que perlustraram aqueles países. Quanto aos demais, deixamo-los. Entre
os antigos – citando ao acaso – Sanson d'Abbeville (1659)[356]
com as suas cordilheiras tiradas a cordel; Guillaume del'Isle
(1700)[357] "et quelques autres M[rs] de l'Académie Royale de
Sciences", com as suas províncias do Rio da Prata a entrarem
por Goiás adentro e o seu Purus que não acaba mais; um certo
I. B. Nolin (1704) cujo Paraguai termina curiosamente no

---

355 No original: *tenebras, e restaura-se*. Restaura-se

356 Euclides faz aqui uma crítica direta às fantasias cartográficas dos
   indivíduos que ele enumera. Nicolas Sanson (Abbeville, 1600-Pa-
   ris, 1667), cartógrafo, autor da carta *Le Pérou et les Cours de Riviere
   Amazone* (1656); e o seu filho, Guillaume Sanson (França, 1633-
   1703), também cartógrafo, desenhou dois mapas conhecidos: *Le
   Cours / de la Rivière / des / Amazones / Dreśée su la Relation / du R. P.
   Christophle d'Acugna / Par le Sr.* Sanson D'Abeville / *Geographe ordre du Roy /Avec Privilege* 1680; e ainda o que acompanha a *Relation de
   la Rivière de las Amazones, traduite par feu M. de Gomberville de 1'Académie
   Françoise. Sur l'originale Espagnol du P. Christophe d'Acuña Jésuite. Avec une
   Dissertation sur la rivière des Amazones pour server de Préface*. Não sabemos
   a qual dos dois (pai ou filho) se refere Euclides. Porém, pela data
   da carta, tudo indica que esteja se referindo ao pai.

357 No livro, esta data aparece incorretamente: 1701. Euclides poderia estar aqui se referindo ao mapa *L'Amérique Méridionale* ou ao
   L'Amérique Septentrionale, ambos datados de 1700. A frase que ele cita
   aparece ligeiramente diferente em ambas as cartas como: "... Dres-
   sé sur les Observations de M.rs de / l'Academie Royale de Science
   & quelques / autres, & et sur les Memoires les plus recens / Par
   G. de L'Isle Geographe". Guillaume del'Isle (França, 1675-1726)
   foi cartógrafo, primeiro geógrafo real francês (1718) e membro
   da Academia Real de Ciências de seus país, ganhando popularidade
   com seus mapas da Europa e do Novo Mundo.

Ensaios e inéditos

porto de Santos; o mágico Homann Heredes,[358] que atirou o
Paranaíba sobre o Tocantins, fazendo que este, abandonando
o leito, atirasse o peso de suas águas entre as ribas estreitas
do Guamá;[359] o tateante Konrad Mannert[360] (1803), que[361]
nos seria até favorável, porque pinta as Missões de[362] Moxos,
estranhas ao Peru e abrangendo os pampas do Sacramento; e
dezenas de outros até ao crédulo M^r D'Anville com os seus
imaginosos *Plateros* – certo, constituiriam esplêndidos recursos para uma erudição de catálogo ou pasto a uma ironia
desfibradora:[363] Preferimos-lhes, a bem da gravidade do assunto, o digno Andrés Baleato, apesar de seus deslizes; os[364]

---

358 No original: Homaniam Heredes,
   Trata-se da *Tabula Americae Specialis Geographica Regni Peru, Brasiliae,
   Terrae Firmae* (1764), assinada pelo cartógrafo sob o nome Ho-
   mañianos Heredes.

359 No original: Guamá; ~~e centenas de outros~~ o

360 No original: Conrado Mamnert
   Trata-se de Konrad Mannert (Alemanha, 1856-1934), historiador
   e geógrafo prussiano, autor da carta *America* (1796) e do mapa citado por Euclides: *Part of the Map of South America by Conrad Mannert,*
   Nürnberg, 1803.

361 No original: que ~~é até~~ nos

362 No original: Missões Moxos

363 Euclides possivelmente estaria se referindo à versão em inglês (*A Map
   of South America, Containing Tierra-Firma, Guayana [sic], New Granada,
   Amazonia, Brasil, Peru, Paraguay, Chaco, Tucuman, Chili and Patagonia*) da
   carta "melhorada" (1794) de Jean-Baptiste Bourguignon D'Anville
   e não à *Carte de l'Amérique Méridionale* (1748) deste mesmo cartógrafo. Suspeitamos que assim seja pela menção aos índios *plateros*
   (que recebem esse cognome por usarem brincos de prata e ouro em
   forma de pingentes) que aparece na versão inglesa, e aliás também
   na *Carte de la terre firme de Pérou* (1703) de Guillaume del'Isle, mas
   não na carta de 1748.

364 No original: os ~~rudes exp~~ irmãos

Euclides da Cunha

irmãos Antonio e Jorge de Ulloa,[365] o singelo Joaquín Alós,[366] o magnífico Francisco Requena. Entre os modernos é pelo menos opinável o valor que possam ter os dous felicíssimos La Pies (M^r La Pie, *geographe du roi*, M^r La Pie Fils, *geographe du Dauphin!*) que em 1829, do mesmo modo que estenderam o Peru até ao Madeira, levaram a nossa província de S. Paulo até a Vacaria, e esticaram a República do Uruguai até ao Iguaçu;[367] ou o interessante A. Brué, que ainda em 1843 não conhecia[368] a palavra Bolívia, punha um ansioso ponto interrogativo diante do nome do Rio Madeira, e copiava[369] (1843!)[370] Andrés Baleato, lançando o Beni no Ucayali... Não os citamos, como não

---

365 No original: Antonio y Jorge Ulloa,
Jorge Juan y Santacilia (Espanha, 1713-1773), engenheiro naval e cientista, participou com Antonio de Ulloa y de la Torre-Giralt (Espanha, 1716-1795) da expedição organizada pela Academia Real de Ciências de Paris que os levou à América do Sul. Ulloa foi astrônomo, geógrafo, explorador e autor de vários livros de viagem.

366 No original: João Alós

367 Trata-se dos franceses M. Pierre Lapie (1779-1850), primeiro geógrafo do rei; e de seu filho Alexandre Émile Lapie (1809-1850), geógrafo de S. A. R. M. le Dauphin. É de autoria dos dois a *Carte de Bresil*.

368 No original: conhecia ~~o nome de~~ a

369 No original: copiava (~~em~~ 1843!)

370 Trata-se do cartógrafo Adrien-Hubert Brué (França, 1786-1832). A data que Euclides coloca entre parentêses, 1843, é duvidosa, posto que Brué já estava morto nesse ano, portanto não havia possibilidade de ter copiado nenhum mapa de Baleato. Essa observação sobre o Rio Madeira parece não se aplicar a Brué, já que a versão de seu mapa dessa região é de 1836 (*Carte generale du Perou, du Haut-Perou, du Chili et de La Plata; dressee par A. Brue, Geographe du Roi. Augmentee et revue pour les limites par Ch. Picquet, Geographe du Roi et du Duc d'Orleans. Paris*, 1836) e não traz essa interrogante a que alude Euclides.

Ensaios e inéditos

citaremos Arrowsmith[371] (1839) em[372] cuja carta, entretanto, a linha limítrofe entre a Bolívia e o Brasil segue para o sul o meridiano em que a linha de Santo Ildefonso corta o traço do Purus, nem Kiepert (1849),[373] que lhe copia a mesma demarcação mais racional; nem um sem-número de outros, favoráveis ou desfavoráveis que se nos deparariam com o só esforço[374] material de os procurar.

Uns e outros, em que pese ao renome[375] que tiveram ou tinham, reputamo-los desvaliosos, inúteis, abstinentes, perturbadores. Não valem,[376] somados, o mais modesto explorador que tenha percorrido aqueles lugares.

Por exemplo, Gibbon. Alinhem-se de uma banda todos os Ebdens, Delarochettes, Lapies, Schliebens, Greenleafs, Arrowsmiths, Dufours, Saint-Adolphes – e positivamente esmagará de um golpe o modesto tenente Lardner Gibbon,[377] que

---

371 Aaron Arrowsmith (Inglaterra, 1750-1823), cartógrafo, gravador e impressor, pai de uma progênie de geógrafos. Autor de *Outlines of the Physical and Political Divisions of South America Delineated By A. Arrowsmith partly from scarce and Original Documents, Published Before The Year 1806 But Principally From Manuscript Maps & Surveys Made Between The Years 1706 and 1806 ... Additions to 1814.* Não pudemos encontrar o mapa de 1839 de Arrowsmith mencionado por Euclides.

372 No original: e

373 Heinrich Kiepert (Alemanha, 1818-1899), cartógrafo e autor do mapa *Sud America*. Não pudemos encontrar a versão de 1849 mencionada por Euclides.

374 No original: esforço ~~muscular~~ material de ~~percorrer~~ os

375 No original: renome ~~que alguns inexplicavelmente~~ que

376 No original: valem ~~o mais modesto [ilegível] explorador~~ somados

377 No original: Gibbon, ~~da U. S. Navy,~~ que
Lardner Gibbon (Estados Unidos, 1820-1910), tenente da Marinha norte-americana, explorador e cientista, autor do livro *Exploration*

Euclides da Cunha

com a sua esplêndida pertinácia de *yankee* fez o que nenhum deles fez: percorreu todo o norte boliviano,[378] e com pleno conhecimento de causa, estudando a terra, conversando[379] com a gente, traçou calcado em observações rigorosas o mapa daquele país e as linhas de sua demarcação política.

Entretanto, não vacilamos em afirmar que[380] nenhum advogado peruano, mesmo entre os que mais se afadiguem nas pesquisas de mapas, será capaz de citar o digno oficial da U. S. Navy, que foi o único geógrafo que percorreu e contornou, em parte, toda a região ora em litígio, logo depois do Tratado de 1851 – e cuja carta boliviana é a única entre todas daque-

---

of the Valley of the Amazon. Com o tenente William Lewis Herndon (Estados Unidos, 1813-1857), Gibbon explorou não somente a região amazônica, mas também outras áreas da América do Sul. A parte II do *Exploration* pertence a Herndon.

William Ebden, cartógrafo inglês e autor do *Map of Spanish America, Intended to Illustrate the Operations of the Patriotic Army and Navy* (1820). Louis Stanislas d'Arcy Delarochette/Rochette (Inglaterra?, 1777-Inglaterra, 1802), cartógrafo, autor de um atlas mundial publicado postumamente em 1806; desenhou um conhecido mapa da América do Sul em oito páginas que foi copiado mais tarde por outros cartógrafos. Wilhelm Ernest August von Schlieben (Alemanha, 1781-1839), cartógrafo e autor de *Atlas von Amerika* (1830).

No original: Greanleaves

Moses Greenleaf (Estados Unidos, 1777-1834), cartógrafo da região da Nova Inglaterra.

Adolphe Hippolyte Dufour (França, 1798-1865), engenheiro e geógrafo; o seu *Atlas Universal* foi um dos mais importantes publicados na França no século XIX. Dufour foi aluno de La Pie.

J. C. R. Milliet de Saint-Adolphe, cartógrafo e geógrafo francês, autor do *Diccionario Geographico, Historico e Descriptivo, do Imperio do Brazil* (Paris: J. P. Aillaud, 1845).

378 No original: boliano
379 No original: conversando a
380 No original: que ~~o mais~~ nenhum

Ensaios e inéditos

la região que se modelou sob observações pessoais, e não foi copiada.[381]

Gibbon entrou na Bolívia em 1852, vindo de Cuzco, por La Paz, seguiu para o sul até Oruro; inflectiu daí para o levante até Cochabamba; ganhou as ribas do Paracti;[382] desceu até ao Chiaparé; continuou pelo Mamoré abaixo até a confluência do Iténez; seguiu ao arrepio das águas deste ao forte do Príncipe da Beira; voltou – e desceu o Madeira até a sua foz. A sua carta resultou, portanto, de observações[383] numa extensão;[384] e estas foram tão cuidadosas,[385] que lhe permitiram traçar não só a planta como vários perfis do imenso território percorrido,[386] graças aos dados psicrométricos que colheu. Trata-se, como se vê, de um documento notável – onde não se reflete apenas a responsabilidade do geógrafo senão também a do funcionário a quem se deferira a incumbência de estudar um país novo e apresentar, oficialmente, ao governo norte-americano, um relatório a respeito. É natural admitir-se que Lardner Gibbon não se limitasse aos máximos resguardos nas suas operações astronômicas, se não também que perquirisse cuidadosamente[387] todos os elementos para estabelecer uma demarcação política o mais exata possível, da Bolívia.

---

381 "Map Drawn by Lieut. Lardner Gibbon, U. S. Navy, to Accompany his Report – 1854." (N. A.)

382 Vide Gibbon, op. cit., p.186-7.

383 No original: observações ~~cuidadosas~~ numa

384 No original: extensão dilatação; e

385 No original: cuidadosas, ~~que lhe permit[iram]~~ ~~completadas pelas~~ ~~psicrométricas,~~ que

386 No original: percorrido. ~~Trata-se como se vê, de um documento~~ ~~notável,~~ graças

387 No original: cuidadosamente ~~a demarcação~~ todos

Euclides da Cunha

Ora, esta demarcação, apresentada em caráter oficial ao governo de Washington – pela qual naturalmente ele se[388] guiaria, depois, em todos os atos que entendessem de suas relações políticas[389] com a internada república sul-americana – reflete, admiravelmente, as linhas gerais limítrofes que apontamos e são hoje reclamadas pela Bolívia. A *boundary line*, entre ela, o Peru e o Brasil é clara: a partir das ribas setentrionais do Lago Titicaca, nas cercanias de Guaicho, vai, por um meridiano, procurar o *thalweg* do Inambari e segue-o até o Marcapata. Por outro lado, no levante, depois de perlongar o Iténez,[390] o Mamoré e o Madeira – estaca na foz do Beni, e desta última lança-se para o poente, seguindo um paralelo,[391] a cortar o Purus na lat. aproximada de 10°30'.

Notam-se desde logo,[392] lacunas inevitáveis no particularizar-se cada um dos elementos desta demarcação geral.[393] Mas a sua expressão inegável e fundamental para o nosso caso é esta: no conceito do geógrafo certo, muito timbroso em não apresentar ao seu governo informações falsas ou vacilantes, a linha Leste-Oeste do Madeira para o ocidente,[394] em toda a Amazônia Meridional,[395] separava as terras brasileiras das terras bolivianas.

A carta do tenente Gibbon pode falsear em muitos[396] trechos – bastando notar-se que lá está o Madre de Dios como um prolongamento do Purus, mas evidentemente não se com-

---

388 No original: se ~~guia depois~~ guiaria,
389 No original: polí
390 Iténez ou Guaporé.
391 No original: segundo uma paralela
392 No original: logo, ~~erros~~ lacunas
393 No original: geral. ~~Não~~ Mas
394 No original: ocidente ~~era~~, em
395 No original: Meridional, ~~era limítrofe, exclusivamente entre o Brasil e a Bolívia~~ separava
396 No original: muitos ~~pontos~~ trechos

Ensaios e inéditos

preende que assistindo ele tanto tempo naquele país – e tendo como companheiro de viagem o intrépido peruano, Padre Bovo de Revello,[397] que por sua vez era um explorador notável, se abalançasse a traçar aquela paralela limítrofe, entre o Brasil e a Bolívia, sem exato e integral conhecimento do assunto. Além, como já o notamos – e não se faz mister repetir – reproduziu--lhe o conceito, mais tarde, em 1863, d. Mateo Paz Soldán, pró-homem da geografia peruana.[398]

*
*   *

Nem maravilham os erros[399] que acaso se encontrem na carta de Lardner Gibbon, na ignota região que abrange as cabeceiras do Juruá e do Purus, a estender-se da margem direita do Ucayali até ao Acre.[400] Aquelas terras convizinhas das raias peruanas, predestinavam-se a[401] marcar nas derradeiras datas dos descobrimentos geográficos na América do Sul.

---

397 Frei Julián Bovo de Revello, missionário franciscano italiano que em 1848 viajou às regiões do Wachipaeri com membro da expedição de Gibbon e L. Herndon, autor de *Brillante porvenir del Cuzco o Esposición de las esperanzas del engrandecimiento de este departamento y de sus inmediatos, fundados en la ventajas que puedan redundarles de utilizar el inmenso territorio peruano al nordeste de sus Andes, regado por el caudaloso Río de la Madre de Dios o Mano y sus tributarios; intentando por dicho río y el del Marañon (Amazonas) la navegación a los puertos atlánticos y de Europa; se traza asimismo un plan de reducción a vida social y cristiana a los chunchos que habitan las montañas llamadas de Paucartambo, y demás naciones de infieles y bárbaras.*

398 Os nove parágrafos seguintes em *Peru versus Bolívia* não foram lançados no *ms.*

399 No original: erros [ilegível] que

400 No original: Acre. § ~~Enquanto os bolivianos~~ Aquelas

401 No original: a ~~fixar~~ marcar nas derradeiras ~~páginas~~ datas

Euclides da Cunha

No[402] extremo oriente os bolivianos desvendaram as terras do baixo Beni onde, desde 1842, se erigiu o departamento desse nome e d. Agustín Palacios,[403] um dos seus prefeitos, em 1846 completava os esforços dos brasileiros na definição fisiográfica completa do Madeira.[404]

Os outros grandes afluentes meridionais – o Purus e o Javari, desde os tempos coloniais, haviam sido explorados pelos brasileiros em longas extensões.

Há sobre este ponto provas acerca de toda a dúvida.

Consultando-se, por ex: a notável carta geográfica, de Antoníssimo da Silva Pontes, astrônomo das reais demarcações, de 1781, vê-se o traçado do Purus até cerca de 6° de lat. sul, com o rigorismo que a ajusta aos levantamentos modernos, denunciando longos e pacientes esforços.[405]

Observando-se a que traçaram em 1787 os capitães de engenheiros José Joaquim Victorio da Costa e Pedro Alexandri-

---

402 Em *Peru versus Bolívia* (p.156), a oração anterior a esta e não desenvolvida no *ms* se inicia com a conjunção adversativa *entretanto*, aparecendo desta forma na página oposta do *ms*: "Entretanto, em torno" [interrompido]

403 José Agustín Palacios (Bolívia, 1802-1875), explorador e autor de *Exploraciones de Don José Agustín Palacios:* realizadas en los Ríos Beni, Mamoré y Madera y en el lago Rojo-aguado, durante los años 1844 al 1847. Descripción de la provincia de Mojos.

404 No original: Madeira. ~~Do thalweg deste rio para o levante até ao Javari,~~ Os

405 *Carta geográfica, de projeção* [*esférica*] [*ortogonal*] *da Nova Lusitânia o* [*u*] *América Portuguesa, Estado do Brasil* – 1798. (N. A.)
Antonio Pires da Silva Pontes Leme (Minas Gerais, 1757-1805), astrônomo, governador da capitania do Espírito Santo e responsável pela *Carta geographica de projeçaõ espherica orthogonal da Nova Lusitania ou America Portugueza, e Estado do Brazil*, desenhada por José Joaquim Freire e Manuel Tavares da Fonseca e reproduzida três vezes entre 1897-1803.

Ensaios e inéditos

no Pinto de Souza,[406] nota-se que o Javari ali se desenha até 5°40' de lat. sul,[407] ou até quase às suas cabeceiras, por maneira a juntar-se notavelmente aos elementos geográficos[408] resultantes das várias comissões modernas que ali se efetuaram desde[409] 1866 a 1902.

Estes exemplos bastam. Prolongá-los seria traçar a longa e admirável história da nossa geografia na Amazônia.

Apresentamo-los apenas para destacar este fato: enquanto as indagações geográficas progrediam para todos os lados na bacia do grande rio — paralisavam-se de todo nas terras mais próximas do Ucayali ao norte do Madre de Dios.

Em 1864, depois de publicada a *Geographia* de Paz Soldán, ainda reinavam, acerca das nascentes do Juruá e do Purus, as ideias vagas imperfeitamente esboçadas em 1818 pelos missionários do Colégio de[410] Ocopa, na carta das Missões do Ucayali,[411] publicada em 1833.[412]

---

406 José Joaquim Victorio da Costa, capitão de mar e guerra, engenheiro, astrônomo e penúltimo governador da capitania de São José do Rio Negro (1806-1818); Pedro Alexandrino Pinto de Souza, capitão, engenheiro e governador da Guiana durante a ocupação portuguesa (1809-1812). Ambos traçaram a *Carta geographica do Rio Javary até a Latitude 5°36'* (1787).

407 No original: sul, ~~este~~ ou

408 No original: geográficos ~~que em sucessivas companhias result~~[antes] resultantes

409 No original: desde ~~a do mal~~[o]~~grado Souza Pinto a de Luís Cruls,~~ 1866 a 1902~~, de Souza Pinto a Luís Cruls,~~. Estes

410 No original: de ~~Propaganda fi~~ Ocopa,

411 No original: Ucayali, ~~a estas mesmas colônias~~ publicada

412 Misiones del Ucayali y verdadero curso de este [R]io, [según las observaciones hechas] en los años de 1811, 1815, 1816, 1817 [y] 1818, por los P. P. Misioneros del Colegio de [p]ropaganda [f]ide de Sᵗᵃ Rosa de Ocopa, [en las expediciones que se hicieron en dichos

Euclides da Cunha

Ali o Purus,[413] sob o nome "Cujar" mal se advinha, imperfeitamente no levante. Os missionários não o viram.[414] Debuxaram-no "según varias relaciones de los indios",[415] conforme escreveram na própria carta. E ele assim ficou até a exploração notável de William Chandless[416] em 1867, que[417] prolongou as dos brasileiros João Martins da Silva Coutinho e Manoel Urbano,[418] e foi completada em 1905 por uma Comissão Mista Brasileiro--Peruana.[419]

O mesmo quanto ao Madre de Dios. Malgrado[420] as tentativas pertinazes do Pe Bovo de Revello, em 1848, não perdera

---

    años, para abrir la comunicación del Rio Tambo y reconocimiento de otros países.] (N. A.)

    Trata-se de um mapa publicado entre as páginas 106 e 107 do livro de Raimondi.

413 No original: Purus, ~~n~~ sob o nome "Cuja" mal

414 No original: viram. ~~Declaram~~ Debuxaram-no

415 "Segundo vários relatos dos índios".

416 William Chandless (Inglaterra, 1829-1896) foi um grande explorador da Bacia Amazônica e o primeiro a mapear de forma rigorosa e exata o Rio Purus durante 1864-1865. Em 1866, Chandless leu perante a Geographical Society em Londres os resultados de suas explorações: "The Ascent of the River Purus". Em 1868, Chandless foi desta vez ao Juruá, navegando 1.133 milhas nesse rio.

417 No original: que ~~completou~~ prolongou

418 João Martins da Silva Coutinho (Rio de Janeiro, 1830-Paris, 1889), engenheiro e cientista. Em 1861, viajou com Manoel Urbano pelo Rio Purus até o Huitanaã; Manoel Urbano da Encarnação (Amazona, 1808-1897), *prático* admirável, foi "diretor de índios", nomeado pelo governador do Amazonas para o Rio Purus. Em 1861, viajou pelo Rio Acre, chegando até as suas cabeceiras. Recebeu a patente de tenente-coronel do Exército brasileiro. Consultar Cavalcante, *Manoel Urbano, ontem e hoje.*

419 Note-se aqui a modéstia de Euclides. Esta comissão é a que foi chefiada por ele.

420 No original: Mau grado [*sic*] ~~os esfor~~ as

Ensaios e inéditos

o traçado[421] misterioso do velho Amaru-mayo dos *Comentarios reales*, de Garcilaso,[422] das lendas pré-incaicas. A[423] famosa exploração de Faustino Maldonado (1861)[424] – que não era um geógrafo, mas um prófugo viajante fugindo às justiças do seu país, fora nula, malgrado a importância que se lhe pretende emprestar. Ainda em 1879, Antonio Raimondi, no seu livro clássico afirmava que ela fora estéril: "no nos ha dejado dato algún".[425]

E aditava mais longe[426] que entre os rios daquelas paragens "el Madre de Diós es todavía sin duda alguna aquél cuyo curso es menos conocido".[427] Vê-se bem que andamos abordoados em autoridades insuspeitas.

---

421 No original: traçado ~~lendário~~ misterioso

422 Gómez Suárez de Figueroa, conhecido como Garcilaso de la Vega, e ainda como El Inca (Peru 1539-Espanha 1616), mestiço, historiador e tradutor. Escreveu duas notáveis obras: *Comentarios reales de los incas* (Lisboa, 1609), esta sendo a primeira parte da *Historia general del Perú* (Córdoba, Espanha, 1617); publicou ainda *La Florida del Inca* (Lisboa, 1605).

423 No original: A ~~cél~~[ebre] ~~famosa~~

424 No original: Francisco Maldonado (1862)
Erro mantido na versão do *Jornal do Commercio*. O nome foi corrigido em *Peru versus Bolívia* (p.158), alterando-se a data para 1852. Faustino Maldonado (Cusco, ?-Caldeirão do Inferno, 1861) explorou o Madre de Dios, o Beni, e o Madeira em 1861. Escreveu com Raimundo Estrella o seu diário publicado no "Instructor Popular" em Cusco (1862).

425 "Não nos deixaram nenhum dado".

426 No original: longe: ~~Entre~~ que

427 [*El Perú*, Tomo III, de A. Raimondi]. Pág. 297 (N. A.), ("o Madre de Diós é ainda sem dúvida alguma aquele cujo curso é menos conhecido")

Euclides da Cunha

Por fim, o próprio Inambari, preeminente na atual contenda, era ainda em 1863 para o maior geógrafo peruano:

... une rivière très considerable *que sépare la province de Carabaya du territoire des barbares...*[428] est un affluent du Marañon dans lequel il va se jeter après une parcours assez étendu...[429]

Observe-se, a par do erro geográfico, a insistência naquela demarcação política, certíssima.[430]

Não maravilha, ante tudo isto, que seja incompleta, naqueles lados, a carta de Lardner Gibbon. Mas as sombras geográficas não escurecem, evidentemente, ali, que o Inambari e subsecutivamente o seu afluente, Marcapata, constituem, como o reclama a Bolívia, os seus limites naturais e históricos com o Peru.

Destas linhas decorre naturalmente outra consequência: a posse peruana, nula de direito, antes de 1810, nas cabeceiras do Juruá e do Purus, não se efetuou, de fato, nos anos subsequentes, até aos Tratados[431] de 1851 e 1867. Enquanto a Bolívia, prolongando o seu avançamento para o norte, desvendava e povoava as terras à direita do Madeira, ao ponto de erigir-se desde 1842 o Departamento do Beni a estirar-se pelo Madre de Dios até ao Acre meridional; no extremo ocidente, à parte a avançada inútil de Maldonado, as explorações, confiadas quase que exclusivamente aos missionários, reduziam-se

---

428 No original: *barbares...* ~~L'Ynanvary~~ et
429 *Géog. du Pérou* du D. Mateo Paz Soldán. 1863. [p.262]. (N. A.)
   (... um rio bastante considerável que separa a província de Carabaya do territórrio dos bárbaros... é um afluente do Marañón no qual se lançará depois de um percurso baste extenso...)
430 O parágrafo seguinte em *Peru versus Bolívia* não foi lançado no *ms.*
431 No original: Trados

Ensaios e inéditos

no máximo avançamento para o levante à expedição notável de Francis de Castelnau[432] (1843-1847).[433]

*

* *

Não é necessária uma longa explanação do assunto que, além disto, ultrapassa a órbita do litígio, traçada rigorosamente pelo *uti possidetis* de 1810...

Mas recordando-nos que o professor Carlos Wiesse, replicando em junho de 1906 ao conceito do professor da "Columbia University", John Moore —[434] declarou entre outras

---

432 No original: Francisco Castelnau ~~em~~ (1843-1847).

433 O ~~sábio~~ inteligente cientista francês foi nesta viagem acompanhado pelo capitão de fragata, peruano, d. Francisco Carrasco, comissionado pelo governo. Ora, entre ~~as peripécias~~ os incidentes da expedição, surgem a todo o instante as mais amargas referências de Castelnau ao seu singularíssimo auxiliar. d. Francisco Carrasco, sucumbido de desânimos, foi para o abnegado explorador um empeço maior que ~~as correntadas~~ todas as "do Urubamba". Castelnau declara-o formalmente: "Je fus alors convaincu qu'il n'avait jamais songé à exécuter le voyage; et qu'il était l'instigateur des difficultés que venaient nous arrêter à chaque instant." [Eu estava convencido de que ele nunca tinha pensado em realizar a viagem; e que ele era o instigador das dificuldades que nos impediam a cada momento.] *Expédition dans les parties centrales de l'Amérique du Sud*[, *de Rio de Janeiro a Lima, et de Lima au Para; exécutée par ordre du Gouvernement Français pendant les années 1843 a 1847,*] *sous la direction de Francis de Castelnau.* Tomo 4º. [Paris: P. Bertrand, 1850-1854], pág. 296. (N. A.) François Louis Nompar de Caumont La Force, conde de Castelneau (Inglaterra, 1810-Austrália, 1880), conhecido ainda como François Laporte ou Francis de Castelnau. Foi um explorador e reconhecido naturalista, viajou pela América do Sul (do Rio de Janeiro a Lima, Peru) entre 1843 e 1847. Foi cônsul da França em Salvador, BA, em 1848.

434 No original: Moore – ~~entre outras~~ declarou
John Bassett Moore (Estados Unidos, 1860-1947) foi um conceituado jurista internacional, membro do Tribunal de Haia e da

Euclides da Cunha

afirmativas duvidosas,[435] que o médio e baixo Purus não estavam sob a posse efetiva do Brasil em 1822. Aproveitemos[436] o lance para destruir completamente esta objeção fragílima.[437]

Realmente, contrastando com a estagnação dos descobrimentos geográficos no oriente peruano, naqueles tempos, a expansão brasileira na Amazônia, que no século XVIII se desenvolvera linearmente até Tabatinga, definia-se, intensíssima, sobretudo[438] em movimentos laterais que a ampliavam sobretudo pelos tributários meridionais do grande rio.

Sobram-nos a este respeito os mais infrangíveis documentos acordes no[439] patentearem desde 1780 os mais antigos e perseverantes[440] esforços para o povoamento daquelas regiões. E pelo que diz respeito ao Purus, a simples consulta do Tomo XXXVI[441] da *Revista* do nosso Instituto[442] Histórico e Geográfico, nos demonstraria que ele estava em tanta maneira,[443] co-

_____

    Corte Permanente de Justiça Internacional; Carlos Manuel Wiesse Portocarrero (Peru, 1859-1945), historiador, diplomático, professor e reitor da Universidad Nacional Mayor de San Marcos, Lima, Peru. É autor de *La cuestión de límites entre el Perú y el Brasil*.

435 No original: duvidosas ~~emite o declara~~ que

436 No original: aproveitemos

437 Ver [*El*] *Comercio*, de Lima. Viernes, 20 de julio de 1906. *Concepto del profesor [John Bassett] Moore en la cuestión de fronteras peruano-brasileña.* Extrato da *Revista Universitaria.* Carlos Wiesse, catedrático de la Facultad Mayor de San Marcos. (N. A.)

438 No original: sobretudo ~~em rotei[ros]~~ em

439 No original: no ~~demonstrarem que~~ patentearem

440 No original: perserantes

441 Na verdade, *Tomo X.*

442 No original: I

443 No original: maneira, ~~sob o~~ conhecido,

Ensaios e inéditos

nhecido, e explorado em grande parte de seu curso e desafiando tanto o ânimo de uma posse incondicional, que determinou uma das mais curiosas extravagâncias dos últimos tempos do regímen colonial. O último governador do Rio Negro, Manoel Joaquim do Paço,[444] em 1818, trancou-o; proibiu que o sulcassem os pesquisadores da salsaparrilha[445] e outras especiarias "indo-se-lhe os olhos cegos de sua ambição atrás dos preciosos frutos", conforme nos revela a palavra sincera de um cronista.[446]

Assim, muito ao revés do que imaginou o grande professor da Faculdade de S. Marcos, o grande rio não estava[447] na mesma condição do médio e alto Mississipi, quando o disputaram os Estados Unidos e a Espanha. E o mesmo acontecia com o Juruá e o Javari.

Paralisada totalmente a geografia peruana, nas margens do Ucayali, o descobrimento dos tributários meridionais do Amazonas é uma glória privativa da geografia brasileira.

Abandonaríamos o nosso assunto, mostrando-a.

---

444 Manoel Joaquim do Paço, governador da capitania de São José do Rio Negro (1818-1821), reivindicou sem sucesso a Portugal a autonomia da capitania e aparentemente governou abusando do poder e usufruindo dos bens públicos.

445 No original: salsa

446 Sousa, *Notícias geographicas* [da capitania do Rio Negro, no grande rio Amazonas], etc., *Revista do Instituto Historico e Geographico Brasileiro*. Tomo X, p.434. Publicada em *Peru versus Bolívia* (p.162), esta nota não está no *ms*. Foi também inserida por Euclides nas Notas complementares – o povoamento, do *Relatorio da Commissão Mixta Brasileiro-Peruana de reconhecimento do Alto Purús*, p.21.

447 No original: estava ~~em~~ na

Euclides da Cunha

Baste-nos como remate – e prova fulminante – extratar[448] apenas um trecho daquele mesmo Antonio Raimondi que se nacionalizou no Peru, em virtude de trabalhos memoráveis. Dizia ele em 1879...[449]

VIII[450]

[...] a frustrar todas as tentativas das nações[451] comerciais com aquelas repúblicas, travadas pelos tributários do grande rio; e destinada a estancar aquelas artérias maravilhosas, perpetuando num monopólio odiosíssimo, o marasmo que durante três séculos paralisava o desenvolvimento econômico da Amazônia:

"O Peru deixou-se lograr, e fez o Tratado exigido",[452] afirmou o esclarecido oficial[453] americano.

E iludiu-se.

Vimo-lo agora.

Mas não[454] o increpemos de ingênuo. Qualquer observador entre os mais bem aparelhados de acerada malícia ou sutil

---

448 No original: extratar ~~mais~~ apenas

449 Euclides não desenvolveu a citação; todo o restante da página está em branco no *ms*.

450 O parágrafo seguinte em *Peru versus Bolívia* não foi lançado no *ms*.

451 Em *Peru versus Bolívia* (p.167): relações.

452 *O Amazonas e as costas atlânticas da América Meridional*, pelo tenente da armada dos Estados Unidos, F. Maury. p.35. (N. A.)

453 No original: oficial ~~yankee~~ americano.

454 No original: não ~~lhe deseri~~ o increpemos de ingênuo. ~~A mais acerada malícia a mais sutil argúcia do observador mais solerte e agudo, o~~ Qualquer

Ensaios e inéditos

argúcia, subscreveria,[455] naquele tempo, aquela frase. Fora preciso[456] engenhar-se, então, a mais absurda entre as mais complexas maranhas internacionais, para conjecturar-se que no pacto firmado em 1851 – onde os limites entre o Brasil e o Peru se estabelecem de u'a maneira tão límpida – jaziam latentes,[457] todos os germens de dúvidas capazes de justificarem o presente litígio.[458]

As nossas relações com as duas repúblicas vizinhas eram conhecidas ao celebrar-se aquele Tratado[459] e o de 1867. De um lado, para com o Peru, tão maleável ante os caprichos da política imperial, todas as simpatias; de outro, para com a Bolívia, perpetuamente recalcitrante, e rebelde e agressiva nos seus continuados protestos – todas as animadversões e azedumes. Ainda nas vésperas do Tratado de 67, um dos brasileiros mais versados na nossa história diplomática, Antônio Pereira Pinto, afirmava que na Bolívia "as tradições adversas ao Brasil passavam, em seu governo, de geração em geração".[460]

Datavam de 1833[461] as cizânias entre ela e o Brasil no tocante às questões de limites; e nunca mais cessaram, engravescendo-se com outros: em 1837, a propósito de sesmarias outorgadas em terras brasileiras; em 1844, determinadas pelas tentativas bolivianas no sentido de libertarem a navegação para

---

455 No original: subscrevia
456 No original: preciso ~~engenhar-se~~ engenhar-se,
457 No original: latentes, ~~prestes~~ todos
458 O parágrafo seguinte em *Peru versus Bolívia* não foi lançado no *ms.*
459 Em 1865.
460 *Estudo sobre algumas questões internacionais*, por Antº Pereira Pinto. S[ão] Paulo: [Typ. Imparcial de J. R. de Azevedo Marques], 1867. p.42. (N. A.)
461 No original: 1833 ~~os primeiros conflitos~~ as

Euclides da Cunha

o Amazonas; em 1845, em 1846, em 1847, em 1850, relativas todas, em última análise, ao domínio franco do Madeira; em 1853 e 1858, oriundas dos decretos declarando livres ao comércio e navegação estrangeiros, todos[462] os rios que cortam o território boliviano, procurando o Amazonas ou o Prata; e firmando expressamente com os Estados Unidos, um Tratado[463] onde se estatui que todos aqueles rios eram estradas livres "abertas pela natureza ao comércio de todas as nações..."[464]

Durante todo este tempo abortavam as mais bem fundadas negociações para se reconhecerem os deslindes internacionais,[465] desde que se frustrou em 1841 a missão especial do Conselheiro Duarte da Ponte Ribeiro. E os malogros provinham todos como no-lo revela Pereira, essencialmente, do fato "de não quererem as autoridades supremas da República, arredar-se das estipulações do Tratado de 1777, estipulações caducas depois da guerra de 1801".[466]

Destaquemos bem este fato – que aí está fortalecido de aspas sob a autoridade de um dos maiores internacionalistas sul-americanos. O Império, baseando-se[467] no argumento, aliás, opinável e frágil, da guerra de 1801 e do Tratado de Badajoz, obstinadamente repelia os[468] deslindamentos de 1777 como elemento regulador nos que devera firmar com as

---

462 No original: todos rios

463 No original: Tratado ~~em que se~~ onde

464 Pereira Pinto, op. cit., p.46.

465 No original: internacionais, ~~frustrara-se desde que se malograra~~ desde

466 Em Pereira Pinto, op. cit., p.47: *"suas autoridades supremas não queriam arredar-se..."*.

467 No original: baseando-se na circunstância no

468 No original: os ~~Tra~~ deslindamentos

Ensaios e inéditos

repúblicas espanholas e como a Bolívia "era um dos Estados sul-americanos mais pertinazmente interessado na vigência daquele Tratado",[469] ensina-nos ainda o mesmo internacionalista, — resultaram destes pareceres diametralmente contrários, os empeços dilatórios no pactuarem-se os limites respectivos.

A consideração é capital — sobretudo se a defrontamos com a facilidade e[470] a presteza que favoreceram o Tratado de 1851 com o Peru.

Realmente, uma e outra nos dizem que o grande empecilho anteposto ao curso da política imperial — o Tratado de Sto Ildefonso e[471] principalmente a sua famosa linha Leste-Oeste, se eliminaram na convenção brasileiro-peruana.

É a lógica esmagadora dos fatos. Aparece irresistível ao fim de antecedentes históricos que se não empanam.

O Império não realizaria o Tratado de 1851 com o Peru, se houvesse de atender à velha demarcação arbitrária que até então — desde 1841 — lhe impossibilitara todos os acordos com a Bolívia.

Contraprova-o, luminosamente, este fato: o malogro subsequente[472] dos esforços do nosso ministro Rego Monteiro, em[473] 1863.

Entretanto, este, afinal, transigira.[474] Em conferência efetuada a 17 de julho[475] daquele ano em Oruro, propusera a base

---

469 Pereira Pinto, op. cit., p.45.
470 No original: com as facilidades e
471 No original: e a sua famosa linha e
472 No original: subsequente do nosso minis-dos
473 No original: em 1860 1863.
474 No original: transigira. A Em
475 No original: Julho de 1863 daquele

que mais tarde, quase sem variantes, se refletiria no[476] deslindamento de 1867: a linha divisória depois de seguir pelo Paraguai e pelo Guaporé, ajustando-se mais ou menos aos traçados atuais – e pelo Madeira até à confluência do Beni

seguiria dali para Oeste por uma paralela tirada da margem esquerda na latitude austral de $10°20'$ até encontrar o rio Javari; e se este tivesse as suas nascentes ao norte daquela linha, seguiria por uma reta tirada da mesma latitude a buscar a nascente principal do mesmo rio.[477]

Era, como se vê, não só o embrião, mas o próprio Tratado[478] de 1867, quase íntegro.

Mas a Bolívia repeliu-o:[479] exigia a linha integral de Santo Ildefonso.

As negociações romperam-se.

Interpretem-se agora os fatos:[480] Há doze anos (1851-1863) que se realizara a convenção com o Peru, onde não se cogitara daquela linha e que por isto mesmo se lavrara. A política imperial via-a renascer nos deslindes com a Bolívia. Demasiara-se nos maiores esforços para a afastar. Não o conseguindo, transigiu – alterando-o ligeiramente e ajustando-o consoante o velho parecer dos comissários portugueses. Ape-

---

476 No original: no ~~tratado de~~ deslindamento
477 Pereira Pinto, *Apontamentos para o Direito Internacional ou collecção completa dos tratados celebrados pelo Brasil com diferentes nações estrangeiras*, Tomo IV, p.537.
478 No original: Trado
479 No original: repeliu
480 No original: fatos: ~~Estávamos~~ Há

Ensaios e inéditos

sar disto, a Bolívia não aquiesceu. Manteve pertinazmente o que julgava e julga ser o seu direito claro, jurídico e historicamente inalienável.[481] As negociações fracassaram ruidosamente engravescendo-se ainda mais as relações entre os dous países. E, durante todo este tempo, o Peru mandava os seus comissários associados aos nossos, a demarcarem as lindas[482] do Javari firmadas[483] em 23 de Outubro em 1851, ratificadas em[484] Tratado de 1858. Não formulou o mais leve juízo no debate caloroso que se lhe travava às ilhargas. Não[485] revelou – durante todo aquele período de doze[486] anos, em que coexistiram as suas negociações tranquilas[487] expressas em dous Tratados consecutivos, denunciados em duas tentativas frustradas e as perturbadíssimas da Bolívia, com o Império vizinho de ambos, o[488] mais remoto interesse ligando-o ao território que era o grande pouso da discórdia. Não disse aos contendores que o seu parecer, ainda que meramente consultivo era indispensável.[489]

Foi além: naquele mesmo ano, quatro meses depois de baquearem completamente as nossas negociações com a Bolívia, porque a Bolívia impunha a manutenção integral da linha de Santo Ildefonso, porque a Bolívia exigia todas as terras amazônicas ao sul do paralelo de 7°32', porque a Bolívia não queria ceder um centímetro quadrado, *da zona hoje em litígio* – o Peru firmava

---

481 No original: inalienável. ~~E as~~ As
482 Em *Peru versus Bolívia* (p.172), incorretamente: linhas.
483 No original: firmadas ~~pelo Tratado de~~ em
484 No original: em de
485 No original: Não ~~patenteou~~ revelou
486 No original: doze, em
487 No original: traquilas
488 No original: o ~~interesse que o prendia~~ mais
489 No original: indispensável. § ~~E foi~~ Foi

Euclides da Cunha

com a Bolívia o Tratado de Paz e Amizade de 5 de novembro de 1863 – onde não se cogita absolutamente do deslindamento gravíssimo, cada vez mais insolúvel, ao cabo das mais longas, das mais numerosas e das mais delicadas negociações em que estavam *exclusivamente em jogo as terras constituintes do atual litígio.*[490]

*

*　*

490 De fato, este tratado, quanto aos limites das 2 repúblicas, limitou--se a confirmar o *status quo* ~~firmado num outro~~ convencionado, no de Arequipa, de 3 de novembro de 1847 – no qual ambos os governos se comprometeram a nomearem uma comissão mista para levantar a carta topográfica das fronteiras, com a cláusula imposta pelo peruano de "que la demarcación de límites estipulada *sólo tendrá por objecto la restituición de los* terrenos comprendidos entre las fronteras *actuales del Perú y Bolivia*." § ~~Fronteiras tão fir~~ Estavam evidentemente longe, de cogitarem na Amazônia, onde seriam ridículas [as] operações topográficas, antes das geográficas, que não existiam. Além disto, a mesma cláusula acrescenta, confirmando o claro, o definitivo daquelas "fronteras *actuales*", acrescenta que a referida restituição não visa "cederse territorio por enajenación ó compensación, sino para restablecer sus *antiguos amojonamientos*, a fin de evitar dudas y confusiones…" § ~~Evidentemente fora~~ Mojones, quer dizer, marcos divisórios; que, certo, não existiam, e sobretudo antigos, naquelas terras desconhecidas. § *Collección de Tratados del Perú*, [Ricardo] Aranda. Tomo 2º. [Lima: Imprenta del Estado, 1890]. p.509, 293, 287 etc. (N. A.)
Tratados del Perú. Collección de los tratados, convenciones, capitulaciones, armisticios y otros actos diplomáticos y políticos, celebrados desde la independencia hasta el día, precedida de una introducción que comprende la época colonial. As duas citações acima foram extraídas da página 293, primeiramente estampadas em *Rejistro oficial. Collección diplomática ó reunión de los tratados celebrados por el Perú con las naciones extranjeras, desde su independencia hasta la fecha,* p.70. A página 287 refere-se ao Tratado de Arequipa. Já a página 509 (grafada 309 em *Peru versus Bolívia*), na opinião dos organizadores, não possui relação direta com a nota.

Ensaios e inéditos

Como explicar a anomalia?

Resta um doloroso dilema:[491] ou o Peru reconhecia de um modo tácito que se lhe alheavam completamente aquelas terras, que não lhas prendia o[492] mais apagado direito, que elas lhe eram inteiramente estranhas,[493] ou aguardava que a Bolívia, devotando-se mais uma vez à sua incomparável missão de cavaleira[494] andante da raça[495] espanhola, se esgotasse nas lutas diplomáticas e acabasse afinal sucumbida, dessangrada, depauperada numa guerra desigual, para alevantar um direito tardio, entre ruínas... Mas esta ponta das proposições contrastantes, partimo-la. Fora admitir que uma nação, por índole, altiva e cavalheiresca, sancionasse a própria desonra, e se reduzisse moralmente para crescer, materialmente, com algumas léguas de terras.

Resta a primeira. O Peru em 1863 – data em que se[496] infirmaram as nossas relações com a Bolívia, data em que [também] se firmaram as suas relações com a Bolívia – reconhecia o direito exclusivo desta última à posse das terras controvertidas.

E o reconhecimento acentuou-se, prosseguiu. Prorrogados sem prazo fixo as[497] negociações, o nosso ministro pediu os passaportes e retirou-se da República incontentável.[498]

Entre os dous países, as relações tomaram esse sombrio aspecto crepuscular, que não raro se rompe aos brilhos das espa-

---

491 No original: dilema: a B[olívia] ou o Peru reconhecia tacitamente a sua de
492 No original: prendia a o
493 No original: estranha
494 No original: cavalheira
495 No original: andante das raça
496 No original: se romperam infirmaram as nossas relações com a Bolívia, data em que se
497 No original: as nossas negociações, com a Bolívia o
498 No original: incontentável. § As relações Entre

das. Além disto, o micróbio da guerra contaminaria o ambiente político, germinando nas sangueiras do Paraguai. A América vibrava na sua maior campanha.[499] Toda a nossa força perdia-se inútil ante a retractibilidade de López e a inconsistência dos "esteros" empantanados.

A ocasião estava de molde feito para[500] que a política imperial resolvesse de um só lance dous problemas capitais na conjuntura formidável em que se achou: captar[501] o bem querer do Peru, cuja antiga cordialidade esfriara trocando-se em simpatias tão ardentes pelo Paraguai,[502] que originaram a retirada de Lima, do nosso ministro,[503] Francisco Varnhagen – e revidar triunfantemente à tradicional adversária que o ameaçava, nos flancos de Mato Grosso. Para isto, um meio infalível: atrair o[504] primeiro à posse daquelas maravilhosas terras da Amazônia meridional.

Não planeou sequer este alvitre.

Ficou no plano superior das nossas tradições.

Submeteu-se nobremente à retitude do nosso passado político.[505] Não negou as lições austeras dos nossos[506] velhos cronistas e dos melhores geógrafos, estabelecendo, acordes todos,[507] o direito da Bolívia àquelas regiões.

---

499 No original: campanha ~~em que~~. Toda

500 No original: para ~~de um lance~~ que

501 No original: captar ~~a simpa[tia]~~ o bem querer do Peru, cuja~~s simpatias~~ antiga

502 No original: Paraguai ~~ostentaram-se ao ponto de~~ que

503 No original: ministro, ~~que era~~ Francisco Varnagen [*sic*] – e revidar ~~à sua ad~~ triunfantemente à ~~sua~~ tradicional

504 No original: o ~~Peru~~ primeiro à posse ~~das~~ daquelas

505 No original: político. ~~O Tratado de~~ Não

506 No original: nossos ~~melhores~~ velhos cronistas e dos ~~nossos~~ melhores

507 No original: todos, ~~a posse~~ o

Ensaios e inéditos

Abandonou, galhardamente, o desvio que o favorecia e formou o Tratado de Ayacucho,[508] decalcando-o, linha à linha, pelas bases propostas em julho de 1863.

Decalcando-o linha por linha pelas bases propostas em julho de 1863... é preciso repetir porque em várias páginas escritas em lídimo castelhano tem-se garantido que o firmamos urgidos e aguilhoados pelas dificuldades que nos assoberbavam sob o alfinetar das baionetas paraguaias.[509]

O fato é que em 1867, a despeito das dificuldades de uma campanha, que eram gravíssimas, embora o nosso exército já se houvesse imortalizado em Tuiuti – o Brasil manteve a base proposta,[510] cinco anos antes, quando a sua hegemonia militar, no continente, era incontestável surgindo triunfantemente sobre a ditadura ruída de Rosas[511] e apercebida para os triunfos a passo de carga da Campanha do Uruguai.

Ora, firmado aquele[512] Tratado em 27 de março de 1867 pelos plenipotenciários Felipe López Netto e Mariano Donato Muñoz,[513] a nacionalidade boliviana, em massa protestou.[514]

---

508 No original: Tratado de ..., decalcando-o,

509 No original: paraguaias. ~~Em 1863 entre o aniquilamento de Rosas, o brilhante passado militar pelo a brilhante campanha a passo de carga do Uruguai o Brasil tinha o primado militar no continente. Em 1867 o nosso exército imortalizou-se em Tuiuti. – E o convê acordo de 1867 limitou-se a reproduzir a proposta Rego Monteiro, daquele~~ § O

510 No original: proposta, ~~em 1863~~ cinco

511 No original: Rosas ~~e lançava-se no passo de carga~~ e

512 No original: aquele ~~convênio~~ Tratado

513 No original: Mariano Duñoz,

514 No original: protestou. ~~Nunca mais~~ A sua consciência nacional ~~apareceu~~ revoltou-se

A sua consciência nacional revoltou-se, abertamente contra o governo que lhe deslocara a velha[515] linha histórica.

E explodiu em panfletos violentos.

O governo reagiu com a mesma virulência. Perseguiu os oposicionistas tenazes. Lavraram-se as odiosas proscrições de Melgarejo.

E, durante esta crise tempestuosa, o Peru manteve-se na mais absoluta quietude.

Protestou, afinal, ao fim de oito meses.[516] O protesto subscrito pelo ministro J. A. Barrenechea é de 17 de outubro de 1867.[517] Oito meses justos – que a noção relativa do tempo[518] torna sobremaneira longos na precipitação acelerada daqueles[519] acontecimentos.

Mas afinal protestou – e o protesto reflete notavelmente a insubsistência das pretensões peruanas. Dificilmente se encontra um documento político onde se contrabatam, esbarrando-se as maiores antilogias ou contradições, e se abram, em cada período, mais largas frinchas a[520] mais fácil crítica demolidora.

O ministro, ao fim da longa gestação, começa ponderando que[521] sempre "había creído que era conveniente para las Re-

---

515 No original: a ~~sua~~ velha

516 No original: meses – ~~que a noção relativa do tempo dilata consideravelmente mercê da própria precipitação acelerada dos acontecimentos.~~ § O

517 Corrigido para *20 de dezembro de 1867* em *Peru versus Bolívia* (p.176), dando um prazo de nove meses entre março e dezembro. O prazo errôneo de oito meses aparece ainda outras três vezes no *ms.*

518 No original: tempo ~~dilata consideravelmente mercê da pr~~ torna

519 No original: acelerada ~~dos~~ daqueles

520 No original: a ~~uma~~ mais fácil crítica demolidora ~~e impiedosa.~~ § O

521 No original: que ~~diante da importância do assunto o Peru sempre~~ sempre

Ensaios e inéditos

públicas aliadas darse conocimiento de sus negociaciones diplomáticas más importantes" quando havia vinte e cinco anos, desde[522] 1841, as negociações brasílio-bolivianas, ruidosas, alarmantes, cindidas de estrugidores fracassos, estavam no domínio de toda a opinião sul-americana. Logo depois pontifica que o princípio do *uti possidetis*, aceito, aliás, apenas em parte pela Bolívia, pactuado no artigo segundo do Tratado de 67, embora se[523] pudesse invocar com justiça nas controvérsias territoriais dos estados hispano-americanos que dependiam de uma metrópole comum, não poderia aplicar-se desde que se tratasse de países anteriormente submetidos à metrópoles diversas entre as quais havia pactos internacionais[524] regulando-lhes os diferentes domínios – esquecendo-se que aquele mesmo princípio (inicialmente aceito pelo Peru) fora o único em que se calcara expressamente o Tratado brasílio-peruano de 1851, ratificado em 1858. Entretanto preceitua: "Así el *uti--possidetis* no podía tener lugar entre Bolivia y Brasil...".

Prossegue. Refere-se à linha média do Madeira. Explica-lhe a situação real. Incrimina a Bolívia por permitir que ela se deslocasse tanto para o sul, o que importava na perda de dez mil léguas quadradas de território,[525] absorvidas pelo Brasil, entre

---

522 No original: cinco, desde
523 No original: embora se ~~ilegível~~ pudesse
524 No original: intercionais
525 Na página oposta do *ms*, Euclides comenta o trecho: "Aí interpretam corretíssimamente o art° 7 do tratado de 23 de outubro de 1851 – mas não lhe ocorreu (e a geografia peruana, da época, não o ampararia, como vimos) que aquelas nascentes poderiam estar precisamente a 10°20', *ao além*, e que neste caso, diante de seus próprios dizeres, devendo ir até lá a latitude da linha divisória, ao

as quais se encontram "ríos importantísimos, tales como el Purús, el Yuruá, e Yutaí cuyo porvenir comercial puede ser inmenso" – e logo adiante, esquecido da semidistância, que iria determinar um ponto no mesmíssimo Javari[526] a 6°52' (como queria Raimondi), escreve que segundo o pacto de 1851, ratificado pela Convenção de 1858, *"todo el curso* del Río Yavarí es límite común para los Estados contratantes...".[527]

Por fim, na serôdia impugnação, não afirma, não precisa e não estira, inabalável, um juízo dos prejuízos peruanos. O protesto bambeia numa conjectura: o governo boliviano cedeu ao Brasil "territorios que *pueden ser* de la propiedad del Perú...".

Aí está o corpo de delito direto do grande deslize histórico do Peru.

Este documento que não resiste a mais romba e desfalecida análise, devia ser o que é: contraditório e frágil, a destruir-se por si mesmo numa decomposição espontânea originada pela instabilidade que lhe advém a um tempo do contraste e da divergência dos conceitos que ora se anulam entrechocando-se, ora dispersam-se, disparatando.

Peru é que se deveria incriminar pela perda de *mais* de dez mil léguas quadradas".

526 No original: Javari ~~até~~ a 6°

527 No original: contratantes – ~~e mais explicitamente, adiante, observa~~ ~~que que os comunicados demarcadores haviam pactuado "que se~~ ~~llegase hasta la latitud de nueve grados treinta minutos (9°30'!) ó~~ ~~hasta el nacimiento del dicho río, siempre que esto se encuentre en~~ ~~una latitud inferior".~~ § Por

O parágrafo seguinte em *Peru versus Bolívia* não foi lançado no ms. A citação provém de *Exposición de la república del Perú presentada al Excmo. gobierno argentino en el juicio de límites con la república boliviana conforme el Tratado de Arbitraje de 30 de diciembre de 1902*, p.240.

Ensaios e inéditos

Realmente, o prazo de oito meses que há pouco considerámos longo, achamo-lo agora curtíssimo. Em oito meses, apenas o mais prodigioso gênio não engenharia sofismas para iludir três séculos – escrevendo quatro ou cinco páginas,[528] que embrulhassem toda a história sul-americana.

Não vale[529] a pena continuar. Deste lance em diante o assunto decai. Baste-se[530] dizer que por paliar ou rejuntar superficialmente estes estalos na estrutura do seu protesto e das suas reclamações, apela o governo peruano para o adiáforo e vário dos dizeres das instruções aos comissários demarcadores. Não nos esgotemos na discussão de todo em todo bizantina, de apurá-las. Satisfaz-nos uma consideração única: quaisquer[531] que fossem aquelas instruções, foram debatidas prevalecendo naturalmente o critério da deliberação final.

Pois bem,[532] o comissário brasileiro que de acordo com o peruano, implantou o marco definitivo dos nossos deslindamentos com o Peru, em 1874, nas cabeceiras do Javari, foi o venerando barão de Tefé;[533] e ele, que com o máximo brilho

---

528 No original: páginas, ~~capazes de cobrirem toda a História.~~ que
529 No original: val
530 No original: Baste-se ~~considerar~~ dizer
531 No original: quisquer
532 No original: bem, ~~está ainda~~ o comissário
533 O comissário peruano era Guillermo Black, capitão de fragata da Armada nacional; e o brasileiro, Antônio Luís von Hoonholtz (Rio de Janeiro, 1837-1931), o barão de Tefé, almirante que se destacou na Guerra do Paraguai e foi chefe da Comissão de Demarcação de Fronteiras com o Peru. Chegou a ser ministro plenipotenciário do Brasil na Bélgica, na Itália e na Áustria. Foi eleito senador pelo Amazonas.

repelira as continuadas propostas de seu colega peruano para adotar-se a célebre linha média do Madeira ao Javari, mesmo escandalosamente deslocada para 9°30' de latitude sul, como repetidamente aquele lhe propôs em documentos oficiais inequívocos e claros – o barão de Tefé, a quem nos sentimos felizes[534] em poder cortejar desafogadamente, porque é hoje uma relíquia sagrada da nossa história, sem a mais breve, a mais pálida, a mais longínqua influência nos negócios públicos, vivendo a sua meia existência histórica incomparavelmente maior,[535] a nosso ver, que as mais poderosas vidas dos que atualmente nos dirigem, o barão de Tefé, ao implantar o marco definitivo nas cabeceiras do Javari, manteve integral a opinião vitoriosa que impusera ao comissário peruano – esta:

1º – Que o Peru nenhum direito tem à margem esquerda do Madeira;

2º – Já que a República do Peru, no Tratado solene que celebrou com o Império do Brasil, estabeleceu como limite *todo o curso do rio Javari*; *ipso facto* considerou nulo o art° 9° do Tratado de Santo Ildefonso,[536] que fixava o extremo sul da fronteira do Javari[537] no ponto cortado pela linha Leste-Oeste tirada à meia distância do Madeira que é o mesmo paralelo dos 7°40' dos comissários de 1781.[538]

---

534 No original: felizes ~~de~~ em poder ~~elogiar~~ cortejar
535 No original: maior, ~~que~~ a nosso
536 No original: 9° do T de S I, que
537 No original: Java
538 No original: 1781." § ~~Que sejam estas~~ Nestas ~~notas~~ palavras soleníssimas ~~as últimas destes artigos~~ remataram-se

Ensaios e inéditos

Nestas palavras soleníssimas remataram-se para sempre os nossos negócios territoriais com a República do Peru.

*

* *

O seu prolongamento natural[539] estaria no desvendar às claras o cenário da recentíssima expansão peruana a estirar-se pelas cabeceiras do Juruá e do Purus – obscuramente, soturnamente, temerosamente e criminosamente – e escondida no afogado das matas por onde se vai alargando a rede aprisionadora de territórios entretecida pelas trilhas tortuosas e embaralhadas dos *caucheros*.

Mas[540] reclamam-no-los os cáusticos de outras páginas.

*

* *

Terminemos.

Estes artigos,[541] feitos por satisfazer a colaboração efetiva no *Jornal*,[542] têm o valor[543] da própria celeridade com que se escreveram. São páginas em flagrante. Não tivemos – materialmente – tempo, para ataviarmos frases expostas na magnífica nudez da sua esplêndida sinceridade.

---

539 No original: natural ~~deste assunto~~ estaria no desvendar às claras ~~nos seus aspectos predominantes~~ o ~~espetáculo~~ cenário

540 No original: Mas ~~reclamam-nos~~ reclama-no-los

541 No original: artigos, ~~escritos~~ feitos

542 Euclides se refere aos oito artigos (correspondentes a cada seção do livro), originariamente publicados no *Jornal do Commercio*, Rio de Janeiro, em 9, 13, 19, 25 e 31 jul. 1907; 4, 9 e 13 ago. 1907.

543 No original: valor ~~que se devia~~ da

Fomos[544] um eco de maravilhosas vozes antigas. Partimos sós, tateantes na penumbra de uma idade remota.[545] Avançávamos e arregimentou-se-nos, em roda, uma legião sagrada, cada vez[546] mais numerosa onde rebrilham os melhores nomes dos fastos de uma e outra metrópole.[547] Chegamos ao fim, malgrado a nossa desvalia, a comandar imortais.[548]

Daí a absolvição desta vaidade: não nos submetemos à sugestão de quem quer que fosse. Num grande ciúme da nossa responsabilidade exclusiva, não a partilhamos. O que aí se expõe – imaculada – é a[549] autonomia plena de um escritor.[550]

Muitos talvez não compreendam que numa época de utilitarismo cerrado, alguém[551] apareça a despender tanto esforço

---

544 No original: Fomos, ~~como se viu, ou melhor, como se veem~~ um

545 No original: remota~~, à. À medida que avançávamos~~ Avançávamos e ~~arregimentaram~~ arregimentou-se-nos

546 No original: vez ~~maior em que~~ mais

547 No original: metrópole~~, e.~~ Chegamos

548 No original: imortais. § ~~No correr de todas estas linhas dominou--nos uma a preocupação de não nos prendermos aos homens e às cousas do nosso tempo~~ § Daí

549 No original: a ~~nossa~~ autonomia plena ~~de~~ de um escritor. § ~~Talvez não o compreendam.~~ Muitos

550 Estas considerações encontram ecos no seguinte trecho, que contém notas e foi lançado na penúltima página do *ms*: § Doloroso e gravíssimo que traçamos inflexivelmente, com a ~~sua~~ responsabilidade individual de escritor, ~~timbroso em não a disfarçar ou estendê-la a outrem~~ e ~~profundamente~~ demasiado ~~independente na sua sem timbrar os~~ timbroso em exila[r] a exclusiva, sem a disfarçar ou repartir, porque este fora destruir a sua obscuridade altiva para se submeter a sugestões que lhe cerceiam a espontaneidade do sentir, valia única, consistindo em nunca se haver submetido e nunca submeter-se à sugestão que lhe lhe [*sic*] diminuam e quebrantem a ~~esp[ontaneidade]~~ sinceridade do sentir. § O dilema [interrompido]

551 No original: alguém ~~espontaneamente~~ apareça

Ensaios e inéditos

numa advocacia[552] romântica sem visar um lucro ou interesse remoto. Tanto pior para os que não o compreendam. Falham à primeira condição positivamente prática[553] e utilitária da vida que é o aformoseá-la.

Porque, afinal, de tudo isto nos resultou um prêmio inestimável:[554] sentirmo-nos nivelados aos princípios mais liberais do nosso tempo. Basta-nos. Afeiçoamo-nos há muito aos triunfos tranquilos, no meio da multidão sem voz dos nossos livros, e ao esplêndido isolamento em que se vai[555] alongando sem o contágio das paixões, a diretriz[556] singelamente retilínea de uma consciência modesta e imperturbável.

Nem é esta a primeira vez[557] que ela paira, intrépida e vingadora e inflexível sobre os erros ou sobre os crimes, fulminando-os.

Hoje, como ontem, obedecendo à finalidade de um ideal, repelimos ao mesmo passo a recriminação e o aplauso, o castigo e o prêmio, o rancor e a simpatia.

Não combatemos as pretensões peruanas. Combatemos um erro.[558]

Não defendemos os direitos da Bolívia.

---

552 No original: Advogacia
553 No original: prática ~~desta~~ e utilitária da vida que ~~está no~~ é o aformoseá-la. § Porque afinal ~~disto resulta~~ de
554 No original: inestimável ~~— era sentirmo-nos~~: sentirmo-mo-nos
555 No original: vai ~~traçando~~ alongando
556 No original: diretriz ~~inflexivelmente~~ singelamente
557 No original: vez ~~em~~ que ela paira, intrépida e ~~desafiadora~~ vingadora e ~~inquebrantável~~ inflexível
558 No original: erro. § ~~Não defendemos os direitos da Bolívia. Defendemos o Direito.~~ § ~~Iludem-se os que em~~ § Não

Defendemos o Direito.[559]

A nossa opinião é esta: se o supremo árbitro sentenciar favoravelmente[560] ao Peru, isolará a um tempo a Moral e o Direito. E depois de[561] semelhante catástrofe a ficar-se obediente à ficção de uma inapelabilidade que se baseia essencialmente numa e noutra é[562] absurdo idêntico ao de imaginar-se que extinguindo-se[563] a força central do sol, possa o sistema planetário manter o seu equilíbrio dinâmico centralizado por um asteroide qualquer, sem nome, entre os que[564] se perdem na poeirada cósmica das nebulosas.[565]

---

559 Euclides rascunhou este trecho mais uma vez: "Afinal não combatemos as pretensões peruanas. Combatemos um erro. § Repelimos por igual a recriminação e a recompensa; o castigo e o prêmio; a animadversão e a simpatia. § Não combatemos o ~~anacronismo~~ imperialismo peruano. Combatemos o imperialismo. § Não defendemos ~~um~~ o direito da Bolívia. § Defendemos o Direito".

560 No original: favoravelmente ~~às pret~~ ao

561 No original: de ~~uma~~ semelhante

562 No original: é ~~ridículo~~ absurdo

563 No original: extinguindo-se ~~com um cataclismo~~ a

564 No original: entre o que ~~p~~ se

565 A ideia de isolamento, sugerindo a figura astronômica das nebulosas, é utilizada por Euclides em duas páginas do *ms*, onde diz: "Então criou-se a Audiência e Chancelaria Real de La Plata, ou de Charcas, que seria mais tarde a Bolívia, desligando-se daquele conjunto amorfo, como se desliga um mundo de uma nebulosa". Na página oposta do *ms*: "Não reivindicamos a alta moralidade da política brasileira nestes deslindamentos".

À margem da história

MEXIQUE

MER   DU

COSTARICA

AUDIENCE DE PANAMA

CARTHAGENE

Baye de Panama

S. MARTHE

VENEZUELA

AUD. DE S.te FE DE GRENADE

TERRE   FERME

GUIAN

I. Malpelo

POPA

M.uttuanis que l'on
dit etre des geans riches
en Or habitans a 2.
mois dechemin de lem
bouchure de la Riviere

AUD. DE LIMA

Marianas
Abysca

Chonchos

MER   DU   SUD

AUD. DE LOS CHARC

CHA

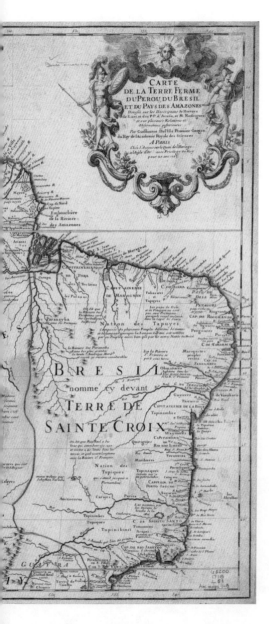

Carte de la Terre Ferme du Perou, du Brésil et du Pays des Amazones, 1703, de Guillaume del'Isle. Fonte: David Rumsey Map Collection, Stanford University.

22

Preliminares
A Baixada Amazônica. História da terra
e do homem[1]

I[a]

Ao versar, certa vez, um assunto secamente positivo, o professor Frederick Hartt viu-se, tão despeado das concisas fór-

---

1 Manuscrito lançado em caderneta (*c.*1906). Cecil H. Green Library, Stanford University. Trata-se do rascunho de um trecho do ensaio "Impressões gerais", que abre a primeira seção, "Terra sem história (Amazônia)", de *À margem da história* (1909). O *ms* inicia a partir do 11º parágrafo em *À margem da história* e termina justamente no 26º, correspondendo assim à quarta parte de um total de 65. Este fragmento foi parcialmente publicado em Almeida; Cunha, Euclides inédito, *Revista de História da Biblioteca Nacional*, Rio de Janeiro, ano 4, n.47, ago. 2009, p.32-4. Um trecho alterado do *ms* foi publicado em forma de entrevista, no *Jornal do Commercio*, Rio de Janeiro, em 14 jan. 1906; entrevista esta diversa da publicada no *Jornal do Commercio*, Manaus, em 29 out. 1905 e mais difundida. Para uma apreciação crítica deste ensaio, aqui intitulado "A Baixada Amazônica. História da terra e do homem", consultar: Amory, *Euclides da Cunha: uma odisseia nos trópicos*, p.360-70. Na página oposta do *ms*, a lápis, Euclides lançou as seguintes ideias: "A civilização ao arrepio das águas § O homem, modificador do meio, aterra-se quando o meio se modifica por si. § Os pastos flutuantes das morurés nas mangueiras

Euclides da Cunha

mulas científicas e tão alcandorado no sonho que, houve de colher, de súbito, todas as velas à fantasia:

"— Não sou poeta. Escrevo a prosa da minha ciência. *Revenons!*"[2]

Disse e encarrilhou-se nas deduções rigorosas. Mas, decorridas duas páginas, não se forrou a novos arrebatamentos e reincidiu no enlevo... Era inevitável. Ele estudava a geologia do Amazonas e o grande rio evoca,[3] em tanta maneira, o maravilhoso, numa sugestão permanente que empolga por igual o cronista ingênuo, o aventureiro romântico, o cartógrafo fantasista e o sábio[4] precavido. As "amazonas" de Orellana,[5] os

---

flutuantes das marombas § Maromba – equilíbrio § Caídas de terra (cacauais) § Hortas pênsis § Vilas que se mudam".

2 O trecho citado no original é o seguinte: "Não sou poeta; emprego a prosa da minha ciência. *Revenons!*". Hartt, Relatório do professor C. Frederico Hartt sobre a exploração geológica dos Rios Tocantins e Tapajós, *Jornal do Commercio*, Rio de Janeiro, 3 fev. 1871, p.2.

3 No original: evoca, ~~irresistivelmente,~~ em

4 No original: sábio ~~rep~~ precavido.

5 Francisco de Orellana (Espanha, 1511-Rio Amazonas 1546), explorador, conquistador e fundador da cidade de Guayaquil (Equador). Foi tenente de Francisco Pizarro durante uma primeira expedição que os levou à região de Quito (1541-1542). Em 1545, Orellana voltaria uma vez mais à região amazônica. As façanhas de sua primeira viagem foram registradas pelo frei Gaspar de Carvajal na sua *Relación del nuevo descubrimiento del famoso río Grande que descubrió por muy gran ventura el capitán Francisco de Orellana* (1542), mais tarde publicada em forma de livro como *Descubrimiento del Río de las Amazonas*. O nome "amazonas" procede de uma batalha entre Orellana e seus homens e índios tapuias. Carvajal relata que as mulheres lutaram ao lado dos homens como as verdadeiras amazonas (guerreirras de um só seio) da Ásia, descritas pelo historiador da antiguidade grega, Heródoto (*Histórias*, cap.IV, p.110-7).

Ensaios e inéditos

titânicos "curiguerés" de Christóbal de Acuña,[6] os *"geants riches en or"* de Guillaume del'Isle,[7] e a "Manoa do El Dorado"[8] de Walter Raleigh, que formam, no passado, um tão deslumbrante ciclo mitológico, acolchetam-se em nossos dias às mais imaginosas hipóteses científicas. Há uma hipertrofia da imaginação no ajustar-se ao desconforme da terra, desequilibrando-se os mais robustos espíritos no lhe balancearem a grandeza. Daí, no próprio terreno das pesquisas objetivas, as visões maravilhosas de Humboldt, e toda a série de conjecturas[9] em que se travam,

---

6 No original: titânicos "curiquerês" de Christóvam da Cunha
Este erro (*curiquerês*) persiste em todas as edições de *À margem da história*, nas quais se vê, também, *curriquerés*, com o indevido crédito do termo a Guillaume del'Isle. Com a leitura do *ms*, é possível observar que o engano da atribuição não é de Euclides, o qual corretamente credita a expressão ao jesuíta Cristóbal Vásquez de Acuña (Espanha, 1597-Peru, 1625), cronista da viagem que o explorador português Pedro Teixeira (*c.*1587-1641) empreendeu ao Amazonas em 1639. Trata-se, certamente, de falha editorial ou gráfica. Com efeito, além do nome de Acuña, que menciona "curiguerês" pela primeira vez, ficou faltando ainda nas edições do livro a expressão de Guillaume del'Isle: *"geants riches en or"*, que a utilizou no mapa "País das Amazonas" de 1703, tendo, provavelmente, Acuña como fonte. Essa supressão não foi percebida por Euclides durante a leitura das provas do livro, realizada um mês antes de morrer.
7 No original: Guillaume de L'isle,
8 No original: "Manoa del Dorado"
Walter Raleigh (Inglaterra, 1552/54-1618), explorador, soldado, político e espião. Em 1594, Raleigh ouviu falar da Manoa del Dorado, na cabeceira do Rio Caroní na Amazônia venezuelana, cidade lendária, abundante em ouro, procurada por ele durante a sua navegação por essa região. Publicou depois *The Discovery of Guiana* (1596), relato exagerado que contribuiu para a lenda do El Dorado.
9 No original: conjecturas ~~díspares ou contrastantes~~ em

Euclides da Cunha

contrastantes, os mais discordes conceitos, desde a dinâmica dos terremotos de Russel[10] Wallace ao bíblico formidável das geleiras pré-diluvianas de Agassiz.[11]

Parece que, ali, a imponência dos cenários implica o discurso retilíneo dos processos analíticos: às induções avantajam-se os lances da fantasia. As verdades desfecham em hipérboles. E figura-se, por vezes, um idealizar enorme o que resulta dos elementos tangíveis da realidade surpreendente, por maneira que o sonhador mais[12] desensofrido se encontre à vontade, na parceria dos sábios fascinados.

Vai, por ex., com o lúcido Friedrich Katzer,[13] a seriar, a escandir e a confrontar velhíssimos petrefactos ou graptólitos,[14]

---

10 No original: Russell

Alfred Russel Wallace (Inglaterra, 1823-1913), notável naturalista, explorador, geógrafo, antropólogo e biólogo. Em 1848, viajou com Walter Bates para a Amazônia brasileira e aí fez inúmeras e importantes investigações. Ficou conhecido por sua teoria da evolução baseada no princípio de seleção natural. Seu trabalho sobre esse tema foi publicado conjuntamente com os de Darwin em 1858. Publicou, entre outros importantes livros, o *Travels on the Amazon and Rio Negro* (1889).

11 Jean Louis Rodolphe Agassiz (Suíça, 1807-1873), famoso naturalista e geólogo que revolucionou o ensino das ciências naturais nos Estados Unidos, tendo destaque os seus trabalhos relativos à atividade das geleiras. Autor de *A journey in Brazil* (1868).

12 No original: mais ~~ensofregado~~ desensofrido ~~sente-se bem~~ se

13 No original: Frederico Katzer

Friedrich Katzer (República Checa, 1862-1925), mineralogista, geólogo, trabalhou no Museu Paraense em 1895, onde formou uma notável coleção de rochas da região amazônica.

14 Este trecho recebe outra redação no rascunho de "Viação sul-americana": "[...] que Friedrich Katzer depois de uma longo esforço, e de seriar, e de escandir e confrontar velhíssimos petrefatos e

Ensaios e inéditos

numa longa romaria ideal pelos mais remotos pontos do globo e pelas mais remotas idades, largo tempo, a debater-se entre as classificações maciças, a enredar-se na trama das raízes gregas das nomenclaturas bravias, e de súbito, entre os capítulos severos do sábio, abre-se-lhe uma página de Milton: as análises positivas rematam em prodígio, as vistas abreviadas nos microscópios desafogam-se, dilatando-se na visão retrospectiva de um passado milenário; e traçadas as linhas estupendas de uma geografia morta, abre-se-lhe aos olhos a perspectiva maravilhosa[15] daquele extinto oceano médio-devônico que se estendia sobre o Mato Grosso e a Bolívia, cobrindo quase toda a América e chofrando no levante as velhas vilas de Goiás e Minas onde se traçavam as últimas lindas ocidentais da Brasílio-etiópica[16] que aterrava o Atlântico sul, indo abranger a África... Segue com os abnegados naturalistas da Comissão Morgan; e a história geológica do grande rio, a despeito de linhas mais definidas, não perde o traço grandioso, desenvolvendo-se às duas margens do canal terciário que[17] separou o planalto brasileiro das serras das Guianas, longo tempo, até que o trans-

---

graptólitos, nos descerrou abrindo nos seus capítulos severos uma página de Milton. A argumentação do geólogo remata em (não aparece nas edições publicadas) prodígio e desatando-nos a fantasia por um passado milenário restaura-nos ~~o de uma geografia morta na~~ o quadro retrospectivo daquela enorme massa de águas que se adunavam sobre o Mato Grosso e Bolívia, ~~ligando-se~~ expandindo-se para o norte e ilhando o Brasil ~~Paleozoico~~ inteiro a partir das ribas de Goiás para o levante".

15 No original: maravilhosa ~~de seu~~ daquele
16 No original: Brasílio-etipia
17 No original: que ~~ligava separava~~ separou os planalto brasileiro das serras das Guianas, ~~fechando-nos ultimamente~~ longo

Euclides da Cunha

mudasse no maior dos estuários, a lenta sublevação dos Andes, no ocidente.

Por fim, ainda adscrito às observações atuais e à fisiografia presente da extraordinária artéria, restam-lhe outros agentes nímio perturbadores dos conceitos irredutivelmente científicos.[18]

*

* *

Na Amazônia observa-se um desvio no processo geral da evolução das formas topográficas.

---

18 No original: científicos. § ~~Para evitá-los faz-se há-se mister de imitar o exemplo de Walter Bates: fugir a sugestão da imensidade, refugindo-se largos anos no recanto de uma especialidade num reduzido trato de território. O grande naturalista assistiu onze anos na Amazônia; efetuou descobertas tão sérias que estearam o darwinismo nascente; surpreendeu toda a ciência europeia; transfigurou a historia natural... e durante aquele período não saiu da estrita faixa orla de terras/litoral que se desata entre Belém e Tefé. Não viu a Amazônia toda. Por isto mesmo viu mais e melhor que todos os seus predecessores.~~ § ~~O caso é expressivo. Durante muitos decênios ainda, a terra que nos espanta já pela grandeza, já pela originalidade, exigirá estes esforços parcelados de longas pesquisas analíticas, como se o espírito humano não a pudesse abrangê-la, a golpes, sem o aparelho de longas elaborações preliminares. O contrário acarretará o incessante oscilar entre os dois extremos invariáveis das idealizações exagerativas. Traçou-lhes a norma o lúcido naturalista de Leicester, que está para os estudos amazônicos como Lyell para os geológicos. Gastando um dilatado tempo num breve espaço, quando até então se tentava abranger em prazo curto aquela imensidade, o seu processo § * * * § Assim, se nota para logo~~ Na A primeira metade do trecho acima foi aproveitada no Preâmbulo ao *Inferno verde*.

Ensaios e inéditos

Em toda a parte a terra é um bloco entregue à molduragem dos agentes externos na escala indefinida que vai das[19] influências eólias às energias das tormentas. Os grandes rios erguem-se como principais fatores de suas transfigurações contínuas no remodelarem os acidentes estruturais suavizando-lhos. E compensando a degradação das vertentes com o alteamento[20] dos vales – desbastando montanhas e edificando planuras, não entrelaçando as suas ações destrutivas e reconstrutoras,[21] de modo que[22] as paisagens, lentamente transformadas, surjam como efeito de uma estatuária estupenda.

O Nilo carregou, partícula a partícula, as mais remotas montanhas da[23] Núbia para os terrenos à jusante de Teleus;[24] o Hoang-Ho dilatou a China num delta que é uma província nova e crescente; e, mais expressivo entre todos, tomando a primeira linha entre os "rios trabalhadores", de Ritter,[25] o Mississipi assombra os naturalistas com a expansão secular do aterro

---

19 No original: das ~~imperceptíveis~~ influências eólias às energias ~~revoltas~~ das tormentas. ~~As paisagens modelam-se surgem como efeitos de uma estatuária estupenda. E os~~ Os

20 No original: alteamentos

21 No original: reconstrutoras, ~~por maneira~~ de

22 No original: modo ~~que~~ que as

23 No original: da ~~Et~~ Núbia

24 Em "Viação sul-americana", esta frase aparece ligeiramente diferente: "À maneira do Nilo, que carregou montanhas para edificar as planuras estendidas à jusante de Tebas...".

25 Trata-se do grande geógrafo Carl Ritter (Alemanha, 1779-1859), autor da monumental *Die Erdkunde im Verhältniss zur Natur und zur Geschichte des Menschen* [Geografia em relação à natureza e à história da humanidade, 1816-1859]. Os "rios trabalhadores" são aqueles que depositam grande quantidade de aluvião nos deltas, fazendo com que suas praias ou margens se estendam oceano adentro. Vide Capítulo LIII (principalmente as p.297-8) do livro de Reclus,

Euclides da Cunha

desmedido que em breve atingirá as bordas da profundura em que se encaixa o *Gulf-stream*. Nas suas águas barrentas vagam os continentes diluídos. Mudam-se[26] países. Reconstituem-se territórios. E ressalta-lhes um encadeamento tão lógico nos esforços ininterruptos, onde incidem e se harmonizam as[27] energias naturais, que o acompanhá-los implica algumas vezes o acompanhar-se a própria marcha ascensional de um aspecto qualquer da[28] atividade humana: das páginas de Heródoto[29] às de Maspero[30] contempla-se, do mesmo passo, a gênesis de uma civilização e de um delta. O paralelismo é tão exato que se justificam os exageros ou deslizes dos que a exemplo de Metchnikoff[31] veem nos grandes rios, à parte todos os demais elementos naturais, a causa preeminente do desenvolvimento das nações.

Ao passo que no Amazonas[32] nada disto[33] sucede. O que ali se destaca, de pronto, é a função exclusivamente erosiva.[34] A

A New Physical Geography. Euclides não menciona o nome de Ritter em *À margem da história*.

26 No original: Mudam-se ~~as terras~~ países.

27 No original: as ~~grandes~~ energias

28 No original: da ~~própria~~ atividade

29 Heródoto (Grécia, 484 a.C.-425 a.C.), grande historiador, contemporâneo de Sócrates. Heródoto foi considerado por Cícero o "pai da história". Ele e Tucídides são as duas grandes figuras da historiografia no Ocidente. É autor de *Histórias*, obra contendo nove "livros", nos quais narra os fatos da guerra entre a Grécia e a Ásia.

30 Gaston Camille Charles Maspero (França, 1846-1916), historiador, filho de pais italianos judeus, foi um grande egiptólogo na sua época e autor de *Histoire ancienne des peuples de l'Orient*, 1875.

31 Léon Metchnikoff (Rússia, 1838-1888), militar, geógrafo, amigo dos anarquistas Élisée Reclus (1830-1905) e Mikhail Bakunin (1814-1876) e autor de *La Civilisation et les grands fleuves historiques* (1889).

32 No original: Amazona

33 No original: disto ~~se estreme~~ sucede.

34 Em *À margem da história* (p.11): *função destruidora, exclusiva*.

322

Ensaios e inéditos

enorme caudal está destruindo a terra. O professor Hartt, impressionado ante as suas águas sempre barrentas, calculou que "se sobre uma linha férrea, atravessando a cidade de Óbidos, passasse, dia e noite, sem parar, um trem contínuo carregado de tijuco e de areias, esta imensa quantidade de materiais seria ainda menor do que a realmente transportada pelas águas...".[35]

Entretanto, aquela massa de terras dissolvidas não se regenera. O maior dos rios não tem delta. A ilha de Marajó, constituída de uma flora seletiva de vegetais afeitos ao[36] meio maremático e à inconsistência da vaza, é u'a miragem de território. Se a despissem, restariam[37] as superfícies rasadas dos "mondongos" empantanados, apagando-se no nivelamento das

---

35 Trata-se do "Relatório" mencionado na nota 2 deste ensaio. A versão do *Boletim do Museu Paraense* (1896), com notas de Émil August Goeldi (Suíça, 1859-1917), informa que o "Relatório" de Hartt, datado de 6 dez. 1870, fora remetido ao *Diario do Gram-Pará*, sendo republicado no *Jornal do Commercio*, RJ em 3 fev. 1871 no qual esse trecho traz a seguinte redação: "Se sobre uma estrada de ferro, atravessando a cidade de Óbidos, passasse dia e noite, com a velocidade média do Amazonas, um trem contínuo carregado de areia e tijuco, ficaríamos espantados com a contemplação da quantidade enorme do material transportado; mas nas águas fulvas deste rio vai ao mar, dia e noite, uma quantidade de material ainda mais considerável". Possivelmente, Euclides manuseou a versão do *Boletim*, no qual o trecho se apresenta ligeiramente modificado: "Se sobre uma estrada de ferro, atravessando a cidade de Óbidos, passasse com a velocidade média do Amazonas, dia e noite, um trem contínuo carregado de areia e tijuco, ficaríamos espantados com a contemplação da quantidade enorme do material transportado. Mas, nas águas turvas desse rio vai ao mar dia e noite uma quantidade de material ainda mais enorme" (p.263).

36 No original: ao ~~inf~~ meio

37 No original: restariam ~~ante os olhos~~ as

Euclides da Cunha

águas; ou, salteadamente, algumas pontas de fraguedos de grés endurecido, esparsas, a esmo, na amplidão de uma baía. À luz das deduções rigorosas de Walter Bates, confirmando as conjeturas de Martius,[38] o que ali está sob o disfarce das matas, é uma ruína: restos desmantelados do continente que outrora[39] estirava, unido, das costas de Belém às de Macapá, e que se tem de[40] restaurar idealmente, num passado longínquo, para explicar-se a identidade das faunas, hoje de todo separadas, do Norte do Brasil e das Guianas.[41]

---

38 Karl Friedrich Phillipp von Martius (Alemanha, 1794-1868); comissionado pelo imperador da Baviera, Maximiliano José I, o naturalista percorreu o Brasil entre 1817 e 1820, acompanhado de seu colega Johann Baptist von Spix (Alemanha, 1781-1826) e do pintor Thomas Ender (Áustria, 1793-1875). Publicaram duas obras fundamentais: *Reise in Brasilien in der Jaren 1817-1820* (1831) e 46 fascículos da *Flora Brasiliensis* (1840-1868), obra que continuou sendo ampliada após a morte de Martius, até 1906.

39 No original: outrora ~~que~~ estirava

40 No original: de rastaurar idealmente

41 Ver e citar Bates § "In fact the fauna of Pará, and the lower part of the Amazonas, has no close relationship with that of Brazil proper; but it has a very great affinity with that of ~~Brasil proper~~ the coast ~~of~~ region of Guiana, from Cayenne to Demerara. If we may judge from the results afforded by the study of certain families of insects, no peculiar Brazilian forms are found in the Pará district; whilst more than one-half [of] the total number are essentially Guiana species, being found nowhere else but in Guiana and Amazonia... § ... From all these facts, I think we must conclude that the Pará district belongs to the Guiana province... § The interesting problem, How has the Amazons Delta been formed?, receives light through this comparison of Faunas. Although the portion of Guiana in question is considerable nearer Pará than are the middle and southern parts of Brazil, yet it is separated from it by two wide expanses of water, which must serve as a barrier to migration in many cases...

Ensaios e inéditos

§ If the mouth of the great river, had been originally a wide gulf, and had become gradually filled up by islands formed of sediment brought down by the stream, we should ~~had~~ have to decide that an effectual barrier had indeed existed. But the delta of the Amazons is not a[n] alluvial formation, like those of the Mississippi and the Nile. The islands in its midst and the margins of both shores have a foundation of rocks, which lie either bare or very near the surface of the soil. This is especially the case towards the seacoast. In ascending the river south-ward and south-westward, a great extent of country is traversed which seems to have been made up wholly of river deposit, and here the land lies somewhat lower than it does on the sea-coast. The rocky and sandy country of Marajo and other islands of the delta towards the sea, is so similar in its physical configuration to the opposite mainland of Guiana that Von Martius concluded the whole might have been formerly connected, and that the Amazons had forced a way to the Atlantic through what was, perhaps, a close series of islands, or a continuous line of low country." § *The Naturalist on the River Amazons.* By Henry Walter Bates, Pags. 55 e 56. London, 1892. (N. A.)

(§ "De fato, a fauna do Pará e do baixo Amazonas não possui nenhuma estreita relação com a do resto do Brasil; mas, sim, com a da costa da Guiana, de Caiena a Demerara. Se nos basearmos pelo estudo de certas famílias de insetos, nenhum tipo de formas específicas são encontradas na região do Pará; enquanto que mais da metade do número total são essencialmente espécies da Guiana, encontradas somente na Guiana e na Amazônia... § ... De todos esses fatos, eu penso que devemos concluir que a região do Pará pertence à província da Guiana... § O problema que nos interessa, 'Como o delta do Amazonas foi formado?', dilucida-se através desta comparação de faunas. Embora esta porção da Guiana em questão esteja consideravelmente mais próxima do Pará que as partes do centro e do sul do Brasil, assim mesmo ela está separada por duas largas regiões fluviais, as quais podem servir de barreira às migrações em muitos casos... § Se a boca do grande rio [...], tivesse sido originalmente um largo golfo, e tivesse sido preenchida gradualmente por ilhas formadas por sedimentos trazidos pela correnteza, nós deveríamos

Euclides da Cunha

O Amazonas, entretanto, poderia, reconstruí-lo,[42] em poucos dias com os 3.000.000 de metros cúbicos de sedimentos que arrasta em vinte e quatro horas. Mas... não o faz. A sua corrente túrbida mal o tangencia no ocidente, desviando-se no rumo de NE.[43] Conduz todos os materiais diretamente para o Atlântico. Avoluma-os,[44] nos últimos trechos de seu itinerário

então concluir que uma verdadeira barreira tivesse realmente existido. Mas o delta do Amazonas não é de formação aluvial como os do Mississippi e do Nilo. As ilhas do meio e das margens possuem uma fundação rochosa, que ficam a descoberto ou quase próximas da superfície do solo. Tal é especialmente o caso quanto mais elas se aproximam do litoral. Ao subir o rio em direção sul e sudoeste, atravessa-se uma enorme extensão desta zona, que parece ter sido formada inteiramente de depósito fluvial, e aqui o terreno se mantém algo mais baixo do que na faixa litorânea. A região arenosa e rochosa de Marajó e outras ilhas do delta em direção ao mar é tão semelhante, em sua configuração física, ao continente ao lado da Guiana, que Martius concluiu que toda ela deveria ter estado então primitivamente conectada, e que o Amazonas tinha forçado a sua passagem até o Atlântico, através do que fora, talvez, uma série de ilhas agrupadas, ou uma linha contínua de terreno baixo.")
Esta observação de Euclides sobre a identidade das faunas foi baseada na de Bates, cuja passagem do texto do naturalista não aparece no *ms*: "Some of the species common to Pará and Guiana are not found higher up the river where it is narrower, so they could not have passed round in that direction". (Algumas das espécies comuns ao Pará e à Guiana não são encontradas nas zonas do alto Amazonas além de onde ele se estreita, portanto elas não poderiam ter circulado naquela direção.) Euclides também elimina a possibilidade de haver um delta para o Rio Amazonas, enquanto Bates e alguns cientistas, até hoje, pensam que seria possível considerar tal probabilidade.

42 No original: reconstruí-lo, ~~de fato, num mês~~ em
43 No original: NE, ~~e vai conduzindo~~ Conduz
44 No original: Atlântico. Avoluma~~ndo~~-os, nos

Ensaios e inéditos

desmedido, com os desmontes dos litorais que se desbarran-cam[45] fazendo recuarem as costas desde o Peru até ao Araguari. E os resíduos das ilhas demolidas, entre as quais a de Caviana, que[46] lhe foi antiga barragem,[47] e bipartiu-se no correr de nossa idade histórica, vão cada vez mais diluindo-se e desaparecendo no permanente assalto das[48] correntezas poderosas. Destarte desafoga-se-lhe mais e mais a embocadura principal e acentua-se o seu desvio para o norte, com o abandono constante das paragens que lhe demoram a leste e sobre as quais ele passou[49] em dia deixando ainda, nas áreas recém-desvendadas dos largos brejos marajoaras, um atestado deste[50] deslocamento lateral do leito que tem dado aos geógrafos inexpertos a ilusão de um levantamento ou da reconstrução da terra. (Branner)[51]

Porque esta se reconstitui longe de nossas plagas. Sob este aspecto, o rio que, sobre todos, desafia o nosso lirismo patriótico, é o menos brasileiro dos rios. É um estranho ad-

---

45 No original: desbarrancam ~~e recuam em toda~~ no meio da costa do fazendo

46 No original: que ~~se~~ lhe ~~era~~ foi antiga

47 No original: barragem, ~~cindiu se~~ e bipartiu-se

48 No original: das ~~sua~~ correntezas

49 No original: passou ~~outrora~~ em

50 No original: deste ~~abandono parcial~~ deslocamento

51 John Casper Branner (Estados Unidos, 1850-1922), renomado naturalista e geólogo, visitou o Brasil várias vezes em expedições científicas que cobriram grande parte do território brasileiro. Foi o segundo reitor da Universidade de Stanford. Entre os seus grandes e inúmeros trabalhos se destaca o livro *Outlines of the Geology of Brazil to Accompany the Geologic Map of Brazil* (1920). É possível que Euclides tenha extraído informações do seguinte estudo de Branner: The Pororoca, or Bore, of the Amazon; artigo originalmente publicado na revista *Science* (28 nov. 1884).

versário entregue dia e noite à faina terrível de solapar a sua própria pátria. Herbert Smith,[52] iludido ante a poderosa massa de águas barrentas, que o viajante vê em pleno oceano antes de ver o Brasil, imaginou-lhe uma tarefa portentosa: a imperceptível construção de um continente. E explicou:[53] depondo-se aqueles sedimentos no fundo tranquilo do Atlântico,[54] novas terras aflorariam à terra das vagas; ao cabo de um esforço milenário encher-se-ia,[55] extinguindo-se, o golfão indeciso que se arqueia do cabo Orange à ponta do Gurupi,[56] dilatando-se consideravelmente, para nordeste, as terras paraenses.[57]

The King is building his monument! bradou o naturalista encantado, e acomodando às ásperas sílabas britânicas um[58] rapto de fantasia capaz de surpreender a mais ensofregada alma latina.[59] Esqueceu-lhe, porém, que o originalíssimo sistema[60] hidrográfico não termina com a terra, ao transpor o Cabo Norte; senão que vai, sem margens, pelo mar[61] dentro, em busca da corren-

---

52 Herbert Huntington Smith (Estados Unidos, 1851-1919), extraordinário naturalista que viajou ao Brasil pela primeira vez como membro da Expedição Morgan, liderada por Charles Frederick Hartt. Retornou mais tarde a Santarém, morando dois anos na região. É autor do *Brazil, the Amazons and the Coast* (1879).

53 No original: E explicou: ~~depostos ao fim de longos e em certos tempos aqueles sedim~~ depondo-se

54 No original: Atlântico, ~~aqueles sedimentos~~ – novas

55 No original: milenário, ~~atenuando-se~~ extinguindo-se

56 No original: Gurupi – e dilatando-se

57 *Brazil. The Amazons and the Coast.* By Herbert H. Smith. New York [: Charles Scribner's Sons], 1879. Pág. 2 e 3. (N. A.)

58 No original: um ~~lin~~ rapto
    ("O Rei está construindo seu monumento!")

59 No original: latina. ~~Mas~~ Esqueceu-lhe

60 No original: sistema ~~[ilegível]~~ hidrográfico

61 No original: mar ~~em fora~~ dentro

Ensaios e inéditos

te equatorial, onde aflui, entregando-lhe todo aquele plasma gerador de novos territórios. De sorte que estes, distribuídos pelo imenso rio[62] pelágico, que se prolonga no *Gulf-stream*, vão surgindo, espaçadamente, nas mais longínquas zonas: desde as costas das Guianas cujas lagunas, a partir do Amapá, a mais e mais se dessecam, avançando em planuras pelo mar em fora; até aos litorais norte-americanos, da Geórgia e das Carolinas, que se dilatam e se expandem, sem que lhes explique o crescer contínuo os breves cursos d'água das vertentes orientais dos Alegânis.[63]

Nesses lugares, ao saltarmos, pisamos, estrangeiros, o solo brasileiro. Antolha-se-nos, tangível,[64] um contrassenso extraordinário: à ficção do direito internacional, estabelecendo por vezes a exterritorialidade[65] sem a terra, contrapõe-se uma outra, rudemente física: a terra sem a exterritorialidade[66] política.[67] É o efeito maravilhoso de uma espécie de imigração telúrica. A terra abandona o homem em busca de outras zonas. O Amazonas naquele construir o seu verdadeiro delta em lugares tão remotos traduz a viagem incógnita de um continente

---

62 No original: rio pelárgico
63 No original: Alegânis. ~~Nestes~~ Nesses
64 No original: tangível, ~~o contrassenso~~ um contrassenso ~~tangível~~ extraordinário:
65 No original: exterritoriabilidade
66 No original: exterritoriabilidade
67 Observe-se um dos tantos paradoxos criados por Euclides ao descrever a Amazônia e sua gente, a exemplo deste outro extraído de "Um clima caluniado": "Mandavam-nos para a Amazônia – vastíssima, despovoada, quase ignota – o que equivalia a expatriá-los dentro da própria pátria" (*À margem da história*, p.65).

em marcha,[68] mudando-se imperceptivelmente, pelos tempos sem conto, dia e noite, sem parar um segundo, tornando cada vez menores, pelo desgastamento contínuo as largas superfícies que atravessa.

Não se lhe apontam formações duradouras ou fixas. Por vezes, em quase todas as arqueaduras[69] de seus canais, as águas remansando-se nas abras, fazem que, ao mesmo passo com os[70] sedimentos conduzidos, se deponham as sementes flutuantes que[71] acarretam: e as faculdades criadoras do rio despontam surpreendentes.[72] O baixio prestes recém-formado, e logo aflorando à superfície, delineia-se nuns contornos apagados; define-se mais e mais; dilata-se; e na ilha que se gera, crescendo e articulando-se a olhos vistos, a exemplo de prodigioso organismo, desencadeia-se para logo a luta das espécies vegetais, tão viva e tão dramática, que nem lhe faltam no baralhamento dos colmos e das ramagens enleadas, estirando-se, enredando-se, confundindo-se, os movimentos convulsivos de uma enorme batalha sem ruídos [interrompido].

---

68 No original: marcha, ~~imp~~ mudando-se
69 No original: arqueadura
70 No original: os ~~detritos~~ sedimentos
71 No original: que ~~conduzem~~ acarretam:
72 No original: surpreendentes. ~~Subiu o~~ O baixio prestes ~~p~~ recém-formado

23

O primado do Pacífico[1]

... In her fleet her fate!

Tennyson[2]

A[3] fórmula superior dos destinos norte-americanos definiu-se[4] com a singeleza e o rigorismo de uma identidade matemática: *Far West = Far East*.[5]

---

1 Manuscrito lançado em caderneta (*c.*1906-1908). Fonte: Cecil H. Green Library, Stanford University. Somente doze parágrafos, equivalentes à versão final, encontram-se na caderneta de Euclides, de um total de 31 do ensaio completo, publicado primeiramente no *Jornal do Commercio*, RJ, em 19 jan. 1908 e posteriormente reunido em *À margem da história*. Para uma apreciação crítica de "O primado do Pacífico", consultar Amory, *Euclides da Cunha: uma odisseia nos trópicos*, p.378-82.

2 Do poema "The Fleet" (1885), de Alfred Lord Tennyson (Reino Unido, 1809-1892). A epígrafe, que aparece outras duas vezes ao longo do *ms*, parte de um verso do poema, refere-se à frota marítima da Inglaterra (*her fleet*) e ao destino deste país (*her fate*), em época em que a Inglaterra, potência marítima, logicamente dependia da sua invejável frota comercial de navios para manter a sua liderança comercial e militar no mundo, segundo os princípios de sua política neocolonialista.

3 No original: Tennyson § E a

4 No original: definiu-se ~~de há m~~ com a ~~simples~~ singeleza

5 Euclides lançou essa ideia uma vez mais no *ms*: "A fórmula superior dos destinos norte-americanos pode escrever-se com a singeleza e o rigorismo de uma identidade matemática: *Far West = Far East*..."

É uma expressão segura.[6] Não escrevemos romanticamente, encantados e atônitos[7] diante das fantasias tremendas do capitão Mahan.[8] Poderíamos demonstrá-la, repregando-a de algarismos[9] firmes, acompanhando, por exemplo, para citar um só nome,[10] o Hon. O. P. Austin,[11] que na superintendência da Repartição de Estatística da grande república, desbanca o mais presuntuoso sociólogo,[12] no caracterizar-lhe a expansibilidade econômica irrivalizável.[13]

6 No original: segura. ~~Não a escreve um romântico~~ Não

7 No original: encantado e atônito,

8 Alfred Thayer Mahan (Estados Unidos, 1840-1914), almirante, historiador e grande geoestrategista, preconizou o princípio do "poder marítimo" que informa a base da sua teoria imperialista: uma nação com uma poderosa frota marítima terá melhores chances de dominação no cenário internacional.

9 No original: algarismos ~~de algarismos f~~ firme

10 No original: nome, ~~aquele lúcido~~ o Hon.

11 Oscar Phelps Austin (Estados Unidos, 1847-1933), jornalista, estatístico, membro da National Geographic Society e chefe do Departamento de Estatística do Ministério da Fazenda norte-americano.

12 No original: sociológico

13 No original: irrivalizável. ~~de um país que vindo em terceiro lugar, logo depois a Inglaterra e a Alemanha, entre as grandes nações comerciais do mundo, suplanta-as entretanto, à todas, com a sua exportação incomparável. E~~ [interrompido]
Neste ponto do manuscrito Euclides tencionou lançar uma nota, inserindo-a, porém, somente após a reescritura do parágrafo: "É uma ~~dedução~~ frase positiva. Não a ~~gestou~~ aventurou um romântico encantado nas fantasias tremendas do capitão Mahan. [~~Ilegível~~] Escreveu-a, entre algarismos irrefragráveis [*sic*], o Hon. O. P. Austin que na superintend[ênc]ia da Repartição de Estatística norte--americana suplanta o mais presuntuoso sociólogo no caracterizar a vitalidade excepcional da grande nacionalidade".
Vide [Hon. O. P. Austin,] "Problems of [the] Pacific [– The Commerce of the Great Ocean"]. An Address Before the National Geo-

Ensaios e inéditos

Então[14] não nos maravilharia por que os Estados Unidos[15] exagerassem em tanta maneira as redes de[16] seus caminhos de ferro articulando-as com as seis estradas, tão ao parecer excessivas, que ligam o Atlântico ao Pacífico,[17] ao ponto de constituírem, hoje, um sistema ferroviário total que desenvolvido poderia enrolar oito vezes uma cintura de aço em torno da Terra,[18] no equador, com um desdobramento espantoso de 382.000 quilômetros de duplos trilhos.[19]

É que não bastava prender, linearmente, um litoral ao outro. Fazia-se mister deslocar para o Pacífico as energias nacionais crescentes dos mais diversos pontos do território. As vagas povoadoras desencadeadas para o ocidente não poderiam estacar nas ribas do Óregon e da Califórnia. A quantidade de movi-

---

graphic Society, April 2nd, 1902. [*The National Geographic Magazine*, v.XIII, n.8, p.303-18, ago. 1902]. (N. A.)

14 No original: Então ~~compreenderíamos que motivos~~ não

15 No original: Unidos – ~~em pleno contraste com a linha singela e frágil do Transiberiano, ou da linha única, transcontinental, do Canadá~~ – exagera~~vam~~ssem em

16 No original: de ~~suas estradas~~ seus

17 No original: Pacífico, ~~constituindo~~ ao

18 No original: terra

19 Euclides rascunhou esse parágrafo mais uma vez: "Acompanhando-o ~~vê-se que mau grado as desvantagens da estrada marítima~~ compreende-se porque em contraposição à linha singela e frágil do Transiberiano ou a linha única, transcontinental, do Canadá, os Estados Unidos exageraram espantosamente a rede extraordinária de suas ~~linhas~~ vias férreas ~~articuladas~~ articulando-as com as seis linhas tão ao parecer excessivas de ligarem os dous oceanos, ~~cujos trilhos ligados dariam dezesseis vezes a~~ num sistema ferroviário que distendido, ~~daria~~ faria oito vezes a volta da [T]erra, no equador, com um desenvolvimento ~~de 200.000 milhas~~ de 382.000 quilômetros."

Euclides da Cunha

mento acumulada na marcha propelia-as irresistivelmente para a amplitude do grande oceano.[20] E deviam transpô-la.[21]

Era fatal. O contrário acarretaria o absurdo de um país, sacrificado pelo seu próprio progresso, ou fulminado por uma pletora industrial violentíssima. O excesso da produção agrícola e industrial da América do Norte é, com efeito, surpreendente – bastando considerar-se que, ocupando eles o terceiro lugar entre grandes nações comerciais do mundo, logo após a Inglaterra e a[22] Alemanha, lhes tomam, entretanto, a frente como nação exportadora; ou citar-se o caso expressivo da inesperada *"invasão yankee"* que bateu o comércio europeu, em 1901, dentro de seus próprios mercados.

Mas este incidente expressivo não iludiu a lucidez de seus economistas.[23] Sob o duplo aspecto, da importação das ma-

---

20 No original: oceano, ~~transpondo-lh'a~~. E

21 Euclides rascunhou este trecho ainda outra vez: "É que a[s] impetuosas vagas povoadoras ~~que se~~ despenhadas para o ocidente não poderiam estacar nos litorais do Óregon e da Califórnia. ~~A força viva adquirida~~ A quantidade de movimento adquirida ~~levá-las-ia~~ só poderia amortecer-se, difundindo-se aforradamente na amplitude do enorme oceano transpondo-a."

22 No original: a ~~França~~ Alemanha

23 Na sequência, duas folhas foram arrancadas do caderno. Euclides rascunhou os dois últimos parágrafos três vezes mais no *ms*:
[1] "Mas determinou-~~se~~ uma anomalia ~~cujos~~ cujos efeitos, avultando, ameaçam realizar o absurdo de um povo sacrificado pelo seu próprio progresso. § Mas se determinou entre o seu comércio geral que está em terceiro lugar entre os das grandes nações, abaixo da Ing[laterra] e da Alemanha, o seu comércio exportador que tomou a dianteira do de todas elas, um desequilíbrio crescente cujos efeitos, avolumando-se § Este incidente, entretanto, não poderia trair a lucidez de seus experimentados governos."
[2] "~~O progresso norte-americano determinou à grande nacionalidade um dilema formidável:~~ ou ~~estacionar refugindo~~ quedar-se ~~nas~~ dentro de

---

334

Ensaios e inéditos

térias-primas essenciais,[24] e da exportação das suas sobras industriais e agrícolas crescentes, a Europa, e a própria América do Sul, jamais seriam as bases da sua vitalidade econômica. Revelavam-no os grandes números da estatística. De um lado, à parte a *India rubber* e o café, a entrada, de ano a ano avolumada, dos materiais indispensáveis à vida e às manufaturas norte-americanas, provinha[25] exclusivamente do Extremo Oriente: a seda crua,[26] que subira de 500.000 libras em 1870 a 12 milhões de libras em 1901; as várias sortes de fibras, que no mesmo período[27] cresceram de cem milhões a seiscentos milhões de libras; o chá, que crescera de 50%; e o açúcar,[28] de que se consumira em 1870 mil milhões de libras e, em 1901, a quantidade fantástica de quatro bilhões e quinhentas mil,[29] correspondem à metade da produção de todo o mundo.[30]

---

suas fronteiras timidamente ~~às aventuras de um expansionismo arriscado e neste caso fulminá-la-ia a própria pletora industrial crescente;~~" [3] "~~O contrário seria o aniquilamento de uma nacionalidade fulminada pela pletora industrial crescente acarretaria a anomalia singularíssima de uma nacionalidade de [ilegível] de súbito em virtude do seu próprio, fulminada por uma pletora industrial violentíssima. Com efeito, depois~~ § Era fatal."

24 No original: essencias

25 No original: provinham

26 No original: crua ~~cuja importação~~, que

27 No original: período ~~avultaram~~ cresceram

28 No original: açúcar, ~~qu~~ de

29 No original: mil ~~libras, exatamente igual ou seja a~~ corresponde à metade ~~de toda a sua~~ da produção ~~universal~~ de todo o mundo, ~~desta~~ § Resumindo:
A tradução de Euclides deste trecho de Austin nos leva a crer que o total equivale à metade da produção mundial, quando deveria ser à metade da produção norte-americana.

30 Em *À margem da história* (p.237), dois desses números foram impressos incorretamente: 5%, em vez de 50%; e um milhão em vez de

Euclides da Cunha

Resumindo: a importação norte-americana de produtos tropicais e subtropicais, oriundos na maior parte das terras asiáticas, ribeirinhas do Pacífico, atingira,[31] no princípio deste século, a 400.000.000 de dólares, quase igual à metade da sua importação mundial.

Por outro lado, a exportação dos principais efeitos de sua indústria[32] avantajara-se num crescendo ainda mais expressivo. Os mercados, que naqueles lados se lhe abriam, definiam-se por meio de algarismos e cifrões ainda mais estonteadores: a China importava em números redondos 190.000.000 de dólares; o Japão, 140.000.000; a Australásia 250.000.000; a própria Índia, porque o comércio inglês, prejudicado pela longa travessia do canal de Suez, seria facilmente batido nas viagens rápidas pelo Pacífico, 300.000.000; e a Rússia asiática, e a Coreia e a Indochina – permitindo prefixar-se, sem exageros, à exportação exclusivamente norte-americana, o valor extraordinário de 1.300.000.000 anuais, correspondentes a três milhões e novecentos mil contos da nossa moeda.[33]

Ora, por mais extraordinários que estes números se afigurem, nasciam de uma base experimental iniludível.[34]

---

um bilhão (mil milhões). Na versão do *Jornal do Commercio* as cifras estão corretas.

31 No original: atingira, ~~na entrada do nosso~~ no

32 No original: indústria, ~~definira-se~~ avantajara-se

33 Dados que Euclides extrai do já mencionado discurso de Austin, "Problems of the Pacific", p.307-9.

34 Euclides lançou uma versão algo modificada (e baseada no discurso de Eki Hioki, apresentado na *National Geographic Society* em 19 jan. 1906 e publicado na *The National Geographic Magazine*, v.XVII, n.9, set. 1906 p.498-504) do seguinte texto, rascunhado duas vezes no *ms*, em nota de rodapé em *À margem da história* (p.238):

Ensaios e inéditos

Acompanhando-se, justalinearmente, a sólida argumentação de[35] O. P. Austin, que até pelo seu caráter oficial, é uma competência predominante neste assunto, vê-se que, desde a abertura do canal de Suez em 1869, e apesar dela e dos auxílios que[36] determinou ao comércio europeu, o movimento comercial do Extremo Oriente tendeu, de ano para ano, uma direção acentuada e firme, a girar inteiramente na órbita norte-americana. No seu cálculo, ele incluiu o comércio do grande semicírculo de países que, por uma coincidência geográfica natural, têm o centro geométrico em[37] Manila: a China, o Japão, a Coreia,

---

[1] "O assunto escusa de mais provas § Uma autor[idade] competente, o ministro japonês Eki Hioki, desenhou-nos um quadro ainda mais compreensível restringindo-o aos mercados da China, da Austrália e do Japão. As compras destes países em todos os mercados europeus combinados aumentaram de 45 milhões de dólares de 1890 a 1903; ao passo que a~~ exportação dos Estados Uni~~ importaram dos Estados Uni § ~~Sob o ponto de vista mais particular das imp do comércio oriental apenas restrito aos mercados da China, do Japão e da Austrália, o quadro é por igual expressivo. Mostra-o não mais um *yankee* mas um lídimo japonês, o lúcido Eki Hioki, com a autoridade~~" [interrompido]

[2] "O ministro japonês Eki Hioki, no seu bela [*sic*] monografia 'Japan, America, and [the] Orient' apresentada em 1906 à Sociedade Geográfica de Washington, é ainda mais compreensível restringindo a estatística à existência comercial, não foi de todo o oriente senão apenas da China, da Austrália e do Japão – E mostra-nos que enquanto a exportação de todos os países europeus ~~subiu de 45~~ aumentou de 45.000.000 de 1890 a 1903, ~~a dos Estados,~~ com um acréscimo de 22%, a dos Estados Unidos engrandeceu-se de 49.000.000, ~~com um aumento de 160%,~~ maior do que o de toda a Europa, e com um aumento de 161%".

35 No original: de P. Austin
36 No original: que ~~importou~~ determinou
37 No original: em Manilha

Euclides da Cunha

Hong Kong, Indochina, Austrália, a Índia e as Índias Orientais holandesas, – cujas populações adensadas constituem mais de um terço da humanidade.[38] Demonstrou, então, que as importações desses países,[39] sendo de 575.000.000 em 1868, tinham sucessivamente crescido a 760 milhões de dólares em 1880, 1.025 milhões em 1890 e a 1.260 milhões em 1900; no mesmo passo que as exportações[40] ascendiam de 588 milhões em 1868 a 1.275[41] milhões em 1900. E com o mesmo rigorismo numérico desenhou o diagrama maravilhoso do movimento ascensional[42] do comércio *yankee* nesse admirável despertar do Oriente.[43] Assim é que em 1868[44] os países precitados apenas lhe[45] importaram mercadorias no valor de[46] 8.000.000 de dólares, ou menos de 2% da importação total. Em 1880, porém, aumentaram-na a 30 milhões; a mais de sessenta milhões em 1890; atingindo a 110 milhões em 1900[47] – subindo a per-

38 No original: humanidade. ~~E~~ Demonstrou

39 No original: países, ~~que eram~~ sendo

40 No original: exportações ~~subiam~~ ascendiam

41 Em *À margem da história* (p.239) este número foi impresso incorretamente: $1.257.000.000, em vez de $1.275 milhões.

42 No original: ascensional ~~dos Estados Unidos~~ do comércio ~~norte-~~ *yankee*

43 A frase "despertar do Oriente" provém de Austin, assim como os dados numéricos anteriores encontrados no seu discurso. Vide Austin, *The National Geographic Magazine*, p.307-9.

44 No original: em 68 os

45 No original: ~~lhes~~ importaram

46 No original: valor 8.000.000

47 Em *À margem da história* (p.239), este número foi impresso incorretamente: 1901 em vez de 1900. Austin afirma que "se atingiu *mais* de 110 milhões".

Ensaios e inéditos

centagem relativa à[48] 10% em vez dos 2% de há trinta anos.[49] Defrontadas com a exportação inglesa, nas mesmas quadras,[50] estes números tornam-se extremamente eloquentes. Realmente, em que pese ao seu antigo primado, açambarcando toda a existência econômica daqueles países,[51] as vendas da Inglaterra, que já em 1868 atingiam[52] a 310.000.000 de dólares, subiram, naquele período,[53] a 462.000.000. E, a simples diferença destes números extremos, comparados[54] a dos que lhes correspondem,[55] nas transações dos Estados Unidos, mostram,[56] contrapostos, triunfalmente, aos 50% de acréscimos da exportação britânica, perto de 1.000% da[57] *yankee*.

No entanto, estes resultados notáveis verificavam-se de envolta com os empeços mais sérios, oriundos das demarcadas distâncias daqueles mercados longínquos. Malgrado as suas fartas redes ferroviárias, a simples circunstância de se acharem na[58] costa atlântica os[59] principais centros[60] produtores e con-

---

48 No original: relativa 10%

49 Austin utiliza o ano de 1868 no seu discurso; portanto 32 anos e não 30.

50 No original: quadra

51 No original: países a exportação as

52 No original: atingia

53 No original: período, apenas a 462.000.000.
Euclides insere indevidamente o termo *apenas*, enquanto o editor lhe altera o numeral ($162.000.000), lapsos estes que permanecem até hoje nas edições de *À margem da história* (p.239).

54 No original: extremos, comparada a dos

55 No original: correspondem, das exportações nas

56 No original: Unidos mostram, que contrapostos

57 No original: da exportação *yankee*

58 No original: na sua costa

59 No original: os seus principais

60 No original: centros pro de prod produtores

Euclides da Cunha

sumidores, aliada à desvantagem econômica dos transportes terrestres, relativamente aos marítimos,[61] dá aos Estados Unidos uma posição demasiado desvantajosa, diante de todos os concorrentes europeus. Basta considerar-se que, as[62] três grandes estradas até hoje percorridas por dous terços[63] de suas exportações anuais, são as do canal de Suez com 12.500 milhas, igual à metade da circunferência da Terra; a do Cabo da Boa Esperança (15.000 milhas) e a desmedida volta pelas águas, lavradas de tormentas, do Cabo Horn, com 16.000 milhas.[64] Confrontados estes números com a distância de 10.500 de Londres a Xangai,[65] resultam as diferenças sucessivas de 2.000, 4.500 e 5.500, favoráveis ao comércio inglês,[66] e que correspondem, respectivamente, às distâncias de Quebec à Glasgow, de Londres à Demerara, e de Montevidéu à Southampton.

Não se comentam estes dados positivos e firmes.[67] O corte do istmo do Panamá, ainda que o não inspirassem imperiosos motivos sociais e políticos, abrir-se-ia[68] do choque irresistível desta *rush* ensofregada para o levante,[69] destinada a completar

---

61 No original: marítimos, ~~daria~~ dá
62 No original: as ~~suas~~ três
63 No original: terços ~~anuais~~ de
64 No original: milhas. ~~Uma comparação~~ § ~~Deste modo se contrapõe as distâncias, mínima de 12.500 m.~~ § Confrontados
   Euclides continua traduzindo, a partir do discurso de Austin, os dados numéricos e parte dos argumentos. Vide "Problems of the Pacific", p.305.
65 No original: Xangai ~~tem~~ resultam
66 No original: inglês, ~~cujas valias se expõem mais sensivelmente desde que se considere que elas que correspondem que~~ correspondem
67 No original: e firmes. ~~A abertura~~ O
68 No original: abrir-se-ia ~~pela s~~ do
69 No original: levante ~~completando~~ destinada

Ensaios e inéditos

nas trilhas desafogadas dos mares o movimento admirável que, de há muito, arrebatara por terra para o *Far West* as promessas mais avantajadas do industrialismo moderno. Mas, o decênio, que gastará a sua abertura, avulta sobremaneira no vertiginoso dos sucessos contemporâneos, que tanto[70] multiplicam os efeitos do tempo. Vale por um século antigo.[71]

Durante este largo período podem desviar-se as mais seguras diretrizes da história. O "Awakening of the East", se o medirem pela escala do Japão[72] de hoje, isto é, por um decênio da importância real que[73] assumirá em próximo futuro, pode determinar assombrosas surpresas.[74] Não as imaginemos. Mas,[75] [ilegível] em que se por acaso houver de reeditar-se um confli-

---

70 No original: tanto multiplicam-se os

71 No original: antigo. N̶ã̶o̶ Durante
   No seguinte parágrafo, Euclides parece ter formulado semelhante ideia extraída de outra seção do caderno manuscrito: "A próxima abertura do canal do Panamá e a revivescência do extremo oriente asiático, d̶e̶m̶o̶n̶s̶ fixarão definitivamente, ou, pelo menos durante um período incalculável, a vida intensa da civilização no hemisfério norte. Nós ficaremos de lado; o̶ ̶q̶u̶e̶ ̶s̶e̶r̶á̶ ̶n̶o̶s̶ ̶p̶r̶i̶m̶e̶i̶r̶o̶s̶ ̶t̶e̶m̶p̶o̶s̶ e esta circunstância aparentemente lastimável, a̶v̶u̶l̶t̶a̶r̶á̶ ̶m̶a̶i̶s̶ ̶t̶a̶r̶d̶e̶ ̶c̶o̶m̶o̶ ̶o̶ ̶m̶a̶i̶s̶,̶ é felicíssima".

72 No original: Japão a̶t̶u̶a̶l̶ de hoje, que é isto

73 No original: que p̶o̶d̶e̶ assumirá

74 No original: surpresas. O̶ ̶"̶d̶e̶s̶p̶e̶r̶t̶a̶r̶ ̶d̶o̶ ̶l̶e̶v̶a̶n̶t̶e̶"̶ ̶P̶o̶r̶q̶u̶e̶ ̶e̶l̶e̶ ̶n̶ã̶o̶ ̶s̶i̶g̶n̶i̶f̶i̶c̶a̶ ̶a̶p̶e̶n̶a̶s̶ ̶o̶ ̶d̶e̶s̶p̶e̶r̶t̶a̶r̶ ̶d̶a̶ ̶m̶e̶t̶a̶d̶e̶ ̶d̶e̶ ̶t̶o̶d̶a̶ ̶a̶ ̶p̶o̶p̶u̶l̶a̶ç̶ã̶o̶ ̶d̶o̶ ̶g̶l̶o̶b̶o̶ ̶h̶u̶m̶a̶n̶a̶ ̶5̶0̶0̶ ̶m̶i̶l̶h̶õ̶e̶s̶ ̶d̶e̶ ̶h̶o̶m̶e̶n̶s̶ ̶s̶o̶b̶r̶e̶ ̶u̶m̶ ̶t̶e̶r̶ç̶o̶ ̶d̶a̶ ̶s̶u̶a̶ ̶s̶u̶p̶e̶r̶f̶í̶c̶i̶e̶ ̶ú̶t̶i̶l̶ ̶d̶a̶ ̶t̶e̶r̶r̶a̶ ̶o̶u̶ ̶s̶e̶n̶ã̶o̶ ̶t̶a̶m̶b̶é̶m̶ ̶q̶u̶e̶ ̶e̶s̶t̶a̶s̶ ̶n̶a̶ç̶õ̶e̶s̶ ̶a̶p̶e̶n̶a̶s̶ ̶v̶a̶r̶i̶á̶v̶e̶i̶s̶ ̶n̶o̶s̶ ̶n̶o̶m̶e̶s̶ ̶q̶u̶e̶ ̶s̶u̶r̶g̶e̶m̶ ̶d̶e̶ ̶u̶m̶a̶ ̶l̶e̶t̶a̶r̶g̶i̶a̶ ̶d̶e̶m̶o̶r̶a̶d̶a̶ ̶f̶o̶r̶m̶a̶m̶ ̶u̶m̶a̶ ̶ú̶n̶i̶c̶a̶ ̶r̶a̶ raça única, com os mesmos ideais políticos e̶ ̶r̶e̶l̶i̶g̶i̶o̶s̶o̶s̶,̶ ̶q̶u̶a̶s̶e̶ ̶a̶ ̶m̶e̶s̶m̶a̶ ̶l̶í̶n̶g̶u̶a̶ ̶e̶ ̶a̶p̶ ̶S̶e̶m̶ ̶p̶r̶e̶f̶i̶g̶u̶r̶á̶-̶l̶o̶s̶ Não as p̶r̶e̶f̶i̶g̶u̶r̶e̶m̶o̶s̶ imaginemos.

75 No original: Mas a̶t̶ [ilegível] em

Euclides da Cunha

to generalizado entre Mongóis e Caucásios, o cenário não se armará como na Idade Média, nos planos da Europa Oriental. Desdobrar-se-á no Pacífico.[76]

Sendo assim, os violentos interesses econômicos que revimos conchavam-se, não só com os mais prementes motivos políticos norte-americanos, senão com os de toda a civilização. A abertura do[77] "Canal de Roosevelt", que determinará o domínio comercial do grande oceano – exige uma preliminar forçada e irremovível: o pleno domínio militar das suas águas – que se mascara nos infinitos refolhos das novidades diplomáticas.

Quando os Estados Unidos conseguiram, em 1898, ao pactuar-se o Tratado de Paris, que a Espanha, dessangrada e exausta, lhes cedesse por sessenta mil contos as 3.000[78] ilhas, ou 140.000 milhas quadradas de terras das Filipinas, a política norte-americana deslocou-se para o Pacífico, extremando-se em dois objetivos,[79] aparentemente contrapostos.[80] De um lado, adita às tradições nacionais, repeliu para logo o pensamento de uma conquista, proclamando que a sua tutela sobre os países recém-adquiridos se exercitaria apenas durante o prazo indispensável ao tirocínio dos filipinos no aparelharem-

---

76 No original: Pacífico. § ~~Deste modo aos se os motivos econômicos que revimos determinam que partirá da abertura do istmo como um meio de dominar-se comercialmente o grande oceano, os de ordem política, e de toda a ordem política civilizada,~~ § Sendo

77 No original: do "~~istmo~~ canal

78 Este número não parece ser exato. Foreman menciona um total de seiscentas ilhas. Vide Foreman, *The Philippine Islands* (1899), p.5.

79 No original: objetivos ~~predominantes e~~ aparentemente

80 Este tratado foi assinado no dia 10 dez. 1898, na galeria do prédio do Ministério das Relações Exteriores da França. O custo total dessa *venda* foi da ordem de £8.400. Vide Foreman, op. cit., p.626.

Ensaios e inéditos

-se para o[81] próprio governo.[82] De outro, submetida às exigências da sua expansibilidade mercantil, reavivou o antigo projeto de um primado comercial no grande oceano,[83] território na mais avançada base de operações,[84] garantindo-lhe a presidência dos mercados do *Far East*.[85] Estes desígnios, evidentemente, se impropriavam a uma solução simultânea.

O ideal político[86] da formação de um país livre e apto a marchar autônomo, não para os seus destinos, sob a garantia do *self-government*, não[87] poderia coexistir com o intuito econômico visando[88] transformá-lo em simples campo de manobras, para a enorme luta comercial[89] que se desenvolvia. Nem se compreende que se constituísse o povo prefigurado,[90] colhido no ensaiar os primeiros passos pela pressão formidável dos inte-

---

81 No original: o ~~seu~~ próprio governo. De outro, ~~lado,~~ submetida às exigências ~~imperiosas de uma~~ da sua expansibilidade mercantil ~~incomparável~~ reavivou

82 Vide esta discussão em Colquhoun, *The Mastery of the Pacific* (1902), p.120.

83 No original: oceano, ~~erigindo o novo~~ território

84 No original: operações ~~para firmar o domínio dos~~ garantindo-lhe

85 No original: *East*. § ~~Aí estão, claros,~~ Estes desígnios ~~que ao primeiro lance~~ evidentemente se ~~desenvolveram~~ impropriavam
   Este parágrafo corresponde mais ou menos ao parágrafo 18 em *À margem da história*.

86 No original: político ~~traduzindo-se~~ da formação de um país livre ~~marchando~~ e

87 No original: não ~~condiz~~ poderia

88 No original: visando ~~subordiná-lo, passivo, feito~~ transformá-lo simples campo de manobras, ~~admiravelmente situado~~, para

89 No original: comercial ~~que se prefigurava,~~ que se ~~prefigurava~~ desenvolvia ~~certo virtuosíssima~~. Nem

90 No original: prefigurado, ~~talhado desde os~~ colhido

343

Euclides da Cunha

resses que lhos perturbariam.[91] A questão, nímio complexa, exigiu soluções sucessivas, e somente estas adscritas a um desenvolvimento lógico poderiam eliminar, ao cabo, na harmonia dos efeitos finais, a aparente autonomia de seus elementos iniciais. Com efeito, partindo do caso mais geral e mais simples, o fato econômico inadiável e irresistível, a irromper do próprio excesso de crescimento de uma indústria triunfante o fato político, resultaria como um caso particular, ou corolário de uma questão mais ampla.[92]

A formação histórica das Filipinas, à luz dos princípios modernos,[93] de modo que as suas raças transfiguradas se incorporassem voluntariamente, sem emperramentos na[94] estrutura nacional norte-americana, favorecendo-a e ampliando-a, sob

---

91 No original: perturbariam. ~~Deste modo,~~ A

92 Este parágrafo corresponde mais ou menos ao parágrafo 19 em *À margem da história*. Euclides rascunhou duas vezes esta última frase à página oposta do manuscrito:
[1] "A questão era, pelo menos, nímio complexa; e deverá repartir-se em soluções sucessivas. ~~Pelo menos~~ Era indispensável partir-se do fato econômico, mais simples e urgente, para atingir-se ~~um desenvolvi~~ o político, capaz de resultar mais tarde, espontaneamente, feito o corolário de um largo esforço de domínio franco e fecundo. Além disto aquelas possessões definiam precisamente a mais longínqua zona do desmedido cenário" [interrompido]
[2] "O problema, nímio complexo, deverá repartir-se em várias fases sucessivas de um desenvolvimento lógico capaz de elimi[nar...]: e que os norte-americanos, num desmesu[ra]do salto de cento e sessenta graus de longitude fossem armar de golpe precisamente no mais longínquo recanto dos novos cenários que se lhes abriam" [interrompido]

93 No original: modernos, ~~por maneira~~ de

94 No original: na ~~sólida~~ estrutura

Ensaios e inéditos

os impulsos espontâneos de suas tendências adquiridas – seria um episódio apenas da conquista[95] do Pacífico.[96]

*

* *

O quadro geográfico prefigura o histórico.[97]

Não há fugir-se à ilação que se desprende, não já das razões comerciais seriamente expostas ou dos nativos agitados, sob todas as formas, senão dos elementos naturais mais tangivelmente apreciáveis. Na verdade, o conflito comercial ou guerreiro, de qualquer modo, no encontro impetuoso entre[98] as duas civilizações que[99] se defendem, terá inevitavelmente a forma inicial de uma luta entre os Estados Unidos e o[100] Japão. Predeterminou: a natureza, estabelecendo entre os dous países a única estrada de comunicação prática e eficaz, para atravessar--se a maior das superfícies líquidas.

---

95 No original: conquista ~~prodigiosa~~ do

96 Deste, que corresponde ao parágrafo 20 em *À margem da história*, sobrou apenas a metade do seu total no *ms.* O 21º parágrafo do livro não foi lançado no *ms.*

97 Modificado no texto final para: "A geografia prefigura a história" (*À margem da história*, p.244).

98 No original: entre ~~os dous mundos~~ as

99 No original: se defe terá
Na página oposta, o autor lançou o seguinte vocabulário: "permuta, traça § relances § subir, galgar, elevar-se, erguer-se, levantar-se, atingir § sobrelevar-se, saltar, crescer, aumentar § granjear – aquistar, adquirir".

100 No original: Japão. ~~parece havê-lo traçado de antemão a própria~~ § Predeterminou: a natureza, ~~entre os Estados Unidos e o Japão, estabelecendo~~ estabelecendo

Euclides da Cunha

Com efeito, o Pacífico ao contrário de outros mares é, de um modo geral, um grande isolador dos povos que separa.[101] Nas latitudes meridionais é quase intransponível.[102] Os arquipélagos que o rendilham, da Austrália para o levante, acabam de improviso nos últimos farelhões de Tuamotu.[103] Da ilha de Pitcairn, a buscar as costas sul-americanas, mal afloram nas vagas[104] alguns abrolhos desabrigados e sem nome, perdidos num ermo apavorante de 6.600 quilômetros de águas profundas e revoltas. Não há em toda a Terra[105] nenhuma outra zona[106] tão desfrequentada ou tão inútil. Não a lavram as navegações regulares,[107] evitando o roteiro penoso de longos dias um abrigo; e a própria rapidez das correntes elétricas não a transporão nunca, porque a sua largura é dupla do limite máximo, experimentalmente estabelecido, para os intervalos das estações dos cabos submarinos. Os maiores engenhos do espírito humano anulam-se, diante daquela imensidade vazia. É um trecho morto do planeta.[108]

Ao passo que, no hemisfério norte,[109] se patenteiam dispositivos naturais contrários. O grande oceano[110] é, certo, mais ermado; mas, a rareza de ilhas compensa-lhe, porém, uma dis-

---

101 No original: separa. ~~Nas lati~~ Nas

102 O restante da página, que possivelmente continha texto, foi arrancado.

103 No original: de Toamotu. Da

104 No original: vagas ~~abr~~ alguns

105 No original: terra

106 No original: zona ~~mais atravessada~~ tão

107 No original: regulares, ~~fogem que a desfrequentam~~ evitando

108 No original: do planeta~~, desfrequentado e ignoto~~. Ao

109 No original: norte ~~pa~~ se

110 No original: oceano ~~figura-se~~ é certo mais ~~deserto~~ ermado;

Ensaios e inéditos

tribuição mais uniforme. Os arquipélagos, ralos, ampliam-se avassalando desmedidas áreas. Entre a América do Norte e a China, a maior seção isolante, alarga-se da Califórnia às[111] de Sandwich, e mal ultrapassa duas mil milhas. As demais, repartindo-se em pedaços regulares,[112] afeiçoam-se às seguras travessias. De S. Francisco ao abrigo admirável de Pearl Harbor,[113] no Havaí (2.078 milhas), de Pearl Harbor a Wake (2.004 m.), de Wake a Guam (1.304 m); de Guam a Manila (1.360 m) e desta a Hong Kong (600 m.), o longo percurso de 7.346 milhas[114] atenua-se, repartindo-se em cinco escalas inevitáveis; e, excluindo o[115] itinerário, contorneante e mesmo inconveniente do estreito de Bering, não se conhece outro laço de união entre os dous mundos. Completam-no,[116] além disto,[117] influências físicas excepcionalmente propícias. A natureza ali empresta as suas energias prodigiosas e gratuitas —[118] vezando-as ao entre-

---

111 No original: às Sandwichs

112 No original: regulares ~~favorecem facilitam~~ afeiçoam-se às ~~mais~~ seguras

113 No original: de Pearl Harbor ~~(Havaí)~~ no Havaí (2.074 milhas),

114 Para essas distâncias, Euclides possivelmente fez uso do mapa da *The National Geographic Magazine* (p.312) que acompanha o já mencionado discurso de Austin: "Problems of the Pacific – The Commerce of the Great Ocean", proferido em 2 abr. 1902 na National Geographic Society, Washington, D.C. Segundo esse mapa, de São Francisco ao Havaí, a distância é de 2.078 milhas. Apesar do lapso neste trecho, Euclides lançou o número correto em outra passagem do *ms*, conforme se vê no item [7] da nota 131.

115 No original: excluindo o ~~mito geográfico da ponte Atlântica que vem escancelando-se no estreito de Bering~~ itinerário

116 No original: Completam-no, ~~além disto~~ além

117 No original: disto, ~~os agentes físicos mais favoráveis~~ influências

118 No original: gratuitas – ~~predispostas~~ vezando-as

Euclides da Cunha

laçamento ou ao encontro formidável das duas[119] civilizações que se fronteiam. Não lhes traçou apenas aquela estrada,[120] – já, de golpe, fixando entre os cerros arremessados das Havaís o centro do mais intenso vulcanismo do globo; já, vagarosamente, nos milenários edifícios coralinos – senão que a anima, e a[121] agita e a orienta, predeterminando até as singraduras das frotas que podem dispensar a bússola, acompanhando a translação perpétua das ondas submetidas à[122] rota imperturbável das correntes equatoriais. Com efeito, entre os paralelos de 10° e 30°, o Pacífico transmuda-se num estupendo rio oceânico,[123] elíptico e fechado, ilhando as suas próprias águas,[124] e volvendo entre as margens líquidas a correnteza sensível de 10 milhas por dia. Parte da ponta meridional da Califórnia, rumo feito ao sul, volve ao ocidente, transpondo a imensidade dos mares, sob a diretriz do 10° paralelo até às Filipinas; inflecte, depois, ao norte, perlongando as costas japonesas; e volta para o levante, atravessando novamente o oceano até ao ponto de partida depois de um ciclo de[125] cinco mil léguas. Os navios abalam[126] do litoral norte-americano e o segmento costeiro do grande redemoinho condu-los[127] nos bordos do Sul, até à latitude do

---

119 No original: duas ~~maiores~~ civilizações
120 No original: estrada, ~~jogando~~ já
121 No original: a ~~movimenta~~ agita e a orienta ~~marcando de antemão~~ predeterminando
122 No original: submetidas ~~às~~ rota
123 No original: oceânico, ~~circular~~ elíptico
124 No original: águas, ~~volven~~ e volvendo entre as ~~suas~~ margens
125 No original: de ~~18.000 milhas~~ cinco
126 No original: abalam ~~da costa~~ do litoral norte-americano e ~~a espera~~ o
127 No original: condu-los ~~na direção~~ no bordos

Ensaios e inéditos

vindouro canal do Panamá; daí, sempre ao som das[128] ondas e
dos ventos rumaram para oeste, já auxiliados pelas correntezas
marítimas, já pelas de ar que as acompanham;[129] e, como exemplo, as caravelas que outrora abalavam da Europa em busca da
América, favorecidas por idênticas condições hidrográficas, *van
con los cielos* até às[130] plagas asiáticas.[131]

---

128 No original: das ~~das águas mornas~~ ondas e dos ventos ~~no bordo de~~
    amaram para leste
    No *ms* consta nitidamente o termo *amaram*, erro que persistiu em
    À margem da história (p.247). Por sua vez, o termo *leste* foi correta-
    mente substituído por *oeste* no livro.

129 No original: acompanham; "~~van con los cielos~~" e, ~~como os velhos~~
    ~~navegadores~~ exemplo as ~~antigas~~ caravelas

130 No original: as ~~rotas~~ plagas asiáticas. ~~Os mesmos agentes naturais~~
    ~~favoráveis, porém, agindo em sentido oposto~~ Mas ~~idênticos~~ os

131 Euclides rascunhou outras sete vezes, parcial ou integralmente, o
    texto destes dois últimos parágrafos. Vejam-se as diferentes versões:
    [1] "Diante de uma carta qualquer do Pacífico setentrional, vê-se
    de pronto, na vasta superfície de águas de [*sic*] se estira por cento
    e dez graus de longitude desde ~~S. Francisco da~~ a Califórnia às cos-
    tas do Japão, o traçado expressivo da nova estrada que se abriu na
    história destinada a um tráfego" [interrompido]
    [2] "Abrindo-se uma carta qualquer do Pacífico setentrional, ~~nota-~~
    ~~se de pronto, defrontando-se~~ vê-se que se defrontam, quase liga-
    das pelo mesmo paralelo, S. Francisco da Califórnia e Tóquio. Ao
    mesmo o grande, o oceano que ~~se~~ dilata nas latitudes meridionais
    ~~a so~~ a solidão das suas águas por maneira que a partir da ilha de
    Pitcairn para o levante ela se estira absoluta e unida que se aflorem,
    perturbando-a, os mais breves abrolhos, numa extensão média de
    4.000 mil [*sic*] milhas até as costas da América do Sul"
    [3] "Abrindo-se uma carta qualquer do Pacífico setentrional, nota-se
    que se defrontam, quase ligadas pelo mesmo paralelo S. Francisco
    da Califórnia e Tóquio. Ainda mais o grande oceano nas latitudes
    meridionais é quase intransponível. Da ilha de Pitcairn, no mais
    avançado de seus arqui[pél]agos, para o levante, a buscar as costas

Euclides da Cunha

americanas, estira-se, sem que a perturbe a ponta de um abrolho, a solidão apavorante de 6.600~~0~~ quilômetros de águas profundas e revoltas. Ao passo que ao norte na faixa precitada expõem-se, de golpe os únicos pontos determinantes"

[4] "Não pode rompê-la normalmente, a navegação regular. Não a dominam os próprios fluxos vertiginosos da eletricidade dinâmica: ~~porque a largura daquela amplitude deserta e~~ aquela distância dupla do limite máximo experimentalmente estabelecido para os intervalos das estações dos cabos submarinos. Assim os maiores recursos humanos se anulam diante daquela imensidade vazia. ~~que é~~ É um trecho morto do planeta. ~~perpetuamente destinado~~ § Ao passo que no hemisfério norte se patenteiam~~-se~~ condições naturais opostas. ~~Há, certo, uma extrema rareza~~ Certo, o maior dos oceanos figura-se ainda mais deserto; mas à rareza das ilhas, compensa-se-lha uma distribuição mais uniforme. Os arquipélagos espalham-se, ~~largamente entre os continentes~~ pontilhando toda a largura enorme de um a outro continente... § A demonstração, é gráfica."

[5] "O Pacífico nas latitudes meridionais é quase instransponível. Os arquipélagos que fervilham e se sucedem a partir d~~as costas australianas extinguem-se de golpe~~a Austrália para leste acabam de súbito no de Tuamotu. Da ilha de Pitcairn para o levante a buscar as costas americanas ~~se~~ desenrola-se, sem que a perturbe a ponta ~~de um~~ do ilhéu ~~aferrando o flux das raias~~ perdido de Waihu, – unida, a solidão ~~apavorante~~ de 6.600 quilômetros de águas profundas. ~~e revoltas. Ao passo passo que no hemisfério setentrional, o número incomparavelmente inferior, de ilhas compensa-se com a distribuição mais uniforme. que são o dobro da amplitude atlântica entre Pernambuco e as costas da Libéria.~~ Ao passo que no hemisfério norte, a rareza de ilhas, compensa-lha uma distribuição mais uniforme. Entre ~~S. Francisco da~~ a Califórnia e ~~Tókio~~ as Filipinas ~~— a defrontarem-se por um curioso acaso quase ligadas pelo mesmo paralelo~~ – o máximo afastamento pelágico de Honolulu a S. Francisco mal ultrapassa 2.000 milhas e o mais breve exame ~~demonstra~~ revela que somente por ali se locará a desmedida linha de comunicações ~~com~~ para o *Far East* ou do *Far East*. As ilhas de Sandwich, Midways, Marianas e Filipinas, regularmente intervaladas, aparecem, com toda

Ensaios e inéditos

a evidência de uma impressão gráfica, vivíssima, como os pilares
da desmedida ponte ideal de cento e vinte graus de longitude por
onde a civilização prosseguirá rematando o seu itinerário em volta
~~do planeta~~ da terra, ou por onde um refluxo extraordinário o enorme mundo asiático despertado pelo rejuvenescimento do Japão, terá
de arremeter com ela § Os arquipélagos que ~~enxameiam~~ fervilham
e se sucedem a partir da Austrália em rumo certo de leste acabam
de súbito no de Tuamotu. Da ilha de Pitcairn ~~para o leste~~ a buscar
as terras americanas desenrola-se unida sem que a destrua a ponta
do ilhéu perdido de Waihu – ~~unida,~~ a solidão apavorante de 6.600
quilômetros de águas revoltas e profundas. Quer dizer: o Pacífico
nas latitudes meridionais é quase intransponível. O próprio vertiginoso da eletricidade não lhe domina, ali a ~~imensidade vazia~~ amplitude deserta: aquel~~ea afastamen~~ distância é dupla do limite máximo
estabelecido ~~pelos para os cabos submarinos.~~ para os intervalos das
estações dos cabos submarinos. Ao passo que no hemisfério norte,
a rareza de arquipélagos ~~compensa-lha~~ se compensa com a distribuição mais uniforme deles. Entre a Califórnia e as Filipinas o ~~máxi-~~
~~mo~~ maior afastamento pelágico, ~~entre~~ de Honolulu e S. Francisco,
mal ultrapassa duas mil milhas; e o mais rápido exame demonstra
que somente naquela zona se poderá locar a linha de comunicações
para o *Far East*, ou do *Far East*. A demonstração é gráfica. ~~entra nos~~
~~pelos olhos~~ As ilhas de Sandwich, Midways, Marianas e Filipinas
intervalam se como os pilares da desmedida ponte ideal de cento
e vinte ~~e vinte~~ graus de longitude, por onde a civilização prosseguirá ultimando o giro da terra, ou por onde um refluirá sobre ela,
arremetente, num~~a~~ sentido contrário, o enorme mundo asiático
despertado pelo Japão. § Num ou noutro caso que se destine a um
itinerário glorioso ou ~~a um~~ ao choque formidável das raças ali se
abre ~~baseada nos elementos físicos mais fisicamente memoráveis e~~
~~tangíveis~~ uma nova estrada à história."

[6] "O Pacífico nas latitudes meridionais é quase intransponível. ~~Os~~
~~arquipélagos~~ Da ilha de Pitcairn, última partícula dos arquipélagos
fartos que se sucedem a partir da Austrália, para o levante, estira-
-se unida sem que a destrua o § acabam, de improviso nos últimos
farelhões de Tuamotu. § Não há em toda a terra nenhuma outra

Euclides da Cunha

~~mais superfície~~ zona mais ~~isoladora ou~~ abandonada e mais inútil. Não a lavram as navegações regulares, evitando a travessia penosa, de longos dias, sem abrigos; e a ~~a um~~ própria rapidez das correntes elétricas não lhe transporão nunca a" [interrompido]

[7] "O Pacífico nas latitudes meridionais é quase intransponível. ~~Ilhados~~ Os arquipélagos que o rendilham ~~a partir das costas orientais~~ da Austrália para o levante. Da ilha de Pitcairn a buscar as terras sul-americanas ~~a partir das costas orientais~~ mal afloram nas vagas raros abrolhos ~~perdidos~~ desabrigados ~~de Waihu, na imensa solidão~~ e no geral sem nome perdidos num ermo apavorante de 6.600 quilômetros de águas profundas e revoltas. ~~É um trecho morto do planeta e não~~ Não há em toda a terra § Não o lavra a navegação regular. ~~e como os atravessam O~~ As próprias [*sic*] fluxos vertiginosos da eletricidade dinâmica ~~porque aquela largura~~ não lhe transpõem a largura, que é dupla do limite máximo experimentalmente estabelecido para os intervalos das estações dos cabos submarinos. Os maiores recursos humanos anulam-se diante daquela imensidade ~~deserta~~ vazia. É um trecho morto do planeta. § Ao passo que no hemisfério norte patenteiam-se depositários naturais diversos. O ~~grande oceano Pacífico~~ grande oceano é, sem dúvida, ~~ainda~~ mais deserto; mas ~~compensa-lhe~~ a rareza de ilhas compensa-lha a distribuição mais uniforme delas. Entre a Califórnia e as Filipinas, a maior seção isolante estende-se de S. Francisco a Honolulu e mal ultrapassa duas mil milhas. As demais distribuindo-se em intervalos regulares permitindo travessia desafogada e segura; (~~Formam~~ e (e são os pontos determinantes do "fio vermelho" que locará a única linha de comunicações com o *Far East*. A demonstração é gráfica. As ilhas de Havaí, Midways, Marianas e Filipinas intervalam-se como os pilares de ~~uma~~ uma ponte ideal de cento e vinte graus de longitude por onde a civilização prosseguirá ultimando o seu giro na terra o velho mundo asiático restaurado pelo rejuvenescimento do Japão. § ~~Há a~~ § ~~A par da~~ § Assim se traça ali, naturalmente, uma nova estrada à História. As deduções ou conjecturas dos sociólogos desenham-se; e retificam-se nas escalas dos cartógrafos.) De S. Francisco a Havaí (2.078 milhas) [Em *À margem da história* (p.246): 2.074 milhas], de Pearl Harbor a Wake (2.004 m); de

352

Ensaios e inéditos

Wake a Guam (1.304 m) e de Guam a Manila (1.360 [m]) – e de Manila a Hong Kong [(600 m)] – o longo percurso de 7.346 [m], atenua-se ~~nos desenhos~~ repartindo-se em cinco estações admiráveis; e à parte o mito geográfico da ponte Alêutica que se rompeu abrindo-se no estreito de Bering, não se conhece outro traço de união entre os dous mundos. Completam-no os agentes físicos mais favoráveis. A natureza empresta as suas energias ~~externas~~ poderosas para o entrelaçamento ou para o encontro formidável das duas maiores civilizações, diversíssimas, que se fronteiam. Não lhes traçou apenas a estrada, senão que a anima-a e movimenta-a, ~~por maneira que se possa dispensar a bússola ajustando-se às singradura~~ lançando adiante das singraduras, que podem dispensar a bússola, translação perpétua das ondas ~~seguindo o rumo~~ submetidas à rota imperturbável das correntes. O Pacífico ~~é~~ transmuda-se, com efeito ali num estupendo rio pelágico, circular e fechado. ~~e que parte~~ Parte da ponta meridional da Califórnia; torce para o sul; volve depois ao ocidente transpondo a imensidade das águas segundo o 10° paralelo até as Filipinas; ~~de onde inflectindo~~ inflecte-se depois para o norte ao longo das costas japonesas; e volta para o levante, transpondo novamente o oceano, até chegar ao ponto de partida depois de um curso de 18.000 milhas. ~~Destarte os~~ Os navios que zarpem da costa americana penetram o grande redemoinho quase na latitude ~~em que se abriu o último~~ do vindouro canal do Panamá; ~~vagam ao som das águas para leste~~ vão já auxiliados apenas pela corrente ~~marít equatorial~~ marítima já pelas de ar que a acompanham e passando pelas ilhas de Havaí, Wake, Guam e Filipinas, atingem os centros comerciais de Xangai e Yokohama; e ~~presos às~~ voltando presos às mesmas correntes ~~tomam pois o levante~~ para o levante até fechar-se o *great círculo*, do majestoso oceano. (Problems of Pacific – By Hon. O. P. Austin. Address before the National Geographic Society. April, 2nd, 1902). (N. A.) § ~~Deste modo se vê~~ Vê-se, deste modo, que os elementos naturais, mais tangivelmente mensuráveis, se predispõem, por igual, à expansão triunfante da América até a Ásia, ou ao revide tremendo desta última, volvendo às agitações da história depois de um longo descanso milenário. ~~De um ou de outro modo~~ As ilhas de Havaí, Midways, Marianas e

Euclides da Cunha

Mas, os mesmos fatores, agindo em sentidos opostos, propiciam aos navegantes, que[132] arrancam de Xangai ou de Yokohama, singrando para o norte e rumando logo para o levante, arrebatados,[133] surgindo no giro inflexível das mesmas águas,[134] o abordarem as terras do novo mundo, cerrando-se o *great circle* do majestoso oceano.[135]

Filipinas intervalam-se como pilares da ponte ideal de cento e vinte graus de longitude por onde a civilização prosseguirá ultimando o circuito na terra, ou por onde refluirá, arremetente e desencadeado o velho mundo asiático restaurado pelo rejuvenescimento do Japão. Porque, evidentemente por ali se traça, a ~~"fai[xa]~~ ~~linha vermelha~~ na única estrada de comunicações verdadeiramente prática com o *Far East*, a "linha vermelha" ~~em que~~ que [~~ilegível~~] locará uma nova estrada à História. § Estas deduções ou conjecturas, desenham-se; ~~avaliam-se~~ traçam-se a compasso; avaliam-se com o próprio rigor nas escalas geográficas. Ainda nenhuma previsão histórica se esteou em dados mais firmes".
Estes dois parágrafos correspondem mais ou menos aos parágrafos 24 e 25 em *À margem da história*, p.245-7. Euclides lançou o seguinte na página oposta do *ms*: "predestinada pela própria ordem natural ao confronto e ao conflito inevitável das forças contrapostas que lhe ocupam os extremos e aprestam-se a marcharem § que as... poderão paliar... mas não remover § o fato é que esta majestosa branca que ora aformoseia a nossa baía não vai, no conceito vulgar dos terroristas, iniciar talvez uma campanha. É um incidente, ou um episódio – ou ainda melhor uma simples manobra em pleno desencadear-se de uma campanha que já se travou há muito tempo, e que nenhuns recursos políticos sobrestarão. § Há até um excesso de objetivismo nos que só acreditam" [interrompido]

132 No original: que ~~zarpam~~ arrancam de Xangai ou de Yokohama, ~~e avançou velejando~~ singrando para o norte e ~~rumam~~ ruma

133 No original: arrebatados ~~pelas~~ surgindo

134 No original: no ~~seu giro invariável~~, o ~~alcançarem~~ abordarem

135 No original: oceano. ~~São condições naturais extraordinárias.~~ § Assim.

Ensaios e inéditos

Assim se traça, na única[136] trilha das comunicações realmente prática[137]da América[138] para o Extremo Oriente ou do
Extremo Oriente pª a América,[139] a "linha vermelha" de uma
nova estrada à História. Não é uma conjectura; é uma dedução[140] geométrica que se desenha e se avalia,[141] de golpe, num
traçado linear e simples. A previsão histórica resulta, neste
caso, dos cenários naturais.[142] Expõe-se, olhando-se para um
mapa. As ilhas de Havaí, Midways, Marianas e Filipinas, que
as velhas erupções espalharam no grande oceano, alinhando-as
e intervalando-as de um modo tão caprichoso, são, de fato,
as *latte stones*[143] em que se alevantarão os pilares da ponte ideal de
cento e vinte graus de longitude – por onde a civilização[144] caminhará, tentando ultimar o circuito da Terra, ou[145] ao mesmo

---

Este parágrafo corresponde mais ou menos ao parágrafo 26 em *À
margem da história*. Euclides parafraseia um trecho do discurso de
Austin, "Problems of the Pacific" (p.317).

136 No original: única ~~estrada~~ trilha
137 No original: prática ~~com~~ da
138 No original: Am
139 No original: Extremo Or pª a A a
140 No original: dedução ~~quase~~ geométrica
141 No original: avalia ~~com todo o rigor das reg. coordenadas geográ-
ficas~~ de
142 No original: naturais. ~~Vê-se, de golpe,~~ Expõe-se
143 No original: *least stones*
   A expressão foi impressa incorretamente em *À margem da história*
   (p.248). Em termos geológicos, as *latte stones* são megálitos (como
   menires e dolmens) de 4 a 7 pés de altura, em formato de cogume-
   lo, típicos dessa região marítima. Acredita-se, sem haver ainda conclusões científicas, que essas rochas foram construídas para servir
   de pilares na fundação de moradias dos povos antigos chamorros.
144 No original: civilização ~~avançará~~ caminhará ~~ultimando~~ tentando
145 No original: terra, ou ~~por onde~~ ao

Euclides da Cunha

passo que refluirá sobre ela, desencadeado e arremetente, o velho mundo asiático, despertado pelo rejuvenescimento do Japão, depois de uma inexplicável[146] letargia milenária.[147]

Como quer que seja, ali se abre, numa área igual a um quarto de toda a superfície da Terra, o cenário de uma agitação fu-

---

146 No original: inexplicável ~~descanso~~ letargia

147 No original: milenária. ~~Não há devaneios otimistas~~ ~~De um ou de outro modo~~ Como

Este parágrafo corresponde mais ou menos ao parágrafo 27 em *À margem da história*, p.247-8. Euclides rascunhou este trecho duas vezes mais:

[1] "tanto quanto possível integra – dilatando inicia-se nas esteiras de uma navegação intensa os leitos de suas estradas, ~~como se~~ e construindo com os conveses das esquadras § A fatalidade econômica ~~domina~~ sobranceia inteiramente o fenômeno, ~~à frente~~ acima dos mais arrojados ideais políticos, e ~~traduzindo-se~~ revela-se na própria ordem material por um excesso de crescimento e de forças, de tal porte, que o encerro cauteloso da grande república na cercadura das suas fronteiras com o só desafogo da expansão ~~comercial~~ tradicional no Atlântico, acarretam o absurdo de um povo vencido pelo seu próprio progresso, ou fulminado por uma pletora industrial violentíssima. Com efeito o acúmulo de vida agrícola e industrial da América do Norte é o fato dominante § Mas transpô-lo, como se a própria nacionalidade se deslocasse § unida" [interrompido]

[2] "Somente sobre a vasta base física de 60.000.000 de milhas do máximo oceano, avassaladas pela influência *yankee* ~~—dilatando-se~~ capaz de dilatar até materialmente, o Far West ao Extremo Oriente, nas próprias esteiras de uma esquadra comercial irrivalisável ~~[Far West ao Extremo Oriente]~~ – poderia efetuar-se aquele prodígio de política experimental que pela primeira vez se ensaiava na história, isto é, a construção de uma nacionalidade moderna, capaz de manter-se íntegra no longo afastamento de suas fontes originais, e a dois passos do ~~imenso~~ mundo asiático despertado pelo rejuvenescimento do Japão".

Ensaios e inéditos

tura que os próprios agentes naturais sugerem e estimulam e desencadeiam.[148]

A América do Norte,[149] que tem no grande oceano uma linha de costas[150] de 12.425 milhas, maior do que quaisquer outras nações vizinhas, sem excluir a Grã-Bretanha (9.975), dupla[151] da da Rússia (6.260) tripla da do Japão (4.590), quádrupla da[152] do Império Chinês (3.130), quíntupla da do Chile (2.460), tem, pela própria fatalidade de seu desenvolvimento econômico,[153] alentada pelas mais favoráveis condições geográficas, o seu destino ligado à hegemonia plena do Pacífico.[154]

The Pacific is, and will remain an American Ocean.[155]

---

148 No original: desencadeiam. ~~e tem-e-se de algum modo impelido ao desvio ideativo de partilhem-se admitir-se a intenção impetuosa de uma providência § Ainda por~~ Por uma ~~causa~~ circunstância ~~estritamente geográfica, S. Francisco da Califórnia a Tóquio, defrontam-se, ligados quase pelo mesmo paralelo. É mais um traço da fatalidade física, prefigurando um conflito, que o complicado travamento dos interesses comerciais paliará por algum tempo, sobrestando-o, sem o remover~~ [interrompido]

149 No original: Norte ~~tem no Pacífico~~ que tem no ~~Pacífico~~ grande

150 No original: costas ~~maior~~ de

151 No original: Grã-Bretanha, dupla da Rússia
A cifra (9.975) foi extraída do discurso de Austin, "Problems of the Pacific" (p.311).

152 No original: da ~~da China~~ do

153 No original: econômico ~~o seu destino~~ alentada
Euclides não considera aqui as distâncias da Holanda, do México e do Peru mencionadas por Austin. Vide p.311 de "Problems of the Pacific". Na página oposta, Euclides escreveu: *"Far West = Far East"*.

154 Este parágrafo corresponde mais ou menos ao parágrafo 28 em *À margem da história*.

155 Esta frase aparece no final do discurso de O. P. Austin, "Problems of the Pacific" (p.318). Em *À margem da história*, há um último parágrafo na sequência que não aparece no *ms*. Todos os demais parágrafos lançados a partir deste no *ms* não se encontram em *À margem da história*.

Euclides da Cunha

Era a marcha natural do problema. Mas o governo norte-americano preposterou-a. Ao seu aspecto modestamente utilitário antepôs o quase idealista. Antes de dominar a terra, gizou refazer uma sociedade. Então começou nas Filipinas, desde 1899,[156] intensa propaganda pacífica que para logo se emparceirou com a mais ruidosa atividade militar. O antagonismo dos tagalos, conduzidos por Aguinaldo, malignara a extraordinária empresa desde os seus primeiros passos. Durante largo tempo, as comissões civilizadoras, as famosas "comissões filipinas",[157] por ali andaram na cauda dos exércitos, consorciando-se os mais opostos meios para o conseguimento[158] de um propósito, que era quase um aspecto transcendental da maravilhosa indústria *yankee*,[159] visando realizar na ordem moral o assombro da criação artística de um povo[160] com a matéria-prima de várias tribos ferocíssimas. É natural que a evangelização, quase à muçulmana no seu proselitismo vivaz, assumisse formas selvagens; e os seus efeitos resultaram nulos. Em 1902, aplacados os rebeldes, viu-se que se não adiantara[161] passo

---

156 No original: 1899, ~~uma~~ intensa

157 No original: filipinas" ~~constituídas de sonhadores crentes numa repentina transformação a quem se confiara o programa da criação artística de um povo~~, por
Comissões legislativas compostas de quatro americanos e três filipinos. Vide Foreman, "The Americans in the Philippines", *The Contemporary Review*, v.XCI, maio 1907, p.715.

158 No original: conseguimento ~~da extraordinária tarefa~~ de

159 No original: yankee, ~~realizando~~ visando realizar na ordem moral o ~~prodígio~~ assombro

160 No original: povo ~~com os materiais grossei~~ com a matéria-prima de várias tribos ~~selvagens~~ ferocíssimas. ~~Era o progresso~~ É

161 No original: adiantara ~~um~~ passo

Ensaios e inéditos

além dos sucessos militares. Retrogradara-se.[162] A civilização suplantara a barbaria, escandalizando-a. As "provas d'água" e as violências terríveis que arrastaram a um conselho de guerra o general Smith, haviam inquinado a propaganda admirável,[163] larvando-a de rancores ou mal disfarçados anelos de revendita. Ao mesmo tempo, aquilatava-se, com iniludível rigorismo aritmético, a extensão do malogro. A pacificação, ou antes, armistício, importara aos Estados Unidos em quase o décuplo ao que lhes custara o arquipélago: 170.326.000 dólares.[164] Diga-se mais compreensivelmente, 510 mil contos...[165]

---

162 No original: Retrogradara-se~~, antes~~. A

163 No original: admirável, ~~inquinando-a eivando~~ larvando-a

164 No original: dolars [*sic*] ~~contra 20.000.000~~ Diga-se

165 Euclides rascunhou este parágrafo outras três vezes:

[1] "~~Era um Foi um erro E foi um erro palmar, o maior erro deste[s] tempos, que se nos revelaria pela própria crassície antes que no-lo denunciassem delatassem os melhores publicistas ingl colôniais ingleses e americanos. Não é difícil mostrá-lo, de relance, repregando-lhe de algarismos inflexíveis os lances mais expressivos. § Aquela tarefa A empresa extraordinária, malignada desde o começo, em 1899 pela rebeldia de Aguinaldo dos tagalos rebeldia dos tagalos. Durante largo tempo.~~"

[2] "~~Conhecem-se as consequências deste erro — o maior erro político dos últimos tempos que se nos revelaria pela sua própria crassície antes que no-lo delatassem todos os publicistas coloniais ingleses e até americanos. Para ainda mais engravescê-lo, a tarefa extraordinária iniciara-se em 1899 malignada pela rebeldia dos tagalos. Durante largo tempo as comissões pacíficas que perlustrassem as novas terras estudando-as lucidamente emparceiram-se aos exércitos, consorciando-se os mais opostos meios para o conseguimento de um ideal civilizador.~~"

[3] "~~Eram naturais os reveses. O erro — o maior erro político dos últimos tempos — era palmar. Ainda que se não nos revelasse pela sua própria crassície ou que não no-lo delatassem os melhores pu-~~

Euclides da Cunha

Entretanto,[166] os desastres financeiros não desinfluíram o proselitismo à muçulmana. Os bárbaros regenerariam[167] à força, mesmo com o recurso extremo da[168] disciplina das batalhas. Democratas e republicanos persistiram, pela primeira vez unidos num mesmo pensamento, resumido numa fórmula generosa – a Filipina para os Filipinos – ainda[169] vigorante. McKinley,[170] ao chegar à presidência da República, poderia ser aplaudido por Bryan,[171] agitando diante do tenaz adversário da política conquistadora, ao declarar, em 1902, que a posse da antiga colônia castelhana traduzia apenas "o compromisso da educação de seus povoadores, no sentido de aparelhá-los para o seu próprio governo".[172] E, obediente a este rumo, a ação do[173] ministro

---

~~blicistas coloniais ingleses e norte-americanos, mostra-no-lo-ia a própria rebeldia dos tagalos que malignam desde o começo, em 1899, a extraordinária tentativa.~~ "

166 No original: Entretanto, ~~num mesmo este~~ os desastres financeiros não desinfluíram ~~os que se abalançavam aquele~~ o proselitismo à muçulmana. ~~As Fi~~ Os

167 No original: regenerariam ~~na~~ à

168 No original: extremo d~~ea uma~~ disciplina

169 A página seguinte está em branco no *ms.*

170 William McKinley (Estados Unidos, 1943-1901), advogado, governador de Ohio e presidente republicano (1897-1901), liderou o país durante a guerra entre a Espanha e os Estados Unidos. Foi assassinado por um anarquista.

171 William Jennings Bryan (Estados Unidos, 1860-1925) foi ministro das Relações Exteriores do governo de Woodrow Wilson (1913-1915) e, como candidato à presidência dos Estados Unidos, foi derrotado duas vezes por McKinley (1896, 1900).

172 Vide Colquhoun, op. cit., p.117-26, 145; e Taft, The Philippines, *The National Geographic Magazine*, v.XVI, n.8, ago. 1905, p.363.

173 No original: do ~~seu~~ ministro

Ensaios e inéditos

Elihu Root,[174] a quem competia a[175] gerência das possessões, desenrolava-se em toda a plenitude.

A educação dos agrupamentos discordes,[176] mal unidos[177] na consanguinidade malaia, enfraquecida pela mestiçagem semijaponesa, reatou-se, baseando-se no tirocínio prático da administração local pela investidura dos indígenas nos encargos públicos mais comuns. Substituiu-se o governo militar pelo civil; e, à parte o poder executivo privativo da metrópole, os semibárbaros insulanos compartiram, ao lado de seus generosos preceptores, as funções legislativas e judiciárias, além de concorrerem a todos os cargos[178] municipais eletivos. Era o governo dos americanos,[179] auxiliados pelos filipinos, que deverá evoluir até se transformar no governo dos filipinos, auxiliados pelos americanos – consoante num[180] desses conceitos enérgicos e incisivos de Roosevelt, em que as mesmas palavras se reproduzem e[181] martelam irresistivelmente.[(182)]

---

174 No original: Eliuh

Trata-se de Elihu Root (Estados Unidos, 1845-1937), ministro das Relações Exteriores, que esteve no Brasil em 1906 para participar da Terceira Conferência Pan-Americana, sediada no Rio de Janeiro. Durante o evento, que se estendeu de julho a setembro daquele ano, Root viajou pelo Brasil, tendo estado em Salvador, BA, em 24 jul. 1906. Vide *Breve notícia sobre as festas homenagem ao Exm. Sr. Dr. Elihu Root por occasião de sua visita à capital da Bahia.*

175 No original: competia a ~~administração~~ gerência das ~~ilhas~~ possessões

176 No original: discordes, ~~que não irmanavam os laços~~ mal

177 No original: unidos ~~por~~ na

178 No original: cargos ~~eletivos~~ municipais

179 No original: americanos, ~~apenas~~ auxiliados

180 No original: numa ~~daquelas dos~~ desses

181 No original: e intermitem ~~como se~~ martelam

182 Nota tencionada, mas não incluída por Euclides.

Sobretudo isto, uma instrução largamente generalizada.[183] Tentou-se ajustar o inglês, que é a língua oficial do nosso tempo – aos incontáveis dialetos de 7.500.000 homens que a própria natureza desunira no fracionamento do arquipélago; ao mesmo tempo que o ensino profissional, a estender-se das artes mecânicas mais vulgares às escolas náuticas destinadas a aperfeiçoarem as tendências originariamente nativas dos insulares, lhes exaltasse, com a própria natureza das aptidões adquiridas, a dignidade do trabalho.

Assim se erigiu o maravilhoso "Jardim da Infância" internacional, onde a esta hora, 5.850 professores ensinam a 400.000 crianças bárbaras as primeiras letras da civilização.

Estes algarismos excluem comentários sobre a enormidade da empresa. Mas não têm o beneplácito dos publicistas coloniais, sobretudo ingleses, mais adestrados no assunto. O combativo John Foreman da *The Fortnightly Review*;[184] Archi-

---

183 No original: generalizada. ~~era indispensável que se superpusesse o~~ Tentou-se

184 No original: da "Fortnightly
Possivelmente trata-se de um erro de citação. Foreman escreveu dois ensaios distintos, com títulos idênticos, The Americans in the Philippines, na revista *The Contemporary Review*: um no v.LXXXVI (set. 1904), p.392-404, e o outro no v.XCI, (maio 1907), p.714-26. Taft cita Foreman, dando como fonte a *The Fortnightly Review*, na qual não encontramos nenhum artigo alusivo a essa questão filipina, engano esse que foi endossado por Euclides. Vide Taft, op. cit., p.362. John Foreman (1854-1937), membro da Royal Geographical Society do Reino Unido, notável viajante e linguista, autor de *The Philippine Islands* (1899). Participou da Delegação Filipina, na Comissão do Tratado de Paz de Paris (1898).

Ensaios e inéditos

bald Colquhoun,[185] nas páginas notáveis do *The Mastery of the Pacific*; e,[186] mais que todos, o lúcido Alleyne Ireland[187] – depois de perlustrarem as possessões asiáticas, volveram desapontados e cheios de espantos. Não os citaremos. Baste considerar-se que todos os seus argumentos se uniformizam, no verberar a chocante anomalia de um regímen colonial completamente contraposto às normas consagradas de todas as colonizações – devido à circunstância desastrosa de sotopor-se ao aleatório de um ideal político de efeitos lentos e tardios, todas as questões de ordem econômica[188] que naturalmente surgem, urgentes e inadiáveis nos primeiros estabelecimentos sobre as paragens novas. A administração filipina, talhando-se pelos mais modernos moldes, é presuntuosa e instável. Resume esplêndidas tentativas teóricas, visa anular[189] pela uniformidade do ensino e dos processos políticos as divergências das populações discordes na índole, no falar, ou até nos vários estádios evolutivos,[190] – e não cessa de garantir-lhes, pela rapidez das comunicações, a

---

185 No original: Archibaldo Colquhon

Archibald Ross Colquhoun (África do Sul, 1848-1914), primeiro administrador do sul da Rodésia (hoje, Zimbábue), deputado comissário em Burma, administrador de Mashonaland (África do Sul) e correspondente especial do *Times* no extremo Oriente (1900-1901).

186 No original: do "Mastery of Pacific"; e, ~~pri~~ mais

187 Walter Alleyne Ireland (Inglaterra, 1871-1951), viajante e autor de relatos sobre as colônias tropicais do império britânico. Escreveu, entre outros títulos, o artigo The United States in the Philippines, *The Atlantic Monthly*, v.XCIV, n.565, nov. 1904, p.577-94; e os livros *Tropical Colonization* (1899) e *Far Eastern Tropics* (1905).

188 No original: econômica ~~urgentes, inadiáveis~~ que

189 No original: anular ~~com a uniformidade da educação e do~~ pela

190 No original: evolutivos, ~~divergentes de ilha em ilha,~~ – e não cessa de garantir-lhes ~~naquele próprio território retalhado de estreitos em~~

Euclides da Cunha

própria contiguidade física que não possuem.[191] A dispersão social nas Filipinas é, com efeito, até sugestivamente gráfica. Desenha-se. Intervala-se no intrincado das linhas isolantes[192] dos estreitos, por maneira a passar-se de um estado evolutivo a outro,[193] saltando-se de ilha em ilha. Entretanto, o governo concentrado em Manila satisfaz-se em contemplar as 32[194] milhas de *street railway*, de incipiente êmula de Hong Kong (ou de Tóquio!), ou os suntuários quebra-mares, que lá estão formando o primeiro porto do levante, ou os seus notáveis serviços de abastecimento d'água... Em oito anos fez isto: consertou uma cidade. À parte a rede telegráfica, ligando-a às 44 províncias,[195] deixou no mais completo olvido o resto do país, onde os trabalhos urgentíssimos de abertura de estradas, de pontes e linhas férreas não foram sequer iniciados, malgrado a sua valia no desenvolvimento da agricultura, de onde avultam os recursos únicos dos habitantes.[196]

Não maravilha que hoje, a despeito do otimismo teimoso do Hon. William H. Taft,[197] atual ministro da guerra e, como tal, governador civil das Filipinas, se generalize na América do

---

que elas se agitam numa dispersão que se define até graficamente no desenho de suas ilhas, pela

191 No original: possuem. e o entrelaçamento Com efeito, a dise A

192 No original: linhas isolante

193 No original: outro, passando-se saltando-se

194 Taft registra 33 milhas no seu discurso. Vide The Philippines, p.370-1.

195 No original: províncias do arquipélago deixou

196 No original: habitantes. § A Basta. Não maravilha § Não maravilha que hoje, a despeito do otimismo tei otimismo Euclides se baseia no argumento de Taft (p.370), mas minimiza o impacto dessas linhas telegráficas.

197 William Howard Taft (Estados Unidos, 1857-1930), em 1901, foi nomeado por W. McKinley governador-geral civil das Filipinas,

Ensaios e inéditos

Norte, expondo-se claramente na imprensa e no próprio congresso federal, um profundo desânimo e a crença de que melhor valerá abandoná-las ou vendê-las, do que conservá-las com os dispêndios tais que os da manutenção de um exército de 16.000 homens para sobrestar as revoltas intermitentes das províncias de Cavite e Batangas,[198] figurem entre as parcelas mais modestas. Além disto, o mesmo notável ministro após a sua viagem ao extremo oriente, em 1905, verificou que apesar de tantos esforços os filipinos não poderiam governar-se por si mesmos.

Os princípios superiores da política moderna podem sobrestá-lo por algum tempo. Não o evitarão.

tornando-se, em 1904, ministro da Guerra de T. Roosevelt, que o escolheu para ser seu sucessor na presidência (1909-1913).
198 No original: Batanzas
Cavite e Batangas são províncias das Filipinas.

24
Viação sul-americana[1]

---

1 Manuscrito sem título lançado em caderneta (*c.*1906-1908). Fonte: Cecil H. Green Library, Stanford University. O rascunho, várias vezes reiniciado por Euclides, recebe em determinados pontos os títulos: "Viação intercontinental" e "Viação internacional"; este último utilizado na publicação feita no *Jornal do Commercio*, Rio de Janeiro, em 7 mar. 1908. Em *À margem da história*, recebeu o título definitivo de "Viação sul-americana". Para uma excelente apreciação histórica da marcha para o oeste do Brasil, vide Mérian, La Conquête de l'Ouest et la Marche vers le Pacifique: les Divers Formes d'une Utopie Brésilienne, *Les Amériques et le Pacifique*, p.89-100. Para a confecção deste ensaio, Euclides fez uso principalmente de três importantes estudos: Schnoor, *Memorial de projecto de estrada de ferro a Matto-Grosso e fronteira da Bolivia, por São Paulo dos Agudos, Itupúra, Miranda e Rio Paraguay*; Chrockatt de Sá, Viação Ferrea para Matto Grosso, *Revista do Club de Engenharia*, 15 (1907), p.5-36; e Alves, *O problema da viação ferrea para o estado de Matto Grosso*. Os seguintes fragmentos em forma de notas, alguns aliás não diretamente relacionados com "Viação sul-americana", e que contêm inclusive números, foram lançados no *ms* antes do início da redação do ensaio propriamente dito:

"O tronco da linha telegráfica estratégica, ~~projetada e que [ilegível] se está construindo,~~projetada, de Mato Grosso ao Amazonas — ~~parte~~ irá de Cuiabá ajustando-se ao *divortium aquarum* do Tapajós e do Paraguai, até ~~ao porto de~~ S^{to} Antônio, no Madeira, de onde, ~~pelos pontos abrigados das~~ segu[i]ndo as sedes das prefeituras do

367

Euclides da Cunha

Acre, do Purus e do Juruá, avançará até Tabatinga. Por uma coincidência feliz as suas estações extremas e intermédia, de Cuiabá a Tabatinga, e de Santo Antônio estão quase que na mesma ~~reta linha~~ reta, dilatada de 1.988 quilômetros; de sorte que, admitindo-se um desenvolvimento máximo de 15% sobre ela, ~~se~~ pode~~-se~~ desde já deduzir-se ~~para total a extensão total da linha~~ para toda a linha ~~a extensão~~ o percurso total de 2.982 quilômetros. Digamos 3.000. É o mais arrojado lance da nossa engenharia nestes tempos.

A linha telegráfica estratégica [interrompido]

Panamá

Hoje... de Liverpool a S. Francisco, por Horn, 14.084 milhas
Amanhã   "   "   " Panamá 8.034   "   – 6.000
                                                                milhas

Alguns alarmistas não se contentam em agitar a revolução que causaria, nas relações humanas, a abertura do canal; imaginem que se alterará o *Gulf-Stream*.

Brasil

31 de dezembro	1905	17.528 Km de estrada de ferro ou
		17.577,512
	1904	<u>17.059</u>
		469 Km
	1903	<u>16.760</u>
		299 Km

Número de passageiros transportados em 1906 = 21.077.932
                                                          1905 = 19.501.622

Argentina – 1906

Estradas de Ferro – § Capital total 130.000.000 £ ... 27.000.000 passageiros, 20.000.000 T[oneladas] carga, outros dizem $ 1.400.000.000 dólares ouro.

———

Extensão 1905   19.748 quilômetros – 25293 passageiros, 20.504.446 T[oneladas].

———

Ensaios e inéditos

População argentina   5.106.380   conversão: total 105.600.000 £

Três seções geográficas § O oeste – montanhoso. O central e Entre-Rios – planos

Bitola – falta de uniformidade.

The Buenos Aires and Pacific Railway § Quando o túnel entre Cuevas e Portillo for aberto, vir-se-á do Pac[ífico] ao Atlântico.

Distâncias – De B[uenos] A[ires] a Valparaíso, por mar 12 dias; por terra 2 ½. São 1.430 quilômetros. Construindo o túnel, far-se-á viagem em 48 horas.

A Transandina [*sic*] Railway está em mãos da Argentina Great Western Railway. E M. Clark, o primeiro concessionário, calcula que estará definitivamente feita a ligação de B[uenos] A[ires] – V[alparaíso] em fins de 1908. § The Argentine North Eastern – A linha tronco vai de Corrientes à Monte Caseros – e um ramal segue para o norte até S. Thomé (depois Posadas – já em construção) terminará dentro de um ano e meio.

Em 1 de janeiro de 1906	19.794 quilômetros
Em 31 de dezembro de 1906	20.291 (19.794 + 497)
Passageiros em 1906	32.501.400
Fretes, toneladas	26.742.600
Em 1 de janeiro:	
Capital, ouro	$ 627.230.610
Receita, ouro	$ 81.240.500
Despesa, "	$ 48.122.700
Lucro, "	$ 33.117.800
Juros do capital	5,25%

A linha nacional de Jujuy a Tupiza abre o tráfico [*sic*] internacional com a Bolívia. – Projeta-se a linha de Salta à Antofagasta.

De Caseros a Concordia – 96 milhas (154 K)
Villaguay a Concordia   115
~~De Caseros~~ § Córdova a Tucumán 340 milhas

Euclides da Cunha

De Buenos Aires a Quiaca 1.950 quilômetros
Dist[ância] ap[roximada] de ~~Gualeguaychú~~ Buenos Aires a Posadas ~~600 Km~~ 1.029 Km.

Bolívia – 1906

Área – 700.000 milhas quadradas (3 vezes a Alemanha) 2.000.000 habs. 75% índios

Estanho – nas montanhas próximas a La Paz – {Poderá ser o maior centro produtor do mundo}

Prata – A Bolívia é o maior produtor

Ouro – diminui de ano a ano – Bismuto – cresce

A Comissão Sisson – e D. Jorge Zalles – reconhecimento geral do país. Railwais [*sic*] contratadas por Speyer Bros. of New York. O contrato que o governo do coronel Montes assinou em maio de 1906 com Speyer & Co. e o Banco Nacional de Nova York, para a construção de caminhos de ferro com o custo de 5.500.000 libras – Já foi aprovado [no] congresso, e começada simultaneamente a construção de várias linhas"

[Os trabalhos da Comissão Sisson aparecem na edição bilíngue do seguinte relatório: *Reconnoissance (sic) Report upon Proposed System of Bolivian Railways by W. L. Sisson, C. E.*. La Paz: Tipografia y Litografia Boliviana Heitmann y Cornejo, May 1905 / *Informe del Reconocimiento sobre el Proyectado Sistema de Ferrocarriles Bolivianos por W. L. Sisson, Ingeniero Civil*. La Paz: Tipografia y Litografia Boliviana Heitmann y Cornejo, mayo 1905; vols. 1-2. Tradução para o espanhol por Jorge E. Zalles.

A data correta da assinatura é 1906, conforme consta no *ms* e na versão do *Jornal do Commercio*. O ano de 1900 aparece incorretamente em *À margem da história* (p.174).

Trata-se do National City Bank (New York), cujos banqueiros realizaram empréstimos semelhantes aos dados a Cuba e ao México.]

"Estrada de Oruro a La Paz – devia estar pronta em fins de 1907. O prolongamento de Oruro a Potosí, poderá durar 5 anos, atravessa as ricas regiões mineiras de Huanani e Uncia.

Arica a La Paz – Construção dada à Sociedade de Trabalhos Públicos do Chile – estará pronta em 1910 – 300 milhas. Antofagasta a La Paz = 575 m. Mollendo a La Paz (v. Titicaca) = 563

Linhas a construir por Speyer e N[ational]. B[ank]. New York: (Capital Americano)

1º – Oruro a Viacha {135 mi. (215 Km) custo $ 4.000.000 dólares

2º – Oruro a Cochabamba {133 milhas – 5.600.000 dólar[es] – Atravessa a região mais povoada   da B[olívia] – Em parte acessível à nav[egação] do Mamoré

3º – Oruro a Potosí {205 (331 Km) – custo 8.000.000 dólares

4º – Potosí a Tupiza {155 (250 Km) – 5.600.000 dólares

5º – La [P]az a Puerto Pando {200 milhas ou 186? [200 milhas; conforme a pág. 264 do relatório   de Sisson.] – Irá de em poucas horas da zona frígida do altiplano para a tórrida – 10.000.000   dólar[e]s

6º – Uyuni a Potosí {136 m (220 Km)

[7º] – La Paz a Tupiza – 530 milhas {Trabalhos devem começar no [mês de] julho de 1906 – e

A principal estrada boliviana tem um significado continental, estabelecendo de um lado a conexão com o sistema argentino e de outro com o peruano. Lima, La Paz e Buenos Aires, dentro de poucos anos estarão unidas por uma linha de 2.500 milhas (3.022 quilômetros) – ~~3~~ (pouco mais de 3 dias a 40 Km por hora).
– Estrada de La [P]az a Tupiza – 530 milhas – 852 Km

– Estrada de Santa Cruz de La Sierra (Porto Suárez, na lagoa de Cáceres) ao Paraguai – O Congresso boliviano autorizou-a há mais de dous anos. Os concessionários depositaram a soma de 100.000 pesos de garantia; começaram a transportar-se os materiais pelo Prata. A extensão da linha será de 497 milhas (800 quilômetros). Abrirá ao progresso em território de 242.000 milhas quadradas – contratada com o sindicato "Fomento del Oriente Boliviano". Logo depois do Tratado de Petrópolis, chegou à Bolívia a staff (Estado Maior) de engenheiros americanos que exploraram todo o país. E o relatório foi liricamente denominado por um deles "a poesy of rail-

Euclides da Cunha

ways". É preciso notar, porém, que lido o relatório, surgiram refutações de tal porte que Sisson, que era um deus na Bolívia, retirou-se.

O presidente Montes na mensagem de 6 de agosto de 1905 ao Congresso, assistiu os planos da Comissão – cujos trabalhos durarão dez anos com a despesa de £ 16.000.000".

[Parte do texto acima pertence ao parágrafo 15 em *À margem da história*]

"Peru

Área do Peru = 700.000 milhas quadradas
Peru – distância atual à Europa – pelo Cabo Horn   12.000 milhas
          "   futura "   "   –   "   canal do Panamá 6.000   "

– Os depósitos de cobre de Cerro Pasco são os mais ricos do mundo

Os railwais [*sic*] são em geral do Estado, sob a gerência de Peruvian Corporation
~~De Callao a Panamá – 15 dias de viagem, com a velocidade de 20 nós~~

A companhia japonesa Toyo-Kisen-Kaisha – acaba de organizar (abril 1906) um serviço quinzenal de ida e volta entre ~~Yokoama~~ Yokohama, Hong Kong, Callao e Iquique.

300 m^s raio mínimo –
1 ½

cerca [de] 30 quilômetros – entre Miranda e o Paraguay; ou melhor, entre a Serra do Bodoquena (calcárea; [ilegível])

Bodoquena 600 metros alt[itude]
4 vãos de 97^{m}50 cada um – e um de 129,50"

No original: Rua 1º de Março 40 (terça-feira às 11 horas)
[O endereço, dia da semana e hora anotados por Euclides não têm nenhuma relação com o texto. Nesse endereço, segundo *O Fluminense* de 25 mar. 1904, funcionava a Fábrica de Gravatas Fluminense. No número 40 B, esquina com a Rua São Pedro, segundo o *Jornal do Brasil* de 6 set. 1906, estabelecia-se a farmácia Rebello & Granjo.]

"Mov^{to} de terra 4^{m3} por metro corrente – média geral:

Ensaios e inéditos

Os hispano-americanos

Vagarosamente, mas com segurança, a crescente marcha do progresso estreitará as relações das repúblicas sul-americanas, guiadas pela eterna força da liberdade e os sentimentos expressivos da simpatia universal e a comunhão dos interesses. Aventuro-me a prever que em pouco distante futuro a confederação reunindo Peru, Bolívia, Chile, Argentina, Uruguai e Paraguai se estabelecerá como 'Estados Unidos da América do Sul'; e que o Equador, Venezuela, Colômbia reunidos; e o Brasil, formarão uma trindade de nações...
(Address Delivered by the Bolivian Minister, [Mr.] *Ignacio Calderón, under the Auspices of the National Geographic Society, at Washington,* [D. C., p.19])".

[Este trecho, traduzido por Euclides da versão inglesa (a original é espanhola) do discurso de Calderón proferido em 25 jan. 1907, foi transcrito da seguinte maneira no *ms*:] "Vagarosamente, mas com segurança, a crescente marcha do progresso estreitará as relações das repúblicas hispano-americanas, guiadas pela eterna força da liberdade e os sentimentos expressivos da simpatia universal e a comunhão dos interesses. Aventuro-me a prever que em pouco distante futuro a federação do Peru, ~~da~~ Bolívia, Chile, Argentina, Uruguai e Paraguai, como Estados Unidos da América do Sul se estabelecerá, e que o Equador, Venezuela, Colômbia reunidos, e o Brasil, formarão uma trindade de nações...".

"Paraguai

Progride. Crescem o comércio, as vendas, expansão das railway[s]. Principal exportação: mate (yerba), tabaco, couros, madeiras – e em breve o café e o arroz

Assim a comunicação direta se formará brevemente entre o Paraguai e a Argentina, através da Entre Rios e Argentine North Eastern Systems – E [interrompido]

Chile – Argentina

Estrada de Salta à Mejillones. O norte argentino ficará a 30 horas do Pacífico. Extensão da linha 754 Km – Custo calculado $ 45.000

Euclides da Cunha

ouro por Km. Total $25.000.000. Está completamente estudada a linha – Atravessa Atacama, a Califórnia do nitrato, que fertilizará a Argentina, recebendo em troca os seus efeitos.

"The international railway is not only destined to open up a comparatively unknown region, rich in mineral wealth of many descriptions, and attract foreign capital, but will also complete the chain of narrow range railways by linking up the Atlantic with the Pacific, having as its terminus, on the former Buenos Aires, and ~~ants~~ on the latter the port of Mejillones." (S. A. M., Dec. 1907). (N. A.). [Trata-se provavelmente de uma revista intitulada *South American Magazine*, da qual não encontramos vestígios.]

"Rio Grande

(Compagnie Auxiliaire de Chemins de fer au Brésil)

Em Tráfego – Porto Alegre à Uruguaiana	757 quilômetros {Cacequi – Uruguai [ilegível] – 260 Km.
Rio Grande à Bagé	302
Santa Maria – Passo Fundo	355
~~Cacequi a Uru~~	
De Passo Fundo à margem do Uruguai	190 quilômetros

Aberta, como está, a linha de Cacequi – Uruguaiana – está estabelecida a ligação do Rio Grande com o Uruguai, pela North Western Uruguay, em Cuareim e a Uruguay Central [*sic*] que vai a Montevidéu.
Bagé está perto da fronteira Uruguaiana [*sic*], de modo que pode ligar-se em Rivera com a Central Uruguay.

Bolívia – novos dados

De Antofagasta à Uyuni (379 milhas inglesas) e de Uyuni a Oruro (195 milhas)
Total 574 m. i. = 924 quilômetros. Serve hoje, principalmente, ao transporte de minérios de prata e cobre que formam o melhor das receitas bolivianas

Ensaios e inéditos

De Oruro a Sucre – 192 milhas
De   "   " La Paz 127   "
De Arica a La Paz 309 milhas
Mollendo a La Paz 533 mi. Vai-se a Puno; em vapor até Guaqui;
trem a La Paz – 42 horas em toda a viagem
De Belém (Pará) a Villa Bella – 2.156 milhas, 314 horas. De Lisboa
ao Pará há 3.263 milhas *marítimas*. Viagem em 12 dias
De Buenos Aires a Puerto Suarez (Paraguai) 1.740 m. i. – 8 dias
de viagem
Puerto Suarez a Santa Cruz de la Sierra – 391 mi. i.
De Sta Cruz a Sucre 342 m. i.
De Buenos Aires a Tupiza – 1.829 milhas ing.

Estradas de ferro

Em fins de 1906 - - - - 384 m. i. = 618 Km   {Seção boliviana de
        Antofagasta a Oruro =   309 K (0,75)
        Uyuni a Pulacayo   16
        Guaqui a La Paz (Peruvian) 59 (1m)
A bitola de Antofagasta a Oruro é de 0m,75

Arica a La Paz – Estrada de ferro firmada no tratado de 20 de out.
de 1904 entre Chile e Bolívia
– Extensão apr. 298 milhas = 480 Km (1 metro) Em construção
Começou a construção em agosto de 1906.

Em 4 de out. de 1906 – iniciou-se a construção de Oruro a Viacha – 129 milhas ou 135? Terminará em pouco, graças às facilidades do terreno
O ramal de Desaguadero ligá-la-á à de Arica – La Paz

'En el espacio de cinco años estará entregada a la explotación la red
occidental de los ferrocarriles y en cinco años más estará concluido
todo este vasto plano de vías férreas combinados con la navegación de
las grandes arterias fluviales que desembocan en el océano Atlántico.
Comprendiendo los ramales en actual explotación, como el de Uyuni a
Pulacayo y otros de menor importancia, la República de Bolivia tiene,
por lo tanto, en construcción y explotación, una red de ferrocarriles
de una extensión de dos mil millas (3.218 Quilômetros)'." [Trecho
extraído do *Monthly Bulletin of the International Bureau of the American Republics*, v.XXIII, n. 6 (December 1906), p.1382.]

Euclides da Cunha

"Já há boa estrada de rodagem de Santa Cruz a Porto [*sic*] Suárez

O capital social da companhia construtora será de $ 26.766.000 de dólar[e]s – sendo 14.600.000 fornecidos pelos banqueiros de Nova York – e 12.166.000 pelo governo boliviano. A companhia terá o privilégio de comprar as terras públicas ao preço de 1 ¾ centavos por hec[tare]. Além de tais vantagens, os caminhos de ferro são isentos de impostos.

Santos a Jundiaí	139 Km.
~~S. Paulo – Bo~~	
Tatuí a Itapetininga –	43
Boituva a Tatuí	22
De S. Paulo a Boituva	207?
Itapetininga a Faxina	143
Faxina a Itararé	67
482 Quilômetros"	

[Faxina: hoje, Itapeva]

"Jaguariaíva a Ponta Grossa	154 Km
Ponta Grossa a Rebouças	<u>133</u>
	287

~~Rebouças~~

Ponta Grossa a União da Vitória =	262.640
Ponta Grossa a Jaguariaíva	<u>154,080</u>
	416,720
Jaguariaíva a Itararé	<u>97,400</u>
	514,120 Km

Santos – S. Paulo dos Agudos 492,5 Km – pela Sorocabana (Traçado [E.] Schnoor)

"	"	"	"	550,5 –	"	" Paulista
"	– Jaboticabal			496,5 –	"	" (Estienne)
"	– Ribeirãozinho			485 –	[" "]	(Estienne)"

[Gustavo Estienne, engenheiro que embora citado no *ms* de 'Viação sul-americana', não faz parte da redação final do artigo.]

Rio a S. Paulo	496 Km
Rio a Rio Claro –	691 Km de bitola larga

Ensaios e inéditos

De S. Paulo a Jundiaí	60
Santos a Araraquara	400 Km
Santos a Ribeirãozinho	483 "
Rio a Cuiabá	~~2.247 K~~ = 2.212 Km
Santos a Araguary	978 Km
Santos a S. Paulo [dos] Agudos	493
Rio a Cuiabá – via Lafayette	2.372 Km
Santos a Cuiabá – via Mogiana	2.386
" " " " Bebedouro Sta Anna	1.910
" " " " Ribeirãozinho	1.829
" " " " Araquara – Urubupungá	1.810

Rio de Janeiro a Buenos Ai[res] – 2.000 Km = 1.080 milhas marítimas.

Rio de Janeiro a Cuiabá 6.030 Quilômetros
Buenos Aires "   "   4.030   "

Mogiana – entre Campinas e Araguari – 794 Km
Distância reta   "   "   "   484 " 64%!

1º

Santos a ~~Ara~~ Ribeirãozinho	485 Km
Ribeirãozinho a Itapeva	447
Itapeva a Miranda (por Vaccaria)	671
Miranda a Forte Coimbra	172
	1.290

De Santos à fronteira boliviana	1.775
Da fronteira a Huanchaca	1.000
Santos a Huanchaca	2.775
Custo provável	£ 5.450.000
Tempo 4 anos	

2º

~~Santos a Jundiaí~~	~~139 K~~
Santos – S. Paulo	79
S. Paulo – S. Manuel	345
S. Manuel à S. P. dos Agudos	68
	492

Euclides da Cunha

S. Paulo dos Agudos a Itapura –	468
Itapura – Miranda	671
Miranda – Forte Coimbra	172
	1.311
	492
Santos a Forte Coimbra	1.803
" a Huanchaca	1.000
	2.803
Paranaguá a Curitiba	111
Curitiba a Ponta Grossa	190 } Em tráfego
Ponta Grossa – Miranda	1.450
Miranda – Forte Coimbra	172
Paranaguá – fronteira	1.923
Paranaguá – Huanchaca	2.923 "

Em 1907, contrapunham-se triunfalmente 20.814 Km de vias férreas argentinas com o movimento anual de 32.501.400 passageiros[2] a... Km de linhas brasileiras com o tráfego de...; e esta divergência, que ainda se mantém, despertou, aquém e além do Prata, alguns ingênuos comentários, que nos são abertamente desfavoráveis. A nossa subalternidade econômica ou prática, ao parecer dos[3] interessantes vizinhos, assim se expõe, sem atavios, às escancaras em números. É uma cousa que se mede, e se vê, e se pesa, e se quilometra. Não há iludir-se a simples progressão aritmética, capaz de guindar-se na fórmula apavorante do nosso atraso, tomando-se como termos as populações aproximadas dos dous países, e os tratos de território que até hoje um e outro dominam.

---

2 No original: passeiros
3 No original: dos ~~nossos~~ interessantes vizinhos ~~at~~ assim

Ensaios e inéditos

Escrevem-na:

6.000:000 : : 20.000.000 : : 20814 : x

∴   x = 69269

e concluem, complacentemente, que, para atingirmos a vida inteira de sua terra, devêramos possuir cerca de 70.000 Km de vias férreas. Não há *magazine* rebarbativo e erriçado de cifras ou enfadonha revista mercantil em que este paralelo, mais ou menos comentado[4] se não nos antolha a refletir o massudo critério dos guarda-livros filosofantes, que estabelecem à mistura entre duas sociedades relação numérica tão simples.[5]

---

4 No original: comentados

5 Na página oposta, Euclides lançou:
"Brasil

1854 – (Estrada Maria) 14.500 Km

1858 – (C. B.) = 48. 210

1860   13.465

1861   8.027

1863 (Rodeio)   20.321

1864 Barra   ~~22.686~~

                 112.709

1865   123.340 – ~~112.709 – 7.400~~ 133.486 – 16.190 – 73.634

1875   61 Km – 124.739 – 18.600 – 12.532 – 43 – 8.366 – 246

– ~~82.800~~

1885   128.920 – 109.847 – 121 Km – 121.539 – 72.643 – 96.176

– 28 – 116 – 88 – 82.800 – 82.588 – 180.568 – 245 – 26 – 36

– 152.400 – 223.631 – 68.662 – 3.700

1905

Rua dos Araújos, 17B – Casa no 3

– Fábrica das Chitas –"

[Euclides rascunhou cinco vezes trechos do parágrafo acima:]

[1] "~~Na República Argentina~~ § Confrontando os nossos Kms de linhas férreas e os ... Kms argentinos" [interrompido]

[2] "Os... Kms de linhas férreas argentinas defrontadas com os... brasileiros não nos impressiona desfavoravelmente. Dão-nos, ao contrário, à luz das mais simples e intuitivas considerações técnicas uma surpreendente vantagem; e ficamos muito aquém § ~~Os... Kms de linhas férreas argentinas defrontadas com os... brasileiros determinam o mais belo atestado da nossa atividade § Os... quilômetros de vias férreas argentinas~~" [interrompido]

[3] "Em 190~~5~~7 contrapunham-se triunfalmente... Kms de linhas férreas argentinas a... brasileiras; e a este propósito urdiram-se aquém e além do Prata alguns ingênuos comentários acerca do nosso atraso prático tão singularmente engravescido pela diversidade demográfica dos dous países. ~~Nós com uma pop. de 20.000.000 de habitantes, quádrupla da nação vizinha.~~"

[4] "Em 190~~5~~7 contrapunham-se triunfalmente ~~20.291~~ 20.814 Kms de linhas férreas arg. transportando 32.501.400 passageiros a... Kms de linhas brasileiras, com o movimento anual de...; e esta divergência manteve-se, persistindo até hoje e despertando aquém e além do Prata alguns ingênuos comentários que nos são abertamente desfavoráveis. A nossa inferioridade econômica e prática, ao parecer, ~~com efeito,~~ aí expõe-se, secamente, sem atavios, em números. Quilometra-se. ~~as marchas dos dous povos.~~ ~~Sobretudo~~ Não se resiste à eloquência formidável de uma simples progressão aritmética a guindar-se apavorantemente na fórmula esmagadora do nosso atraso. ~~e firmando~~ Não sabemos se a trocaram já os sociólogos vizinhos, tomando por bases as populações dos dous países e os tratos de território dominado. § Escrevemo-la, nós, sem temores. O fato, que poderiam descrevê-la, facilmente

$$6.000.000 : 20.000.000 : : 19.748 \; K : x$$

$$\therefore \qquad x = \text{~~65.826~~ ~~67.626~~} 69.260 \; \S \; \text{~~Quer dizer que~~} 69.260$$

e concluírem que para alcançarmos a atividade ~~argentina~~ de sua terra devêramos possuir quase ~~65.000~~ 70.000 quilômetros de vias férreas. ~~Poderiam~~ Indo além, jogando com outros elementos, ~~desde e atingindo a resultados ainda mais impressionadores. Os 140.000.000 de libras esterlinas de capital quase todo inglês empregado nas estradas argentinas, corresponderiam entre nós~~ desde o capital de 140.000.000, quase todo inglês, aplicado às linhas argentinas ao ~~movimento~~ tráfego opulento delas, de 21 milhões de toneladas – chegariam a resultados ainda mais surpreendentes. ~~Mas estes, pelo próprio exagero, denunciariam o absurdo de submeterem-se as relações sociais a relações aritméticas. Ainda, sob o ponto de vista rasamente técnico não nos seria penoso mostrar demonstrar que a nossa ligeira inferioridade quilométrica~~ § Escusamo-nos de mostrá-los. Fora admitir-se que as relações sociais se reflitam em relações métricas tão simples. Além disto, mesmo adscritos às condições técnicas mais rasas ~~não seria difícil mostrar que a nossa ligeira inferioridade quilométrica contrapõem-se elementos de trechos incomparavelmente superiores à razão da proporcionalidade apontada e não se comparariam quantidades homogêneas: tais e tantas as divergências que distinguem os dous sistemas ferroviários desde as declividades, extensões em decliv alinhamentos relação de alinhamentos curvos, alturas de cortes que entre nós são demasiadas"~~ [interrompido] [E na página seguinte:] "A diferença dos que sobem e dos que se alargam" [interrompido]

[5] "Nada há de fortuito nestes traçados de estradas de ferro que de algum modo traçam a marcha histórica dos ~~povos~~ países que atravessam~~; e se.~~ Se estudássemos a sua evolução veríamos ~~que só~~ precisamente nessa República Argentina que ~~assume hoje~~ tomou a frente — ~~inegavelmente — a hegemonia~~ de todas as nações sul-americanas na conquista racional da terra ~~econômica da América do Sul, que eles germinaram sob o influxo de condições físicas e sociais tão acordes, que~~ as suas diretrizes ~~mais seguras~~ iniciais mais seguras e claras. § ~~Nem nos [ilegível]~~ Nem nos desavia o confessá-lo. ~~Não nos impressionaram os juízos dos guarda-livros filósofos~~ Nunca nos ~~impressionou~~ humilhou o maior desenvolvimento ferroviário da República vizinha que de tempos a tempos se ~~recorda~~ acentua nas massudas revistas industriais a refletir os conceitos de algum

Euclides da Cunha

Não a discutiremos, desviando-nos inutilmente. As marchas dos dous povos são demasiado diversas para se compararem.[6]

Bastar-nos-ia notar, de relance, que, mesmo no exemplo terra a terra precitado, e sem irmos além do desenvolvimento ferroviário, o que para os argentinos é uma[7] causa, é para nós um efeito: o[8] progresso atual nasceu-lhes todo de suas estradas de ferro; as nossas estradas resultam[9] do nosso progresso.[10]

Diante dos obstáculos naturais que a dous passos do litoral nos repeliam, era-nos impossível avançar pelos sertões em fora, levando a civilização na ponta dos trilhos. Para vencermos a terra, tivemos de formar o homem capaz de combatê-la, talhando-o à sua imagem, com as suas rudezas e as suas energias revoltas, de modo a criar-se no tipo inteiramente novo do "ban-

---

guarda-livros filósofos [*sic*] permitindo-se estabelecer entre duas nacionalidades ~~tão inexpressivo paralelo~~ relações tão [ilegível]".

6 Euclides rascunhou este parágrafo uma outra vez: "O domínio do solo na Argentina e no Brasil seguiu processos opostos, derivados da diversidade dos meios físicos num e noutro território".

7 No original: uma ~~ef~~ causa

8 No original: O ~~seu~~ progresso

9 No original: resultam ~~de um~~ do nosso progresso. (~~Realmente,~~ A civilização transplantando-se para ~~o Prata~~ ali

10 Euclides rascunhou novamente trechos do parágrafo acima da seguinte maneira: "A nossa marcha e a dela são demasiado diversas para se compararem; e não seria difícil demonstrar, ~~que o que é para ela uma causa, é para nós um efeito: o seu progresso atual~~ mesmo ~~sem~~ atendo-nos à questão de transportes, que o que é para o argentino uma causa é para nós um efeito: o ~~seu~~ progresso atual advém-lhe todo de suas estradas de ferro, as nossas estradas de ferro resultam de nosso progresso. ~~Separam-nos condições físicas absolutamente incompatíveis. Percorrendo-se a sua história política, a partir da quadra agitada da independência~~ Realmente [interrompido]

Ensaios e inéditos

deirante", a figura excepcional do homem que se fez bárbaro para abrir caminhos ao progresso.[11] As nossas melhores linhas de penetração – desde a Mogiana, avançando para Goiás sobre os velhos trilhos do Anhanguera, à Sorocabana, ajustando-se em boa parte do caminho ao itinerário de Antônio Raposo e dos destruidores de Guaíra, têm um reconhecimento de três séculos – e estudando-as, vê-se que o assunto tão árido se desdobra, articulando-se aos quadros mais dramáticos do nosso passado, de modo que o seu significado econômico só nos resulta bem compreensível, hoje, como um caso particular ou corolário da nossa evolução geral.

Ao passo que na República Argentina a questão se inverteu. A civilização, ao transplantar-se para lá, não teve, como aqui, uma[12] fase obrigatoriamente estacionária exigida pelo adaptar--se das raças que se transformam ou se apuram, criando uma nova alma, novos atributos de resistência, e até um novo organismo, para viverem em um novo meio. Mudara de hemisfério sem mudar de latitudes. Deixou a terra[13] originária e conduziu o clima. Prolongou as qualidades ávidas sob o amparo da identidade cósmica. Foi um desdobramento: a cultura europeia, estirando-se pelo nível dos mares e continuando, sem o ressalto de um cerro pelo complanado dos pampas. E, como a terra se lhe submeteu desde os primeiros dias, sem o gesto desafiador de um píncaro arremessado e duro, entregando-se-lhe

---

11 No original: progresso. ~~Daí~~ As
  Euclides tentou outra redação, abortada no *ms*, para um trecho deste parágrafo: "Nós nos barbarizamos para vencer a terra; os argentinos" [interrompido]
12 No original: uma ~~situa~~ fase
13 No original: terra ~~europeia~~ originária

Euclides da Cunha

toda, humilhada no rebaixamento das planuras – a expansão superficial tornou-se tão dominante, entre todos os aspectos de sua vitalidade, que se fez a fórmula exclusiva não já de seu desenvolvimento industrial, senão do próprio desenvolvimento político.[14]

---

14 Este argumento sobre os fatores naturais influindo sobre os políticos ou históricos se repete no ensaio "O primado do Pacífico". Segue uma página em branco no *ms*. Este trecho corresponde ao do parágrafo quatro de *À margem da história*. Euclides rascunhou três vezes trechos deste parágrafo, como se observa abaixo:
[1] "O domínio do solo na Argentina e no Brasil seguiu processos opostos, derivados da diversidade dos meios físicos num e noutro território. § Nós nos barbarizamos para vencer a terra; os argentinos § A primeira diferença, para logo visível, entre o nosso desenvolvimento e o argentino ~~consi~~ está em que nós tivemos que construir a nossa moradia histórica, e eles encontraram-na pronta. A civilização, mudando de hemisfério sem mudar de latitudes, pode transplantar-se para as margens do Prata, íntegra, conservada ~~na~~ pela uniformidade climática, sem que os próprios acidentes físicos lhe perturbassem o desdobramento: estirou-se pelo nível dos mares e foi expandir-se, sem o ressalto de um cerro, pelo complanado dos pampas. ~~Nós tivemos de o que~~ Não lhe foi necessário dominar o meio. A terra afeiçoada pelos mesmos climas, submeteram-se-lhe desde o primeiro dia, humilhando-se no rebaixamento das planuras".
[2] "(~~Realmente~~ A civilização transplantando-se para ~~o Prata~~ ali não teve como entre nós uma fase de parada obrigatória exigida ~~por uma~~ pelo trabalho de adaptação das raças que se transformam ou se apuram quando em novo organismo, uma alma nova e novos atributos para as exigências de um novo habitat. ~~Mudam~~ Mudou de hemisfério sem mudar de latitude e de alma. Poderia prolongar linearmente as qualidades avitas do emigrado conservando intactos os efeitos de uma atividade secular. Foi um desdobramento: a cultura europeia, estirando-se nos mares e continuando sem o ressalto de um cerro pelo complanado dos pampas. E como a ter-

Ensaios e inéditos

ra se lhe submetia desde a chegada sem a repulsa de uma encosta, entregando-se-lhe, humilhada, no rebaixamento da[s] planuras, a expansão superficial tornou-se-lhe tão dominante entre todos os aspectos de sua atividade que se fez a fórmula exclusiva não já do dò [*sic*] seu desenvolvimento econômico senão do próprio desenvolvimento político". (~~Realmente,~~ Para vencermos a terra fez-se- -nos mister criar até o homem capaz de combatê-la – talhando-o à sua imagem com as suas asperezas e as suas energias tumultuárias por maneira a constituir-se no tipo místico inteiramente novo, do 'bandeirante', a figura excepcional do homem que se fez bárbaro para abrir caminhos à civilização. E quando" [interrompido] Euclides já havia aproveitado ideia semelhante da trabalhada no parágrafo acima em seu discurso de posse no IHGB em 20 nov. 1903: "deparou, na própria marcha crescentemente acelerada do progresso geral, sérios estorvos, impossibilitando-lhe uma situação de parada, dispensável ao perfeito caldeamento de suas raças constituintes – e chegou ainda incaracterístico à fase integradora do Império, que foi o órgão preeminente da sua unidade nacional. § Infelizmente, me escasseiam competência e valor para congraçar numa síntese rigorosa, com as suas recíprocas influências, as grandes fatalidades que perturbaram ou demoraram a nossa evolução: desde as condições físicas desfavoráveis do território amplíssimo e quase impenetrável, em virtude da sua própria estrutura geognóstica, aos empeços e perturbações de ordem moral, em grande parte oriundos das circunstâncias de termos sido obrigados a efetuar, simultaneamente, a nossa formação étnica e a nossa formação política, dando traçados paralelos a fenômenos naturalmente sucessivos". *Revista Trimensal do Instituto Historico e Geographico Brazileiro*, Tomo 66, parte 2 (1905), p.290.

[3] "Para destruir a aparente inferioridade bastar-nos-ia o só mostrar os contrastes físicos dos dous países."
Na página oposta do *ms*, Euclides lançou: "sobretudo atentando-se em que toda a diretriz progressista § Com efeito, logo depois do Tratado de Petrópolis que para honra nossa é a causa pré-excelente § ~~Bolívia Oriental~~ / Linhas de comunicações / Total" [interrompido]
O conteúdo desses parágrafos é também semelhante aos da nota 25.

385

Euclides da Cunha

Leia-se a sua história e destacar-se-á, nítido, este contraste com a nossa: nós tivemos que criar, num longo esforço de seleção telúrica, o homem, para vencermos a terra; eles tiveram que dominar ou transfigurar desde logo a terra, para vencerem o homem.

Domingo Sarmiento, ao cerrar as páginas comovidas da *Civilización y barbarie*;[15] onde vibra o tropear das *montoneras*[16] desabaladas de Quiroga e do Chaco[17] – profetizou o declínio indispensável da tirania deplorável[18] dos gaúchos, sem se estirar em[19] puxados conceitos de filosofia social. A simplicidade do problema, desvendou-se, clara, ao seu descortino admirável: "El ferrocarril llegará en tiempo [...] para estorbar que venga a reproducirse la lucha del desierto"; e, de fato, a civilização argentina alastrou-se nas planuras com o só estirar sobre os rastros das *montoneras* os *rieles* de seus caminhos de ferro.[20] Os ideais de seus melhores estadistas, da escola de Rivadavia,[21] têm hoje, uma realidade prática, tangível, mensurável até em

---

15 No original: Domingos Sarmiento, ao cerrar as páginas comovidas da "Civilización y Barbarie"; ~~cortadas violentamente pelas desfiladas~~ onde vibra~~ria ao~~ o
Domingo Faustino Sarmiento (Argentina, 1811-Paraguai, 1888) foi presidente de seu país e autor da conhecida obra *Facundo: Civilización y barbarie, vida de Juan Facundo Quiroga* (1845).

16 No original: monteneras

17 No original: Chacho – ~~ao~~ profetizou

18 Na página oposta, Euclides escreveu, isoladamente: "no tráfego de 21 linhas".

19 No original: em ~~longos conceitos~~ puxados conceitos de filosofia social. ~~"El ferrocarril~~ A

20 No original: ferro. ~~As~~ Os

21 Bernardino de la Trinidad González de Rivadavia y Rodríguez de Rivadavia (Argentina, 1780-Espanha, 1845), foi o primeiro presidente das Províncias Unidas do rio da Prata (1826-1827).

Ensaios e inéditos

quilômetros – e favorecida de circunstâncias tão felizes que lhe permitiram aumentar o seu patrimônio moral, com o próprio desenvolvimento da riqueza; a unidade nacional firma-se-lhe agora não já sobre teorias ou programas controversos, mas rigidamente com vínculos de ferro que irradiam[22] e se reticulam em todos os rumos –; fazendo-nos assistir, em cada estação que se inaugura, uma vitória definitiva daqueles *"salvajes*[23] *unitários"*, que tanto acirravam o ânimo retrincado de Rosas;[24] e hoje nos aparecem, triunfantes, sob o aspecto modestíssimo de alguns fleumáticos engenheiros ingleses tranquilos.[25]

---

22 No original: irradiam ~~tra~~ se reticulam ~~nos seus dous quadrantes de~~ em todos os rumos – ~~para o Mar de La Plata, Baía Blanca, até Neuquén~~; fazendo-nos

23 No original: "selvajes unitarios,

24 Juan Manuel José Domingo Ortiz de Rosas (Argentina, 1793-Inglaterra, 1877), governador da província de Buenos Aires por duas ocasiões: 1829-1832 e 1835-1852, a segunda delas através de um golpe de Estado. Federalista ferrenho, em 1848 seu poder já ultrapassara as fronteiras da província, governando toda a Argentina. Pensando em anexar o Paraguai e o Uruguai, numa tentativa de recriar o vice-reinado do Prata, sofreu retaliações de franceses e britânicos. O império brasileiro ficou em defesa dos uruguaios, fazendo eclodir a Guerra do Prata (1851-1852), com Rosas saindo derrotado, exilando-se na Inglaterra.

25 No original: tranquilos. ~~Ora~~ E
Euclides rascunhou outras seis vezes no *ms* alguns trechos dos dois parágrafos acima. Estes trechos correspondem mais ou menos aos dos parágrafos 5, 6 e 7 em *À margem da história*:
[1] "Ao cerrar as páginas admiráveis da *Civilización y barbarie*, Domingo Sarmiento teve uma visão de profeta: 'El ferrocarril llegará en tiempo para estorbar que vuelva a reproducirse la lucha del desierto, ya que la pampa está surcada de rieles'. Realmente a República Argentina é o caso sem par e excepcional de um povo cujos maiores problemas sociais e políticos se erguem como simples corolá-

rios do desenvolvimento econômico. A sua história e a nossa ~~esta divergência essencial entre nós~~ têm divergências profundas. ~~Entre nós o antagonismo da terra É incomparavelmente mais simples~~ – § Nacionalidade emborcada § – Luta de uma cidade contra um país – A história argentina"

[A frase completa entre aspas simples, extraída do segundo estudo biográfico de Sarmiento, *El Chaco*, e que pertence à trilogia "Civilización y Barbarie", é a seguinte: 'El ferrocarril llegará a Córdoba en tiempo para estorbar que vuelva a reproducirse la lucha del desierto, ya que la pampa está surcada de rieles'. Os outros dois estudos biográficos são *Facundo* e *El General Fray Félix Aldao*. Com toda probabilidade Euclides utilizou a edição de 1896, auspiciada pelo governo argentino: *El Chaco* (p.206-400) in Obras *de D. F. Sarmiento*, "Civilización y barbarie", tomo VII. Buenos Aires: Imprenta y Litografía "Mariano Moreno", 1896.]

[2] "A história argentina e a nossa ~~divergem~~ têm a divergência natural dos meios físicos em que se desenrolam. Ali, entre os paralelos de 30° e 50°, a civilização, deslocando-se da Europa, trocou de hemisfério sem mudar de latitudes e os novos povoadores depararam francamente aberto o coração da terra atribuindo-os a todos os quadrantes ~~que~~ no desafogado dos pampas que lhes ampliavam ~~as estradas~~ os caminhos nivelados dos mares, ~~e a~~ por maneira que sociedade nova, sem mudar de clima, sem longos esforços de adaptação que lhe ~~alterassem~~ alterem os atributos nativos, sem dispêndios de energia para a formação de outras qualidades de resistência, ~~podem~~ pode prolongar linearmente a cultura avita conservando intactos, os efeitos da atividade secular das raças formadoras. Ao passo que entre nós, ~~submetida quase toda a faixa tropical~~ § Domingo Sarmiento cerrou a última página da 'Civilización y barbarie' com uma frase profética: 'El ferrocarril llegará en tiempo para estorbar que vuelva a reproducirse la lucha del desierto, ya que la pampa está surcada de rieles'. ~~porque a República Argentina, Com efeito toda a história~~ Com efeito, a República Argentina, mostra-o o seu progresso admirável, é talvez o caso único de uma nacionalidade nova cujos ~~maiores~~ problemas sociais ou políticos ~~erguem-se como se resolvem feito~~ são simples corolários do desenvolvimento

econômico. A civilização que para ali se transplantou mudando de hemisfério sem mudar de latitudes não teve como nos demais tratos da América, excetuando o Chile, a situação de parada obrigatória exigida por um ~~longo~~ esforço de adaptação ~~a um novo meio~~, ~~atendendo~~ que lhe atenda os atributos nativos e, criando num largo dispêndio de energia outras qualidades de resistências ~~modeladas por diversos elementos~~ para um novo meio. Prolongar linearmente a cultura avita, conservando intactos todos os efeitos ~~da atividade secular de sua~~ de uma atividade secular. Foi um desdobramento: a civilização europeia ~~expandida~~ estirando-se no nivelamento dos mares, a expandir-se, sem dobras, e sem o ressalto de um cerro, pelas planuras niveladas dos pampas. A terra... § ~~Não analisemos o caso, reproduzindo a ilusão patriótica de Alberdi.~~"
Juan Bautista Alberdi (Argentina, 1810-França, 1884). Ativista liberal, diplomata e escritor.
[3] "A história argentina, ~~resume-se~~ lê-se toda no título de um livro admirável de Domingo Sarmiento, 'Civilización y barbarie'. Não vai além deste congregado de forças contrapostas. É simples."
[4] "A história argentina resume-se no título 'Civilización y barbarie' do admirável livro de Sarmiento."
[5] "Domingo Sarmiento cerrou a última página da 'Civilización y barbarie' com uma frase profética: "El ferrocarril llegará en tiempo para estorbar que venga a reproducirse la lucha del desierto, ya que la pampa está surcada de rieles". ~~Com efeito toda É o que de fato~~ Com efeito a história argentina que se resume ~~no conjugado que intitula serve de título um dos maiores e com certeza o mais original de todos os livros da literatura sul-americana~~ naquele conjugado daquele título de um livro admirável. É, sobretudo, simples. Não tem, como a nossa, os elementos variáveis oriundos de ~~uma~~ penosa adaptação ~~a um~~ ao meio físico, engravescida das vicissitudes de ~~um longo caldeamento de tais~~ um entrelaçamento de raças. A civilização transplantou-se para o Prata, mudando de hemisfério sem mudar de latitudes, ~~de modo,~~ submetida ~~de um modo geral~~ aos mesmos climas, ~~livre inteiramente das travas sem as~~ e sem que os ~~mesmos~~ próprios acidentes físicos lhe perturbassem o desdobramento: Estirou-se ~~no nivelamento dos~~ pelos mares e foi expandir-se, ~~sem~~

Euclides da Cunha

E este triunfo, ao mesmo passo que vai tornando cada vez maior o ascendente de Buenos Aires sobre as províncias, vai, irresistivelmente, estendendo-o sobre as nações vizinhas. A quantidade de[26] movimento acumulada bate em todos os pontos, rompendo-o, no[27] âmbito das fronteiras. A "Great Southern Railway", com o desenvolvimento incomparável de suas 2.506 milhas, pondo a Baía Blanca a um dia da foz do Prata, depois de estirar-se até Neuquén, domina inteiramente a Patagônia. A "The Buenos Ayres and Pacific Railway", ligando-se em Mercedes à "Transandine[28] Railway" e à "Argentine Great Western", estende-se até Valparaíso, monopolizando o melhor da exportação chilena. Lançando-se para nordeste, a "The

---

~~dobras,~~ sem o ressalto de um cerro, pelo complanado dos pampas. ~~A terra devia submeter submetia-se-lhe de pronto, humilhando-se no rebaixamento das planuras.~~ Não ~~era~~ lhe foi necessário, como entre nós, domar ~~a terra~~ o meio numa ~~luta~~ esforço secular, que ainda não terminou, e através do qual como efeitos inevitáveis, até da seleção telúrica, se não constituindo, vagarosamente, os elementos ~~do nosso~~ um progresso ~~mais vagaroso~~ menos acelerado e mais robusto. A terra submetera-se-lhe, de pronto, entregando-se-lhe, humilhada, no rebaixamento das planuras. E ~~nestes~~ naqueles vastos tablados as lutas que se travaram não tiveram como as nossas, a imensa complexidade desses esforços menos ruidosos e mais sérios das raças que se transformam ou se apuram, ~~subordinando-se ou vencendo~~ criando novos atributos para resistirem ~~na~~ ou harmonizarem-se a novos agentes da natureza. ~~Mostram-se-nos sob o aspecto irredutível da luta do homem contra o homem. Civilización y barbárie".~~
[6] "Os 'selvages [*sic*] unitarios' que tanto apavoravam a alma complicadíssima de Rosas, venceram afinal, no aspecto modestíssimo" [interrompido]
26 No original: quantidade movimento
27 No original: o
28 No original: Andine Railway

Ensaios e inéditos

Entre Rios Railway" vai buscar[29] o Uruguai, em Concórdia e, prosseguindo para norte até Posadas pela "East Argentina Railway",[30] ao encontro da linha de Assunção,[31] poderá libertar dentro de dous anos a capital paraguaia da longa navegação[32] do Paraná. Por fim, a "Central Norte Argentina",[33] estendendo-se por Tucumán e Jujuy, com a sua estação *terminus*, projetada, em Tupiza, em plena[34] Bolívia, abre na direção do norte, seguindo o eixo longitudinal do continente a diretriz mais arrojada e mais longa dessa expansão[35] incomparável.

Qualquer destas estradas, [interrompido]

Mas a última, sobre todas, [interrompido][36]

Há cerca de dous meses inaugurou-se na fronteira argentina[37] a estação de Quiaca, na fronteira boliviana da "Central Norte Argentina", realizando-se a primeira comunicação ferroviária, ininterrupta, entre países sul-americanos — e cons-

---

29 No original: buscar, ~~em Concórdia,~~ o Uruguai

30 No original: Railway" ~~ao encontro da Central Paraguai~~ ao

31 No original: Assunção, ~~libertará~~ poderá

32 No original: navegação ~~de este lado~~ do

33 No original: Argentina" ~~que chegando à La Quiaca, e prosseguindo aceleradamente até Tupiza onde se articulará com o sistema boliviano completa na direção do norte~~ estendendo-se
Trata-se do Ferrocarril Central Norte.

34 No original: plena ~~terra~~ Bolívia

35 No original: expansão ~~admirável~~ incomparável. § ~~Não apuremos, irritantemente as grandes facilidades encontradas pela nação vizinha § Neste Realmente esta última estrada — § Mas esta última — § Ora, Esta última interessa-nos profundamente. Depois A nossa rivalidade com a grande república §~~ Qualquer

36 No original: todas, ~~em~~ [interrompido]
E na página seguinte do *ms*: "vingar"

37 No original: argen

Euclides da Cunha

tituindo o mais dilatado trecho da "Pan American Railway", sugerida[38] na Conferência de Washington – e levada a efeito, brilhantemente, pela República Argentina.[39]

A nova linha, desatando-se, oblíqua, para NNO, através de 12° de latitude, desde a foz do Prata até aquela instância internada, com um desenvolvimento total de 1.754 quilômetros, não tem talvez, sob o ponto de vista técnico, embora[40] atravesse o alpestre das terras de Jujuy, nenhuma importância apreciá-

---

38 No original: sugerida ~~no Congresso~~ na

39 Euclides rascunhou outras três vezes trechos do parágrafo acima no *ms*:

[1] "Há cerca de um mês inaugurou-se a estação de Quiaca, da Central Norte Argentina, nas fronteiras ~~bolivianas~~ da Bolívia, realizando-se a primeira comunicação direta ferroviária entre duas nações sul-americanas ~~e cumprindo-se Ao mesmo tempo a Argentina foi a primeira a executar desempenhar-se do seu compromisso que lhe competia na construção da Pan American Railway. A linha nova prolongando a Central Argentina, a partir de Rosario, ao mesmo tempo que Argentina A nova linha interferindo obliquamente doze paralelos de latitude têm uma~~ extensão total de 1.754 quilômetros, correspondendo a apenas ~~sobre~~ 13% de desenvolvimento sobre a ~~reta~~ distância de 1.554 Km entre Buenos Aires e aquele remoto ponto fronteiriço."

[2] "Há cerca de dous meses inaugurou-se a estação de Quiaca da Central Norte Argentina nas fronteiras da Bolívia realizando-se a primeira comunicação direta entre duas nações sul-americanas, e o mais dilatado trecho da Pan American Railway sugerido no Congresso de Washington."

[3] "Há cerca de dois meses inaugurou-se a estação de Quiaca, da Central Norte Argentina, nas fronteiras da Bolívia, realizando-se a primeira comunicação ~~direta~~ ferroviária ininterrupta entre dous países sul-americanos e firmando-se um dilatado trecho da "Pan American Railway", sugerida [*sic*] no Congresso de Washington."

40 No original: embora ~~vingue as paragens montanhosas~~ atravesse

Ensaios e inéditos

vel. O seu próprio desenvolvimento de menos de 15% sobre a reta diz-nos, dispensando[41] quaisquer outros elementos, que a engenharia argentina, depois de quarenta anos de atividade fácil, empregados em estender celeremente pelo complanado dos pampas os maiores alinhamentos retos que se conhecem, ao deparar agora os primeiros obstáculos nos Andes bolivianos, ainda os não encontrou tão sérios quanto os antepostos à engenharia brasileira; e embateu, desde os seus primeiros passos, os contrapostos da cordilheira marítima. Mas não estabeleçamos um confronto de condições técnicas, capaz de desinfluir o ingênuo entusiasmo com que os nossos vizinhos, intermitentemente, comparam o desenvolvimento de suas linhas férreas e o das nossas.[42]

---

41 No original: dispendo

42 Euclides rascunhou seis vezes mais trechos do parágrafo acima no *ms*: [1] "A nova linha, com um desenvolvimento de 13% sobre a reta, ~~desenvolvendo~~ estirando-se obliquamente através de doze graus de latitude e ligando Buenos Aires àquela estância fronteiriça com um percurso total de 1.754 quilômetros, ~~é, sem dúvida, à parte quaisquer outras considerações e atendendo a conceitos meramente técnicos~~ entre as mais notáveis da América do Sul. Acompanhando-a da capital platina a Rosário – pelos trilhos da Central Argentina – e deste ponto, pela Central Norte, até Tucumán a 1.157 quilômetros ~~da grande capital~~ do Prata, § ~~Sobretudo no trecho entre Tucumán e Quiaca em que vinga um transcurso de 597 quilômetros uma diferença de nível 2878 metros. Mas à parte as condições técnicas~~ incluir-se-ia por si mesma, adscrita às condições técnicas mais ~~sensíveis~~ simples, entre as mais notáveis da América do Sul, sobretudo na seção que vai do Jujuy a Quiaca em que vinga um transcurso de 259 quilômetros uma diferença de nível de 2.040 metros. ~~Mas outras considerações~~ Destacam-na, porém, considerações mais ~~graves~~ sérias. Realmente, naquele arrojado lance de sua atividade a República Argentina não se ateve" [interrompido]

Euclides da Cunha

[2] "A nova linha de comunicações desatando-se, oblíqua, através de doze graus de latitude e ligando Buenos Aires àquela estância fronteiriça com um percurso total de 1.754 não tem, ~~evidentemente~~ sob o ponto de vista técnico, ~~diante da engenharia brasileira~~ excepcional importância. Da capital platina ~~ao centro açucareiro de~~ a Tucumán ~~os seus~~ estiram-se 1.157 quilômetros ~~estiram-se num plano quase de nível~~, vencendo ~~a diminuta uma~~ diferença de nível de 422m70, ~~correspondendo a um declive com um declive geral~~ que corresponde ao declive uniformemente distribuído, de 0,035%; e ao entrar na zona montanhosa, entre o grande centro açucareiro e a raia boliviana, passando por Jujuy, e diferença de alturas [*sic*] de 2.878 metros, vingada em 597.000 Km [*sic*] corresponde a uma rampa uniforme ~~de quase~~ inferior a ½%. O seu desenvolvimento de apenas 13% sobre a reta de 1.554 Km que vai de Buenos Aires a Quiaca mostra-nos, por outro lado, que os engenheiros argentinos ao vencerem as primeiras dificuldades naturais que se lhes antolham, nos Andes, ao fim de 40 anos ~~nos Andes~~ de cômoda atividade, atravessados a estirarem trilhos em desmedidas retas pelo complanado dos pampas."

[3] "A nova linha desatando-se, oblíqua, para NNO, desde a capital platina até aquela estância remota, através de doze graus de latitude, ~~não tem, mau grado o seu percurso dilatado de 1.754 quilômetros,~~ nenhuma importância ~~teria de~~ apreciável tem, talvez sob o ponto de vista técnico. ~~É vulgaríssima.~~ Não se locou vencendo ~~sérios obstáculos~~ sérias peripécias naturais, ou corrigindo-as. ~~Os engenheiros argentinos, ou, mais exatamente, franceses, italianos e sobretudo ingleses que por ali mourejam a estirarem comodamente pelo complanado dos pampas os maiores alinhamentos retos que ainda se traçaram nas estradas de ferro da Terra, ao vencerem agora, a cabo de quarenta anos de fáceis esforços os primeiros pendores dos obstáculos dos Andes bolivianos, ainda os encontraram, consideravelmente menores que os antepostos à engenharia brasileira, desde os seus primeiros dias, nos pendores da cordilheira marítima. Demonstra-o o seu pe o traçado geral da nova linha.~~ De Buenos Aires a Tucumán, ela se alonga por 1.157 quilômetros vencendo a diferença de nível de 422m, o que corresponde a um declive in-sensível, uniformemente distribuído, ~~de insensível,~~ de 0,035%; ~~e~~ mesmo ao penetrar a zona montanhosa, entre ~~aquele grande cen-~~

Ensaios e inéditos

~~tro açucareiro~~ Tucumán e a fronteira boliviana, a altura relativa, de
2.878 [m] ~~Km, galgada~~ vinga-a num percurso de 597 quilômetros,
corresponde a uma rampa uniforme, ~~de 0,57%~~ inferior a 0,5% ou
½%; ~~por § Comparados estes elementos gerais e os que se derivam
do simples/observam no trecho da E. F. C. do Brasil entre Belém e
o Alto da Serra, onde a diferença de nível de 427 vencida em 22 Km
impôs o declive de 1,8%, a despeito de obras d[']arte notáveis e de
um excessivo desenvolvimento coleante através de dezesseis túneis
abertos em rocha viva, põem-se de manifesto os contrastes físicos
que desde o começo distinguem a indústria do transporte num e
noutro país impossibilitando quaisquer todos esses paralelos entre
os desenvolvimentos as extensões quilométricas respectivas. Não
os apontaremos. Basta-nos apontar notar de relance, para que se
desinflua o ingênuo entusiasmo dos nossos garbosos vizinhos ante
o desenvolvimento de suas estradas, ligeiramente maior que o das
nossas, que, com quais, tanto se compraz o ingênuo entusiasmo dos
nossos garbosos vizinhos. Não lhes mostraremos a desvalia evidente.
Fora interserir um assunto perturbador § É natural que a distância
efetiva de 1.554 Km, de Buenos Aires à Quiaca se percorra com
1.754 quilômetros de trilhos, o que equivale ao desenvolvimento,
nunca atingido por uma estrada brasileira, de 13 apenas 13% sobre
a reta; e não maravilha que durante a construção da linha~~ por fim
o seu percurso total, de 1.754 da foz do Prata às primeiras áreas
bolivianas, ~~traduz~~ com o diminutíssimo desenvolvimento de 13%
sobre a reta, raro atingido pelas melhores estradas de ferro. ~~e menor do que Comparados estes elementos com os das estradas brasileiras Ora, estas condições técnicas naturais, jamais conseguidas
pelas mais bem locadas estradas brasileiras através de obras d'arte
excepcionais~~ é, por si mesmo bem eloquente, no denunciar que a
engenharia argentina ~~(ou melhor os engenheiros franceses, italianos e sobretudo ingleses empregados na Argentina)~~ depois de ~~um
rápido alastramento fácil~~ depois de um rápido alastramento fácil
cômoda atividade de 40 anos pelo complanado dos pampas, ao
atingir agora os primeiros obstáculos dos Andes bolivianos, ~~não
os tem~~ ainda não os encontrou tão sérios quanto os antepostos à
engenharia brasileira, a embater desde os seus primeiros passos os
contrapostos da cordilheira marítima."

Euclides da Cunha

[4] "Comparados estes dados e os ~~derivados~~ que se derivam do simples trecho da E. F. Central do Brasil, entre Belém e o alto da serra ~~onde~~ onde a diferença de nível, de 427m, vencida em 22 quilômetros impôs o declive de 1,8% a despeito de obras d'arte notáveis ~~em que se incluem os seus dezesseis túneis na rocha viva~~ e de um largo desenvolvimento sinuoso [ilegível] em dezesseis túneis abertos em rocha viva, ~~e~~ não nos ~~maravilhará~~ maravilharemos que a distância real de 1.554 entre B. Aires e Quiaca."

[5] "A nova linha ~~de comunicação~~ desatando-se, oblíqua para N.N.O., através de mais de doze graus de latitude, com um percurso total de 1754 Km, desde a capital platina até aquela estância remota, não tem, evidentemente, sob o ponto de vista técnico, ~~apreciável~~ nenhuma importância apreciável. É vulgaríssima. Os engenheiros argentinos, digamos melhor os ~~engenheiros ingleses, os~~ franceses, italianos e, sobretudo ingleses, que ~~há quarenta anos~~ por ali mourejam a estirarem comodamente no complanado dos pampas as maiores retas que ainda se traçaram ~~em todas as~~ nas vias férreas da Terra, no ~~depararem~~ vencerem agora, ~~as~~ a cabo de quarenta anos, as primeiras dificuldades naturais ainda as encontram consideravelmente menores que as antepostas à engenharia brasileira ~~ou peru~~ desde os seus primeiros dias. ~~Para chegarem aos Andes eles atravessaram celeremente toda a Argentina. Para chegarmos ao interior do Brasil Mostra Não insistamos sobre esse fato, que por si só basta a explicar o nosso aparente atraso. Os que comparam os 20.814 Km de linhas argentinas aos Kms brasileiros, esquece-lhes sempre~~ Mostra-o o próprio traçado da nova linha. ~~De Buenos Aires a Tuc~~ Da capital platina a Tucumán estima-se por 1.157 Km vencendo a diferença de nível de 422,70 correspondente a um declive uniforme e distribuído, de 0,035%; e ao penetrar a zona montanhosa, entre o grande centro açucareiro e a raia boliv[iana], passando por Jujuy, ~~a diferença da altura de~~ a altura relativa de 2.878 [m], galgada em 597 Km corresponde a uma rampa uniforme [de] 0,05% ou inferior a ½%. § Assim, não maravilha que a distância real, de 1.554 Km entre Buenos Aires e Quiaca, se percorra com 1.754.000 de trilhos, o que equivale ao desenvolvimento excepcionalmente diminuto de 13% sobre a reta. Além disto, consoante à praxe adotada em todas as estradas argentinas, ~~em que se restringem as primeiras despesas~~

Ensaios e inéditos

O[43] essencial na nova linha está menos nos elementos de seu traçado que na sua direção geral. Considerando-se um mapa qualquer, o que se verifica de pronto é que a Argentina, obediente ao propósito nunca esmorecido de curar-se do "mal de la extensión", acaba de realizar o mais arrojado de seus lances progressistas; e, figuram-se-nos de tal porte as suas consequências, que fora pueril o indagarmos se ela avança para a república vizinha, sobre uma via permanente impecável e sólida em que se hajam resolvido notáveis problemas de locação. Todo o ponto está em que ela chega à Bolívia. Quaisquer que sejam as falhas de tração imanentes a uma estrada imperfeita, e ainda que[44] lhe concedêssemos apenas a velocidade escassa de 30 quilômetros por hora, o resultado final é este: vai-se hoje, em dous dias e meio de Buenos Aires às terras meridionais[45] bolivianas. Quer dizer: o grande *hinterland* sul-americano, que até hoje mal se

---

do primeiro estabelecimento ao ponto de darem, desde os primeiros anos 10%, 12% até 16% de dividendos sob a dupla preocupação ela se construiu formou sob a dupla preocupação de um mínimo nas despesas do primeiro estabelecimento e um máximo na rapidez do avançamento. Conforme nos revelou há tempos um jornalista entusiasmado, na própria região perturbadíssima de Jujuy a Ledesma, ou a Huama Humauaca, bateu-se o *recorde* de uma construção vertiginosa, construindo-se assentando-se um quilômetro e meio de [ilegível] dormentes e trilhos, num em trilhos, em cada dia de trabalho. Assim se pode deduzir, dispensando-se um exame local, que a nova não tem, certo, condição técnica que nos deslumbrem. O trecho da Central do Brasil entre Belém e a Barra do Piraí"
[6] Mas não estabeleçamos um confronto de condições técnicas que sobre um desviar de nosso objetivo, iria desenfluir inutilmente o ingênuo entusiasmo com que os nossos curiosos vizinhos comparam o desenvolvimento de suas vias férreas e o das nossas.
43 No original: nossas. § O p. essencial
44 No original: que se lhe dessem concedêssemos
45 No original: meridionais da Bolívia bolivianas.

desafogava para o norte através das longas e trabalhosas navegações do Beni e do Madeira,[46] para leste por meio da[47] comunicação mista com o péssimo porto de Mollendo,[48] para sudoeste derivando, vagarosamente, pelo leito de 0.75 da precária estrada de Antofagasta – desaparece quase, agora, aproximando-se repentinamente do Atlântico de que o afastam somente 58 horas de viagem.[49] Comparando-se numa apreciação mais íntima as ligações atuais entre os pontos principais da longínqua república internada e a Europa, chegam-se a resultados ainda mais expressivos. Mostra-no-lo este quadro: [interrompido][50]

---

46 De La Paz a Riberalta – no Beni	1.554 quilômetros
" Riberalta a Villa Bella – no Madeira	183 "
" Villa Bella a S^to Antonio	316 "
" S^to Ant° à foz do Madeira	1.034 "
Do Madeira ao Pará	1.564 "
	4.651 " (N. A.)

Em *À margem da história* (p.172), o 2º e o 5º valores estão grafados 83 e 1.504, respectivamente, sugerindo um erro na soma. Porém, os dados do ms estão corretos, bem como a versão do *Jornal do Commercio*.

47 No original: das

48 No original: Mollendo, ~~ou~~ para

49 No original: viagem. ~~A~~ Comparando-se
Em *À margem da história* (p.172) está "55 horas de viagem".

50 Euclides rascunhou outras duas vezes trechos do parágrafo acima:
[1] "Mas esta aparente desvalia, compensam-lha outras condições econômicas e políticas naturais. Antes de tudo aquele arremessar-se vertiginoso, com o objetivo exclusivo de destruir-se no menor prazo possível "el mal de la extensión", infleta a norma vulgar, aceita em toda a parte, para a conquista do deserto. As maiores estradas do mundo nascem tolhiças e até, tecnicamente, erradas. Crescem e aperfeiçoam-se com o próprio crescer e aperfeiçoar-se das paragens novas que atravessam. ~~como verdadeiros organismos vivos, na dupla causa entre na neutra relação reação dos elementos estáticos da via~~

Ensaios e inéditos

~~permanente e os elementos dinâmicos do tráfego~~". À página oposta Euclides lançou: "Inteiramente resolvido o seu problema ferroviário. § É talvez, vulgaríssimo. Nos § Os elementos dominantes de seu traçado, deram-nos, dispensando análise mais íntima que ela não se locou dominando sérios empeços naturais, ou corrigindo-os por meio de grandes obras d'arte. § Quando eles ingenuamente comparam os seus... Kms de vias férreas... e os nossos... e complicam o paralelo firmando" [interrompido]
Adiante, o caderno apresenta uma folha arrancada.
[2] "§ ~~Tomando a linha de Quia~~ § O ~~ponto~~ essencial, na nova linha, ~~está, realmente, menos no considerar~~ consiste menos nos elementos de seu traçado. Do que na sua direção geral e ~~extraordinárias~~ inevitáveis consequências econômicas e políticas. E sob este aspecto ~~confessamos que~~ ela é excepcionalmente notável. Considerando-se um mapa qualquer o que se verifica de pronto é que a Argentina, obediente ao programa de curar-se "del mal de la extensión" acaba de realizar o mais arrojado de seus grandes lances progressistas; e ~~são figuram-se~~ figuram de tal porte os seus efeitos que fora pueril o delongarmo-nos em indagar se ela avança para a ~~Bolívia~~ república vizinha sobre uma via permanente impecável, e sólida, ~~ou se sobre uma linha incorretíssima de 1,0m de bitola, onde se bateu o record[e] de construção com o assentamento de quase dous quilômetros [de] trilhos e dormentes por dia Todo o ponto está em sabermos que ela chega à Bolívia. Quer dizer É que, admitida embora a velocidade diminuta de 30 quilômetros por hora ou se o fez, como de fato aconteceu, precipitadamente, numa construção incorreta e acelerada em que se atingiu por vezes o máximo do assentamento de quase dous quilômetros de trilhos por dia de trabalho. Todo o ponto está em sabermos que ela chegou à Bolívia — e que a despeito das imperfeições de um trabalho~~ em que se hajam resolvido notáveis problemas de locação. Todo o ponto está em sabermos que ela chegou à Bolívia. Quaisquer que sejam ~~os inconvenientes~~ as falhas de tração numa linha imperfeita, e ainda admitindo-se, mercê dos maiores inconvenientes, à nova estrada, à velocidade máxima de 30 Km por hora, o resultado final é ~~admirável~~ este: vai-se, hoje, em dous dias e meio, da foz do Prata às terras meridionais da Bolívia. Quer dizer: o *hinterland* boliviano que até hoje mal se desafogava

Euclides da Cunha

para o norte através da longa e acidentada navegação do Beni e do Madeira, ~~ou para o sudoeste derivando penosamente pelo leito de 0,76 da precária estrada da Antofagasta~~ ou para leste pela comunicação mista de Mollendo, ou para sudoeste derivando penosamente pelo leito de 0,75 da precária estrada de Antofagasta, desaparece por assim dizermos, aproximando-se repentinamente do Atlântico de que o afastam, hoje, apenas 58 horas de viagem. Considerando-se, numa apreciação mais íntima, as ligações atuais dos pontos extremos da longínqua república intimada com a Europa, atingiu-se, ~~de golpe~~ resultados ainda mais impressionadores. Mostram-no-lo este quadro em que se indicam apenas as comunicações mais conhecidas.

	Linhas de comunicações			Total		Departamentos
	Escalas parciais	Distância	Tempo	Dist	Tempo	
Bolívia Oriental	Puerto Suárez – Buenos Aires	2.800 Km	8			Santa Cruz – Chuq[uisaca]
	Buenos Aires – Europa	11.000	20	13.800 Km	28 dias	
Bol. Ocidental	Oruro – Antofagasta	924 Km	3 dias	20.924 Km	38 dias	Chuquisaca – Potosí, Cochabamba
	Ant – Europa	10800m = 20.000 Km	35 "			
	La Paz – Mollendo	848 Km	42 horas			
	Moll – Europa	11.500 = 21.300	...	22.148	40	
Bolívia Set[entrional]	Vila Bela – Belém	3.471	21 dias			Beni
	Belém – Europa	3.800 m = 7.037	13	10.508	34 d.	
Bol. Austral	Quiaca – Buenos Aires	1.754	2,5 d			
	B[uenos Aires – Europa]	11.100	20	12.854	22,5 d	Tarija, Tupiza, Chuquisaca

Estudando de perto o desenvolvimento espantoso ~~de uma civilização~~ desse progresso que se traça quase todo no diagrama das estradas de ferro, veríamos que ele § Observemos de passagem que este progresso maravilhoso de modo algum nos desvia. ~~Há um traço profundamente material~~" [interrompido]
Adiante, o caderno apresenta três folhas arrancadas.

400

Ensaios e inéditos

Diante[51] de grandezas tão claras, é evidente que se deslocara para as suas terras meridionais toda a vida econômica e política da Bolívia, caindo em grande parte na órbita da influência argentina.

Com efeito; uma das grandes consequências do Tratado de Petrópolis foi a revivescência da Bolívia.[52] A nacionalidade tão sacrificada pelas condições geográficas e pelas vicissitudes patéticas que as agravaram, afastando-a definitivamente do mar, foi amparada pelo nosso liberalismo que não só a desoprimiu facilitando-lhe um desafogo pelo Paraguai e pelo Madeira, como a aparelhou de recursos para resolver os seus problemas econômicos mais urgentes.[53] A sua política interna entrou numa fase de agitação progressista, de todo em todo, distante das funestas agitações[54] que a dilaceravam — e como a domi-

---

51 No original: ~~Assim,~~ Diante de ~~números~~ grandezas

52 Entre 1750 e 1903, o atual território do Acre pertencia à Bolívia. Para resolver o conflito entre as duas nações, o Brasil e a Bolívia, que disputavam sua primazia no contexto da extração do látex, o barão do Rio Branco articulou a assinatura do tratado de Petrópolis em 17 nov. 1903. Segundo esse acordo, o Brasil pagou à Bolívia 2 milhões de libras esterlinas e indenizou o Bolivian Syndicate em 110 mil libras esterlinas pela rescisão do contrato de arrendamento de 1901. Ademais, o Brasil se comprometeu, entre outras coisas, a ceder algumas terras no Amazônia, construir a Estrada de Ferro Madeira-Mamoré, manter agentes aduaneiros junto às aduanas brasileiras em Belém do Pará, Manaus, Corumbá e outros na região dos Rios Madeira, Mamoré e nas fronteiras entre os dois países.

53 No original: urgentes. ~~Tão certo é que Logo após o deslindamento das fronteiras, ela entrou numa~~ A sua política interna, ~~dirigida por Ismael Montes,~~ entrou

54 No original: agitações ~~agi~~ que a dilaceravam, — ~~e dominando-a inteiramente~~ e como a dominasse inteiramente, desde logo, ~~ao iniciar-se o governo do Coronel Montes,~~ a preocupação

Euclides da Cunha

nasse inteiramente, desde logo, a preocupação de destruir por meio de rápidas linhas de comunicações todos os inconvenientes oriundos[55] de seu encerro geográfico, o governo do general Montes[56] contratou um brilhante estado maior de engenheiros norte-americanos, que perlustraram, em todos os sentidos, o país e apresentaram ao cabo um relatório maravilhoso[57] em que quadro das riquezas naturais e o seu desenvolvimento futuro desafia a mais complacente credibilidade e só se admitem definidos, como se acham, em diagramas rigorosos. Não o analisaremos[58] − forrando-nos ao entusiasmo irreprimível que levou um rígido correspondente *yankee* a definir aquele relatório cheio de desenhos e cálculos − *a poesy of railways*. Ao nosso propósito basta-nos notar que o sentido[59] dominante das linhas projetadas segue a entroncar em Tupiza, com o prolongamento da Central Norte Argentina, que já chegou a La Quiaca[60] e atingirá breve aquela estação *terminus*.[61]

---

55 No original: oriundos ~~da sua~~ de

56 Ismael Montes Gamboa (Bolívia, 1861-1933), militar, advogado e político, chegou a ser presidente de seu país duas vezes (1904-1909, 1913-1917). Foi comandante da primeira expedição ao Acre durante a disputa territorial que teve a Bolívia com o Brasil em 1900-1903).

57 No original: maravilhoso ~~e~~ em

58 No original: analisaremos − ~~Baste-nos notar que um rígido correspondente yankee~~, caracterizou-o ~~liricamente~~: *a poesy of railways*...

59 No original: sentido ~~mais~~ dominante

60 Neste ponto do texto em *À margem da história* (p.174), Euclides colocou uma nota de rodapé com dados do estudo do engenheiro G. Noseti, os quais não se encontram no *ms*.

61 Euclides rascunhou duas vezes mais trechos do parágrafo acima no *ms*: [1] "Por outro lado, a revivescência da nacionalidade tão sacrificada pelas condições geográficas e pelas últimas vicissitudes políticas

Ensaios e inéditos

No contrato celebrado em 1906, com o Banco Nacional de Nova York para a construção de[62] 863 milhas de linhas férreas, que devem ultimar-se em 1912,[63] 530 milhas cabem inteiramente aos vários trechos,[64] que se articulam de La Paz para o sul,[65] e se [ilegível]

De Viacha (La Paz) a Oruro –135m (215 Km) ... custo[66]
” Oruro a Potosí – 205m 331

  155

” Potosí a Tupiza – 495 796 Km
” Tupiza a Quiaca 35 17.6 [00.000]

  530 = 852 quilômetros[67]

Assim se projeta a estrada continental que, ligando-se de um lado ao sistema argentino e de outro ao peruano, já entregue ao

---

que a afastaram definitivamente do mar, acentua-se, sobretudo ~~na direção~~ no sentido ~~da supremacia platina~~ daquela influência. Vai francamente ao encontro da expansão ~~argentina~~ platina."

[2] "sobretudo ~~se atendermos em que~~ se atendermos a outras circunstâncias que completam ~~o~~ este traçado admirável da expansão platina."

62 No original: construção de ~~suas~~ 863 milhas linhas

63 No original: em 1812

64 No original: trechos ~~que se articulam~~ que

65 No original: sul, ~~assim distribuídos que~~ e

66 No original: Oruro – 135m (215 Km) ... custo ~~$ 4.000.000~~
” Oruro a Potosí – 205m 331 ~~8.000.000~~
” Potosí a Tupiza – 155   ~~5.600.000~~
  495 796 Km
” Tupiza a Quiaca 35 17.6

67 No original: quilômetros § ~~E como não é lícito admitir-se que o capital americano~~ § Assim

Euclides da Cunha

tráfego, constituirá dentro de breve prazo, mais de dous terços da "Pan-American Railway".

Lima, La Paz e Buenos Aires, em menos de um decênio, estarão ligadas por uma linha de[68] 3.022 quilômetros, capaz de ser percorrida em[69] três dias.

É uma afirmativa segura.[70] O capital americano, que na construção[71] do trecho boliviano intermédio se estreia na indústria ferroviária[72] da América do Sul, não fraqueará ao peso dos $16.000.000 que lhe exigem para[73] a empresa.[74]

A viação internacional argentina amplia-se entendendo-se[75] com a economia geral do continente. Completam-na,[76] como se sobre duas linhas notáveis: a "Buenos Aires y Pacífico"[77] que, antes do fim deste ano, com a terminação do terminal de[78] La Cumbre, entre Monte Caseros[79] e Santo Tomé,[80] per-

---

68 No original: de ~~de~~ 3.022 quilômetros, ~~que permitirá percorrer-se longitudinalmente quase todo o continente em pouco mais de 3 dias com a velocidade de 40 quilômetros por hora. E embora a abertura do canal do Panamá, coincidindo com o remate do sistema boliviano~~ capaz

69 No original: em ~~dous~~ três

70 No *Jornal do Commercio*: "É uma dedução segura". Em *À margem da história* (p.175): "É uma dedução clara".

71 No original: construção ~~do sistema~~ ~~daquele~~ do

72 No original: ferroviária ~~sul americana~~ da América

73 No original: para empresa

74 No original: empresa. ~~Deste modo~~ § ~~Deste modo a~~ A

75 No original: entendendo com

76 No original: Completam-na, ~~além disto~~ como

77 Trata-se da Empresa del Ferrocarril de Buenos Aires al Pacífico.

78 No original: terminal de ~~los Caseros~~ la Cumbre

79 No original: entre los Caseros

80 No original: e permitirá

Ensaios e inéditos

mitirá fazer-se em 48 horas a travessia de Valparaíso ao Prata; que outrora se fazia em 121, pelo [ilegível]; e a "Argentine North Eastern", que seguindo por Monte Caseros e S. Tomé,[81] chegará, dentre ano e meio, a Posadas, na fronteira paraguaia, restando-lhe apenas 97 quilômetros para alcançar em Pirapó a estação *terminus* da "Paraguai Central Railway", que parte de Assunção; e,[82] mais interessante para nós, o ramal, que se partindo de Perico, próximo de Jujuy e seguindo não já para o norte, mas[83] para nordeste, por Ledesma, Orán,[84] visando prolongar-se pelos chacos[85] de Yacuíba até Santa Cruz de La Sierra, com um desenvolvimento de 2.800 quilômetros a partir da foz do Prata, completará pelo levante a ação da linha de La Quiaca, submetendo ao tráfego argentino toda a Bolívia oriental até às linhas meridionais do departamento de Chuquisaca.

Ora, balanceados estes elementos claros, adrede expostos, sem atavios ou conjecturas estranhas ao rigorismo das

---

81 No original: Thomé ~~atingirá~~ chegará
82 Euclides rascunhou outras duas vezes trechos do parágrafo acima, como se observa:
   [1] "A Central Railway do Paraguay vai estender a sua linha à Argentina, ~~até Po~~ de Pirapó a Posadas."
   [O nome correto dessa companhia é The Paraguay Central Railway, também mencionado por Euclides no *ms.*]
   [2] "A Paraguay Central Railway pode estender-se de 60 milhas (97 quilômetros) até ao Paraná ligando-se em Posadas com a East Argentina."
83 No original: mais
84 No original: Orán ~~de Yacuíba~~ visando
   Ledesma é o nome de um dos departamentos da província de Jujuy. O nome completo de Orán é San Ramón de la Nueva Orán.
85 No original: chaco

Euclides da Cunha

suas[86] expressões numéricas, deve-se convir em que Buenos Aires reassume a sua antiga feição histórica de metrópole[87] hispano-americana. E não[88] maravilha que muito recentemente, dirigindo-se à Sociedade Geográfica de Washington, D. Ignacio Calderón,[89] ministro boliviano, rompesse com todas as reservas do cargo diplomático, e deduzisse friamente seus neutrais lances de pontaria a prevenir a inevitável formação do que lhe aprouve denominar "Estados Unidos da América do Sul", constituídos pelo entrelaçamento político do Peru, Bolívia, Chile, Argentina, Uruguai e Paraguai, porque com tal conceito, que há vinte anos[90] seria uma inexpressiva arrancada de ideólogo a reviver a mensagem histórica do antigo vice-reinado, tem, agora, estirando-se em elementos tão tangivelmente apreciáveis, em uma época em que as relações políticas tanto se submetem aos interesses econômicos, o rigorismo de uma proposição científica.[91]

---

86 No original: dos seus
87 No original: metrópole ~~sul~~ hispano-americana
88 No original: não ~~nos~~ maravilha
89 Ignacio Calderón de la Barca Clavijo (Bolívia, 1848-?), secretário de Instrução Pública, primeiro-secretário da Legação Boliviana em Lima, cônsul em Nova York (1876-1886) e ministro da Fazenda durante o governo de Juan Manuel Pando. Foi nomeado ministro plenipotenciário da Bolívia nos Estados Unidos. Este discurso (Adddress by the Bolivian Minister, Mr. Ignacio Calderón, Before the National Geographic Society) a que se refere Euclides foi parcialmente publicado no *Monthly Bulletin of the International Bureau of the American Republics*, v.XXIV, n.3 (mar. 1907), p.569-70.
90 No original: anos ~~se capitularia entre as na~~ seria
91 No original: científica. § ~~Infelizmente; porém,~~ [interrompido] Euclides rascunhou outras três vezes um trecho do parágrafo acima:

Ensaios e inéditos

[1] "'Deve-se aguardar em próximo futuro a Federação de ~~cinco~~ seis estados hispano-americanos – Peru, Bolívia, Chile, Argentina ~~e~~, Uruguai e Paraguai – constituindo os Estados Unidos da América do Sul...' ~~É a afirmativa gravíssima~~ A afirmativa gravíssima que seria o encanto de um sonhador a expandir-se num congresso de ideólogos, fê-la recentemente d. Ignacio Calderón, ministro boliviano diante ~~de uma das mais~~ da austera Sociedade Geográfica de Washington. Não lhe discutamos o alcance político". [*"The Industria* – Setembro 1907 – *Bolivia*, Address Delivered by the Bolivian Minister Mr. Ignacio Calderón." – N. A.] "§ Apontemos-lhe, de relance, os fundamentos rigorosos. § De fato ~~esta~~ a reconstrução histórica ~~do vice-reinado platino – aumentado na expansão não já~~ do antigo vice-reinado platino ~~apenas~~ não já expandido às terras setentrionais da Bolívia, mas ~~abrindo~~ avassalando toda a costa do Pacífico, desde o Cabo Horn até Guayaquil, ~~despontam na história como uma consequência~~ avulta feito inevitável corolário da civilização argentina. ~~e não se faz mister um raro descortino para deferi-lo. que~~ Sem exigir largos descortinos para ser apreendido. ~~o porque~~ A história da grande república sul-americana, ~~ao revés da nossa,~~ ao revés das demais, se patenteia, de um lance, toda a mais ~~embolada~~ vista, com uma simplicidade admirável. Compreendemo--la melhor que a nossa."
[O trecho entre aspas simples é uma paráfrase do encontrado em *Address Delivered by the Bolivian Minister, Mr. Ignacio Calderón, Under the Auspices of the National Geographic Society, at Washington, D. C.*, (25 jan. 1907), p.19.
Na página oposta, Euclides lançou:] "§ O bandeirante – que se fez bárbaro para abrir estradas à civilização. § Nós nos barbarizamos para vencer o deserto. As trilhas das bandeiras locavam estradas à civilização. Ajustam-se-lhes hoje, as melhores linhas férreas. § Foram no seu aspecto irredutível o choque do homem contra o homem".
[2] "~~Em recente comunicado à Sociedade Geográfica de Washington, D. Ignacio Calderón, ministro boliviano, não vacilou em revestir da sua responsabilidade oficial, em a afirmativa gravíssima: Deve-se [ilegível] a partir de presumir 'que em próximo futuro se constituiria a grande Federação'~~" [interrompido]

407

Euclides da Cunha

Dizê-mo-lo friamente. Não há[92] cegueira patriótica que nos[93] encobriu verdades de tal porte.[94] Além disto, os males que[95] certo nos adviriam[96] desse predomínio da nossa principal adversária, cuja energia vitoriosa está menos nas suas forças militares que na sua grande[97] capacidade produtora e na sua expansibilidade industrial ou mercantil, vão ser[98] diminuídos de um modo notável por outras circunstâncias, alheias ao seu desenvolvimento e surgindo precisamente quando este lhe cria situação tão[99] invejável na América do Sul.

---

[3] "'Deve ~~aguar~~ esperar-se em próximo futuro a federação de seis estados hispano-americanos – Peru, Bolívia, Chile, Argentina, Uruguai e Paraguai – formando os Estados Unidos da América do Sul...' Esta afirmativa arrojada que seria o encanto de um sonhador a expandir-se aforradamente num congresso de ideólogos, fê-la há dous anos d. Ignacio Calderón, respeitável ministro boliviano, diante da sólida Sociedade Geográfica de Washington. § Não lhe discutamos o alcance político. Apontamos-lhe os fundamentos rigorosos. § De fato esta reconstrução – melhorada e ampliada – do velho Vireynado [*sic*] Platino, desponta-nos § A ligeira" [interrompido]

92 No original: há ~~exigências~~ cegueira patrióticas

93 No original: nos ~~[ilegível]~~ a encobriu

94 No original: porte. ~~Além disto, quaisquer que Ao contrário~~ Além Na versão do *Jornal do Commercio*: "Dizemo-lo sem apreensões patrióticas; sobretudo atendendo-se em que há um reverso sombrio nesse quadro admirável". Na versão de *À margem da história* (p.176): "Dizemo-lo sem apreensões patrióticas; sobretudo atendendo-se em que a Argentina tem um reverso sombrio nesse quadro admirável".

95 No original: que ~~certamente~~ certo

96 No original: adviriam ~~dessa expansão~~ desse

97 No original: sua grande ~~e — invejável~~ capacidade

98 No original: ser ~~consideravelmente~~ diminuídos

99 No original: tão ~~proeminente dominante~~ invejável

Ensaios e inéditos

Assim precisamente, ao ultimar-se o sistema boliviano, que, como vimos, dará à viação argentina um desdobramento de mais de três mil quilômetros, a abertura do canal de Panamá virá reduzir-lhe o tráfego. À simples inspeção de um mapa, vê-se a que distância média dos portos peruanos à Europa,[100] reduzindo-se de metade, passando de 12.000[101] a 6.000 milhas, o que equivale a colocar Callao à mesma distância de Southampton que[102] de Buenos Aires, deslocará totalmente naquele novo rumo todo o movimento comercial do Peru. Acompanhá-lo-á o Chile, graças[103] às vantagens inegáveis de um só transporte marítimo de 8.100 milhas diante da condução mista pouco inferior, através dos Andes e do Atlântico meridional. E,[104] as próprias regiões do ocidente boliviano, que se ligarão não mais pela imperfeita linha de Antofagasta, mas pela de Arica, ora em construção, ao Pacífico – preferirão a nossa estrada.[105]

---

100 No original: Europas

101 No original: 12.000 ~~pe~~ a

102 No original: que ~~a atual distância~~ de

103 No original: graças ~~em grande parte~~ às

104 No original: E próprias

105 No original: estrada. ~~destinada a revolucionar as direções tradicionais do comércio universal.~~ § Deste
Euclides rascunhou novamente um trecho do parágrafo acima: "~~E considerando-se~~ Ora, observando-se que mesmo depois da abertura do istmo de Panamá as distâncias de Antofagasta e Mollendo ~~que~~ apenas se reduzirão, respectivamente a 7.740 e 7.200 milhas, é evidente q[ue] a supremacia do Porto de Buenos Aires ficará sobranceira ~~ainda~~ às próprias transformações que se derivarão da abertura do grande canal interoceânico". Adiante, o caderno apresenta três folhas arrancadas. Porém, a última delas trazia escritos. Na página oposta do manuscrito, Euclides escreveu: "consideramos as nossas melhores estradas de penetração, podemos demarcar as origens §

Deste modo, a República Argentina sofreu mais do que todas os efeitos[106] do novo caminho marítimo, destinado a revolucionar profundamente todas as relações internacionais.

Ora, além desta[107] causa geral, outras por igual apreciáveis[108] concorrerão no destruir-lhe um predomínio que tantos[109] elementos naturais favoreceram;[110] estas são, essencialmente, brasileiras. É de simples intuição que a estrada "Madeira e Mamoré" tornará em breve todo o departamento do Beni tributário do porto do Pará;[111] volvendo ao sul, não nos seria difícil provar que a "S. Paulo e Rio Grande", desde que atinja às quedas do Iguaçu e se prolongue à Vila Rica, transformará, em não remoto futuro,[112] a baía de S. Francisco em Stª Catarina no único porto do Paraguai. Mas, dado que nenhuma valia tivessem — que a "Madeira e Mamoré", mais uma vez, se malogras-

---

    que a civilização podia estar sempre na ponta dos trilhos § Era-nos impossível correr levando a civilização na ponta dos trilhos".

106 No original: os efeitos os efeitos

107 No original: desta ~~dos~~ causa

108 No original: apreciáveis ~~suas~~ concorrerão

109 No original: tantos ~~circunstâncias~~ elementos

110 No original: naturais favoreceram, ~~ao ponto de lhe imprimirem, acima de um alto significado econômico, impressionadoras consequências políticas.~~ e estas

111 Euclides redigiu o seguinte parágrafo uma outra vez no *ms*: "Pelo menos ameaça reduzir a verdadeiras províncias comerciais as repúblicas ~~que~~ irmãs que mais de perto a circulam: ~~o Chile cuja rivalidade~~ excetuando o Peru depois da abertura do canal do Panamá, que lhe deslocará para norte todo o movimento ~~comercial~~ mercantil e as terras meridionais da Bolívia que a Estrada do Madeira-Mamoré fixará definitivamente ao porto do Pará".

112 No original: futuro ~~o porto~~ a

Ensaios e inéditos

se e que[113] o porto ainda por fazer – tão cedo não se aparelhe a tão alto destino – o antagonismo brasileiro, que[114] abalará o magnífico imperialismo ferroviário argentino, anulando ao mesmo passo a influência tradicional do "bósforo"[115] fluvial do Prata, avança neste momento por uma estrada que não mais se desviará de um rumo inflexível, e será dentro de um decênio a maior e a mais movimentada das[116] vias transcontinentais da América do Sul.

É a "Noroeste do Brasil".[117]

*

* *

A história desta estrada, cujas estações iniciais somente agora se inauguram é demasiado complexa para sumariar-se num artigo.[118]

---

113 No original: que ~~a linha do sul nem conseguisse romper o sertão de Palmas~~ o

114 No original: que ~~destruirá inevitavelmente~~ abalará

115 No original: "bósforo" ~~platino~~ fluvial

116 No original: das ~~es~~ vias.

117 No original: do Brasil". § ~~A "Noroeste do Brasil" segue, por uma circunstância feliz, em largo trecho, o mesmo caminho histórico, trabalhado no século~~

118 Euclides rascunhou outras cinco vezes no *ms* trechos deste parágrafo, como se observa abaixo nesta nota e também na 120 [3]:

[1] "A Estrada de Ferro do Noroeste, cujas estações iniciais agora se inauguram, é uma variante da mais antiga Estrada de penetração da nova" [interrompido]

[2] "~~Versando-a teríamos~~ § Ela segue a diretriz mais arrojada da nossa longa luta histórica para o domínio da terra; e ~~versando-a estudando-lhe a gênesis não só teríamos de remontar o longínquo passado como de assistir~~ § Além disto esta questão do domínio

Euclides da Cunha

Ao nosso intento é bastante[119] notar quando o Club de Engenharia deliberou, em outubro de 1904, indicar ao governo "como problema nacional inadiável" o traçado de uma via férrea, que partindo de S. Paulo dos Agudos, ou de Bauru, transpondo o Paraná e o salto de Urubupungá, se dirigisse a um ponto do Rio Paraguai, adequado a encaminhar para o Brasil os movimentos comerciais do sudeste boliviano e nordeste paraguaio, facultando ao mesmo tempo rápidas comunicações do litoral com o Mato Grosso independentes a um percurso em

---

~~das terras interiores~~ § A este problema entre nós tem o destino geral de todos os assuntos que se entregam às deliberações coletivas: tornou-se cada vez mais obscuro na ~~m~~ própria medida dos esforços feitos a esclarecê-lo. ~~Os debates das comissões recordam em muitas partes o fenômeno físico das interferências luminosas~~ Para o nosso caso que" [interrompido]

[3] "A história desta estrada, cujas estações iniciais há pouco se inauguraram, sumaria em grande parte a história dos nossos esforços, para o domínio da terra."

[4] "É quase a própria história das nossas lutas para o domínio da terra. Quando ~~em 1851~~ ainda não possuí[a]mos um metro de trilhos, em 1851, o deputado Paula Cândido. § (este, naturalmente frágil enquanto prevaleceu a ideia de Cuiabá a Goiás, devia prevalecer quando) § Acentuou-se em dous rumos essenciais: 1º os que buscaram Goiás a Cuiabá; 2º os que mais gerais § que fora escusado citar e onde variam os próprios pontos de partida em toda a faixa litorânea do Rio a Paranaguá. § Reduzimos adrede à máxima simplicidade o assunto atende-nos nos seus aspectos dominantes. Fora inútil sobre embaralharmo-nos em" [interrompido]

Consulte-se o estudo de Hermillo Alves sobre o parecer do engenheiro João Chrockatt de Sá Pereira de Castro em: Alves, *Viação férrea para o estado de Matto Grosso*, p.5-34. Adiante, quatro folhas foram arrancadas do caderno.

119 No original: bastante ~~most~~ notar

Ensaios e inéditos

território estrangeiro, resumiu dezenas de projetos,[120] e cerrou a mais debatida, a mais velha e controversa das nossas questões ferroviárias.[121] A história pormenorizada de um debate que se prolongou por mais de meio século, apontaria naturalmente muitas outras indicações em que variavam não só os objeti-

---

120 No original: projetos, ~~apensando-lhes~~ e

121 No original: ferroviárias. § ~~Ela que se sistematiza-se, desde 1851, quando ainda não tínhamos um metro de linhas entrando no quadro das nossas preocupações administrativas, desde 1851, quando ainda não tínhamos um metro de trilhos, graças à lucidez de um homem de boa vontade de um homem de boa vontade — o deputado Paula Cândido —; e chegou até aos nossos dias, refletindo que e este homem de boa vontade já ao agitá-la naqueles tempos, refletia o mesmo pensamento num mau pensamento dominante entre os mais remotos governos coloniais, isto é, o de destruir com os sulcos das estradas a impenetrabilidade de um território maciço que com ser tão fisicamente unido tornara-se o principal agente de separação de seus povoadores, mas~~ [interrompido]

O texto que corresponde ao parágrafo 32 de *À margem da história* foi rascunhado por Euclides outras sete vezes. Nas três primeiras o autor aborda o início do parágrafo e nas demais, o seu fecho:

[1] "§ ~~No d~~ § A 1º de outubro de 1904, ~~rematando~~ a cabo numa ~~discussão~~ debate de dous meses, em que se enterreiraram os seus mais lúcidos representantes, o conselho diretor do nosso Club de Engenharia, resolveu aconselhar "como problema nacional inadiável" ~~a construção~~ o traçado de uma linha férrea que partindo das cercanias de S. Paulo dos Agudos, ou Bauru e ~~passa~~ transpondo o Paraná em Urubupungá, se dirigisse a um ponto da margem do Paraguai, bem próximo à baía Negra, ~~que se julgasse mais vantajoso para~~ onde a estação *terminus* ~~da seção brasileira nas comunicações internacionais~~ e, fosse mais ~~próprio~~ adequada a encaminhar para o Brasil o movimento ~~m~~ comercial do sudoeste boliviano e noroeste paraguaio, e permitindo ao mesmo ~~passo~~ tempo ~~permitisse~~ rápidas ~~viagens para~~ comunicações com o Mato Grosso, independentes de percurso em

413

terras estrangeiras. ~~E a~~ Assim rematou uma ~~discus~~ controvérsia de ~~trinta~~ cincoenta [*sic*] e tantos anos embaralhada em trinta e tantos projetos – tão farta dos variados elementos, dos secamente técnicos aos mais altos, econômicos ou políticos que o ~~historiá-la~~ sumariá-la seria fazer a própria história da nossa engenharia."
[A preposição *em* (em Urubupungá), publicada no *Jornal do Commercio*, foi corrigida em *À margem da história* (p.179) para *e o*.]
    "Preços futuros (S[c]hnoor)

Rio Paraguai a Santos
Passagem de 1ª classe – de 2ª – frete – 1 tonelada
    ~~251 $~~ 144 $ 72 $ 180$000

    Preços atuais por navegação marítima
        270 $ 120 $ 165$000

    Baseiam-se nas tarifas seguintes / aqueles preços da estrada de ferro:
        80 réis por Km/passageiro de 1ª classe
        40   "   "   "   "   " 2ª classe
        100   "   "   "   tonelada de mercadoria –

Tempo atual – 20 dias de viagem –
No futuro com trens noturnos – 3 dias para passageiros, e 4 pª cargas"
[2] "Em junho de 1904 três engenheiros brasileiros dirigiram ao Congresso Federal a memória justificativa de uma estrada de ferro de Santos a Assunção, capital do Paraguai. E documentaram-na amplamente. À parte as considerações ~~de ordem~~ estratégicas ou políticas de simples intenção revestiram-na" [interrompido]
[3] "A 1º de outubro de 1904, depois de um debate de dous meses o nosso Club de Engenharia resolveu aconselhar como "problema nacional inadiável" o traçado de uma linha férrea que partindo de S. Paulo dos Agudos, ou Bauru, transpondo o Paraná no salto de Urubupungá, se dirigisse a um ponto do Rio Paraguai, próximo à Baía Negra, ~~onde a estação terminus fosse,~~ adequado a encaminhar para o Brasil os movimentos comerciais do sudeste boliviano e nordeste paraguaio, permitindo ao mesmo tempo mais rápidas comunicações

Ensaios e inéditos

vos e os trechos intermédios das linhas planeadas, senão os próprios pontos iniciais em toda a faixa litorânea que vai do Rio de Janeiro a Paranaguá. Baste notar-se que quando em 1875[122] se reuniu notável comissão de cinco dos melhores nomes da nossa engenharia presididos pelo visconde do Rio

---

com o Mato Grosso, independentes do percurso em territórios estrangeiros. E assim nasceu a estrada de ferro do Noroeste cujas estações iniciais agora que se ~~Se a historiássemos veríamos que o parecer do Club de Engenharia não obedeceu apenas à inspiração imediata dos lúcidos pareceres projetos do engenheiro Gustavo Estienne~~ inauguram."

[4] "~~Era uma ideia simples que já se destacara nas preocupações dominantes dos governos coloniais — isto é, destruir com os sulcos das estradas a impenetrabilidade de um território maciço que com ser tão fisicamente unido tornara-se o principal agente de separação de seus povoadores. Mas Impunham-n'a considerações econômicas e políticas que se equilibravam, umas e outras, intuit[iv]as e urgentes: de um lado e desde as que entendiam~~" [interrompido]

[5] "~~Mas esta ideia tão simples de significados econômicos e intuitos políticos tão intuitivos~~" [interrompido]

[6] "~~Era uma ideia simples importa por intuitivas considerações econômicas e políticas, por igual urgentes~~" [interrompido]

[7] "Mas este pensamento tão simples, inspirado nas considerações econômicas e políticas mais intuitivas, ~~complicou-se~~ complicaram-no consideravelmente os números e diversíssimos meios agitados para a sua execução ~~. A princípio~~ que se ordenavam à parte as divergências secundárias dos traçados, e à parte os projetos enviando para [ilegível] segundo dous ~~critérios~~ destinos essenciais:" [interrompido]

122 No original: 1875 ~~uma~~ se reuniu notável comissão ~~de cinco profissionais sob a presidência do Rio Branco~~ de Euclides rascunhou este trecho uma vez mais: "Baste notar que o controvertido problema tendo chegado à Comissão de cinco notáveis, presidida pelo visconde do Rio Branco, em 1875" [interrompido]

Branco,[123] tem que estudar dezesseis projetos tão discordes que malgrado a respeitabilidade do juízo de tal porte, o embaralhado assunto chegou[124] em 1904, ao nosso Club de Engenharia disperso em 30 pareceres, figurando obscurecer-se e complicar-se à medida que passavam os anos e se acumulavam estudos visando simplificá-lo e esclarecê-lo.[125] Fora evidentemente inútil pormenorizá-los.[126] Advirta-se apenas que, eliminadas as mais singulares fantasias mascaradas de diagramas[127] que ainda se imprimiram sobre assunto tão seco, e firmando-se em boa hora o conceito de um ponto de partida invariável imposto pela preponderância geográfica, histórica e econômica do estado de S. Paulo, os mais aceitáveis pareceres ordenam-se para logo segundo dous destinos essenciais com as suas divergências secundárias de traçados: de um lado,[128]

---

123 José Maria da Silva Paranhos, visconde do Rio Branco (Salvador, 1819-1880), político, monarquista, jornalista, diplomata e pai do barão do Rio Branco. Foi nomeado presidente do Conselho de Ministros por d. Pedro II, cargo que ocupou de 1871 a 1875.

124 No original: chegou ~~ao~~ em

125 No original: esclarecê-lo. ~~A geografia nebulosa das paragens atravessadas ligava-se às~~ Fora
A comissão referida estava composta pelo visconde do Rio Branco, Henrique de Beaurepaire Rohan, Francisco Antônio Raposo, M. Buarque de Macedo e Honório Bicalho.

126 No original: pormenorizá-los~~, sobretudo. Considerando-se~~ Advirta-se

127 No original: diagramas ~~em que se [ilegível] a geografia nebulosa das regiões atravessadas dos mais exagerados bairrismos — os juízos dominantes se ordenavam, conf as suas divergências secundárias, de traçados, segundo dous destinos essenciais em que as divergências secundárias dos traçados,~~ que

128 No original: lado ~~o dos que por um efeito de inércia tradicional~~ o ~~dos~~ que atendo-se

Ensaios e inéditos

o que atendo-se, de algum modo, à antiga marcha tradicional das "bandeiras" prolongada aos nossos dias,[129] dava à questão um caráter exclusivamente nacional, estabelecendo as várias estradas[130] que se planeavam os objetivos forçados das capitais de Mato Grosso e Goiás; de outro, o[131] que abandonando aqueles pontos tradicionais, ou quando muito tornando-os pontos forçados num itinerário mais vasto, criavam à nova linha um destino internacional extraordinário, visando[132] os pontos longínquos da nossa[133] orla de 2.000 quilômetros[134] de fronteiras perlongadas pelo Paraguai.[135]

Predominando este último critério,[136] restavam as divergências, segundo os rumos[137] principais da grande linha de comunicações. Alinhavam-se de uma banda os projetos que a delineavam, segundo o prolongamento da Linha Paulista, com o ponto forçado de Santa Ana do Paranaíba, buscando Cuiabá, de onde se atingiria a fronteira boliviana por S. Luiz de Cáceres; ou segundo o avançamento da Mogiana,[138] com um ponto

---

129 No original: dias, davam à

130 No original: estradas ~~de penetração~~ que

131 No original: ~~os~~

132 No original: visando ~~um pont~~ os

133 No original: nossa ~~linha~~ orla

134 Em *À margem da história* (p.181): "1.080 milhas". Entretanto, no *ms* e no *Jornal do Commercio*: 2.000 quilômetros.

135 No original: Paraguai. ~~Assim, Ora,~~ Predominando

136 No original: critério ~~ainda~~ restavam as divergências ~~se manifestavam~~ segundo

137 No original: rumos [~~ilegível~~] principais da~~s~~ grande linha de comunicações ~~alinhando-se.~~ Alinhavam-se

138 No original: Mogiana, ~~atingindo o mesmo terminus passando sucessivamente em Goiás~~ com um ponto

Euclides da Cunha

forçado em Catalão e atingindo o mesmo *terminus*, sucessivamente, por Goiás e Cuiabá; e de outra, os que, deixando de lado as duas capitais dos remotos estados,[139] e prolongando de preferência a estrada Sorocabana, demandavam o Paraguai desenvolvendo-se pelas terras meridionais do Mato Grosso.[140]

Reduzida à máxima simplicidade[141] destes traçados gerais, com exclusão de grande número de retas onde variavam os próprios pontos de partida na faixa litorânea, que vai do Rio de Janeiro a Paranaguá, a primeira solução do controvertido[142] assunto resultava graficamente de um simples confronto dos itinerários respectivos.[143]

Assim, aceitando-se o modelo mais geral, o da Companhia Mogiana, desenvolvida até Goiás[144] mediam-se, parceladamente:

---

139 No original: estados, ~~reviverem, melhorado[s] os antigos traçados de~~ e

140 No original: Grosso. § ~~Reduzimos, adrede, à máxima simplicidade, o assunto, tem duas discordâncias parciais, destes dous traçados Além destes dous traçados gerais, a história pormenorizada Assim~~ Reduzida

141 No original: simplicidade ~~de um confronto entre~~ destes ~~dous~~ traçados

142 No original: controvertido ~~assunto que chegará à comissão dos de cinco notáveis e presidida pelo Visconde do Rio Branco em 1875, disperso em 16 pareceres, e ao Club de Engenharia, em 30 1904, embaralhado em 30 projetos, parecendo obscurecer-se à medida que passavam os anos e se acumulavam esforços visando esclarecê-la~~ assunto

143 No original: respectivos. ~~No primeiro caso~~ Assim

144 No original: Goiás ~~e Cuiabá as regiões atravessadas e patrocinadas. as regiões~~ atravessadas mediam-se

Ensaios e inéditos

De Santos a Araguari, 978 Km, construídos e em tráfego
" Araguari a Goiás, passando em Catalão   563
" Goiás a Cuiabá   837
" Cuiabá a S. Luiz de Cáceres   190 k
" S. Luiz a Mato Grosso   361
" Mato Grosso à fronteira [boliviana]   _91_
                                                               2.042 Km
                                                               a construir

Total – de Santos à Bolívia   3.020 Km[145]

---

145 O seguinte parágrafo e os cálculos de distâncias que seguem não foram incorporados em *À margem da história*: "Admitido o mais curto dos traçados no prolongamento da Paulista para Cuiabá, com o ponto forçado de Sta Ana do Paranaíba e deixando de um lado Goiás, verificavam-se as seguintes distâncias:

De Santos a Ribeirãozinho   485 Km, construídos
Ribeirãozinho, pelo ponto do Taboado   463
a Sta Ana
De Sta Ana a Bauru   315
De Bauru a Cuiabá   588
De Cuiabá à fronteira [boliviana]   _642_
                                                              2.008 Km a construir
Total à fronteira [boliviana]   2.493

Aceitando-se, finalmente a penetração pela Sorocabana, visando mais diretamente à fronteira remota sem o desenvolvimento consta[nte] mente imposto pela passagem em qualquer das duas capitais ou em ambas, expunham-se em dados seguros estes elementos:

De Santos a S. Paulo dos Agudos   492 Km constr[uídos]
De S. Paulo dos Agudos a Itapura   468 Km
" Itapura a Miranda   671
" Miranda ao Forte Coimbra   172
                                                     _1.311_ " a constr[uir]
Total à fronteira [boliviana]   1.803 Km –"

Deste modo, sob um aspecto[146] plenamente geral, chegava-se para logo a primazia do último traçado.[147] E foi este o primeiro resultado a que chegou, em 1903, um ano antes da resolução final do Club de Engenharia, o engenheiro Émile Schnoor,[148] num trabalho admirável, onde o paralelo, que vimos a relance,[149] se estende a todos os projetos viáveis ali então ventilados, firmando-se, não só nas condições técnicas[150]

[Na página oposta, Euclides lançou o seguinte:] "desde que a que se submetesse à questão o problema à condição fundamental preeminente de estabelecer-se a mais curta, a mais rápida e a mais segura das comunicações entre o litoral e aquelas fron a costa atlântica e as nossas fronteiras longínquas do ocidente, e se lhe pudesse imprimir e se prefigurasse à estrada planeada um destino ulterior, mais vasto, internacional e transcontinental, ligando em futuro relativamente pouco remoto os dous grandes oceanos, de Santos a Arica.

Estado S. Paulo

Bauru – Canal do Inferno	342
Canal do Inferno – Itapura	103
Itapura a Urubupungá	5
Total de Bauru ao Paraná	450

Mato Grosso

Rio Paraná às Cabeceiras do Inhanduí ao Campo Grande	462 Km
Campo Grande – Aquidauana	154 "

146 No original: aspecto geral plenamente
147 No original: traçado, já quanto ao desenvolvimento da linha a construir-se, já quanto à distância total à fronteira procurada, menos de 690 Km, que a da E foi
148 No original: Emílio Shnoor
Émile Armand Henri Schnoor (1855-1924), engenheiro francês, naturalizado no Brasil em 1881.
149 No original: relance, dos vários se
Trata-se do *Memorial* já citado neste trabalho.
150 No original: técnicas gerais com o imanentes à natureza do natural trabalho

Ensaios e inéditos

imanentes à natureza do trabalho, como nas mais elevadas considerações econômicas e políticas relativas ao desenvolvimento das regiões atravessadas e à garantia futura daquele largo trato de fronteiras.

Com efeito, este[151] lúcido profissional – um mestre –, cuja existência[152] ativa se mede, praticamente, com mais dous mil quilômetros de linhas construídas[153] – não se limitou a demonstrar todas as vantagens[154] relativas ao menor dispêndio de capitais e de tempo,[155] de uma estrada que era mais curta, de 76,0 quilômetros[156] do que a mais curta que se poderia projetar por Cuiabá e Goiás, senão que aditou[157] comportassem modificações secundárias. Se partisse de Araraquara, ao invés de S. Paulo dos Agudos ou Bauru, prolongando a Paulista até ao mesmo ponto do Rio Paraná, como opinara[158] em tempo o engenheiro Hermillo Alves,[159] versando com alta competência[160] este assunto, além de evitar uma ponte inútil sobre o Tietê, encurtaria de 81 quilômetros a distância total à fron-

---

151 No original: este ~~grande mestre~~ lúcido
152 No original: existência ~~pesso~~ ativa
153 No original: construídas – ~~depois~~ não
154 No original: vantagens ~~já~~ relati
155 No original: tempo, ~~j~~ de uma
156 No original: quilômetro
157 No original: aditou comportasse modificações ~~segunda~~ secundárias
158 No original: opinara ~~vantajosamente~~ em
159 Hermillo Alves (Salvador, BA 1842-Cruzeiro, SP, 1906), engenheiro ferroviário, dedicou sua vida às construções das mais importantes estradas de ferro do Brasil. Vide Alves, *O problema da viação ferrea para o estado de Matto Grosso.*
160 No original: competência ~~o mesmo~~ este

teira[161] até além dos campos do Avanhandava por onde[162] já se alongam hoje 202 quilômetros, em um tráfego total[163] de 246 Km construídos.[164] À medida que avança, aproxima-se da margem esquerda do Tietê, devendo atingi-la no Canal do Inferno, a[165] 96 quilômetros da atual ponta dos trilhos,[166] de onde, passando para a margem direita, sobre uma ponte de 280 metros, acompanhará a histórica vereda fluvial[167] até alcançar o salto de Itapura (450 Km além de Bauru)[168] e logo de-

---

161 No original: fronteira § Segundo as próprias notas [interrompido] § até

162 No original: onde ~~se já~~ já

163 No original: total ~~e~~ de 246 Km ~~já~~ construídos

164 No original: construídos, ~~faltando-lhe apenas 217 para atingir as margens do rio Paraná, no salto de Urupungá, cerca de uma légua além do de Itapura na foz do Tietê. Transpondo o grande rio e penetrando no Estado de Mato Grosso o seu eixo oscila em torno do paralelo [de] 20° num lance de 600 quilômetros, até ao K atravessando os campos da Vacaria, até Miranda faltando-lhe apenas 106 para atingir a cachoeira do Canal do Inferno que transporá numa ponte de 280 metros, 106 quilômetros além da atual ponta dos trilhos transpõe o Tietê na cachoeira do Canal do Inferno, passando para a margem esquerda direita que ladeia até que acompanha por 103 quilômetros até ao salto de Itapura~~ § 96 quilômetros além da atual ~~ponta dos trilhos, atingirá o Canal~~ § À

165 No original: há

166 No original: trilhos, ~~no Canal do Inferno,~~ de

167 No original: fluvial ~~até à sua foz no~~ até alcançar ~~sucessivamente~~ o

168 No original: Bauru). ~~e logo depois percorrida cerca de uma légua, a margem esquerda do rio Paraná,~~ no trecho ~~em que~~ onde ~~o divide em dous longos canais a ilha Grande do Urubupungá em que a ilha Grande do Urubupungá~~ o divide em dous ~~grandes ca~~ longos ~~canais. Daí A margem esquerda é cerca de uma légua adiante, e no~~ logo depois, (Km 455) ~~a margem do Paraná esquerda do~~ o

Ensaios e inéditos

pois (Km 455) o Rio Paraná, no trecho onde a ilha Grande de Urubupungá,[169] larga de três mil metros, o subdivide em dous canais, de 75m e 540m, nas enchentes que serão sucessivamente transpostas por duas pontes, uma de um só lance de 94m50,[170] e outra de 515m, distribuídos em quatro vãos de 94m50 e um,[171] de 126,50.

Atinge-se, então, (Km 453.500) o Estado do Mato Grosso.[172]

Progredindo no rumo de L-O, o eixo da linha oscila em torno do paralelo de 20°,[173] transpondo os vales dos Rios Sucuriú, Pombo, Verde, Pardo, Inhanduí, e dos tributários ocidentais do Paraná,[174] e vai alcançar a 462 Km do rio Paraná (Km 915)[175] em Campo Grande, o centro tradicional do comércio de gado do sul[176] mato-grossense de onde partem as grandes caravanas, cada uma de 2 a 3.000 bois para o longo roteiro dos velhos caminhos do Sᵗᵃ Ana do Paranaíba e Uberaba,[177] a abastecerem S. Paulo e Rio de Janeiro, depois de suas penosas travessias de seis meses,[178] compreendendo os

---

Em *À margem da história* (p.184): klm. 459. Entretanto, no *ms* e no *Jornal do Commercio*: Km 450.

169 No original: Urubupungá, ~~subdivide em dous Canais, de~~ larga

170 No original: 94m50, ~~de um só lance,~~ e

171 No original: um, ~~central,~~ de 126,50.

172 No original: Grosso. ~~onde o eixo da estrada linha~~ Progredindo

173 No original: 20°, ~~no rumo de Leste-Oeste,~~ transpondo

174 No original: Paraná, ~~ate~~ e

175 No original: (Km 915) ~~o grande centro~~ em

176 No original: sul ~~do Mato~~ mato-grossense de onde partem as grandes caravanas, cada uma de 2 a 3.000 ~~reses~~ bois

177 No original: Uberaba, ~~em~~ a abastecerem S. Paulo e ~~o~~ Rio

178 No original: meses. ~~A região é maravilhosa. [ilegível] Numa área de 150.000 quilômetros quadrados,~~ compreendendo

Euclides da Cunha

campos da Vacaria à altura média de 500[179] m⁵ sobre o nível do mar, ondula em amplas campinas que mal disfarçam os cerrados[180] e as tiras de florestas à ourela de numerosos cursos d'água perenes.

Deixando-a,[181] a linha projetada entre uma légua além de Campo Grande[182] na boca do Paraguai; e derivando[183] ao viés da encosta ocidental da serra de Maracaiú[184] vai até a vila de Aquidauana (Km 1.066).

Está, então,[185] no extremo sul da enormíssima baixada de 175.000 quilômetros dos "Pantanais".

E atinge a um ponto crítico de seu traçado.

Os "Pantanais" ou "Xarayes" são a mais curiosa das nossas anomalias fisiográficas. Contemplando-os, salteia-nos a ideia de um mar evanescente ou restos apaulados[186] daquele vasto Mediterrâneo mediodevônico que Friedrich Katzer, depois de um[187] longo esforço, e de seriar, e de escandir e confrontar

---

179 Nas versões do *Jornal do Commercio* e em *À margem da história* (p.185): 600.

180 No original: cerrados ~~e florestas~~ e

181 No original: Deixando-a, ~~logo a sete quilômetros de Campo Grande~~ a

182 No original: Ca G na

183 No original: derivando ~~pe~~ ao viés das encosta

184 No original: Maracaiú ~~e chega a até~~ vai

185 No original: então ~~na extrema mer~~ no extremo sul da ~~desmesu~~ enormíssima baixada de ~~500 quilômetros de norte a sul e 350 de leste a oeste,~~ 175.000

186 No original: apaulados ~~de um~~ daquele vasto Mediterrâneo ~~que nos velhos tempos geológicos~~ mediodevônio que

187 No original: Frederico Katzer, depois de ~~uma~~ longo

424

Ensaios e inéditos

velhíssimos petrefatos e graptólitos,[188] nos descerrou abrindo nos seus capítulos severos uma página de Milton. A argumentação do geólogo remata em prodígio e, desatando-nos a fantasia por um passado milenário, restaura-nos[189] o quadro retrospectivo daquela enorme massa de águas que se adunavam sobre o Mato Grosso e Bolívia,[190] expandindo-se para o norte e ilhando o Brasil[191] inteiro, a partir das ribas de Goiás para o levante. E, sobretudo, na estação chuvosa de março a agosto, quando se enchem numa extensão de 500 quilômetros, de norte a sul do 16° ao 21° paralelo aquelas solidões[192] alagadas que se marulham por vezes batidas do sudoeste e só se atravessam com auxílio da bússola ou do sextante, como o pleno oceano, é completa a revivescência de todas as linhas apagadas dessa geografia morta. Mas, outro naturalista, esteando-se[193] noutros elementos, deu-lhe gênesis completamente diversa. Para Herbert Smith, o mediterrâneo paleozoico expandia-se no máximo até as terras centrais do Paraguai, embora[194] um canal, de que é ultimo vestígio o rio deste nome, o ligasse[195] ao longo da Bolívia oriental aos mares amazônicos. Então, os planaltos brasileiros cobriam toda a região atual dos pantanais até às ser-

---

188 Trecho semelhante ao encontrado em "Impressões gerais", *À margem da história* (p.8).

189 No original: restaura-nos ~~o de uma geografia morta na~~ o

190 No original: Bolívia, ~~ligando-se~~ expandindo-se

191 No original: Brasil ~~Paleozoico~~ inteiro

192 No original: solidões ~~que só atravessam à bússola ou de sextante em punho como o pleno oceano,~~ alagadas

193 No original: esterando-se

194 No original: embora ~~e~~ um

195 No original: ligasse ~~atravessando~~ ao longo

Euclides da Cunha

ras de Dourados, do Albuquerque e da Coimbra;[196] "e toda essa massa[197] imensa, de 400 quilômetros de[198] comprimento por outros tantos de largura, e meio quilômetro[199] de profundidade, foi desbastada posteriormente pelas águas". O Rio Paraguai foi o principal agente do colossal desmonte, arrastando os enxurros[200] de argilas e areias para construir os territórios a jusante. "Assim, deste bloco roubado ao Brasil, formou-se grande parte da enorme planície,[201] o Grão-Chaco e os Pampas Argentinos", formando-se[202] os "pantanais" não em terras outrora cobertas pelo antigo mar, mas no espaço[203] vazio da zona em que o planalto se escavou para aterrar aquele mesmo mar.[204]

Deixando, porém, por não nos delongarmos à fascinante tese – notemos que "os pantanais"[205] onde se confundem[206] nas cheias as correntes do Jauru, Paraguai, Taquari, S. Lourenço, Cuiabá, Aquidauana, Miranda e outros – ao mesmo tempo que contribuíram[207] para o aplainamento das terras argentinas,

---

196 No original: Dourados, Albuquerque e Coimbra

197 No original: massa ~~de terras~~ imensa

198 No original: de ~~extensão~~ comprimento

199 Em *À margem da história* (p.187): "quinhentos metros de altura".

200 No original: enxurro

201 No original: planície, ~~do Chaco~~ o

202 No original: formando-se ~~no vazio que ficará ao norte~~ os

203 No original: espaço ~~que ficou na~~ vazio

204 No original: mar. § ~~De um ou de outro modo, porém – fugindo~~ Deixando

205 No original: pantanais" ~~em que~~ onde

206 No original: confundem ~~não raro~~ nas cheias as correntes ~~imperceptíveis~~ do

207 No original: contribuíram ~~tanto~~ para
   Na página oposta do *ms*, Euclides rascunhou três vezes a seguinte ideia:

Ensaios e inéditos

tão favoráveis às suas estradas, foram sempre o pior obstáculo para as nossas, a se projetarem rumo de Mato Grosso. A Noroeste, porém, em grande parte os evita.[208]

Do Rio Aquidauana a Miranda (Km 1.150), conduzem-na em terras firmes os contrafortes da serra de Maracaiú; e da última cidade ao Rio Paraguai, o trecho denunciado[209] pelos melhores geógrafos como intransponível, uma extensão de 160 quilômetros de pantanais, o dr. Schnoor, esclarecido por uma lúcida observação de Castelnau, logrou reduzir as dificuldades, verificando a existência do maciço calcário da serra da Bodoquena, que[210] orienta-se a partir de Miranda em busca dos acidentes da mesma estrutura, de da do Albuquerque e de Corumbá,[211] de modo que ajustada às suas encostas a estrada seguirá por um leito de 124 Km,[212] todo

---

[1] "Como o grande vínculo brasileiro da 'Pan American Railway' que tão longamente se discutiu nas Conferências de Washington e do México, deixando o Brasil de lado."

[2] "A majestosa 'Pan American Railway' tão longamente discutida nas Conferências de Washington e do México —"

[3] "Será pelo menos a interferência brasileira na majestosa 'Pan American Railway' que se discutiu nas Conferências de Washington e do México, deixando-nos de lado — malgrado o seu prefixo pretensioso, como se o Brasil não exi[stisse]."

A folha seguinte foi arrancada do caderno.

208 No original: evita. ~~Entre o~~ Do

209 No original: denunciado ~~que os~~ pelos melhores ~~mapas, sem excluir o de Pimenta Bueno, denunciavam uma extensão~~ geógrafos como intransponível, ~~de pant~~ uma

210 No original: que ~~se par~~ orienta-se a partir de Miranda ~~ao no Paraguai para o norte~~ em busca

211 No original: de Albuquerque e Corumbá

212 Em *À margem da história* (p.189): 121 klms. Erro que pode ser comprovado pela leitura do *ms* e da versão do *Jornal do Commercio*.

Euclides da Cunha

ele a cavaleiro das maiores inundações – restando-lhe apenas seis léguas de baixada periodicamente inundada para alcançar na fazenda Esperança (Km 1.314) o Paraguai. Assim, se reduzirá a 36 quilômetros de aterros com a altura média de 3 metros o trecho mais difícil da travessia para Mato Grosso. Alia-se-lhe a travessia do Paraguai, exigindo uma ponte giratória e 620[213] metros correntes de viadutos para, alcançada a margem direita do grande rio, chegar-se, percorrida a última seção de 92 Km[214] 500 metros, à estação *terminus* de Corumbá (Km 1.403,5).[215]

Aditadas estas distâncias que a locação definitiva muito pouco alterará, resulta o seguinte quadro:

De Corumbá ao Rio Paraná	953	Km
" " a Bauru	1.403,5 ... 57% sobre a reta
" " " S. Paulo	1.845	"
" " " Santos	1.924	"
" " " Rio de Janeiro	2.311	"

o que significa poder efetuar-se em dous dias e meio, com uma velocidade[216] inferior à viagem da capital da República até Corumbá que hoje se efetua em um mês.

---

213 No original: e 620 ~~vinte~~ metros correntes de viadutos; ~~chegando--se~~ para

214 No original: K 500, à

215 No original: 1.403,5). § ~~Alinhadas~~ Aditadas

216 No original: uma velocida inferior à viagem da capital de República

Ensaios e inéditos

Ora, à parte todas as considerações[217] estratégicas e econômicas, facilmente resultantes[218] do simples exame destes elementos – o significado internacional da E. F. do Mato Grosso é extraordinário[219] como elemento inicial, preponderante, da transcontinental que inevitavelmente terá de ligar o Atlântico ao Pacífico, através do Brasil, da Bolívia e do Chile.[220]

Sobretudo, advertindo-se que ela será uma das mais concorridas escalas no tráfego[221] interoceânico do continente.[222] O destino internacional da Noroeste é, com efeito, inevitável.[223]

Aos[224] *ferrocarriles bolivianos*, projetados na direção do sul, a entroncarem com os argentinos que divergem, a partir de Jujuy e suas cercanias para La Quiaca e Ledesma, de modo a subordinar-se a Buenos Aires toda a Bolívia meridional, contrapõem-se,[225] de há muito, os que se planeiam para o oriente

---

217 No original: considerações ~~sob o ponto de vista~~ estratégicas
218 No original: resultantes ~~da simples ex~~ do ~~mais~~ simples exame destes elementos – o significado ~~desta linha~~ internacional
219 No original: extraordinário ~~e constituindo~~ como
220 No original Chile. ~~De Corumbá ou de suas cercanias na faixa ribeirinha que se estende até a Lagoa Gaíba, partirá necessa em rumo de Sta Cruz de La Sierra a transcontinental que~~ § ~~Desde muito~~ § Sobretudo,
    Euclides lançou o seguinte texto na página oposta do *ms*: "Tudo concorre, portanto, para que, a exemplo da Argentina e do Chile, firmemos com a República limítrofe um convênio regulando um entrelaçamento de relações ~~recípr~~ de vantagens recíprocas aos dous países".
221 No original: tráfico
222 No original: continente. ~~Com efeito~~ O
223 No original: inevitável. § ~~Vimos há pouco~~ Aos
224 No original: Aos ferro-carris bolivianos ~~orientados~~ projetados
225 No original: contrapõem-se ~~os que~~ de

visando unir Cochabamba e Sta Cruz de la Sierra a um posto no Paraguai. Antes mesmo do Tratado de Petrópolis, a longa e acidentada história da Sociedade belga "L'Africaine", concessionária[226] da construção "de um porto na Baía Negra e de um *ferrocarril* dali a Sta Cruz de la Sierra", é muito eloquente no delatar a antiga aspiração boliviana, tendente a derivar naquele rumo as transações de suas terras orientais. E, tão constante foi este empenho, que malgrado as dificuldades oriundas das pretensões paraguaias, num pleito de limites ainda não resolvido, e do malogro da primitiva companhia, a estrada de ferro de Sta Cruz a Puerto Suárez, na lagoa de Cáceres, autorizada pelo Congresso, há dous anos, e contratada com o sindicato "Fomento del Oriente Boliviano"[227] – chegou a iniciar a sua construção,[228] transportando os primeiros materiais pelo[229] Prata, sendo de presumir que, vencidos os primeiros desfalecimentos, ela siga pelos 799 quilômetros de seu traçado inteiramente estudado, sobretudo, atendendo-se que em todo este desenvolvimento não se lhe contrapõem obstáculos insuperáveis "por ser terreno plano y sin más inconveniente que el paso del Río Grande" conforme nos instrui[230] o próprio governo boliviano.[231]

Partindo de Corumbá, ou de suas cercanias na faixa ribeirinha até a lagoa de Gaíba, a "Noroeste", destina-se a facultar a

---

226 No original: concessionária ~~da construção~~, ~~"de um puert para~~ da
227 No original: boliviano" – ~~iniciou~~ chegou
228 No original: construção ~~chegando a transportar-se~~ transportando
229 No original: pelo ~~rio da~~ Prata
230 No original: instrui ~~a própria~~ o
231 No original: ~~Assim~~ Partindo

[Andrés S. Muñoz,] *Memoria que presenta el Ministro de Fomento* [*e Instrucción Pública*] *etc al Congreso Ordinario de 1903* – La Paz [: Tip. Artística] - 1903; [22 p.]. (N. A.)

Ensaios e inéditos

ligação tanto da Bolívia como do Chile com o Atlântico,[232] por Santa Cruz e Cochabamba, cortando as cabeceiras navegáveis do Guaporé e Chimaré.[233] De Cochabamba, alcançar-se-á, sucessivamente, Oruro e La Paz, de onde[234] derivará, pela estrada ora em construção de Arica, o Pacífico.

A longa travessia assim se pormenorizará em dados seguros, resultantes todos de estudos já efetuados:

Brasil

Santos a Bauru	521	
Bauru – Corumbá	1.403	1.924 [Km. Total no Brasil]

Bolívia

Corumbá – Sᵗᵃ Cruz [de la Sierra]		
582 + 20% =[235]	698	
Santa Cruz – Cochabamba	466	
Cochabamba – Oruro	213	
Oruro – La Paz	215	
La Paz – Fronteira Chilena	236	1.828 [Km. Total na Bolívia]

Chile

Fronteira da Bolívia – Arica	202	202 [Km. Total no Chile][236]
		3.954 [Km. Total de Santos a Arica]

---

232 No original: Atlântico, ~~dirigindo-se a~~ por
233 No original: Chimaré. ~~Alcançará~~ Oruro ~~onde a travessia pode dividir-se em dous extensos ramais~~ De
234 No original: de onde onde, pela
235 No original: 20% = ~~799~~ 698
236 No original: 202
    ~~4.055 Km~~ 3.954"

Euclides da Cunha

realizando-se a travessia continental de Santos a Arica em cinco dias e meio com a velocidade reduzida de trinta quilômetros por hora.[237]

Com elementos por igual seguros traçar-se-iam o[s] quadros das comunicações por Buenos [Aires] segundo os dous rumos divergentes de Jujuy, por La Quiaca e Ledesma. Considerando apenas o último que mais particularmente nos interessa por dirigir-se ao oriente boliviano, teriam:

Argentina

[1º]	Buenos Aires – Rosario	304
	Rosario – Tucumán	852
	Tucumán – Jujuy	495
	Jujuy – Humahuaca	126
	Humahuaca – La Quiaca	164
		1.941 [Km]

Bolívia

	La Quiaca – Tupiza	100
	Tupiza – Potosí	250
	Potosí – Oruro	331
	Oruro – La Paz	[215]
	La Paz – Fronteira do Chile	236
		1.132 [Km]

Chile

	Fronteira da Bolívia – Arica	202
	[Total: Buenos Aires – Arica]	3.275 [Km]

---

237 No original: hora. § ~~Comparados~~ Com

Ensaios e inéditos

Argentina

2º –

B[uenos] A[ires] – Rosario –	304
Ros[ario] – Tucumán –	852[238]
Tucumán – Perico –	470
Perico – Ledesma –	82
Ledesma – Orán –	91
Orán – Yacuíba[239] (140 + {40% = 56})	196
[Total na Argentina]	1.995 [Km]

Bolívia

Yacuíba – Santa Cruz

500 K + (40% = 200 K)	700
Total – Buenos Aires – Santa Cruz	2.695 Km
Santa Cruz – Arica	1.332
[Total: Buenos Aires – Arica (via S. Cruz)]	4.027[240] [Km]

Assim é evidente, que o porto de Santos além de mais próximo da Europa[241] que o de Buenos Aires, de cerca de mil milhas náuticas, terá, na luta de transportes para captar o tráfego do oriente boliviano, a vantagem de[242] 73 Km (2.695 – 2.622) sobre o transporte ferroviário argentino.

---

238 No original: 852 § ~~Buenos Aires – Tucumán – 1156~~ § Tucumán

239 Em *À margem da história* (p.194), e no *Jornal do Commercio*: "Yucuiba".

240 No original: 4.027 § ~~E abandonando o confronto das duas travessias continentais,~~ § Assim

241 No original: Europa ~~cerca de 1.000 milhas náuticas da Euro~~ que

242 No original: de ~~(2.695 Km – 2.622 =)~~ 73

Euclides da Cunha

E demonstra-se[243] de um modo gráfico infrangível a concorrência formidável[244] da estrada transmato-grossense que simbolizará em breve a intervenção brasileira cortando triunfalmente aquela[245] estirada "Pan American Railway" que tanto se discutiu em Washington e no México, deixando-nos inteiramente de lado, malgrado[246] condecorar-se com aquele presuntuoso radical helênico – como se o Brasil não existisse.

---

243 No original: demonstra-se ~~graficamente~~ de
244 No original: formidável ~~que~~ da
245 No original: aquele ~~presuntuoso~~ estirado
246 No original: mau grado [*sic*]

Bibliografia

ACUÑA, Cristóbal de. *Nuevo descubrimiento del gran rio de las Amazonas.* Por el Padre Chrstoval [*sic*] de Acuña [...]. Madrid: Imprenta del Reyno, 1641.

AGASSIZ, Louis. *A journey in Brazil.* Boston: Ticknor and Fields, 1868.

Alegato de Bolívia en el juicio arbitral con la República del Perú. Tomo II. Buenos Aires: Compañía Sud-Americana de Billetes de Banco, 1906.

Alegato de parte del gobierno de Bolivia en el juicio arbitral de fronteras con la República del Perú. Buenos Aires: Compañía Sud-Americana de Billetes de Banco, 1906.

ALMEIDA, Mauro W. B.; CUNHA, Manuela Carneiro da. Euclides inédito. *Revista de História da Biblioteca Nacional*, Rio de Janeiro, ano 4, n.47, p.32-4, ago. 2009.

ALÓS, Joaquín de. *Demostración geográfica de las provincias que abraza cada intendencia de las establecidas en la parte del Perú pertenecientes al virreinato del Río de la Plata.* Mapa. 1748.

ALVES, Hermillo. *O problema da viação ferrea para o estado de Matto Grosso.* São Paulo: Typographia Vanorden & Cia., 1904.

AMORY, Frederic. *Euclides da Cunha:* uma odisseia nos trópicos. São Paulo: Ateliê Editorial, 2009.

ARANDA, Ricardo. *Collección de tratados del Perú.* Tomo 2. Lima: Imprenta del Estado, 1890.

ARROWSMITH, Aaron. *Outlines of the Physical and Political Divisions of South America Delineated By A. Arrowsmith partly from scarce and Original Documents, Published Before The Year 1806 But Principally From Manuscript Maps & Surveys Made Between The Years 1706 and 1806... Additions to 1814.* Mapa.

AUSTIN, Hon. O. P. Problems of the Pacific – The Commerce of the Great Ocean. An Address Before the National Geographic Society (April 2nd, 1902). *The National Geographic Magazine*, Washington, D.C., v.XIII, n.8, ago. 1902, p.303-18.

BALEATO ESPINOSA DE LOS MONTEROS, Andrés. *Plano general / del Reyno del Perú / en la America Meridional / que comprehende desde la equinocial hasta 26½ grados de latitud S. y desde 61 hasta 75½ grados de longitud occidental del meridiano de Cadiz. / Hecho de Orden del Exmo. S.ᵒʳ Virrey B.ᵒ Fr. D.ⁿ Fran.ᶜᵒ Gil y Lemos / Por D.ⁿ Andres Baleato, año de 1796.* Mapa.

BARBOSA, Rui. Bustos e estátuas. *Escritos e discursos seletos*. Rio de Janeiro: Aguilar, 1966. p.687-8.

BATES, Henry Walter. *The Naturalist on the River Amazons a Record of Adventures, Habits of Animals, Sketches of Brazilian and Indian Life, and Aspects of Nature under the Equator, during Eleven Years of Travel*. Londres: John Murray, 1892.

BENJAMIN, Walter. *Illuminations*. Ed. Hannah Arendt. Nova York: Schocken Books, 1969.

BERNUCCI, Leopoldo M. Euclides e sua *ars poetica*. *Revista Brasileira*, fase VII, ano XV, n.59, p.179-99, abr.-jun. 2009.

BILAC, Olavo. *Poesias*. Rio de Janeiro/Paris: H. Garnier, 1902.

BLIND, Karl. Does Russia Represent Aryan Civilization? *The North American Review*, v.178, n.571, p.801-11, jun. 1904.

BRANNER, J. C. The Pororoca, or Bore, of the Amazon. Boston: Rand, Avery, & Company, 1885. (Originalmente publicado em *Science*, v.XXI, p.488-92, nov. 1884.)

Breve notícia sobre as festas em homenagem ao Exm. Sr. Dr. Elihu Root por occasião de sua visita à capital da Bahia. Salvador, BA: Officinas do "Diario da Bahia", 1906.

Ensaios e inéditos

BRUÉ, Adrien-Hubert. *Carte generale du Perou, du Haut-Perou, du Chili et de La Plata*; dressee par A. Brue, Geographe du Roi. Augmentee et revue pour les limites par Ch. Picquet, Geographe du Roi et du Duc d'Orleans. Paris, 1836.

CALDERÓN, Ignacio. *Bolivia:* Address Delivered by the Bolivian Minister, Mr. Ignacio Calderón, Under the Auspices of the National Geographic Society, at Washington, D.C. Washington, D.C.: National Geographic Society, 25 jan. 1907.

CARPENTIER, Alejo. *El reino de este mundo.* Santiago de Chile: Editorial Orbe, 1972.

CASTELNAU, Francis, comte de. *Expédition dans les parties centrales de l'Amérique du Sud, de Rio de Janeiro a Lima, et de Lima au Para; exécutée par ordre du Gouvernement Français pendant les années 1843 a 1847, sous la direction de Francis de Castelnau.* Tomo 4º. Paris: Chez P. Bertrand, 1850-1854.

CAVALCANTE, Rogério. *Manoel Urbano, ontem e hoje.* 2.ed. Rio Branco, AC: Editora do Autor, 2014.

CELSO, Affonso. O problema da Restauração. *Jornal do Commercio.* Manaus, 5 ago. 1904.

CHIACCHIO, Carlos. Euclides e Teodoro Sampaio. *Jornal de Ala*, Salvador, Suplemento-1, 11 jan. 1940, p.4-10.

CHROCKATT DE SÁ [Pereira de Castro], João. Viação ferrea para Matto Grosso. *Revista do Club de Engenharia*, 15, p.5-36, 1907.

COLE, Grenville Arthur James. *Open-Air Studies:* An Introduction to Geology Out-of-Doors. Londres: Charles Griffin and Co., 1895.

Colección de documentos que apoyan el Alegato de Bolivia en el juicio arbitral con la República del Perú. Tomo Segundo. Buenos Aires: Compañía Sud--Americana de Billetes de Banco, 1906.

COLQUHOUN, Archibald Ross. *The Mastery of the Pacific.* Nova York: Macmillan Co., 1902.

[*El*] *Comercio*, de Lima. Viernes, 20 de julio de 1906.

COSTA, José Joaquim Victorio da; SOUZA, Pedro Alexandrino Pinto de. *Carta geographica do Rio Javary até a latitude 5°36'.* 1787.

437

Euclides da Cunha

CUNHA, Euclides da. [Sobre a sintaxe]. Manuscrito avulso. São José do Rio Pardo, SP: Grêmio Euclides da Cunha, 1883.

_____. 93. Manuscrito. *Caderno de cálculo infinitesimal*. Rio de Janeiro: Fundação Biblioteca Nacional, *c*.1885.

_____. Revolucionários. *A Provincia de São Paulo*, 29 dez. 1888, p.1-2 [sob o pseudônimo *Proudhon*].

_____. [A raça negra] (na seção "Atos e palavras"). *A Provincia de São Paulo*, 12 jan. 1889, p.1 [sob o pseudônimo *Proudhon*].

_____. As catas. *Gazeta de Noticias*, Rio de Janeiro, 22 jun. 1894, p.2.

_____. Fenômeno interessante. *O Estado de S. Paulo*, 1º jan. 1897, p.1.

_____. As santas cruzes. Manuscrito. *Talonário da Superintendência de Obras Públicas do Estado de São Paulo*. São José do Rio Pardo, SP: Grêmio Euclides da Cunha, *c*.1902.

_____. Com o que contava Tiradentes. Manuscrito. *Talonário da Superintendência de Obras Públicas do Estado de São Paulo*. São José do Rio Pardo, SP: Grêmio Euclides da Cunha, *c*.1902.

_____. Os batedores da Inconfidência. Manuscrito avulso. São Paulo, SP: Instituto de Estudos Brasileiros (IEB/USP), Arquivo Waldomiro Silveira, *c*.1903.

_____. Os batedores da Inconfidência. *O Estado de S. Paulo*, 21 abr. 1903, p.1.

_____. À margem de um livro (I e II). *O Estado de S. Paulo*, 6-7 nov. 1903, p.1.

_____. [A década...]. Manuscrito avulso. Rio de Janeiro, RJ: Fundação Biblioteca Nacional, *c*.1904.

_____. Pela Rússia. Manuscrito. *Apontamentos para a história da geografia brasílica*, de Teodoro Sampaio. Salvador, BA: Instituto Geográfico e Histórico da Bahia, 1904. p.25-9.

_____. A missão da Rússia. *O Commercio de São Paulo*, 6 jul. 1904, p.1.

_____. [Civilização...]. Manuscrito. *Apontamentos para a história da geografia brasílica*, de Teodoro Sampaio. Salvador, BA: Instituto Geográfico e Histórico da Bahia, 1904. p.84-7.

_____. Civilização... *O Estado de S. Paulo*, 10 jul. 1904, p.1.

Ensaios e inéditos

CUNHA, Euclides da. [Heróis e bandidos]. Manuscrito. *Apontamentos para a história da geografia brasílica*, de Teodoro Sampaio. Salvador, BA: Instituto Geográfico e Histórico da Bahia, 1904. p.94-8.

_____. Heróis e bandidos. *O Paiz*, Rio de Janeiro, 10 jun. 1904, p.1.

_____. Perigos. Manuscrito. *Apontamentos para a história da geografia brasílica*, de Teodoro Sampaio. Salvador, BA: Instituto Geográfico e Histórico da Bahia, 1904. p.114-9.

_____. Temores vãos. *O Paiz*, Rio de Janeiro, 24 jun. 1904, p.1.

_____. Notas políticas. Manuscrito. *Apontamentos para a história da geografia brasílica*, de Teodoro Sampaio. Salvador, BA: Instituto Geográfico e Histórico da Bahia, 1904. p.124;126-30;198.

_____. Nativismo provisório. *O Paiz*, Rio de Janeiro, 10 jul. 1904, p.1.

_____. O Marechal de Ferro. Manuscrito. *Apontamentos para a história da geografia brasílica*, de Teodoro Sampaio. Salvador, BA: Instituto Geográfico e Histórico da Bahia, 1904. p.135-140.

_____. O Marechal de Ferro. *O Estado de S. Paulo*, 29 jun. 1904, p.1.

_____. [Transpondo o Himalaia.] Manuscrito. *Apontamentos para a história da geografia brasílica*, de Teodoro Sampaio. Salvador, BA: Instituto Geográfico e Histórico da Bahia, 1904. p.163-6.

_____. Transpondo o Himalaia. *O Commercio de São Paulo*. 15 jul. 1904, p.1.

_____. A vida das estátuas. Manuscrito. *Apontamentos para a história da geografia brasílica*, de Teodoro Sampaio. Salvador, BA: Instituto Geográfico e Histórico da Bahia, 1904. p.173-7.

_____. A vida das estátuas. *O Paiz*, Rio de Janeiro, 21 jul. 1904, p.1.

_____. Só. Manuscrito. *Apontamentos para a história da geografia brasílica*, de Teodoro Sampaio. Salvador, BA: Instituto Geográfico e Histórico da Bahia, 1904. p.88.

_____. Um plágio. Manuscrito. *Apontamentos para a história da geografia brasílica*, de Teodoro Sampaio. Salvador, BA: Instituto Geográfico e Histórico da Bahia, 1904. p.145.

_____. [Defesa da República]. Manuscrito. *Apontamentos para a história da geografia brasílica*, de Teodoro Sampaio. Salvador, BA: Instituto Geográfico e Histórico da Bahia, 1904. p.24.

CUNHA, Euclides da. [Um novo 15 de novembro]. Manuscrito. *Apontamentos para a história da geografia brasílica*, de Teodoro Sampaio. Salvador, BA: Instituto Geográfico e Histórico da Bahia, 1904. p.173.

_____. Discurso de posse no IHGB (1903). *Revista Trimensal do Instituto Historico e Geographico Brazileiro*, 56, parte 2 (1905), p.289-92.

_____; BUENAÑO, Pedro A. *Relatorio da Commissão Mixta Brasileiro--Peruana de reconhecimento do alto Purús, 1904-1905*. Rio de Janeiro: Imprensa Nacional, 1906.

_____. O último bandeirante. Manuscrito. *Caderno de notas*. Palo Alto, CA: Cecil H. Green Library, Stanford University, c.1906-1909. p.63.

_____. Regatão sagrado. Manuscrito. *Caderno de notas*. Palo Alto, CA: Cecil H. Green Library, Stanford University, c.1906-1909. p.140-1.

_____. Preliminares – A Baixada Amazônica. História da terra e do homem. Manuscrito. *Caderno de notas*. Palo Alto, CA: Cecil H. Green Library, Stanford University, c.1906. p.4-5;7-11;13.

_____. Na Amazônia (entrevista). *Jornal do Commercio*, Rio de Janeiro, 14 jan. 1906, p.2.

_____. O primado do Pacífico. Manuscrito. *Caderno de notas*. Palo Alto, CA: Cecil H. Green Library, Stanford University, c.1906-1908. p.24-61.

_____. O primado do Pacifico. *Jornal do Commercio*, Rio de Janeiro, 19 jan. 1908, p.2.

_____. [Viação sul-americana.] Manuscrito. *Caderno de notas*. Palo Alto, CA: Cecil H. Green Library, Stanford University, c.1906-1908. p.65-139.

_____. Viação internacional. *Jornal do Commercio*, Rio de Janeiro, 7 mar. 1908, p.1-2.

_____. *Contrastes e confrontos*. Prefácio de José Pereira de Sampaio (Bruno). Porto: Emprêsa Litteraria e Typographica Editora, 1907.

_____. *Contrastes e confrontos*. 2.ed. Prefácio de José Pereira de Sampaio (Bruno). Porto: Emprêsa Litteraria e Typographica Editora, 1907.

_____. Perú versus Bolivia. Manuscrito. *Caderno de notas*. Rio de Janeiro: Fundação Biblioteca Nacional, c.1906-1907.

CUNHA, Euclides da. Perú versus Bolivia. *Jornal do Commercio*, Rio de Janeiro, 9, 13, 19, 25 e 31 jul.1907; 4, 9 e 13 ago. 1907.

_____. *Perú versus Bolivia*. Rio de Janeiro: Typ. do *Jornal do Commercio*, de Rodrigues & C., 1907.

_____. *Perú versus Bolivia*. Rio de Janeiro: Livraria Francisco Alves, 1907.

_____. [Preâmbulo ao *Inferno verde* de Alberto Rangel]. Manuscrito. *Caderno de notas*. Rio de Janeiro: Fundação Biblioteca Nacional, 1907.

_____. [Perigo amarelo]. *Caderno de notas*. Manuscrito. Rio de Janeiro: Fundação Biblioteca Nacional, 1907.

_____. Preambulo. In: RANGEL, Alberto. *Inferno verde*: scenas e scenarios do Amazonas. Gênova: Cliches Celluloide Bacigalupi, 1908. p.3-21.

_____. [Duas páginas sobre geologia]. Manuscrito avulso. Rio de Janeiro: Fundação Biblioteca Nacional, *c.*1908.

_____. Antes dos versos. Prefácio a *Poemas e canções* de Vicente de Carvalho. São Paulo: Cardozo, Filho & Cia., 1908. p.i-xi.

_____. Numa volta do passado. *Kosmos*, Rio de Janeiro, ano V, n.10, out. 1908.

_____. *Á marjem da historia*. Porto: Livraria Chardron de Lello & Irmão, 1909.

_____. Revolucionários. *Revista do Gremio Litterario Euclydes da Cunha*, Rio de Janeiro, 1915, p.2.

_____. A raça negra. *Revista do Gremio Litterario Euclydes da Cunha*, Rio de Janeiro, 1915, p.11.

_____. O Estado atual. *Revista do Gremio Litterario Euclydes da Cunha*, Rio de Janeiro, 1915, p.12.

_____. As santas cruzes. *Revista do Gremio Euclydes da Cunha*, Rio de Janeiro, 15 ago. 1917, p.6-7.

_____. *Correspondência de Euclides da Cunha*. Org. Walnice Nogueira Galvão e Oswaldo Galotti. São Paulo: Editora da Universidade de São Paulo, 1997.

_____. *Obra completa*. v.I. Org. Paulo R. Pereira. Rio de Janeiro: Nova Aguilar, 2009.

CUNHA, Euclides da. *Poesia reunida*. Organização, estabelecimento de texto, introduções, notas e índices por Leopoldo M. Bernucci e Francisco Foot Hardman. São Paulo: Editora da Unesp, 2009.

CUNHA, Osvaldo Rodrigues da. *Talento e atitude:* estudos biográficos do Museu Emílio Goeldi (I). Belém: Museu Paraense Emílio Goeldi, 1989.

D'ANVILLE, Jean-Baptiste Bourguignon. *Carte de l'Amérique Méridionale*, 1748.

_____. *A Map of South America, Containing Tierra-Firma, Guayana* [*sic*], *New Granada, Amazonia, Brasil, Peru, Paraguay, Chaco, Tucuman, Chili and Patagonia.* Londres, 1794. Mapa.

DUFOUR, Adolphe Hippolyte. *Atlas Universel.* Paris: Paulin et le Chevalier, 1855.

EBDEN, William. *Map of Spanish America, Intended to Illustrate the Operations of the Patriotic Army and Navy.* 1820. Mapa.

ELLIS, Havelock. "The Genius of Russia." *The Contemporary Review*, n.80, 1º jul. 1901, p.419-33.

Exposición de la República del Perú presentada al Excmo. gobierno argentino en el juicio de límites con la República de Bolivia conforme al Tratado de Arbitraje de 30 de diciembre de 1902. Tomo Segundo. Barcelona: Imprenta de Henrich y Comp., 1906.

Extractos de la Junta Suprema de Estado e del Consejo de Indias. Archivo de Indias. Caja 7. Legajo 16. Estante 112.

FOREMAN, John. The Americans in the Philippines. *The Contemporary Review*, v.LXXXVI, p.392-404, set. 1904.

_____. The Americans in the Philippines. *The Contemporary Review*, v.XCI, p.714-26, maio 1907.

_____. *The Philippine Islands*: a political, geographical, ethnographical, social and commercial history of the Philippine Archipelago. New York: Charles Scribner's Sons, 1899.

FRITZ, Samuel. *Mapa geographica* [*sic*] */ del rio Marañon /Amazonas. / hecha* [*sic*] *por el / P. Samuel Fritz/ de la Compañia de Jesus / Misionero en este mismo / Rio de / Amazonas. / el Año de / 1691* [Quito].

GAUTHEROT, F. *Mapa del Perú según los* últimos estudios. Par Delamare. Paris: Lithographie Lemercier et Cⁱᵉ.

Ensaios e inéditos

GIBBON, Lardner. *Exploration of the Valley of the Amazon, Made Under Direction of the Navy Department by WM. Lewis Herndon and Lardner Gibbon*. Part II. Washington, D.C.: A. O. P. Nicholson, Public Printer, 1854.

GOETHE, Johann Wolfgang von. *Die Leiden des jungen Werthers*. Leipzig: Weygand'sche Buchhandlung, 1774.

GOETHE, Johann Wolfgang von. *Faust*. Parte I (Tübingen, 1808); Parte II (1832). In der J.G. Cotta'scher Buchhandlung.

HARDMAN, Francisco Foot. *A vingança da Hileia*. São Paulo: Editora da Unesp, 2009.

HARTT, Frederick. Relatório do professor C. Frederico Hartt sobre a exploração geológica dos Rios Tocantins e Tapajós. *Jornal do Commercio*, Rio de Janeiro, 3 fev. 1871, p.2. Republicado no *Diario de Belem*, em 11 (p.1-2) e 14 (p.1-2) mar. 1871; e como "A geologia do Pará" no *Boletim do Museu Paraense*, v.1, n.3, jun. 1896, p.257-73.

HEREDES, Homaniam. *Tabula Americae Specialis Geographica Regni Peru, Brasiliae, Terrae Firmae*. 1764.

HERMANT, Abel. Un Spetacle, *Le Figaro*, 12 jun. 1904.

HERNDON, William Louis; GIBBON, Lardner. *Exploration of the Valley of the Amazon, Made Under the Direction of the Navy Department*. v.2. Washington, D.C.: Robert Armstrong Public Printer, 1853.

HIOKI, Eki. Japan, America, and the Orient. An Address Before the National Geographic Society (January 19th, 1906). *The National Geographic Magazine*, v.XVII, n.9, p.498-504, set. 1906.

HUGO, Victor. *Hernani ou l'Honneur Castillan*. Paris: Mame et Delaunay-Vallée, 1830.

_____. *Quatrevingt-treize*. Paris: Michel Lévy Frères Éditeurs, 1874.

HUMBOLDT, Alexander von. *Atlas Pittoresque*. Vues des Cordillères, et monumens des peuples de l'Amérique. Paris: F. Schoell, 1810.

_____. *Voyage aux régions équinoxiales du Nouveau Continent, fait en 1799, 1800, 1801, 1802, 1803 et 1804, par Alexander de Humboldt et Aimé Bonpland*. Rédigé par A. de Humboldt. Grande édition. Paris: Schoell, Dufour, Maze et Gide, 1807 et années suivantes.

IRELAND, Alleyne. *Tropical Colonization:* An Introduction to the Study of the Subject. Nova York: McMillan Company, 1899.

IRELAND, Alleyne. *Far Eastern Tropics*. Boston: Houghton Mifflin, 1905.

KATZER, Friedrich. *Geologie des unteren Amazonasgebietes* (des Staates Pará in Brasilien). Leipzig: Verlang von Max Weg, 1903.

KIEPERT, Heinrich. *Sud America*. Gezeichnet v. H. Kiepert. Gestochen v. Wilh. Kratz. Weimar: Verlag des Geographischen Instituts, 1855.

"Latest Intelligence, The Mission to Tibet, Further Details of the Attack" – Dispatch from Coronel Francis Youghusband. *London Times*, 2 abr. 1904.

LEME, Antônio Pires da Silva Pontes. *Carta geographica de projeçaõ espherica orthogonal da Nova Lusitania ou America Portugueza, e Estado do Brazil.*

LOLIÉE, Frédéric. *Histoire des Littératures Comparées:* des Origines au XXe Siècle. Prefácio de O. Gréard. Paris: Librairie Ch, Delagrave, 1903.

MACEDO COSTA, D. Antonio de. *A Amazonia:* meio de desenvolver sua civilisação. Conferencia recitada em Manáos, no Paço da Assembléa Provincial, perante o Exmo Sr. Presidente da Provincia e grande numero de pessoas gradas, no dia 21 de março de 1883. 3.ed. Rio de Janeiro: Typ. de G. Leuzinger & Filhos, 1884.

MANNERT, Conrad. *America*. Nürnberg, 1796. Mapa.

_____. *Part of the Map of South America by Conrad Mannert*. Nürnberg, 1803.

MAURY, F. *O Amazonas e as costas atlânticas da América Meridional*, pelo tenente da armada dos Estados Unidos, F. Maury. Rio de Janeiro: Typographia de M. Barreto, 1853.

MAURTUA, Víctor M. *Juicio de límites entre el Perú y Bolivia*. Tomo Décimo (Mojos). Madrid: Imprenta de los Hijos de M. G. Hernández, 1906.

MEDRADO, Iracema Santos. *A origem e a formação da Guarda Negra* (1888-1890). Disponível em: <http://omenelick2ato.com/memoria/GUARDA-NEGRA-ORIGEM-E-FORMACAO/>.

MERIAN, Jean-Yves. La Conquête de l'Ouest et la Marche vers le Pacifique: les Divers Formes d'une Utopie Brésilienne. In: DVORAK, Marta; BORRAS, Gérard (Orgs.). *Les Amériques et le Pacifique*. Rennes: 2: CEC-LIRA Équipe ERILAR, 2003. p.89-100.

Ensaios e inéditos

MITRE, Bartolomé. *Historia de San Martín y de la emancipación sud-america-na*. Tomo 1º. Buenos Aires: Imprenta de *La Nación*, 1887.

Monthly Bulletin of the International Bureau of the American Republics, v.23, n.6, p.1371-86, dez. 1906.

MOORE, John Bassett. Concepto del profesor John Bassett Moore en la cuestión de fronteras peruano-brasileña. *El Comercio*, Lima, 20 jul. 1906.

MUÑOZ, Andrés S. *Memoria que presenta el ministro de Fomento e Instrucción Pública dr. Andrés S. Muñoz ante el Congreso Ordinario de 1903*. La Paz: Tip. Artística, 1903. 22p.

NASCIMENTO, José Leonardo do. *Euclides da Cunha e a estética do cien-tificismo*. São Paulo: Editora da Unesp, 2011. p.1-22.

OLIVER Y ESTELLER, D. Bienvenido. *Determinación del territorio de la República del Ecuador confinantes con el de la República del Perú*. Madrid: Impresores de la Real Casa, 1906.

ORICAIN, Pablo José. *Compendio breve de discursos varios sobre diferentes ma-terias, y noticias geográficas, comprensivas, a este obispado del Cuzco, que claman remedios espirituales / Formado por Pablo José Oricain*. 1790.

OSAMBELA, Claudio. Hidrografía peruana, su importancia. *Boletín de la Sociedad Geográfica de Lima*, año V, tomo V, 1895, p.301-17.

PALACIOS, José Agustín. *Exploraciones de don José Agustín Palacios: realiza-das en los Ríos Beni, Mamoré y Madera y en el Lago Rojo-Aguado, durante los años 1844 al 1847. Descripción de la provincia de Mojos*. La Paz: Imprenta de *El Comercio*, 1893.

PAZ SOLDÁN, Mateo. Géographie du Pérou. Paris: M. A. Durand, 1863.

PINTO, Adolpho Augusto. *Historia da viação publica de S. Paulo*. São Paulo: Typographia e Papelaria de Vanorden & Cia., 1903.

PINTO, Antônio Pereira. *Estudo sobre algumas questões internacionais*. São Paulo: Typographia Imparcial de J. R. de Azevedo Marques, 1867.

_____. *Apontamentos para o Direito Internacional ou Collecção completa dos tratados celebrados pelo Brasil com diferentes nações estrangeiras*. Tomo IV. Rio de Janeiro: Typographia Nacional, 1869.

PONCE, N. Clemente. *Boundaries Between Ecuador and Peru, Memorandum Presented to the Ministry of Foreign Relations of Bolivia by his Excellency Doctor N. Clemente Ponce, Envoy Extraordinary and Minister Plenipotentiary of Ecuador.* Washington: Gibson Bros., 1921.

PONTES LEME, António Pires da Silva. *Carta geographica, de projecção esphérica ortogonal da Nova Lusitânia ou América Portugueza e Estado do Brasil* (202 cm de largura e 199 cm de altura). Gabinete de Estudos Arqueológicos da Engenharia Militar, Direcção de Infra-Estruturas do Exército, Lisboa. 1798.

PORTO SEGURO, Visconde de (Adolfo de Varnhagen). *Historia geral do Brazil antes da sua separação e independencia de Portugal.* 2.ed. Tomo 2. Rio de Janeiro: E & H. Laemmert [1877].

QUIJANO OTERO, José María. *Memoria histórica sobre límites entre la Republica de Colombia i el Imperio del Brasil.* Bogotá: Imprenta de Gaitan, 1869.

RAIMONDI DELL'ACQUA, Antonio. *El Perú.* 7v. Lima: Imprenta del Estado, 1874-1913.

RANGEL, Alberto. *Inferno verde:* scenas e scenarios do Amazonas. Gênova: Cliches Celluloide Bacigalupi, 1908.

_____. *Sombras n'água.* Leipzig: F. A. Brockhaus, 1913.

"Real cédula de 15 de setembro de 1772". *Archivo de Indias,* Estante 120, Caja 7, Legajo 27.

Real ordenanza para el establecimiento e instruccion de intendentes de Exército y provincia en el virreinato de Buenos-Aires. Año de 1782. Madrid: Imprenta Real, 1783.

RECLUS, Elisée. *A New Physical Geography.* v.I. Londres: J. S. Virtue & Co., Ltd., 1888.

Rejistro Oficial. Collección diplomática ó reunión de los tratados celebrados por el Perú con las naciones extranjeras, desde su independencia hasta la fecha. Lima: Francisco Solis, 1854.

Relatorio da Repartição dos Negocios Estrangeiros, Apresentado à Assembléia Geral Legislativa na Quarta Sessão da Décima-Quinta Legislatura pelo Ministro e Secretario de Estado, Visconde de Caravellas. Rio de Janeiro: Typographia Universal de Laemmert, 1875.

Ensaios e inéditos

REQUENA [Y HERRERA], Francisco. *MAPA / que comprende todo el distrito de la / AUDIENCIA DE QUITO / En que se manifiesta con la maior individualidad los pueblos / y naciones barbaras que hay por el Río Marañon / y demas que en el entran / Para acompañar / A la descripcion del nuebo obispado que se proyecta en / MAYNAS / Construido / De orden del S.ʳ D.ⁿ Josef. Garcia de Leon y / Pizarro Presid.ᵗᵉ Reg.ᵗᵉ Comand.ᵗᵉ y Visitador Ge.ʳᵃˡ / de la misma audiencia / Por D.ⁿ Francisco Requen / Yngeniero Ordinario Governador de Maynas / y primer Comisario de Limites / el Año / de 1779.*

REVELLO, Frei Julián Bovo de. *Brillante porvenir del Cuzco o esposición de las esperanzas del engrandecimiento de este departamento y de sus inmediatos, fundados en la ventajas que puedan redundarles de utilizar el inmenso territorio peruano al nordeste de sus Andes, regado por el caudaloso Río de la Madre de Dios o Mano y sus tributarios; intentando por dicho río y el del Marañon (Amazonas) la navegación a los puertos atlánticos y de Europa; se traza asimismo un plan de reducción a vida social y cristiana a los chunchos que habitan las montañas llamadas de Paucartambo, y demás naciones de infieles y bárbaras.* Cuzco: Imprenta Libre por Manuel Celestino Torres, 1848.

RIBEIRO, Francisco de Paula. Memória sobre as nações gentias que presentemente habitam o continente do Maranhão. 10 maio 1819. *Revista Trimensal de Historia e Geographia ou Jornal do Instituto Historico e Geographico Brasileiro.* Tomo III. Rio de Janeiro: Typographia de D. L. dos Santos, 1841 [reimpressa em 1860], p.442-56.

RITTER, Carl. *Die Erdkunde im Verhältniss zur Natur und zur Geschichte des Menschen...* [*Geografia em relação à natureza e à história da humanidade...,* 1816-1859]. 18v. Berlim: G. Reimer, 1822-1859.

SAINT-VICTOR, Paul de. *Hommes et Dieux:* Études d'Histoire et de Littérature. Paris: Michel Lévy Frères, 1867.

SANSON, Guillaume. *Le Cours / de la Rivière / des / Amazones / Dresée su la Relation / du R. P. Christophˡᵉ d'Acugna / Par le Sʳ. Sanson D'Abeville / Geographe ord.ʳᵉ du Roy /Avec Privilege 1680.*

SANSON, Guillaume. *Relation de la Rivière de las Amazones, traduite par feu M. de Gomberville de 1'Académie Françoise. Sur l'originale Espagnol du P. Christophe d'Acuña Jésuite. Avec une Dissertation sur la rivière des Amazones pour server de Préface.* Paris: Chez Claude Barbin, 1682.

447

SANTOS, J. Felício dos. *Memorias do districto da comarca do Serro Frio* (Provincia de Minas Geraes). Rio de Janeiro: Typografia Americana, 1868.

SARMIENTO, Domingo Faustino. *El Chaco*. In: _____. *Obras de D. F. Sarmiento*, "Civilización y barbarie". t.VII. Buenos Aires: Imprenta y Litografía "Mariano Moreno", 1896.

SCHNOOR, Emílio. *Memorial do projecto de estrada de ferro Matto-Grosso e fronteira da Bolivia, por São Paulo dos Agudos, Itapura, Miranda e Rio Paraguay*. Rio de Janeiro: Typographia do *Jornal do Commercio* de Rodrigues & C., 1903.

SCHLIEBEN, Wilhelm Ernest August von. *Atlas von Amerika*, 1830.

SCHURMAN, Gould. "A Great National Question." *The Ethical Record*, v.5, n.3, Nova York, mar. 1904.

SISSON, W[illiam] L[ee]. *Reconnoissance [sic] Report upon Proposed System of Bolivian Railways, C. E.* Vols 1-2. La Paz: Tipografia y Litografia Boliviana Heitmann y Cornejo, May 1905.

_____. *Informe del reconocimiento sobre el proyectado sistema de ferrocarriles bolivianos*. Vols. 1-2. Trad. Jorge E. Zalles. La Paz: Tipografia y Litografia Boliviana Heitmann y Cornejo, mayo 1905.

SMITH, Herbert H. *Brazil:* The Amazons and the Coast. Nova York: Charles Scribner's Sons, 1879.

_____. *Do Rio de Janeiro a Cuyabá:* notas de um naturalista. Rio de Janeiro: Typ. da *Gazeta de Noticias*, 1886.

SOLAR, Javier Vial. *Los tratados de Chile*. Tomo I (La Colonia). Santiago: Imprenta, Litografía y Encuadernación Barcelona, 1903.

SOUSA, Cônego André Fernandes de. Notícias geographicas da capitania do Rio Negro, no Grande Rio Amazonas... *Revista Trimensal de Historia e Geographia ou Jornal do Instituto Historico e Geographico Brasileiro*, tomo X, 1848 [reimpressas em 1870], p.411-504.

SOUZA, Inglês de (sob o pseud. de Luiz Dolzani). *O missionario* [1888]. Santos: [s.n.], 1891.

TABOADA Y LEMOS [Y VILLAMARIN], Frey Don Francisco Gil de. *Memorias de los virreyes que han gobernado el perú durante el tiempo del coloniaje español*. Tomo Sexto. Lima: Librería Central de Felipe Bailly, 1859.

Ensaios e inéditos

TAFT, William. The Philippines. An Address Before the National Geographic Society (May 5ᵗʰ, 1905). *The National Geographic Magazine*, v.XVI, n.8, ago. 1905, p.361-75.

TENNYSON, Alfred Lord. The Fleet. *The Poetic and Dramatic Work of Alfred Lord Tennyson*. Cambridge, Mass.: The Riverside Press, 1898.

The Ethical Record, Nova York, v.5, n.3, mar. 1904, p.95-102.

Tratados del Perú. Collección de los tratados, convenciones, capitulaciones, armisticios y otros actos diplomáticos y políticos, celebrados desde la independencia hasta el día, precedida de una introducción que comprende la época colonial. In: *Rejistro oficial. Collección diplomática ó reunión de los tratados celebrados por el Perú con las naciones extranjeras, desde su independencia hasta la fecha.* Lima: Francisco Solís, 1854.

UNANÚE Y PAVÓN, José Hipólito. *Guía política, eclesiástica y militar del virreynato del Perú* (Lima, 1793-1797) e das *Observaciones sobre el clima de Lima y su influencia en los seres organizados, en especial el hombre.* Lima, 1806.

VALDEZ Y PALACIOS, José Manoel. *Viagem da cidade do Cuzco a de Belem do Grão Pará pelos rios Vilcamayu, Ucayaly e Amazonas, precedido de hum bosquejo sobre o estado politico, moral e litterario do Perú em suas tres grandes épocas.* Tomo I. Rio de Janeiro: Typographia Austral, 1844.

VEGA, Garcilaso de la [Gómez Suárez de Figueroa]. *Comentarios reales de los incas.* Lisboa, 1609.

_____. *Historia general del Perú.* Córdoba, Espanha, 1617.

_____. *La Florida del Inca.* Lisboa, 1605.

VENÂNCIO FILHO, Francisco. *A glória de Euclydes da Cunha.* São Paulo: Cia. Ed. Nacional, 1940.

VÉRON, Eugène. *L'Esthétique* [1878]. 4.ed. Paris: Librairie C. Reinwald et Cⁱᵉ, Éditeurs, 1904.

WIESSE, Carlos. Concepto del profesor Moore en la cuestión de fronteras peruano-brasileña. *Revista Universitaria*, tomo I, n.2, p.123-49, maio-ago. 1906. Também em [*El*] *Comercio*, Lima, Peru, 20 jul. 1907.

WOLF, Teodoro. *Geografía y geología del Ecuador.* Leipzig: Tipografía de F. A. Brockhaus, 1892.

Índice onomástico

A

Abreu, Francisco Pedro Buarque de, 159n.35

Acuña, Cristóbal Vásquez de (Christóvam da Cunha), 41-2, 317n.6

Afonso Celso. *Ver* Figueiredo Júnior, Affonso Celso de

Agassiz, Jean Louis Rodolphe, 98n.18, 318

Albarea, Silvestre de, 262n.281

Alberdi, Juan Bautista, 389n.25

Alighieri, Dante, 59n.11

Almeida, Mauro W. B., 91n.1, 315n.1

Almirante Evans, 20-1

Alós, Joaquín, 257, 257n.246, 278

Alves, Hermillo, 49, 369n.1, 412n.118, 423

Amory, Frederic, 203n.1, 215n.1, 317n.1, 331n.1

Anchieta, José de, 211

Anhanguera (Bartolomeu Bueno da Silva, filho), 383

Antonieta, Maria, 59n.13

Antônio Conselheiro, 184n.12, 189n.36

Arrowsmith, Aaron, 279

Artigas, José Gervasio, 154, 156, 158n.29

Átila, 139, 164

Augusto, 152n.39, 163n.6

B

Baki, 139n.17

Bakunin, Mikhail, 322n.31

Baleato, Andrés, 216n.1, 250n.195-196, 251, 255, 266, 277, 278n.370

Barão do Rio Branco. *Ver* Paranhos Júnior, José Maria da Silva

Barbaroux, Charles Jean-Marie, 60n.15

Barbosa, Rui, 69n.2, 204n.5

Barère, Bertrand, 60n.15

Barrenechea, J. A., 302

Barrera, Daniel, 217n.1

Barreto, Plínio, 138n.12, 203n.1

Bates, Walter, 96, 98, 100n.22, 103n.38, 320n.18, 324n.41, 326n.41

Batu, 137n.11

Bayard (Pierre Terrail LeVieux), 159

Belisarius, Flavius, 152

Benjamin, Walter, 34

Beresford, William Carr, 155

Bernucci, Leopoldo M., 154n.7

Bicalho, Honório, 416n.125

Bilac, Olavo, 90

Bismarck, Otto von, 66

Blind, Karl, 137n.6-7 e 9

Boileau, Nicolas, 237

Bonaparte, Napoleão, 63, 207n.26

Botha, Louis, 150

Bovo de Revello, Julián, 283, 286

Branner, John Casper, 327

Brué, A., 278n.370

Bruto (Marcus Junius Brutus), 59

Bryan, William Jennings, 164n.11, 360n.171

Buda, 198n.27

C

Caco (Cacus), 59

Calderón, Ignacio, 49, 373n.1, 375, 406n.89, 407n.91, 408n.91

Camões, Luís Vaz de, 152

Campomanes, dom Pedro, 216n.273 e 275

Campos, Gonzaga de, 79n.2

Canavarro, David, 158n.29

Carpentier, Alejo, 27n.27

Carrasco, Francisco, 289n.433

Carvajal, Gaspar de, 316n.5

Castelnau, Francis, 217n.1, 289

Cervantes, Miguel de, 154n.9

César, Júlio, 59n.12

Cevallos Cortés y Calderón, Pedro Antonio de, 217n.2, 225n.48, 229

Chiacchio, Carlos, 16n.5 e 8

Clairaut, Alexis Claude, 114

Clootz, Anacharsis (Jean-Baptiste du Val-de-Grâce), 66

Coelho Netto, Henrique Maximiano, 157n.24

Cole, Grenville Arthur James, 117n.1, 120n.13

Colquhoun, Archibald Ross, 343n.82, 360n.172, 363

Comte, Auguste, 188n.31

Condorcet, marquês de (Marie-Jean-Antoine-Nicolas de Caritat), 61

Constant Botelho de Magalhães, Benjamin, 188

Cornèille, Pierre, 237

Costa, dom Antônio de Macedo, 25-7, 91

Costa, João, 32

Costa, José Joaquim Victorio da, 284-285n.406

Coutinho, João Martins da Silva, 286n.418

Ensaios e inéditos

Croix, Teodoro de, 236
Cronjé, Pieter Arnoldus, 151
Cruls, Luís, 285n.409
Curzon, George Nathaniel, 198

D
D'Anville, Jean-Baptiste
    Bourguignon, 279
D'Herbois, Jean-Marie Collot, 60n.18
Dalai Lama (Thubten Gyatso), 200
Danton, Georges-Jacques, 60, 62
Darwin, Charles, 97, 99-100n.22,
    318n.10
De l'Isle, Guillaume, 41-2, 276n.357,
    277n.363, 313, 317n.6-7
De Wet, Christiaan Rudolf, 150n.29
Delarochette, Louis Stanislas
    d'Arcy, 279, 280n.377
Derby, Orville, 79n.2
Desmoulins, Camille, 60n.15
Dewey, George, 167n.21
Dias, Henrique, 71n.4
Diderot, Denis, 62n.26, 204
Dolzani, Luiz. *Ver* Souza, Inglês de
Dostoiévski, Fiodor, 140, 141n.27
Du Barry, condessa (Jeanne Bécu), 59
Dufour, Adolphe Hippolyte, 279,
    281n.377

E
Ebden, William, 279, 280n.377
Ellis, Henry Havelock, 33n.29, 34,
    135n.1-2, 143
Emerson, Ralph Waldo, 200
Ender, Thomas, 324n.38

Engler, Carl Oswald Viktor, 81
Escobar, Francisco, 15n.1
Escobedo y Alarcón, Jorge, 224,
    248n.184, 253, 258
Escopas, 206
Estienne, Gustavo, 376n.1

F
Fídias, 206n.20, 210n.48
Figueiredo Júnior, Affonso Celso
    de Assis, 19
Figueiredo, Affonso Celso de Assis
    (visconde de Ouro Preto),
    188n.30
Figueroa, Gómez Suárez de
    (Garcilaso de la Vega), 287n.422
Figueroa, José Ramos, 253n.213, 257
Flores, Ignacio (general). *Ver*
    Vergara y Ximénez de Cárdenas,
    José Ignacio
Fonseca, Deodoro da, 191n.45
Foreman, John, 342n.78 e 80,
    358n.157, 362n.184
Francia y Velasco, José Gaspar
    Rodríguez de, 153n.2 e 4, 156
Fregoli, Leopoldo, 151
Freitas, Coriolano de, 19
Fritz, Samuel, 260n.265
Furtado, Francisco Xavier de
    Mendonça, 44

G
Gálvez, Pedro Dionisio, 253n.213
Gama, Domício da, 15n.1
Gama, Luiz Gonzaga Pinto da, 71

Gasparis, Annibale de, 114
Gastão, 15n.3
Gautherot, 217n.1
Genserico, 164
Gibbon, Lardner, 216n.1, 217n.1,
    279, 280, 281n.381-382, 282,
    283n.397, 288
Goeldi, Émil August 323n.35
Goethe, Johann Wolfgang von, 88
Gómez, Servando, 159n.35
Greenleaf, 279, 280n.377
Grégoire, Henri, 60
Guilherme II (Friedrich Wilhelm
    Viktor Albert von Preußen),
    164n.9, 165n.14
Guirior y Portal de Huarte y
    Edozain, Manuel de, 238

H
Hardman, Francisco Foot, 27n.27
Hartt, Charles Frederick, 98,
    99n.22, 102n.38, 315, 316n.2,
    323n.35, 328n.52
Hegel, George Wilhelm Friedrich,
    88n.6
Herbart, Johann Friedrich, 205
Herculano, Alexandre, 115
Heredes, Homann, 277
Hermant, Abel, 151n.35
Herndon, William Lewis,
    280n.378, 283n.397
Heródoto, 316n.5, 322
Heydt, August von der, 169
Hioki, Eki, 336-337n.34
Hoefner (capitão), 195n.15

Hoffmann, Ernst Theodor
    Amadeus Wilhelm, 108
Hoonholtz, Antônio Luís von
    (barão de Tefé), 305n.533
Huber, Jacques, 195n.15
Hugo, Victor-Marie, 37, 57,
    154n.9, 215n.1
Humboldt, Friedrich Wilhelm
    Heinrich Alexander von, 108,
    235, 270n.325, 317
Hume, David, 237n.121
Hunt, Thomas Sterry, 81
Huxley, 105n.54

I
Ireland, Walter Alleyne, 363
Ivan V, 138n.13

J
José, João de S. (frei), 25
Juan y Santacilia, Jorge, 278n.365
Justiniano I, 152n.37

K
Katzer, Friedrich, 52, 318n.13-14,
    424n.187
Khan, Genghis, 137, 198n.27
Kiepert, Heinrich, 279
Kroemer, Karl Maximilian
    Wilhelm, 81
Kruger, Stephanus Johannes
    Paulus, 150n.29

L
La Condamine, Charles-Marie de,
    99-100n.22, 260

La Fontaine, Jean de, 147
La Palisse, Jacques de, 93n.14
Lagrange, Joseph-Louis, 146n.5, 177
Lamas, Diego Eugenio, 159n.35, 162
Lapie, Alexandre Émile, 278n.367, 279
Lapie, M. Pierre, 278n.367, 279
Laporte, François. *Ver* Castelnau, Francis
Lara, Juan Ondarza, 217-9n.1
Larrabure y Correa, Carlos, 217-9n.1
Lavalleja y de la Torre, Juan Antonio, 156-7, 158n.29, 159
Lecor, Carlos Frederico, 154n.8, 155
Leme, Antonio Pires da Silva Pontes, 285n.405
Leme, Fernão Dias Paes, 90
Leme, Pedro Dias Paes, 90n.7
Lemos, Artur, 98n.14
Lisboa, Alfredo, 79n.2
Lobo, Aristides, 192
Loliée, Frédéric, 141, 177n.26, 178n.29
López Netto, Felipe, 301
Lourenço (Benevenuto Roncallo), padre, 26
Louvet, Jean-Baptiste, 60n.15
Luís XV, 59n.13
Luís XVI, 59n.13

M

MacDonald, James Ronald Leslie, 200
Macedo, M. Buarque de, 416n.125
Machado, Christiano, 133n.42

Mahan, Alfred Thayer, 332
Maldonado, Faustino, 287-8
Marat, Jean-Paul, 59, 61-2
Márquez, Gabriel García, 28
Martius, Karl Friedrich Philipp von, 324, 325-6n.41
Maspero, Gaston Camille Charles, 322
Mausole, 27
Maximiliano José I, 324n.38
McKinley, William, 164n.11, 360, 364n.197
Medrado, Iracema Santos, 69n.2
Mello, Sebastião José de Carvalho e (marquês de Pombal), 44n.35
Menezes, Rodrigo José de, 133n.42
Menna Barreto, João Propício, 159
Menna Barreto, José Luís (pai), 159
Merian, Jean-Yves, 367n.1
Metchnikoff, Léon, 322
Milton, John, 52, 97, 98n.14, 319n.14, 425
Mirabeau, conde de (Honoré--Gabriel Riqueti), 61
Mitre Martínez, Bartolomé, 233n.98, 240-1, 242n.146-7
Moniz (general), 162
Montes Gamboa, Ismael, 402n.56
Moore, John Bassett, 289, 290n.437
Mujia, Juan Mariano, 217n.1
Muñoz, Andrés S., 49, 430n.231
Muñoz, Basilio (filho), 162
Muñoz, Mariano Donato, 301

N

Ney, Michel, 202, 207, 209n.38
Nolin, I. B., 276
Noseti, G., 402n.60

O

O'Reilly, Alejandro, 221
Oliveira Lima, Manuel de, 77n.7
Orellana, Francisco de, 41, 316
Oribe y Viana, Manuel Ceferino, 157
Oricain, Pablo José, 257
Osambela, Claudio, 273n.341

P

Paço, Manoel Joaquim do, 291
Palacios, José Agustín, 284
Pando, Juan Manuel, 406n.89
Paranhos Júnior, José Maria da Silva, 46-7, 401n.52, 416n.123
Paranhos, José Maria da Silva, 47, 415n.122, 416, 418n.142
Patrocínio, José do, 69n.2
Paula Cândido, 412n.118, 413n.121
Paz Soldán, Mateo, 217n.1, 258, 283, 285, 288n.429
Pedro II (imperador), 416n.123
Pedro, o Grande (Pyotr Alekseyevich), 138n.13
Peixoto, Floriano, 184, 186-7, 190-192
Pierre-Simon (marquês de Laplace), 88n.6
Pinto, Adolpho Augusto, 90n.4

Pinto, Antonio Pereira, 293, 294n.464, 294n.466, 295n.469, 296n.477
Pitágoras, 114
Pizarro, Francisco, 316n.5
Playfair, John, 117n.1, 118
Pouchkine, Alexandre Sergueïevitch, 139

Q

Queirós, Eça de, 204
Quijano Otero, José María, 244

R

Racine, Jean, 237
Raleigh, Walter, 41, 317
Rangel, Alberto, 24, 26, 29-30, 95n.1, 100n.23, 101, 102n.33, 106, 107n.65, 111
Raposo, Francisco Antônio, 383, 416n.125
Reclus, Elisée, 321n.25, 322n.31
Renan, Joseph-Ernest, 114
Requena y Herrera, Francisco Policarpo Manuel, 262, 265-6, 267n.313, 268, 272, 278
Ribeiro, Bento Manoel, 158
Ribeiro, Duarte da Ponte, 294
Ribeiro, Francisco de Paula, 77n.6, 89n.2
Richter, Heinrich Wenzeslaus, 260
Ritter, Carl, 321, 322n.25
Rivera, José Fructuoso, 156, 158n.29, 159
Robertson, 237
Robespierre, Maximilien, 60, 61n.19

Roentgen, Wilhelm Conrad, 148n.20

Rohan, Henrique de Beaurepaire, 416n.125

Roland, Jeanne-Marie, 60, 61n.19

Rondon, Cândido, 164n.11

Roosevelt, Theodore, 164, 165n.14, 361, 365n.197

Root, Elihu, 361

Rosas, Juan Manuel de, 301, 387, 390n.25

Rousseau, Jean-Jacques, 62, 237

Rude, François, 202, 207n.26

Ruivo, Quincas, 83

S

Sá, João Chrockatt, 367n.1, 412n.118

Saint-Adolphe, 279, 280n.377

Saint-Just, Louis-Antoine-Léon de, 60

Saint-Victor, Paul, 164n.8

Sampaio, Teodoro, 16n.5, 17n.10, 18n.12, 19n.15, 135n.1, 145n.1, 153n.1, 163n.1, 173n.1, 183n.1, 193n.1, 203n.1

Sanson, Guillaume, 276n.356

Sanson, Nicolas, 276

Santerre, Antoine Joseph, 60

Santos, J. Felício dos, 31

Saraiva, Aparício, 157n.24, 162

Saraiva, Gumercindo, 158n.29

Sarmiento, Domingo Faustino, 50, 52-3, 386, 387-9n.25

Schaumburg-Lippe (conde de), 221

Schlieben, Wilhelm Ernest August von, 279, 280n.377

Schnoor, Émile, 49, 367, 376n.1, 420, 427

Schurman, Jacob Gould, 168

Semiramide (Semíramis), 27

Shakespeare, William, 148, 237

Sisson, William Lee, 49, 370-2n.1

Smith (general), 359

Smith, Herbert Huntington, 50, 328, 425

Solano López, Francisco, 160, 300

Solar, Javier Vial, 226n.58

Solimão, o Magnífico, 139

Sousa, João Francisco Pereira de, 157n.24

Souza, Inglês de, 26

Souza, Pedro Alexandrino Pinto de, 285

Spencer, Herbert, 145, 146n.5, 152, 177

Spix, Johann Baptist von, 324n.38

T

Taboada y Lemos y Villamarín, Francisco Gil de, 249, 251, 266, 270n.323

Taft, William Howard, 360n.172, 362n.184, 364

Tapajós, Manoel, 79n.2

Tavares, Antônio Raposo, 383

Tchekhov, Anton Pavlovitch, 140

Teixeira, Pedro, 41, 317n.6

Telles, Antonio Carlos da Silva, 186n.20

Tello y Espinosa, Gaspar de Munive León Garabito (marquês de Valdelirios), 223

Tennyson, Alfred Lord, 331
Tolstói, Leon, 140, 141n.27
Túpac Amaru, 224n.41, 233n.98
Turgueniev, Ivan, 140

U
Ulloa y de La Torre-Giralt,
    Antonio de, 278
Ulloa, Jorge, 278
Unanúe y Pavón, José Hipólito, 270
Urbano, Manuel, 286
Urquiza, Justo José de, 157

V
Valdez y Palacios, José Manoel,
    236n.113, 237n.118,
    237n.121
Varnhagen, Francisco Adolfo de
    (visconde de Porto Seguro),
    217, 218n.2, 219n.8, 300
Varus, Publius Quinctilius, 163
Venâncio Filho, Francisco, 16n.4
Ventura, Roberto, 210n.43
Vergara y Ximénez de Cárdenas,
    José Ignacio Flores de, 158n.29,
    229, 231, 232n.91

Vergniaud, Pierre-Victurnien, 60
Veríssimo, José, 77n.7
Véron, Eugène, 206n.20, 208,
    209n.38, 209n.40-1, 210n.48
Vértiz y Salcedo, Juan José, 221
Vieira, Octaviano, 210n.43
Virgílio, 59n.11
Visconde do Rio Branco. *Ver*
    Paranhos, José Maria da Silva
Voltaire (François-Marie Arouet),
    62, 237

W
Wallace, Alfred Russel, 96n.7, 318
Wiesse Portocarrero, Carlos
    Manuel, 289, 290n.437
Wilson, Woodrow, 360n.171
Wronski, Josef Maria Hoëné, 139
Würtz, Charles Adolph, 114

Y
Younghusband, Francis Edward,
    193, 200-1

Z
Zalles, Jorge E., 370n.1

SOBRE O LIVRO

Formato: 14 x 21 cm
Mancha: 23 x 44 paicas
Tipologia: Venetian 301 12,5/16
Papel: Off-white 80 g/m² (miolo)
Cartão Supremo 250 g/m² (capa)

1ª *edição Editora Unesp*: 2018

EQUIPE DE REALIZAÇÃO

Edição de texto
Silvia Massimini Felix (Copidesque)
Tomoe Moroizumi (Revisão)

Capa
Negrito Editorial

Editoração eletrônica
Eduardo Seiji Seki

Assistência editorial
Alberto Bononi
Richard Sanches